EXCEL을 활용한

확률 및 통계학

손창균 지음

教友社

머리말

사회 현상과 자연 현상을 과학적으로 분석하고 자료에서 나타내는 다양한 사실을 바탕으로 미래를 예측할 수 있는 학문이 통계학이다. 사회과학에서는 여론조사방법을 통해 통계학을 응용하고 있고, 보건 분야에서는 보건의료 분야의 재정 및 인력 등에 관한 예측에 통계학을 활용하고 있다.

자연과학에서는 수리적 이론에 근거한 매우 광범위한 통계적 분석 방법을 통해 자연현상에 대한 추론이 이루어진다. 한편 우리나라의 통계수준은 OECD 및 WHO 등 다양한 국제기구에 가입된 주요 선진국과 비교하여도 손색이 없을 정도가 되었다.

이와 같이 통계학은 학문 분야를 아우르는 통합적 학문으로 점점 그 중요성은 높아지고 있으며, 날로 증가하고 있는 다양한 통계자료를 어떻게 과학적으로 처리할 것인가 에 많은 관심이 있다. 특히 현실생활과 밀접한 연관이 있는 통계학을 가능한 쉽게 다룰 수 있는 방법에 대해 많은 학자들이 연구하고 있다. 특히 자료처리를 위해 현재 SAS, SPSS, S-PLUS, MITAB 등을 이용하여 문제를 해결하고 있으나, 통계 전공자들을 제외하고는 쉽게 접할 없을 뿐만 아니라 이들을 사용하기 위해서는 복잡한 프로그램의 문법을 익혀야 하는 어려움이 있다.

이와 같이 고급 프로그램 활용이 어렵고, 실제로 간단한 조작을 통해 자료처리가 가능하도록 하기위해 범용 프로그램인 MS-OFFICE EXCEL 2007을 활용하여 기초통계 부터 고급통계까지 다양한 분야에 대해 통계적 문제를 해결할 수 도록 본서를 출간하게 되었다. 액셀에서 제공하는 통계함수 와 수학함수를 이용하여 자료를 처리할 수 있는 방법을 예제를 통해 익히도록 구성하였고, 기본적인 통계이론을 다루어 자료 처리와 통계이론이 접목되도록 노력하였다.

본서는 이러한 측면에서 통계학을 처음 접하는 일반인들도 액셀을 활용하는데 문제가 없도록 되도록 쉽게 접근한 점이 특징이라 할 수 있다. 또한 활용도를 높이기 위해 다양한 유형의 예제와 연습문제를 수록하였다.

본서의 구성을 간단히 살펴보면 우선 1장에서는 자료를 요약하기 위한 통계적인 방법을 설명하고, 이를 엑셀을 통해 구현하였다.

다음으로 2장에서는 요약된 자료를 가장 적절히 설명할 수 있는 하나의 값인 대표값을 다루고, 이와 더불어 산포도를 엑셀의 통계함수를 이용하여 이론과 실제를 겸비하도록 하였다.

3장에서는 통계학의 근간이 되는 확률이론을 가능한 한 쉽게 다루었다.

4장에서는 3장의 확률이론을 바탕으로 한 확률분포를 다루었으며, 특히 이산형 확률분포와 연속형 확률분포의 특징을 자세히 설명하였다.

5장에서는 4장에서 다룬 내용을 근간으로 여러 가지 이산형확률분포의 특징과 내용을 다루었다. 이와 더불어 엑셀에서 제공하는 다양한 확률분포 함수를 적용하여 문제를 해결하였다.

6장에서는 역시 4장에서 다룬 연속형 확률분포를 기본으로 균등분포, 정규분포, 지수분포를 다루었다.

7장에서는 모집단으로부터 추출된 표본의 분포이론을 다루었으며, 6장의 내용을 기초로 특히 정규모집단 가정하에서 여러 가지 통계량의 분포를 다루었다. 엑셀을 이용하여 확률을 구하는 문제를 다루었다.

8장에서는 통계을 이용한 모수에 대한 추정 문제를 구간추정을 중심으로 다루었다.

9장에서는 가설검정의 문제를 이론과 함께, 엑셀을 통해 문제를 해결하는 과정을 설명하였다.

저자는 독자의 입장에서 통계이론은 보다 쉽게 설명하면서 기초통계부터 고급통계까지 모든 내용을 다루도록 노력하였으나 탈고를 하면 항상 아쉬움이 남는다. 마지막으로 통계학을 배우고 실용화하는데 일조를 하기 위해 미진하나마 이 책이 도움되었으면 하는 바램을 가져보며, 어려운 형편에도 출판을 허락하여 주신 교우사의 오판근 사장님과 임직원 여러분께 감사를 드린다.

저자

차 례

Chapter 3 확 률 / 75

Chapter 4 확률분포 / 105

Chapter 5 이산확률분포 / 147

1장 자료의 정리

1.1 통계학이란?

통계학(statistics)은 국가를 의미하는 라틴어인 "status"와 학문을 의미하는 "istics"와의 합성으로 오랫동안 국가의 정치, 경제, 인구에 관련된 자료나 표로서 이해되어 왔지만, 현재에는 자료에 근거를 둔 추론을 다루는 과학적 학문으로 인식되고 있다. 특히 사회, 경제적 변화의 추이나 인구학과 같은 대량의 센서스 자료를 정리하고 요약하는데 통계적 이론 및 방법의 사용은 필수적이라 할 것이다.

통계학은 객관적인 결론을 도출하기 위해 관심대상에 대해 관련된 자료를 수집하고, 요약·정리하는 이론과 방법을 제시하는 학문으로 정의할 수 있다. 이를 보다 구체적으로 표현하자면, 자료의 종류와 규모·자료의 정리 및 방법·자료의 분석과 결론의 도출 방법·도출된 결론에 대한 오차의 측정 등을 광범위하게 다루는 학문이다.

1.2 모집단과 표본

먼저 통계학에서 자주 사용되는 몇 가지 용어에 대해 살펴보도록 한다.

통계조사(statistical survey)의 목적은 소량의 자료를 근거로 하여 다량의 집단의 특성을 파악하고, 추론하는 것이다. 연구대상 전체 집단을 모두 조사하는 것은 시간과 비용이 많이 소요된다는 단점이 있다. 따라서 연구대상 전체로부터 일부의 자료를 관찰하여, 전체연구 대상의 특성을 파악함으로서 이러한 단점을 해결할 수 있다.

모집단(population)은 연구 대상이 되는 모든 집단의 모든 구성 원소들의 집합으로 정의될 수 있고, 또한 관심 있는 연구 대상의 특성에 대한 모든 관측치들의 집합으로 정의된다. 따라서, 후자의 정의에 따르면 연구 대상은 같다 하더라도 연구자의 관심에 따라 모집단은 서로 달라질 수 있다.

모집단을 이루고 있는 원소의 개수가 유한인 경우 유한모집단(finite population)이라 하고 무한한 경우 무한모집단(infinite population) 이라 한다.

모집단의 특성을 나타내는 양적인 측도를 모수(parameter)라 한다. 모수는 주어진 모집단에 대한 특성을 나타내는 고유한 상수로서 모평균, 모분산, 모표준편차 등이 이에 해당된다.

표본(sample)은 모집단으로부터 수집된 일부분의 자료로서 모집단의 부분집합을 의미한다.

모집단의 특성을 나타내는 모수와 대응되는 표본의 특성값을 통계량(statistic)이라 하며, 이러한 통계량은 모집단으로부터 추출된 표본에 따라 변화하기 때문에 변량이다. 통계량으로는 표본평균, 표본분산, 표본표준편차 등이 있다.

[표 1.1] 모수와 통계량

모수	통계량
모평균(μ)	표본평균($\overline{X}$)
모분산(σ^2)	표본분산(S^2)
모표준편차(σ)	표본표준편차(S)

1.3 통계학의 분류

우선 통계학을 연구성격에 따라 수리통계학(mathematical statistics)과 응용통계학(applied statistics)으로 나눌 수 있다. 수리통계학은 통계적 기법의 이론적 바탕을 증명하고 새로운 통계적 이론을 개발하여 통계이론을 체계화하는 순수 학문적 성격이 강하고, 응용통계학은 통계 개념의 활용과 통계기법을 적용하는 실천적 학문의 성격이 강하다.

또한 통계학을 방법론적 목적에 따라 기술통계학(descriptive statistics)과 추측통계학(inferential statistics)으로 구분할 수 있다.

기술통계학은 자료를 수집하고 표나 그림 또는 대표값, 변동의 크기 등을 통하여 수집된 자료의 특성을 쉽게 파악할 수 있도록 자료를 정리, 요약하여 그 자료가 가진 정보를 명확하게 파악할 수 있는 자료처리 방법을 다루는 분야이며, 이 기법의 대상이 되는 자료는 모집단이나 표본 모두가 적용된다.

추측통계학은 모집단의 일부로서 관측된 표본을 이용하여 모집단의 특성을 추정하고 검정하는 통계적 방법이다.

관측된 표본은 모집단의 특성에 대하여 완전한 정보를 갖고 있지 않으며, 더욱이 추출되는 표본에 따라 얻어지는 특성에 대한 정보는 달라지게 된다. 따라서 이러한 표본으로부터 유도되는 추측은 불가피하게 오차를 수반하게 되며 추측통계학은 이와 같은 오차를 확률적으로 설명하는 것까지를 포함하면서 모집단에 대한 일반성을 찾아내는 분야라 하겠다.

1.4 자료의 종류

1.4.1 변수의 종류

집단에 속하는 개체(구성원)들의 공통적이고 수량화될 수 있는 특성을 **변수**(variable)라하고, 대문자 X, Y, Z 등으로 나타낸다. 변수 X의 측정치(관측치), 즉 개체가 지니는 특성치를 $x_1, x_2, ..., x_n$이라 하면 이 측정치들의 집합 $\{x_1, x_2, ..., x_n\}$을 통계자료(statistical data)라 한다.

일반적으로 변수는 **질적변수**(qualitative variable)와 **양적변수**(quantitative variable)로 구분할 수 있다. **질적변수**는 크기나 양을 나타내지 않는 숫자나 기호, 문자로 표현되는 변수로서 성별, 혈액형, 주민등록번호, 전화번호, 석차 등이 이에 해당되며, 기본적으로는 숫자의 의미보다는 집단을 분류하는 기호로서의 의미를 가진다. 반면에 **양적변수**는 자료의 크기나 양을 나타내는 숫자로 표현되는 변수로서 연령, 키, 몸무게, 점수, 판매량 등이 이에 해당된다. 양적변수는 **연속변수**(continuous variable)와 **이산변수**(discrete variable)로 나눌 수 있다. 연속변수는 변수의 값이 어떤 실수(real number) 구간 내에 임의의 수치를 나타내며, 무게, 높이, 시간, 온도 등이 있다. 이산변수는 셀 수 있는 수치 값을 취하는 변수를 말하며, 교통사고 건수, 인구 수, 전화 통화 수 등이 이에 속한다.

1.4.2 자료의 종류

통계조사로부터 얻어지는 자료의 속성에 따라 **측정자료**(measurement data), **순위자료**(rank data), **분류자료**(classification data) 등으로 나눌 수 있다. 또한 시간적 흐름에 따라 관측된 자료를 **시계열자료**(time series data)라고 한다.

실험이나 조사를 통해 얻은 그 상태로 정리되지 않은 자료를 원시자료(raw data)라 하며, 그룹화 되지 않은 자료(ungrouped data)라고도 한다. 반면 관측된 자료의 크기순으로 정리된 자료를 그룹화 된 자료(grouped data)라 한다.

자료는 측정 방법의 척도에 따라 비계량자료(nonmetric data)와 계량자료(metric data)로 구분할 수 있다. 또한 비계량 자료는 명목자료와 순서자료가 있으며, 계량 자료는 구간자료와 비율자료가 있다.

명목자료(nominal data)는 명목척도(nominal scale)에 의해 측정된 자료를 말하며, 이 때 명목척도란 측정 대상의 특성을 분류하거나 확인할 목적으로 숫자를 부여하는 경우를 말한다. 따라서 명목자료는 측정 대상의 특성만을 나타내며 양적인 크기를 나타내는 것이 아니기 때문에 산술적인 계산을 할 수 없으며, 사칙 연산이 불가능하다는 특징이 있다. 이러한 명목 자료는 측정 대상을 포괄적이며 상호 배타적인 집단으로 구분하는데 이용되기 때문에 동일한 집단에 속한 대상은 동일한 명목척도를 가진다. 명목척도로 구분되는 예로서 상표의 구분, 성별의 구분, 직업의 구분 등을 들 수 있다.

순서자료(ordinal data)는 순서척도(ordinal scale)에 의해 측정된 자료를 말하며, 이 때 순서척도란 측정 대상간의 순서 관계를 밝혀 주는 척도로써 측정 대상간의 크기가 높고 낮음 등의 순위를 부여해 주는 것을 말한다. 그러나 측정 대상간의 양적인 비교를 할 수 있는 정보를 제공해 주지 못한다. 순서척도는 주로 정확하게 수량화하기 어려운 소비자의 태도와 선호도, 사회 계층 등을 측정하는데 이용되며, 순서자료는 중위수(중앙값), 순위상관계수 등을 계산할 수 있으나 명목자료와 마찬가지로 사칙연산은 불가능하다.

구간자료(interval data)는 구간척도(interval scale)에 의해 측정된 자료로서 이는 양적인 정도의 차이를 나타내는 척도이며 순서척도가 가지는 순위이외에도 구간의 의미를 가지는 자료이다. 그러나 절대 영점을 갖지 않으므로 비율의 의미를 갖지는 못한다. 구간 자료의 대표적 예로써 섭씨 또는 화씨로 측정된 온도가 이 자료에 속한다.(20℃가 10℃의 두 배를 뜻하는 것은 아니다.) 구간척도는 주로 물가 지수나 생산성 지수와 같은 지수의 측정에 잘 이용되며, 구간자료는 범위, 평균, 표준편차, 상관계수 등을 이용할 수 있다.

비율자료(ratio data)는 비율척도(ratio scale)에 의해 측정된 자료를 말하며, 이 자료는 절대 영점을 가지므로 구간 자료가 갖는 특성에 추가적으로 측정값들간의 비율 계산이 가능하다. 비율척도로 측정되는 변수는 연령, 상품 가격, 가구수, 소득 등이 있다.

1.5 자료의 정리

주어진 자료나 통계 조사를 통해 얻은 자료를 그림이나 도표를 이용하여 자료에 포함되어 있는 내용과 정보를 빠르게 파악하는 것을 자료의 정리라 하며, 그 종류에는 도수분포표, 도수분포 그래프 등이 있다.

1.5.1 표에 의한 자료의 정리

통계 자료를 그 값의 크기에 따라 적당한 계급으로 나누고, 각 계급에 속하는 자료의 수, 즉 도수(frequency)를 대응시켜 작성한 표를 도수분포표(frequency table)라 하며 이를 이용하여 통계 집단의 수량적 구조를 개괄적으로 파악할 수 있다. 이와 같은 작업에 앞서서 도수분포표를 구성하는 여러 가지 구성 요소에 대해 간단히 살펴보기로 한다.

1) 도수분포표

주어진 자료로부터 도수분포표 작성 과정을 단계별로 살펴보면 다음과 같다.

① 범위의 계산 : 자료로부터 최대값과 최소값을 구한 후 최대값과 최소값의 차이를 구해 범위를 계산한다.

② 계급수의 결정 : 경험으로 알려진 바는 10개 내지 20개 정도가 좋은 것으로 되어있다. H. A. Sturges(1926년)는 경험적으로 다음과 같이 계급의 수를 결정하고 있다.

$$K = 1 + 3.3\ \log N$$

단, K : 계급의 수 N : 전체 자료 수

③ 계급의 간격 결정 : 계급간격은 같게 취하고 계급의 설정은 애매하지 않게 하여야 한다. 계급간격 C는 다음과 같이 구한다.

$$C = \frac{\text{범위}}{\text{계급수}}$$

④ 도수의 계산 : 각 계급에 포함될 관찰치의 수를 계산한다.

계급의 상한과 하한이란, 계급 구간의 큰 쪽을 그 계급의 상한이라 하고, 작은 쪽을 계급의 하한이라 한다. 각 계급의 계급간격을 계급 폭이라고도 하며, 두 개의 연속된 계급의 상한의 차이를 나타낸다. 또한 계급값이란, 계급 구간의 중앙에 위치하는 값으로서 주어진 계급의 상한과 하한의 합을 2로 나눈 값이다. 연속된 두 계급 사이의 구간경계선은 한 계급의 상한과 다음 계급의 하한간의 중앙값을 말한다.

도수분포표를 작성하기 위해 직접적인 계산을 통해 도수분포표의 작성하는 경우와 엑셀을 이용한 도수분포표의 방법에 대해 예제를 통해 살펴보기로 한다. 엑셀을 이용한 방법을 다루기 위해서는 엑셀의 메뉴와 함수등에 대한 기본적인 지식이 필요한데, 독자들을 위해 부록에 엑셀의 기본적인 사항들에 대해 다루었으며, 필요한 부분은 취사선택하여 참고하길 바란다.

예제1.1) 이산형 자료에 대한 도수분포표

다음은 40명의 학생들의 혈액형을 조사한 결과이다. 이 자료에 대한 도수분포표를 작성하라.

O	A	A	B	A	O	A	A	O	O
O	O	AB	O	O	O	O	O	B	A
B	O	B	A	B	A	O	A	B	AB
B	O	A	A	A	A	O	B	O	A

☞ 풀이 1 - 직접적인 방법

이 자료는 이미 계급이 혈액형별로 나뉘어 있기 때문에 각각의 혈액형에 해당되는 도수만을 대응시키면 된다. 따라서 다음과 같이 도수분포표를 작성할 수 있다.

계급(혈액형)	도수
A	14
B	8
O	16
AB	2
합계	40

☞ 풀이 2 - 엑셀의 피벗테이블 마법사를 이용한 방법

엑셀을 이용하여 위의 자료를 다음과 같은 도수분포표를 작성할 수 있다. 다음과 같은 단계로 도수분포표를 작성한다.

1단계] 데이터 입력

먼저 엑셀의 각 셀에 데이터 이름과 혈액형을 입력한다.

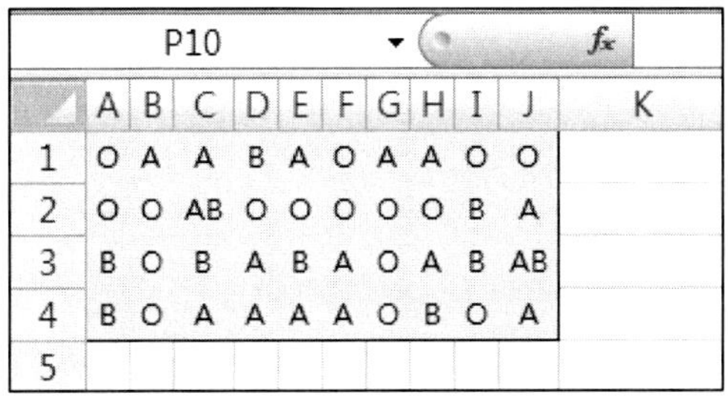

	A	B	C	D	E	F	G	H	I	J	K
1	O	A	A	B	A	O	A	A	O	O	
2	O	O	AB	O	O	O	O	O	B	A	
3	B	O	B	A	B	A	O	A	B	AB	
4	B	O	A	A	A	A	O	B	O	A	
5											

2단계] 피벗 테이블 작성 1단계

피벗 테이블 마법사 1단계로서 "분석할 테이블 만들기"를 선택창에서 다음을 선택한다.

- 표 또는 범위 선택 - "Sheet1!$B$1:$B$41"
- 피벗테이블 보고서 넣을 위치 - 기존워크시트 : "Sheet1!$J$2:$M$10"

등을 선택한 후 "확인" 추를 클릭한다.

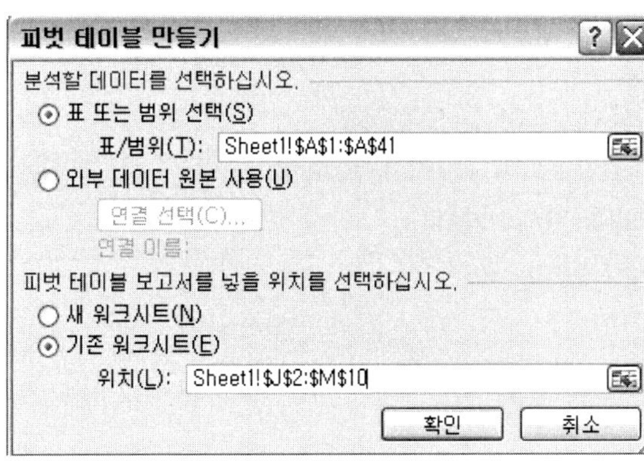

3단계] 피벗 테이블 레이아웃 설정

앞에서 지정한 영역에 작성할 피벗테이블의 레이아웃이 생성되고, 화면의 왼편에 피벗테이블 작성에 필요한 필드들이 나열된다. 그러면 피벗테이블 필드목록에서 "혈액형"을 선택하고, "혈액형" 필드를 아래의 "Σ값" 필드로 드래그하면 피벗테이블이 작성된다.

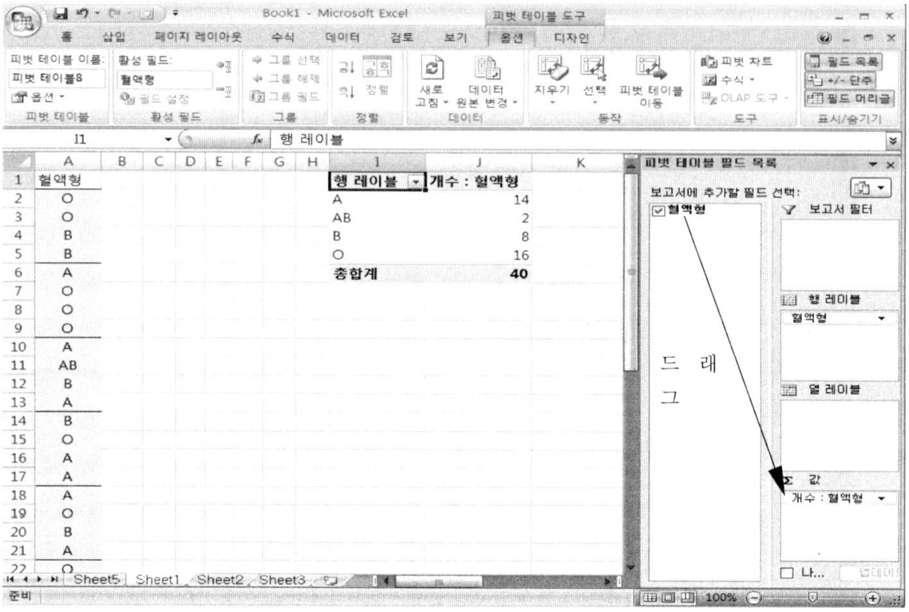

예제1.2) 이산형 자료에 대한 도수분포표

다음은 공정한 주사위를 30회 던져서 나타난 눈의 수를 관찰한 자료이다. 엑셀을 이용하여 도수분포표로 나타내어라

1	2	4	2	2	6	3	4	6	2
3	1	2	1	2	3	3	4	2	5
5	1	4	2	5	3	2	6	6	2

☞ 풀이

앞의 예제와 같은 과정으로 먼저 자료를 액셀워크시트에 입력하고, "피벗테이블" 작성하기를 선택 한 후 데이터 범위와 피벗테이블 위치를 지정한다.

다음으로 피벗테이블 필드목록에서 "주사위 눈" 필드를 "행레이블"을로 드래그하면 원하는 피벗테이블이 작성 된다. 이 경우 자료가 숫자이기 때문에 합계필드가 먼저 지정되며, 도수분포표로 나타내기 위해서는 반드시 "행레이블"로 필드명을 드래그 한다.

다음으로 "Σ값" 필드에서 값필드 설정을 "개수"로 변경하면 원하는 도수분포표가 작성된다.

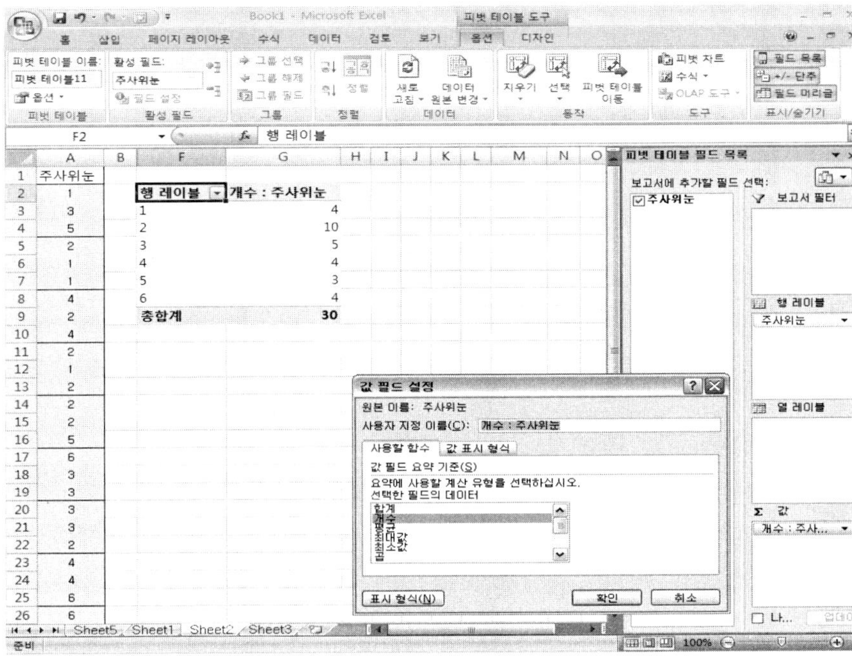

예제1.3) 다음의 도수분포표를 이용하여 물음에 답하라.

계급	도수
5 ~ 19	5
20 ~ 34	15
35 ~ 49	20
50 ~ 64	30
65 ~ 79	10
80 ~ 94	20
합계	100

1) 각 계급의 하한과 상한을 구하라.
2) 각 계급의 폭을 구하라.
3) 각 계급의 중앙값을 구하라.
4) 각 계급의 구간 경계선을 구하라.

☞ 풀이

첫 번째 계급 하한은 5이고 계급 상한은 19이다. 그리고 계급의 폭은 34-19=15이고, 계급의 중앙값은 (5+19)/2 =12 이다. 또한 구간 경계선의 하한은 4.5이고, 상한은 (19+20)/2=19.5 가 된다. 두 번째 이후의 계급에 대해서도 같은 방법으로 구할 수 있으며, 이를 요약하면 다음과 같다.

계급	1) 계급하한	2) 계급상한	3) 계급의 폭	4) 계급의 중앙값	5) 구간 경계선	
					하한	상한
5 ~ 19	5	19	15	12	4.5	19.5
20 ~ 34	20	34	15	27	19.5	34.5
35 ~ 49	35	49	15	42	34.5	49.5
50 ~ 64	50	64	15	57	49.5	64.5
65 ~ 79	65	79	15	72	64.5	79.5
80 ~ 94	80	94	15	87	79.5	94.5

예제1.4) 연속형 자료에 대한 도수분포표

다음 자료는 40명의 주부가 일주일 동안 가계비로 지출한 금액을 나타낸다. 이 자료를 이용하여 도수분포표를 작성하라.

22	12	9	8	33	32	30	33	8	11
21	16	12	15	37	30	16	22	12	24
18	25	37	16	25	28	25	18	9	28
25	28	26	15	12	35	38	16	24	31

☞ 풀이 1 - 직접적인 방법

위의 관찰값 중 최대값은 38, 최소값은 8이므로 범위는 38 - 8 = 30이다. 계급의 수는

$$K = 1 + 3.3\log 40 = 6.28 \fallingdotseq 7$$

이 된다. 계급의 간격은

$$C = \frac{30}{7} = 4.29$$

를 조정하여 5로 하자. 그리고 첫 번째 계급의 시작하는 값은 5로 하는 것이 가장 편리하다. 따라서 각 계급은 5~9, 10~14, 15~19, 20~24, 25~29, 30~34, 35~39가 된다. 이를 바탕으로 도수분포표를 작성하면 다음과 같다.

계급	도수
5 ~ 9	4
10 ~ 14	5
15 ~ 19	8
20 ~ 24	5
25 ~ 29	8
30 ~ 34	6
35 ~ 39	4
합계	40

☞ 풀이 2 - 엑셀의 데이터분석 메뉴를 이용한 방법

이산형 자료와는 달리 연속형 자료의 경우에는 피벗 테이블 마법사보다는 데이터분석 메뉴를 사용하는 것이 유리하다. 따라서 여기서는 데이터분석 메뉴를 사용하여 도수분포표를 작성하기로 한다.

1단계] 다음과 같이 데이터를 입력한 후 작성할 도수분포표의 계급을 적당히 구분하여 입력한다. 또한 각 계급을 구분한 후 구간경계선의 상한 값을 각 계급에 입력한다.

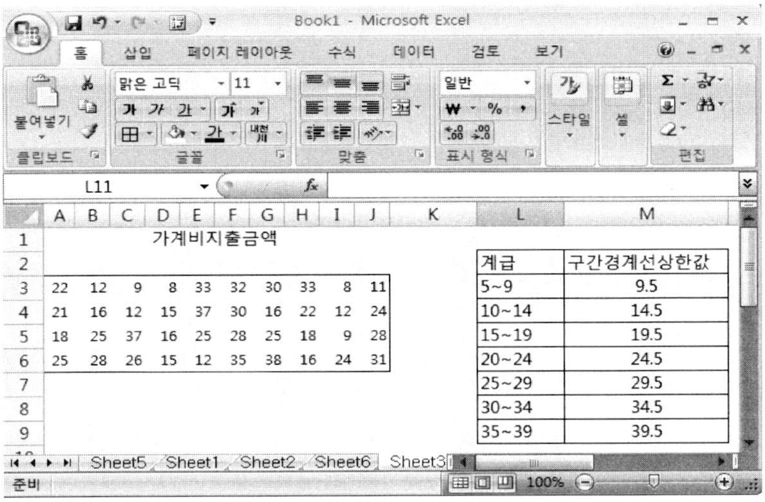

3단계] 히스토그램 대화상자에서 다음 사항을 입력한다.

- 입력 범위 : $A$3:$J$6
- 계급 구간 : $M$2:$M$9
- 이름표 - 만일 항목명을 포함하여 계급 구간 범위를 지정했을 경우 이 항목을 선택.
- 출력 옵션 항목은 따로 지정할 필요는 없음.

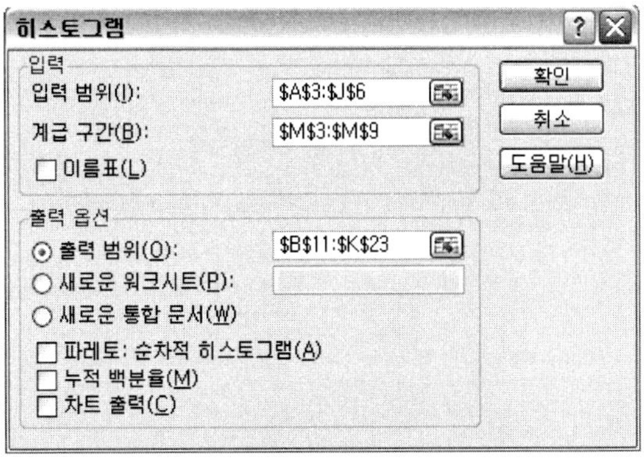

4단계] 도수분포표 작성완료와 함께 추가적으로 도수의 총계를 계산하여 완전한 도수분포표를 작성하게 된다. 또한 불필요한 항목은 그림과 같이 "행 숨기기"를 선택하여 숨긴다.

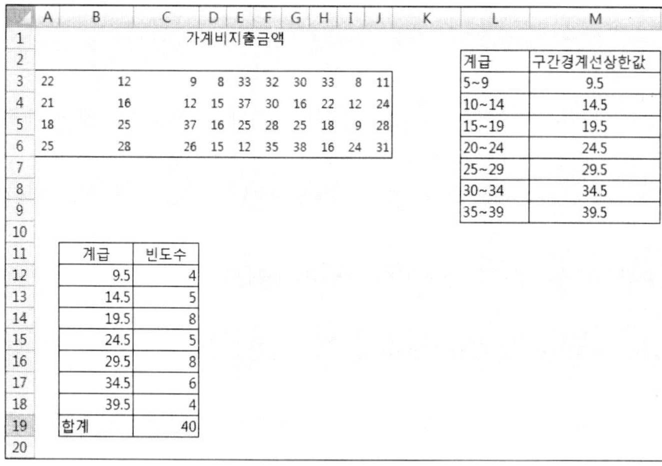

가계비지출금액

A	B	C	D	E	F	G	H	I	J
22	12	9	8	33	32	30	33	8	11
21	16	12	15	37	30	16	22	12	24
18	25	37	16	25	28	25	18	9	28
25	28	26	15	12	35	38	16	24	31

계급	구간경계선상한값
5~9	9.5
10~14	14.5
15~19	19.5
20~24	24.5
25~29	29.5
30~34	34.5
35~39	39.5

계급	빈도수
9.5	4
14.5	5
19.5	8
24.5	5
29.5	8
34.5	6
39.5	4
합계	40

※ 참고- 총 도수의 계산

총도수를 계산하기 위해서는 엑셀의 수학함수 중 "=SUM()" 함수나 "도구모음 단추 중에서 "자동합계 단추" Σ 를 클릭하여 계산할 수 있다.

즉, SUM 함수를 이용할 때에는 B10 셀에 "=SUM(B2:B8)" 과 같이 입력한다. 또는 B2 셀부터 B10셀 까지를 마우스로 드래그하여 범위를 설정한 후 자동합계 단추를 클릭한다.

☞ 풀이 3 - 엑셀의 FREQUENCY 함수를 이용하는 방법

연속형 자료에 대한 도수분포표를 작성하는 또 다른 방법은 엑셀의 통계함수 중에서 도수를 구하는 "=FREQUENCY()" 함수를 이용하는 방법이다. 이를 위해 먼저 풀이2)의 경우와 같이 데이터에 대한 도수 분포표의 계급과 구간경계선 값을 먼저 입력해야 한다.

1단계] 통계함수 중에서 FREQUENCY 함수를 찾아 클릭한다. 함수를 선택한 다음 확인 단추를 클릭하여 함수에 입력할 인수를 결정한다.

2단계] 다음과 같이 데이터의 범위와 각 계급의 구간 경계선 상한 값이 입력된 범위를 마우스를 이용하여 설정한다.

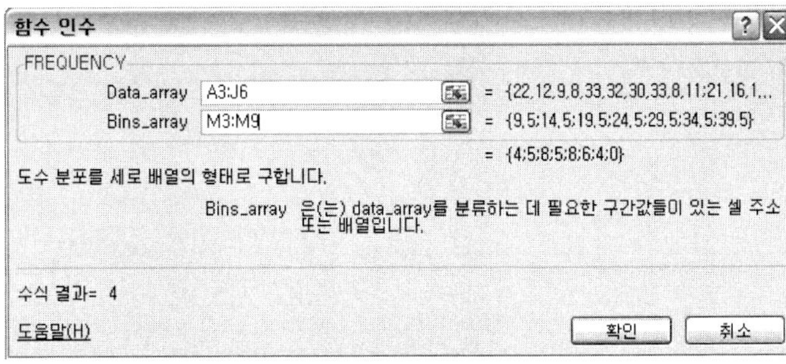

- Data array - 데이터 범위 : A3:J6
- Bins array - 구간 경계선이 입력된 셀 범위 : M3:M9

5단계] 그러면 FREQUENCY 함수 대화상자에 각 계급의 도수가 나타나며 이를 도수 분포표 상의 도수 항목에 입력하기 위해서는 키보드의 Ctrl키와 Shift 키를 동시에 누른 후 Enter↵를 누르면 된다.

계급	구간경계선상한값	도수
5~9	9.5	4
10~14	14.5	5
15~19	19.5	8
20~24	24.5	5
25~29	29.5	8
30~34	34.5	6
35~39	39.5	4

※ 참고 1 - Array 데이터 입력

앞의 도수분포표 작성 5단계]에서 array 형 데이터를 여러 셀에 동시에 데이터를 입력하는 경우에는 대화상자에서 "확인" 단추를 클릭하면 하나의 값만 처음 셀에 입력된다. 이러한 현상의 입력될 데이터가 array 형식이기 때문이며 이때에는 키보드의 Ctrl키와 Shift 키를 동시에 누른 후 Enter↵를 누르면 된다.

※ 참고 2 - 누적도수분포표의 작성

다음과 같이 작업을 수행하면 누적도수분포표를 작성할 수 있다.

1단계] 도수분포표 작성 1단계에서 도수항목의 첫 번째 셀 즉, N3셀에 마우스포인터를 위치시킨 후 앞의 4단계에서 입력항목을 다음과 같이 수정하여 입력한다.

- Data array - 데이터 범위 : $A$3:$J$6
- Bins array - 구간 경계선이 입력된 셀 범위 : M3

($A$3:$J$6 와 같은 셀 주소 형식을 "절대주소 형식" 이라 하며, 복사와 같은 작업을 할 때 셀주소의 변경을 막을 수 있다.)

2단계] 도수 항목의 첫 번째셀 즉, N3 셀에 대한 작업이 완료되면, 셀 포인터의 "자동 채우기 핸들"을 이용하여 M9 셀 까지 아래 방향으로 드래그한다.

N3 | =FREQUENCY($A$3:$J$6,M3)

	A	B	C	D	E	F	G	H	I	J	K	L	M	N	O
1			가계비지출금액												
2												계급	구간경계선상한값	누적도수	
3	22	12	9	8	33	32	30	33	8	11		5~9	9.5	4	
4	21	16	12	15	37	30	16	22	12	24		10~14	14.5	9	
5	18	25	37	16	25	28	25	18	9	28		15~19	19.5	17	
6	25	28	26	15	12	35	38	16	24	31		20~24	24.5	22	
7												25~29	29.5	30	
8												30~34	34.5	36	
9												35~39	39.5	40	
10															

예제1.5) 다음은 70명 학생의 통계학성적을 관찰한 자료이다. 엑셀의 FREQUENCY() 함수를 이용하여 도수분포표를 작성하라.

62	73	85	42	68	54	38	27	32	63
68	69	75	59	52	58	52	36	85	88
72	52	63	68	29	73	29	76	29	57
46	67	76	87	67	69	60	78	72	71
43	54	65	34	76	56	87	65	54	12
32	43	45	67	65	78	98	87	56	33
45	34	56	67	98	89	90	87	46	34

☞ 풀이

앞의 예제와 같은 과정으로 먼저 구간경계선 상한 값을 계급별로 입력 한후 도수 항목에 대해 영역을 설정한 후 FREQUENCY()를 이용하여 데이터 범위와 구간 경계선 범위를 지정하고, Ctrl키와 Shift 키를 동시에 누른 후 Enter↵를 누르면 된다.

E11 | {=FREQUENCY(A2:J8,D11:D19)}

	A	B	C	D	E	F	G	H	I	J	K
1											
2	62	73	85	42	68	54	38	27	32	63	
3	68	69	75	59	52	58	52	36	85	88	
4	72	52	63	68	29	73	29	76	29	57	
5	46	67	76	87	67	69	60	78	72	71	
6	43	54	65	34	76	56	87	65	54	12	
7	32	43	45	67	65	78	98	87	56	33	
8	45	34	56	67	98	89	90	87	46	34	
9											
10			계급	구간경계상한	도수						
11			10~19	19.5	1						
12			20~29	29.5	4						
13			30~39	39.5	8						
14			40~49	49.5	7						
15			50~59	59.5	12						
16			60~69	69.5	16						
17			70~79	79.5	11						
18			80~89	89.5	8						
19			90~99	99.5	3						
20											

(2) 상대도수분포표

계급도수를 총 도수(N)로 나눈 것, 즉 $\frac{f_i}{N}$를 상대도수라 한다. 각 계급에 상대도수를 대응시켜 작성한 표를 상대도수분포표라 한다.

(3) 누적도수분포표

i번째 계급까지의 도수를 합한 것, 즉 $F_i = f_1 + f_2 + \cdots + f_i = \sum_{i=1}^{k} f_i$ 를 i번째 계급의 누적도수라하고 이 누적도수를 각 계급에 대응시켜 작성한 표를 누적도수분포표라 한다

(4) 상대누적도수분포표

누적도수를 총 도수(N)로 나눈 것, 즉 F_i/N 를 상대누적도수라하고, 이것을 각 계급에 대응시켜 작성한 표를 상대누적도수분포표라 한다.

계급값	도수	상대도수	누적도수	상대누적도수
x_1	f_1	$\frac{f_1}{N}$	$F_1 = f_1$	$\frac{F_1}{N}$
x_2	f_2	$\frac{f_2}{N}$	$F_2 = f_1 + f_2$	$\frac{F_2}{N}$
x_3	f_3	$\frac{f_3}{N}$	$F_3 = f_1 + f_2 + f_3$	$\frac{F_3}{N}$
$\vdots$	$\vdots$	$\vdots$	$\vdots$	$\vdots$
x_k	f_k	$\frac{f_k}{N}$	$F_k = \sum_{i=1}^{k} f_i$	$\frac{F_k}{N}$
계	N	1.00		

예제1.6) 다음의 도수분포표를 이용하여 각 계급의 계급값과, 상대도수, 누적도수, 상대누적도수를 구하여라.

계급	도수
30 ~ 39	2
40 ~ 49	3
50 ~ 59	11
60 ~ 69	20
70 ~ 79	32
80 ~ 89	25
90 ~ 99	7
합계	100

☞ 풀이

두 번째 계급의 중앙값은 (40+49)/2 = 44.5 이고, 상대도수는 3/100 = 0.3 이 된다. 이 계급의 누적도수는 2+3=5가 되며, 상대누적도수는 5/100 = 0.05 이 된다. 나머지 계급도 같은 방법으로 하면 된다.

계급	계급값	도수	상대도수	누적도수	상대누적도수
30 ~ 39	34.5	2	0.02	2	0.02
40 ~ 49	44.5	3	0.03	5	0.05
50 ~ 59	54.5	11	0.11	16	0.16
60 ~ 69	64.5	20	0.20	36	0.36
70 ~ 79	74.5	32	0.32	68	0.68
80 ~ 89	84.5	25	0.25	93	0.93
90 ~ 99	94.5	7	0.07	100	1.00
계		100	1.00		

예제1.7) 다음의 자료를 이용하여 상대도수, 누적도수, 상대누적도수를 구하여라.

62	73	85	42	68	54	38	27	32	63
68	69	75	59	52	58	52	36	85	88
72	52	63	68	29	73	29	76	29	57
46	67	76	87	67	69	60	78	72	71
43	54	65	34	76	56	87	65	54	12
32	43	45	67	65	78	98	87	56	33
45	34	56	67	98	89	90	87	46	34

☞ 풀이

1) 상대도수분포표 작성하기

1단계] 먼저 데이터를 입력한 후 FREQUENCY() 함수를 이용하여 도수분포표를 작성한다.

2단계] 상대도수를 계산하기 위해 "상대도수"항목을 만든 후 다음과 같은 방법으로 각 계급의 상대도수를 입력한다.

- 첫 번째 계급 : = E3/$E$21

다음으로 자동 채우기 핸들을 이용하여 마지막 셀까지 드래그한다.

통계학 성적데이터

A	B	C	D	E	F	G	H	I	J
62	73	85	42	68	54	38	27	32	63
68	69	75	59	52	58	52	36	85	88
72	52	63	68	29	73	29	76	29	57
46	67	76	87	67	69	60	78	72	71
43	54	65	34	76	56	87	65	54	12
32	43	45	67	65	78	98	87	56	33
45	34	56	67	98	89	90	87	46	34

계급	구간경계상한	도수	상대도수	누적도수	상대누적도수
10~19	19.5	1	0.014		
20~29	29.5	4	0.057		
30~39	39.5	8	0.114		
40~49	49.5	7	0.1		
50~59	59.5	12	0.171		
60~69	69.5	16	0.229		
70~79	79.5	11	0.157		
80~89	89.5	8	0.114		
90~99	99.5	3	0.043		
계		70	1		

2) 누적도수분포 작성하기

1단계] =FREQUENCY() 함수를 이용하여 누적도수를 구한다.

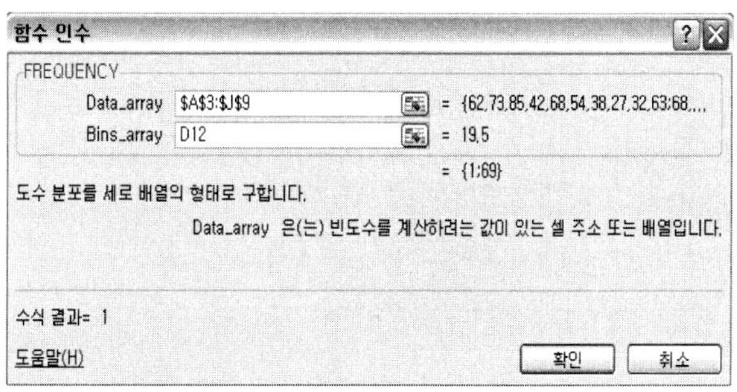

- Data array : $A$3:$J$9
- Bins array : D12

2단계] 첫 번째 셀 값을 입력한 다음 자동채우기 핸들을 이용하여 마지막 셀 까지 입력한다.

G12 =FREQUENCY($A$3:$J$9,D12)

통계학 성적데이터

A	B	C	D	E	F	G	H	I	J
62	73	85	42	68	54	38	27	32	63
68	69	75	59	52	58	52	36	85	88
72	52	63	68	29	73	29	76	29	57
46	67	76	87	67	69	60	78	72	71
43	54	65	34	76	56	87	65	54	12
32	43	45	67	65	78	98	87	56	33
45	34	56	67	98	89	90	87	46	34

계급	구간경계상한	도수	상대도수	누적도수	상대누적도수
10~19	19.5	1	0.014	1	
20~29	29.5	4	0.057	5	
30~39	39.5	8	0.114	13	
40~49	49.5	7	0.1	20	
50~59	59.5	12	0.171	32	
60~69	69.5	16	0.229	48	
70~79	79.5	11	0.157	59	
80~89	89.5	8	0.114	67	
90~99	99.5	3	0.043	70	
계		70	1		

3) 상대누적도수분포표 작성하기

1단계] 상대누적도수는 상대도수를 마지막 계급까지 누적하는 것으로 다음과 같은 방법으로 입력하면 된다.

- 첫 번째 셀 : F12
- 두 번째 셀 : H12+F13

이와 같이 연속적으로 변화되는 셀 주소를 입력할 때에는 자동 채우지 핸들을 이용하여 입력한다. 즉, 두 번째 셀까지 만 입력한 후 나머지 셀에 대해서는 자동채우시 핸들을 이용하여 입력한다.

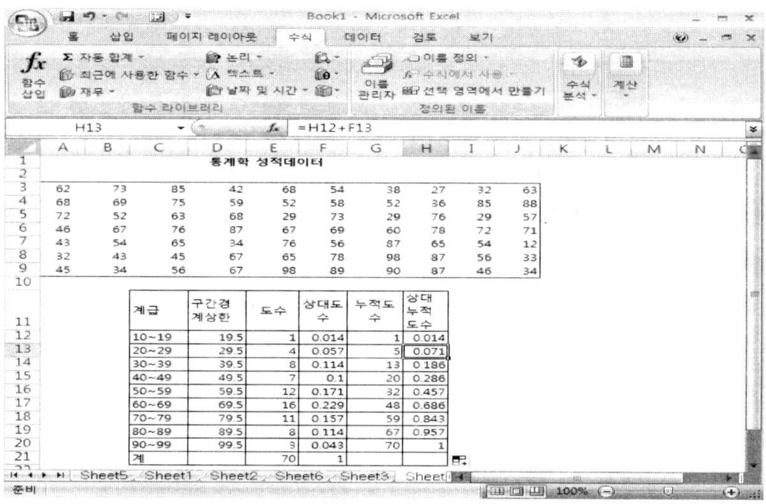

1.5.2 그래프에 의한 자료의 정리

도수분포를 도표화한 것을 도수분포그래프라 하며, 이 도수분포 그래프의 종류에는 다음과 같은 것이 있다. 특별히 엑셀의 차트삽입기능을 이용하면 그래프를 손쉽게 작성할 수 있으며, 이 기능을 이용하여 차트를 작성해보도록 한다.

1) 히스토그램(histogram)

직교 좌표의 횡축 상에 도수분포표의 각 계급을 나타내는 구간을 밑변으로 하고 계급에 대응하는 도수를 높이로 하는 직사각형을 모든 계급에 대해서 만들어 연결한 것을 히스토그램이라 한다.

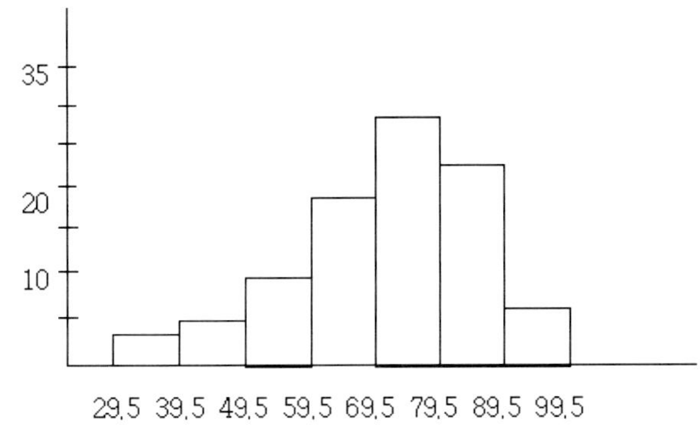

[그림1-1] 히스토그램

2) 도수다각형(frequency polygon)

도수분포표에서 i 번째 계급값을 x_i, 이에 대응하는 도수를 f_i라 할 때 평면상에 직교 좌표축을 세우고 점(x_i, f_i)을 그린 다음 이들 점을 x_i의 작은 쪽으로부터 큰 쪽으로 차례차례 직선으로 연결하여 얻어진 그래프를 도수다각형 또는 도수절선이라 한다. 주어진 자료에 대한 도수다각형을 만드는 이유 중의 하나는 주어진 자료의 대칭성을 알아보는데 있다.

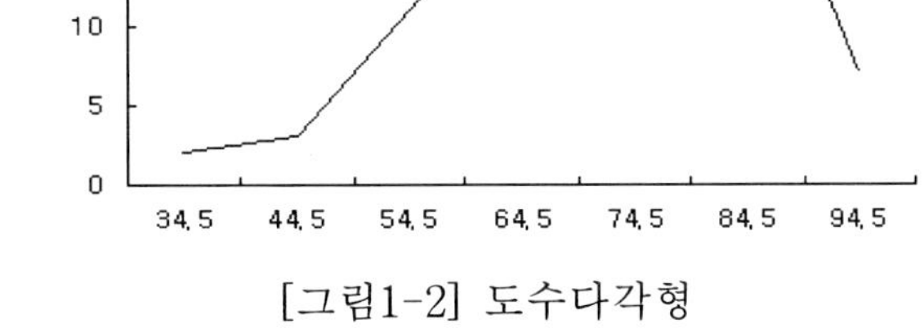

[그림1-2] 도수다각형

3) 도수곡선(frequency curve)

도수분포에서 통계자료의 총수가 무한히 많은 경우에 급간격(계급의 폭)을 작게 하면 이 때의 도수다각형은 극한으로 어떤 곡선에 접근하는 것을 예상할 수 있다. 이 극한적인 곡선을 도수곡선이라 한다.

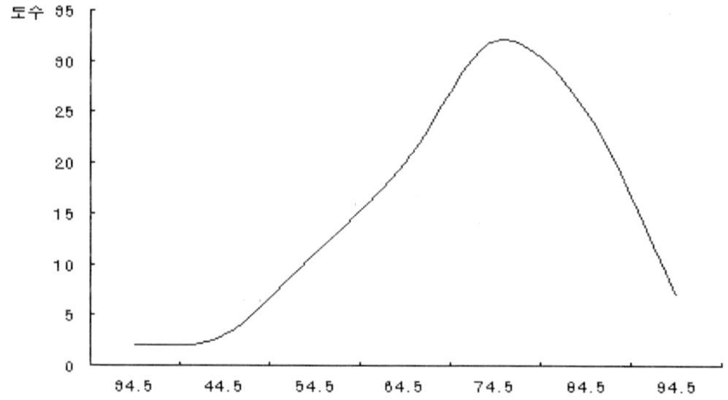

[그림1-3] 도수곡선

4) 누적도수분포도(Ogive)

도수분포표에서 누적 도수를 구하고 구간 경계선 중 상한선을 수평축의 좌표로 하여 각 계급에 대응하는 누적 도수를 점을 찍어 이어나간 것을 누적도수분포도라 한다.

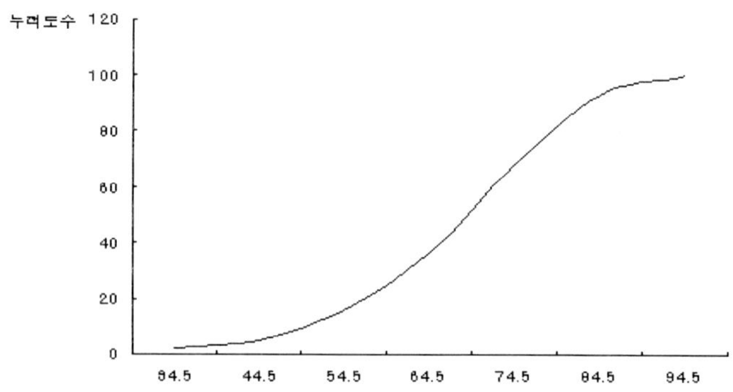

[그림1-4] 누적도수분포도

예제1.8) 다음의 자료를 이용하여 히스토그램을 작성하시오.

62	73	85	42	68	54	38	27	32	63
68	69	75	59	52	58	52	36	85	88
72	52	63	68	29	73	29	76	29	57
46	67	76	87	67	69	60	78	72	71
43	54	65	34	76	56	87	65	54	12
32	43	45	67	65	78	98	87	56	33
45	34	56	67	98	89	90	87	46	34

☞ 풀이

1단계] 다음과 같이 도수분포표를 작성한다.

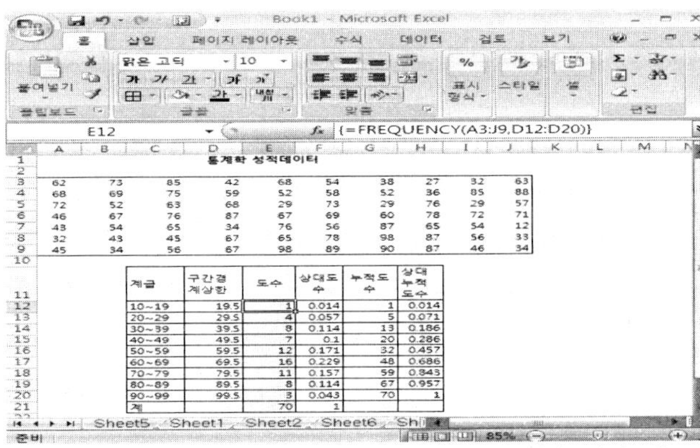

2단계] 작성된 도수분포표로부터 "삽입"메뉴에서 히스토그램을 위한 세로막대 그래프를 선택한다.

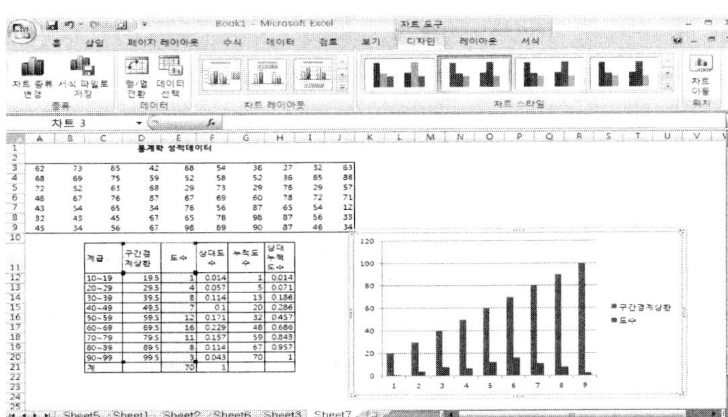

3단계] 작성된 세로막대 그래프에서 "구간 경계선 상한 값"을 X축에 나타내기 위해 차트 영역에서 "데이터 영역"을 선택한 후 "가로축 레이블" 의 편집 단추를 클릭하여 도수분포표의 구간경계선 상한 범위를 드래그 하여 영역을 설정한 후 확인 단추를 클릭한다.

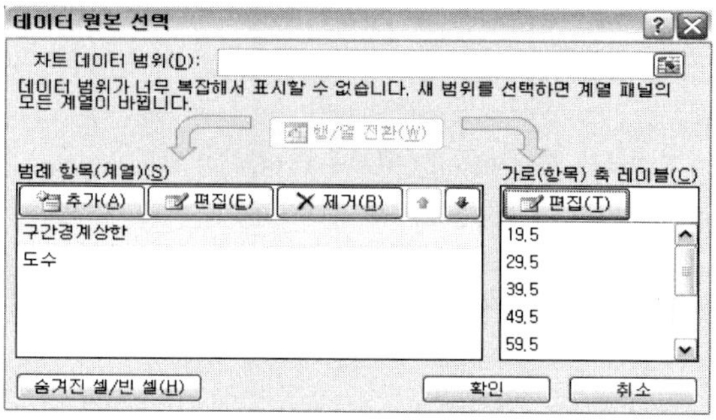

4단계] 차트의 수정 - 구간경계선 상한 값이 차트의 막대로 표시되어 이를 삭제해야 한다. 이 경우 차트의 막대를 선택한후 오른 쪽 마우스버튼을 클릭하여 "삭제"를 선택하여 도수만 차트에 표시되도록 한다.

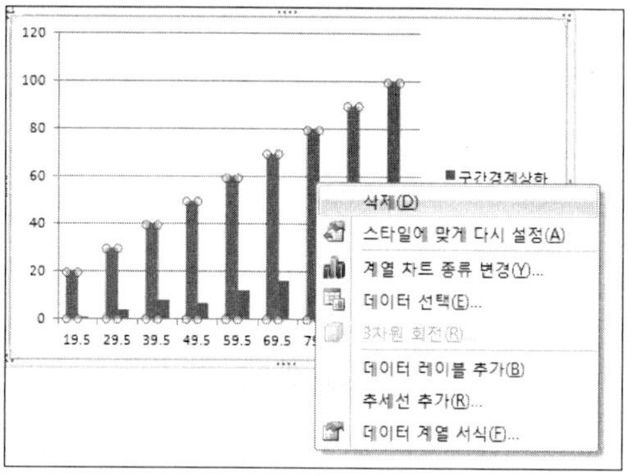

다음으로 작성된 차트에서 차트영역을 클릭 한 후 오른쪽 마우스버튼을 이용하여 단축메뉴를 불러와 "데이터 계열서식"을 선택한다. 데이터 계열서식 창에서 "간격너비 항목"의 화살표를 "간격없음" 쪽으로이동하여 막대기 간격을 0으로 수정한다.

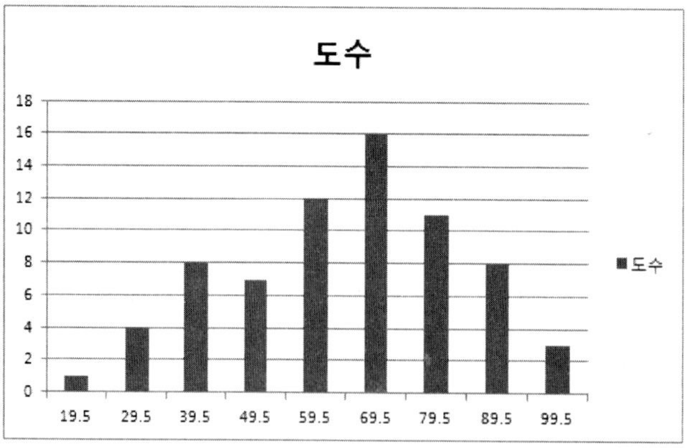

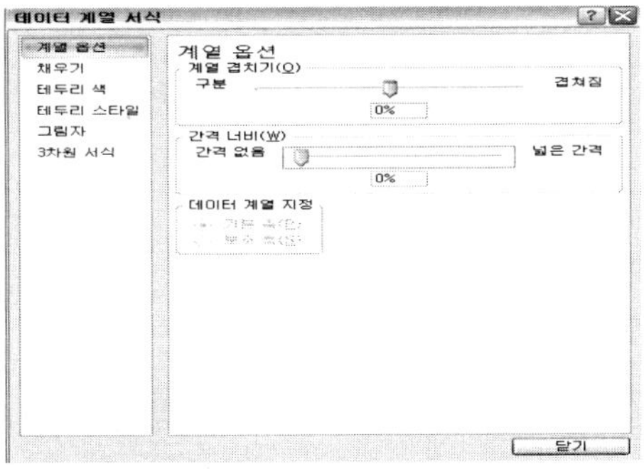

그러면 최종적으로 히스토그램이 다음과 같이 완성된다.

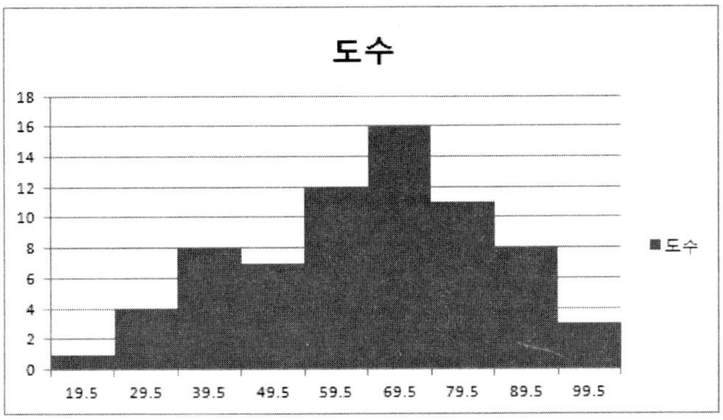

예제1.9) 다음의 도수분포표로부터 엑셀의 차트삽입 기능을 이용하여 히스토그램을 작성하라.

계급	도수
30 ~ 39	2
40 ~ 49	3
50 ~ 59	11
60 ~ 69	20
70 ~ 79	32
80 ~ 89	25
90 ~ 99	7
계	100

☞ 풀이

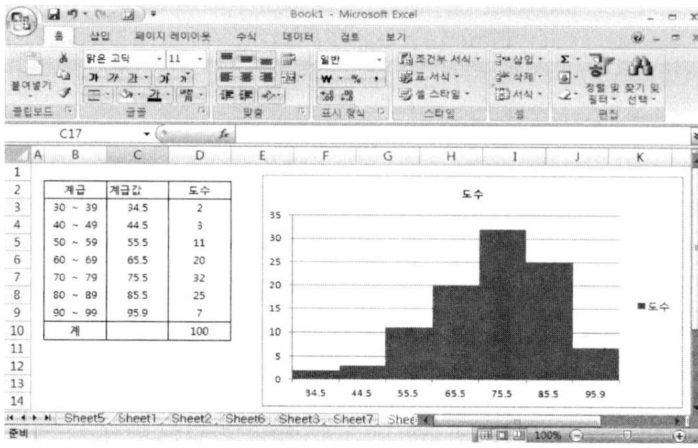

예제1.10) 앞의 [예제1.9] 데이터를 이용하여 도수다각형과 누적도수곡선을 그려라.

☞ 풀이

1) 도수다각형

1단계] 도수 분포표의 계급값과 도수 영역을 지정한 후 삽입메뉴에서 "꺽은선형"을 선택하여 차트를 작성한다.

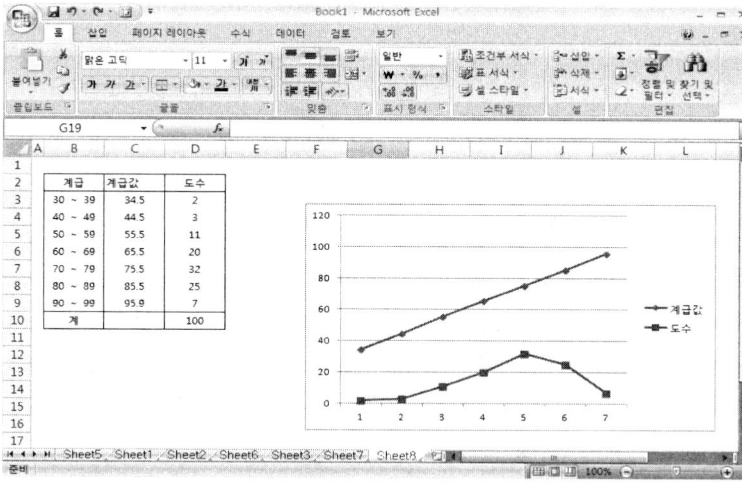

2단계] 작성된 차트에서 "계급값" 선은 삭제하고, 차트영역을 클릭한 후 오른쪽 마우스 버튼을 눌러 데이터 선택 창을 불러와 x축 레이블 값을 계급값으로 변경 한다.

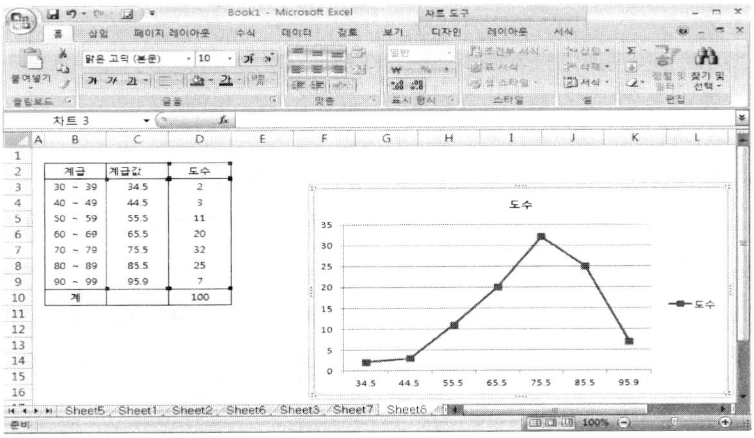

2) 누적도수 곡선

1단계] 누적도수를 구한다.

2단계] 앞의 도수다각형을 작성할 때와 같이 차트종류를 "꺾은선"형을 선택하고, 데이터범위와 계열을 적절히 다음과 같이 조정한다.

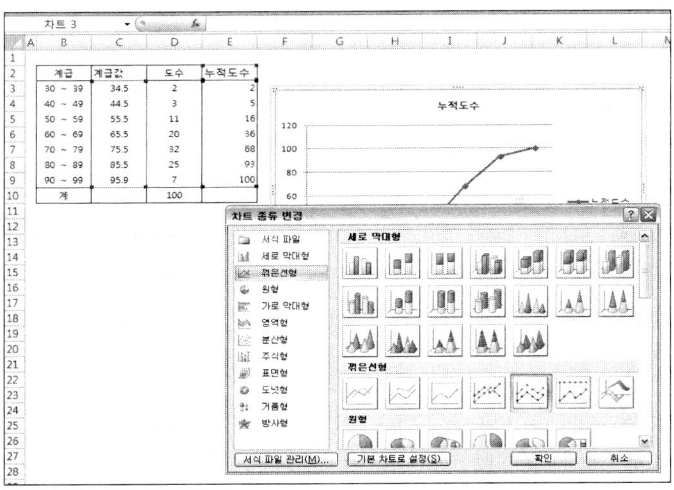

3단계] 완성된 누적도수곡선

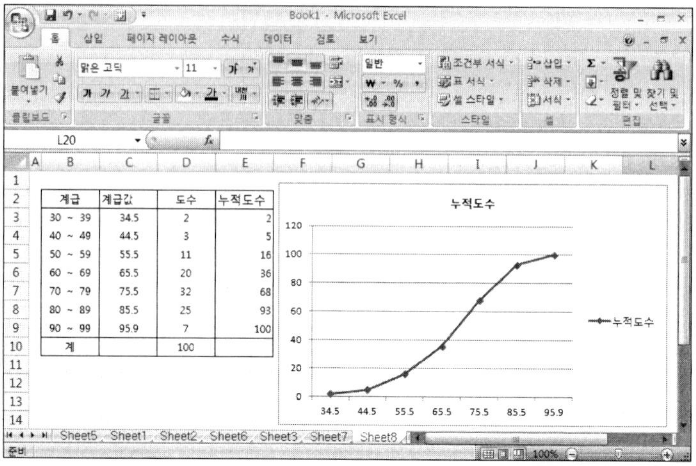

1.5.3 탐색적 자료 분석

자료의 정리나 요약뿐만 아니라, 구조적 특성까지 명확히 표현하는 방법을 미국의 Tukey가 제안하였다. 탐색적 자료분석이란 자료를 분석, 정리하여 자료의 특성을 한 눈에 잘 이해할 수 있도록 표현하는 방법이라 할 수 있다. 여기서는 줄기-잎 그림에 대해 살펴보기로 한다.

1) 줄기-잎 그림(stem-and-leaf display)

줄기-잎 그림은 자료의 배열과 히스토그램을 복합적으로 나타내어 변수에 대한 관찰값을 표현, 분석할 수 있다.

자료들을 줄기에 해당되는 부분과 잎에 해당되는 부분으로 나누어서 표현한 것을 줄기-잎-그림(stem-and-leaf display)이라 한다. 이는 자료 전체의 모양 즉, ① 일련의 수치가 어느 정도 퍼져 있는가? ② 다른 것과 멀리 떨어진 수치가 있는가? ③ 수치가 집중되어 있는지의 여부 ④ 수치 전체가 어느 값을 중심으로 대칭적으로 퍼져 있는지의 여부 ⑤ 전체의 수치가 몇 개의 그룹으로 나누어져 있는가? 등을 파악하는데 유용하다. 이 때, 수치를 어느 자리에서 나눌 것인가는 전체의 모양으로부터 문제에 따라 적절히 정하면 된다. 줄기 잎 그림을 작성하는 과정을 순서대로 나타내 보면 다음과 같다.

① 자료를 줄기 부분과 잎 부분으로 나누어 줄기 값과 잎의 값을 정한다. ② 줄기 값을 크기순서로 세로로 나열하고, 그 오른쪽 옆에 수직선을 긋는다. ③ 각 줄기에 해당하는 잎의 값을 그 줄기의 오른쪽에 가로로 나열한다. ④ 각 줄기에 나열된 잎의 값을 크기 순서로 다시 배열한다.

예제1.11) 다음 자료를 이용하여 줄기 잎 그림을 작성하여라.

53	52	56	37	34	25	40	41	58	47
70	81	73	63	61	59	65	79	89	48

☞ 풀이

1단계] 자료를 10단위와 한자리 수치로 나누어 10단위 수치를 순서대로 정리한다.

```
8 |
7 |
6 |
5 |
4 |
3 |
2 |
```

2단계] 한자리 수치를 해당 줄기에 따라 잎 부분에 나열한다.

```
8 | 1 9
7 | 0 3 9
6 | 3 1 5
5 | 3 2 6 8 9
4 | 0 1 7 8
3 | 7 4
2 | 5
```

3단계] 각 줄기에 해당되는 잎 부분의 수치를 순서대로 정리한다.

```
8 | 1 9
7 | 0 3 9
6 | 1 3 5
5 | 2 3 6 8 9
4 | 0 1 7 8
3 | 4 7
2 | 5
```

연습문제

[1] 어떤 도수분포표의 계급이 다음과 같다.

6~10, 11~15, 16~20, 21~25, 26~30, 31~35

1) 계급의 중앙값은 얼마인가?
2) 구간 경계선을 각각 구하여라.
3) 계급의 폭은 얼마인가?

[2] 월급에 관한 도수분포표에서 계급의 중앙값이 각각 84.5, 104.5, 124.5, 144.5, 164.5이다. 각 계급의 폭은 일정하다고 가정하고, 다음 물음에 답하여라.
1) 각 계급의 폭을 구하여라.
2) 각 계급의 구간 경계선을 구하여라.
3) 각 계급을 결정하여라.

[3] 다음의 도수분포표를 이용하여 물음에 답하시오.

계급	도수
60 ~ 69	85
70 ~ 79	77
80 ~ 89	124
90 ~ 99	78
100 ~ 109	36

1) 각 계급의 폭을 구하여라.
2) 각 계급의 구간 경계선을 구하여라.
3) 각 계급값을 결정하여라.
4) 상대도수, 누적도수, 상대누적도수를 구하여라.
5) 히스토그램, 도수다각형을 그려라.

[4] 원유를 생산하는 서구 국가의 원유비축량을 조사한 자료가 다음과 같다.

지역	비축량(백만 배럴)
미주지역	38.7
남미지역	22.6
캐나다	8.8
멕시코지역	60.0

1) 엑셀을 이용하여 히스토그램을 작성하라.
2) 엑셀을 이용하여 도수다각형을 작성하라.

[5] 도수밀도에 대한 히스토그램에서 각 계급에 대한 사각형의 면적은 무엇을 나타내는가? 이러한 사각형의 면적을 모두 더하면 무엇이 되는가?

[6] 어떤 합금의 30개에 대한 인장강도가 다음과 같다.

2.58	2.65	2.40	2.46	2.44	2.31	2.30	2.71	2.38	2.46
2.73	2.43	2.39	2.59	2.68	2.73	2.64	2.52	2.80	2.64
2.71	2.73	2.43	2.59	2.48	2.46	2.54	2.68	2.66	2.60

1) 각 계급을 2.30~2.39, 2.40~2.49, 2.50~2.59, 2.60~2.69, 2.70~2.79, 2.80~2.89로 만들어 도수분포표를 작성하여라.
2) 계급 중앙값과 구간 경계선을 구하여라.
3) 엑셀을 이용하여 상대도수, 누적도수, 상대누적도수를 구하여라.
4) 엑셀을 이용하여 히스토그램, 도수다각형을 그려라.

[7] *D* 대학의 통계학과 1학년 재학생 35명의 성적이 다음과 같다.

54 80 83 42 86 63 63 57 71 84 77 59 90 73 81 76 55 82
51 94 66 73 88 89 79 87 55 98 51 89 80 82 85 90 58

1) 엑셀을 이용하여 도수분포표를 작성하라.
2) 엑셀을 이용하여 히스토그램을 작성하라.
3) 줄기 잎 그림을 그려라.
4) 엑셀을 이용하여 상대도수 다각형을 그려라.

2장 자료의 요약

2.1 대표값

자료에 대한 산술적인 계산에 의해 자료를 요약·표현하는 방법은 우선 자료들을 가장 잘 대표하는 대표값을 계산하고, 이러한 대표값을 중심으로 자료들이 어떻게 퍼져 있는가를 나타내는 산포도를 계산하는 것이다.

먼저 대표값은 자료들의 분포에 대한 중심적인 경향이나 중심위치를 나타내며, 자료의 분포 형태를 나타내는 중요한 척도가 된다. 즉, 대표값은 통계 자료들의 특성치로서 산술평균·중위수·최빈수·사분위수·백분위수 등이 있다.

하지만, 대표값 만으로는 통계자료의 분포형태를 나타내는 것은 불완전하며, 각각의 관찰치들이 중심위치로부터 어느 정도 벗어나 있는가를 나타내는 산포도가 필요하다. 산포도로서는 범위와 평균편차, 분산 및 표준편차, 사분위 편차 등이 있다.

이러한 대표값이나 산포도를 구하기 위해 엑셀에서는 많은 통계함수를 제공하고 있으며, 이와 같은 엑셀의 통계함수 기능을 이용하여 먼저 자료에 대한 대표값을 구해보기로 한다.

2.1.1 산술평균(Mean)

통계자료들의 중심적인 경향을 나타내는 가장 보편적이고, 중요하게 사용되고 있는 대표값이 산술평균이다. 통계자료가 모집단과 표본이 경우에 따라 평균에 대한 표현이 다르다. 즉, 모집단의 평균을 모평균으로서 μ로 표현하며, 표본평균으로서 $\bar{x}$ 로 나타낸다.

평균을 계산하는 방법으로는 관찰된 자료의 형태에 따라 정리되니 않은 자료와 정리된 자료에 따라 두 가지 방법으로 기술할 수 있다.

1) 정리되지 않은 자료

일반적으로 변량 X의 N개의 측정값이 $x_1, x_2, ..., x_N$으로 주어질 때, X의 산술평균을 μ라 하면 다음과 같이 정의된다.

$$\mu = \frac{1}{N}(x_1 + x_2 + \ldots + x_N) = \frac{1}{N}\sum_{i=1}^{N} x_i$$

이것을 산술평균 또는 간단히 평균이라 한다.

특별히 관찰값들이 여러 개의 같은 값들로 이루어진 경우에는 동일한 값을 가지는 다음과 같은 방법으로 관찰값들의 도수를 계산하여 구하면 편리하다.

즉, 변량 X의 k개의 서로 다른 관찰값 $x_1, x_2, \cdots, x_k$에 대해 각각의 도수를 $f_1, f_2, \cdots, f_k$라 하면, 산술평균 μ는 다음과 같다.

$$\mu = \frac{f_1x_1 + f_2x_2 + \cdots + f_kx_k}{f_1 + f_2 + \cdots + f_k} = \frac{\sum_{i=1}^{k} f_i x_i}{\sum_{i=1}^{k} f_i}$$

또한 관찰치가 크기 n인 표본인 경우 산술평균은 다음과 같이 계산할 수 있다.

$$\bar{x} = \frac{1}{n}(x_1 + x_2 + \ldots + x_n) = \frac{1}{n}\sum_{i=1}^{n} x_i$$

2) 정리된 자료

N개의 측정값이 도수분포로 주어졌을 때, i 번째 계급의 계급값을 x_i 라하고, 이때 도수를 f_i라 하면, 산술평균은 다음과 같다.

$$\mu = \frac{1}{N}(f_1x_1 + f_2x_2 + \cdots + f_kx_k) = \frac{1}{N}\sum_{i=1}^{k} f_i\, x_i\ , \qquad N = \sum_{i=1}^{k} f_i\ .$$

일반적으로 도수분포표로부터 구한 산술평균과 원 자료를 이용한 산술평균은 서로 다른 값을 가진다. 그러나 자료들이 각 계급의 구간에서 골고루 펴져 있을 때에는 거의 같은 값을 가진다.

앞에서와 마찬가지로, 모집단의 일부인 표본을 관찰한 자료가 도수분포표로 주어졌을 때 산술평균은 다음과 같이 계산된다.

$$\bar{x} = \frac{1}{n}(f_1x_1 + f_2x_2 + \cdots + f_kx_k) = \frac{1}{n}\sum_{i=1}^{k} f_i\, x_i\ , \qquad n = \sum_{i=1}^{k} f_i\ .$$

일반적으로 모집단의 정보인 모평균은 모르는 값이고, 통계자료의 대부분은 모집단 자료보다는 표본자료인 경우가 많기 때문에 모평균 μ보다는 표본평균인 $\bar{x}$를 사용하기로 한다.

이와 같이 계산되는 평균은 다음과 같은 대수적 성질들을 가진다.

[산술평균의 성질]

(1) 추상적인 대표값으로 수치적으로 편리한 점이 많아 대표값으로 가장 많이 사용되나, 극단적인 값의 영향을 많이 받는다.

(2) 편차 제곱의 합을 최소로 하는 a의 값은 산술평균이다.

$$\sum_{i=1}^{n}(x_i-\overline{x})^2 \le \sum_{i=1}^{n}(x_i-a)^2$$

(3) 변량 $x_1,x_2,\cdots,x_n$ 의 산술평균을 $\overline{x}$라 할 때, $x_1\pm k,x_2\pm k,\cdots,x_n\pm k$의 산술평균은 $\overline{x}\pm k$가 된다.

(4) 변량 $x_1,x_2,\cdots,x_n$ 의 산술평균을 $\overline{x}$라 할 때, $kx_1,kx_2,\cdots,kx_n$의 산술평균은 $k\overline{x}$가 된다.

(5) 평균에 대한 편차를 $d_i=x_i-\overline{x}$ 라 할 때, 편차의 합은 0이다.

3) 엑셀을 이용한 산술평균의 계산

이와 같은 평균의 성질을 토대로 엑셀에서는 통계함수의 하나로 AVERAGE() 함수를 제공하고 있으며, 이를 통해 쉽게 산술평균을 구할 수 있다. 또한 AVERAGE() 함수 이외에도 수식을 통해 평균을 구할 수 있는데 이는 위에서 정의한 평균공식을 이해해야 한다.

[엑셀을 이용한 평균 계산]

- 평균을 구하기 위한 엑셀의 함수 : =AVERAGE(데이터 범위)
- 평균을 구하기 위한 엑셀의 수식 : = SUM(데이터 범위) /데이터개수

예제2.1) 6개의 측정값이 다음과 같을 때, 산술평균을 구하라.

15	10	10	5	12	11

☞ 풀이 1 - 산술적 계산

$$\overline{x}=\frac{1}{n}\sum_{i=1}^{n}x_i$$

$$=\frac{1}{6}(15+10+10+5+12+11)=\frac{63}{6}=10.5$$

☞ 풀이 2 - 엑셀을 이용한 계산

산술평균을 구하기 위한 엑셀의 통계함수는 AVERAGE() 함수로서 이 함수를 이용하여 다음과 같이 산출평균을 구해보기로 한다.

1단계] 자료의 입력를 입력 한 후 평균을 구하고자 하는 셀에 마우스를 위치한 후 =AVERAGE(A1:F1)을 입력한 후 엔터를 친다.

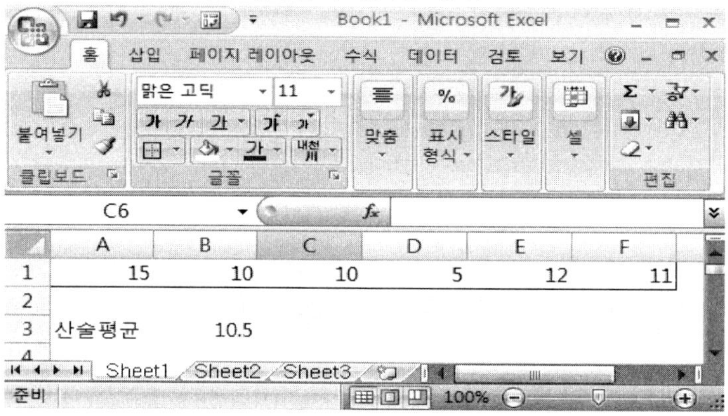

예제2.2) 다음 도수분포표에서 산술평균을 구하라.

계급	0~10	10~20	20~30	30~40	40~50	계
도수	4	3	10	2	1	20

☞ 풀이 1 - 산술적인 계산

평균을 구하기 위해 먼저 각 계급의 계급값을 구하면, 다음과 같다.

계급	계급값	도수
0~10	5	4
10~20	15	3
20~30	25	10
30~40	35	2
40~50	45	1
계		20

따라서 정리된 자료의 산술평균 공식을 이용하여 다음과 같이 평균을 구할 수 있다.

$$\bar{x} = \frac{1}{n}\sum_{i=1}^{k} f_i \, x_i$$

$$= \frac{1}{20}(4\times 5 + 3\times 15 + 10\times 25 + 2\times 35 + 1\times 45)$$

$$= \frac{430}{20} = 21.5$$

☞ 풀이 2 - 엑셀을 이용한 가중평균 계산

1단계] 엑셀의 각 셀에 데이터를 입력한 후 도수분포표를 만든 다음 계급값과 도수의 곱을 구하기 위한 항목을 만든다.

	A	B	C	D	E
1					
2	계급	계급값	도수	계급값*도수	
3	0~10	5	4		
4	10~20	15	3		
5	20~30	25	10		
6	30~40	35	2		
7	40~50	45	1		
8	계		20		
9					

2단계] 첫번째 셀에 "= B3*C3"를 입력한 후 나머지 셀에 대해서는 자동 채우기 핸들을 이용하여 입력한다.

	A	B	C	D	E
1					
2	계급	계급값	도수	계급값*도수	
3	0~10	5	4	20	
4	10~20	15	3	45	
5	20~30	25	10	250	
6	30~40	35	2	70	
7	40~50	45	1	45	
8	계		20		
9					

3단계] 평균을 구하기 위해 마지막 셀에 "=SUM(D3:D7)"을 입력하여 합계를 구한 다음 끝으로 아래 셀에는 "=D8/C8" 를 입력하여 평균을 구한다.

	A	B	C	D	E
1					
2	계급	계급값	도수	계급값*도수	
3	0~10	5	4	20	
4	10~20	15	3	45	
5	20~30	25	10	250	
6	30~40	35	2	70	
7	40~50	45	1	45	
8	계		20	430	
9			평균	21.5	
10					

예제2.3) 다음 자료에 대한 산술평균을 구하시오.

62	73	85	42	68	54	38	27	32	63
68	69	75	59	52	58	52	36	85	88
72	52	63	68	29	73	29	76	29	57
46	67	76	87	67	69	60	78	72	71
43	54	65	34	76	56	87	65	54	12
32	43	45	67	65	78	98	87	56	33
45	34	56	67	98	89	90	87	46	34

☞ 풀이 – 자료의 수가 많아 직접적으로 산술평균을 구하기란 매우 곤란하다. 따라서 엑셀의 통계 함수인 AVERAGE함수를 이용하여 산술평균을 구해보도록 한다.

다음과 같이 데이터를 입력한 후 평균항목을 만든 후 직접 AVERAGE(A1:J7)을 입력하면 간단히 산술평균을 구할 수 있다.

F9 fx =AVERAGE(A1:J7)

	A	B	C	D	E	F	G	H	I	J	K
1	62	73	85	42	68	54	38	27	32	63	
2	68	69	75	59	52	58	52	36	85	88	
3	72	52	63	68	29	73	29	76	29	57	
4	46	67	76	87	67	69	60	78	72	71	
5	43	54	65	34	76	56	87	65	54	12	
6	32	43	45	67	65	78	98	87	56	33	
7	45	34	56	67	98	89	90	87	46	34	
8											
9					산술평균	60.3					
10											

※ 참고 – 가중평균의 계산

셀 계산 방법 : 셀 값에 대한 서로의 곱을 구하기 위한 방법은 각 셀에 할당된 셀 주소를 이용하여 수식을 작정하여 계산하면 된다. 예를 들어 가중평균을 구하기 위해 각 계급의 계급값과 각 계급의 도수를 곱하여 이들의 합을 구해야 한다. 이를 위해서는 앞의 예제에서와 같이 "=B3*C3"를 구한 후 맨 마지막 셀에서는 이들의 합을 구한다. 다음으로 합계를 자료의 수로 나누면 구하고자 하는 가중평균을 구할 수 있다.

2.1.2 중위수(Median)

중위수는 산술평균과 마찬가지로 자료의 중심적 경향을 나타내는 척도이고, 자료를 크기순으로 배열했을 때, 자료의 중앙에 위치하는 값을 의미한다.

1) 정리되지 않은 자료

관찰된 자료를 크기순으로 작은 순서에서 큰 순서대로 나열했을 때, 자료의 중앙에 위치한 값을 중위수 또는 중앙값이라 하며, Me 으로 표기한다. 정리되지 않은 자료에서 중위수를 구하는 방법으로는 자료의 개수가 홀수인 경우와 짝수인 경우에 따라 다음과 같이 구할 수 있다.

(ⅰ) 자료의 개수가 홀수인 경우

$$Me = \frac{n+1}{2}\text{번째 관찰값}$$

(ii) 자료의 개수가 짝수인 경우

$$Me = \frac{1}{2}\times(\frac{n}{2}\text{번째 관찰값} + \frac{n+1}{2}\text{번째 관찰값})$$

2) 정리된 자료

관찰값들이 도수분포표로 주어진 경우 $\frac{n}{2}$이 누적도수 상에서 처음으로 포함된 계급을 중위수가 포함된 계급이라 하면, 다음과 같은 공식에 의해 중위수를 구할 수 있다.

$$Me = L + \left(\frac{n}{2} - F_c\right)\frac{c}{f}$$

여기서 $L=$ 중위수가 속한 계급의 하한

$n=$ 자료의 총 도수

$C=$중위수가 속한 계급의 폭

$f=$ 중위수가 속한 계급의 도수

$F_c=$ 중위수가 속한 계급 이전까지의 누적 도수

이와 같이 구한 중위수는 다음과 같은 성질들을 가진다.

[중위수의 성질]

(1) 극단적인 값의 영향을 받지 않는다.

(2) 중위수에 대한 편차의 절대치의 합은 편차의 절대치의 합보다 작다.

$$\sum_{i=1}^{n}|x_i - Me| \le \sum_{i=1}^{n}|x_i - a|$$

(3) 수리적으로 다루기가 불편하므로, 극단적인 값을 피해야 하는 특수한 경우를 제외하고는 거의 사용하지 않는다.

(4) 중위수는 히스토그램을 똑같은 면적으로 나눈 수직선에 대응하는 x의 값이 된다.

(5) 경기변동을 산출할 때 사용한다.

(6) 중위수는 백분위수의 특별한 경우이다.

3) 엑셀을 이용한 중위수 계산

평균과 마찬가지로 엑셀에서 중앙값 또는 중위수를 구하기 위한 통계함수로 MEDIAN()을 제공한다. 특히 자료의 수가 많은 경우에는 자료를 크기 순서대로 배열하여 이로부터 중위수를 구하기란 매우 곤란하다. 이를 쉽게 구할 수 있는 방법으로 정리되지 않은 자료의 경우 엑셀의 MEDIAN() 함수를 이용하는 것이다. 그러나 정리된 자료의 경우 엑셀을 이용한 방법은 지금까지 알려져 있지 않다는 점을 참고하기 바란다.

[중위수를 구하기 위한 엑셀의 통계함수]

- 중위수를 구하기 위한 엑셀의 함수 : =MEDIAN(데이터 범위)
- 또는 백분위수 중 50분위수가 중위수이므로 PERCENTILE() 함수를 이용할 수도 있다.

이와 더불어 사분위수 중에서 제2사분위수가 중위수이므로
QUARTILE() 함수를 이용해도 무방하다.
=PERCENTILE(데이터범위, 0.5) 또는 =QUARTILE(데이터범위, 2)

예제2.4) 다음 자료에 대한 중위수를 구하라.

2, 3, 7, 7, 7, 8, 8

☞ 풀이 1 - 직접적인 계산

순서대로 정리한 후 자료의 개수가 홀수이면 $\frac{n+1}{2}$ 번째 값이 중위수가 된다. 따라서 2, 3, 7, 7, 7, 8, 8 이므로 중위수는 다음과 같다.

$$Me = \frac{7+1}{2} \text{ 번째 값} = 4\text{번째 값} = 7$$

☞ 풀이 2 - 엑셀의 통계함수를 이용한 계산

1단계] 다음과 같이 데이터를 입력하고 중위수 항목을 만들고, 중위수 항목에 =MEDIAN(A2:A8)을 입력한 후 엔터를 친다.

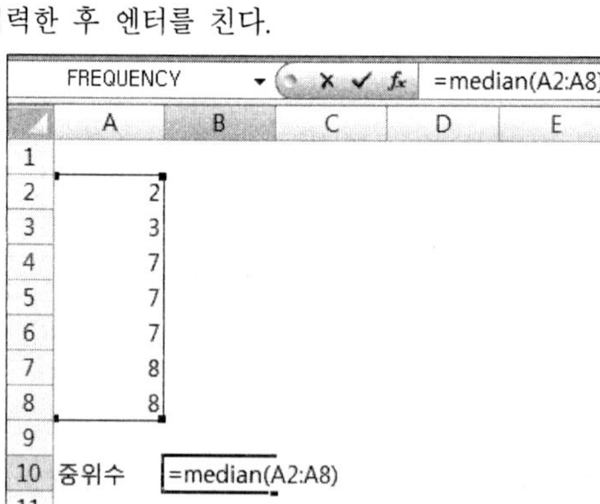

2단계] 중위수를 구한다.

	A	B	C	D
1				
2	2			
3	3			
4	7			
5	7			
6	7			
7	8			
8	8			
9				
10	중위수	7		
11				

예제2.5) 6명의 통계학 점수가 다음과 같을 때, 중위수를 구하라.

60, 70, 70, 80, 90, 90

☞ 풀이 1 - 산술적 계산

측정값의 수가 짝수이므로, 크기순으로 나열한 후 $\frac{n}{2}$번째와 $\frac{n}{2}+1$번째에 위치한 측정값의 평균값을 구하면 된다. 따라서 다음과 같이 중위수를 계산할 수 있다.

$$Me = \frac{1}{2}\times\left(\frac{n}{2}\text{번째 관찰값} + \frac{n+1}{2}\text{번째 관찰값}\right)$$

$$= \frac{1}{2}(3\text{번째 관찰값} + 4\text{번째 관찰값})$$

$$= \frac{1}{2}(70+80) = 75$$

☞ 풀이 2 - 엑셀을 이용한 계산

[예제 2.4]의 풀이2 와 같은 방법으로 I2 셀에 "=MEDIAN(A2:A7)"를 입력하면 다음과 같이 중위수를 구할 수 있다.

	A	B	C	D
1				
2	60			
3	70			
4	70			
5	80			
6	90			
7	90			
8				
9				
10	중위수	75		
11				

예제2.6) 다음의 자료에 대한 중위수를 엑셀을 이용하여 구하라.

22	12	9	8	33	32	30	33	8	11
21	16	12	15	37	30	16	22	12	24
18	25	37	16	25	28	25	18	9	28
25	28	26	15	12	35	38	16	24	31

☞ 풀이

데이터의 수가 많기 때문에 자료의 크기에 따라 순서대로 배열하여 중위수를 구하기란 매우 곤란하다. 따라서 엑셀에 데이터를 입력하고, 중위수 항목을 만든 다음 MEDIAN() 함수를 이용하여 다음과 같이 중위수를 쉽게 구할 수 있다.

=MEDIAN(A2 : J5) = 23

L2 　 f_x =MEDIAN(A2:J5)

	A	B	C	D	E	F	G	H	I	J	K	L	M
1													
2	22	12	9	8	33	32	30	33	8	11	중위수	23	
3	21	16	12	15	37	30	16	22	12	24			
4	18	25	37	16	25	28	25	18	9	28			
5	25	28	26	15	12	35	38	16	24	31			
6													

예제2.7) 다음 도수분포표에서 중위수는 얼마인가?

계급	도수	누적도수
5 ~ 19	4	4
20 ~ 34	12	16
35 ~ 49	15	31
50 ~ 64	16	47
65 ~ 79	22	69
80 ~ 94	11	80

☞ 풀이

$\frac{n}{2}=\frac{80}{2}=40$번째 값이 중위수이다. 따라서 중위수가 속해 있는 계급은 누적도수가 47인 50~64 이다. 중위수의 공식에 의해 다음과 같이 계산된다.

$Me = L + (\frac{N}{2} - F_c)\frac{C}{f}$에서 $L=49.5$, $N=80$, $F_c=31$, $C=15$, $f=16$ 이므로

$$Me = 49.5 + (\frac{80}{2} - 31)\frac{15}{16} = 57.94$$

2.1.3 백분위수(Percentile)와 사분위수(Quartile)

백분위수 또는 $100p$ 분위수는 자료의 수가 많을 때, 중위수의 개념을 확장하여 주어진 자료를 작은 순서에서 큰 순서대로 나열하여 자료를 100등분하였을 때, 해당된 관찰 값을 말한다. 따라서 백분위수는 크기순으로 나열된 관찰 값 중 적어도$100p\%$의 관찰값이 그 값보다 작거나 같고, 또한 적어도 $(100-p)\%$의 관찰값이 그 값보다 크거나 같게 되는 값을 의미하며,$\tilde{\pi}_p$로 표기한다.

1) 정리되지 않은 자료

관찰값들이 작은 순서에서 큰 순서대로 나열되어 있을 때, 백분위수 $\tilde{\pi}_p$는 다음과 같은 공식에 의해 계산된다.

(i) $(n+1)p$의 값이 자연수인 경우

$$\tilde{\pi}_p = (n+1)p\text{번째 관찰값}$$

(ii) $(n+1)p$의 값이 자연수가 아닌 경우 (즉,$(n+1)p=r+a$ 의 형태인 경우이며, r은 자연수이고, a는 소수점이하의 수이다.)

$$\tilde{\pi}_p = r\text{번째 관찰값} + a\times\{(r+1)\text{번째 관찰값} - r\text{번째관찰값}\}$$

$$= (1-a)\times r\text{번째 관찰값} + a\times(r+1)\text{번째관찰값}$$

특별히 $p=0.5$인 경우$\tilde{\pi}_{0.5}=50$백분위수로서 중위수이며, $p=0.25$인 경우$\tilde{\pi}_{0.25}=25$ 백분위수로서 제1사분위수가 된다. 또한 $p=0.75$인 경우$\tilde{\pi}_{0.75}=75$백분위수로서 제3사분위수가 된다. 즉 다음과 같은 관계가 성립한다.

$$\tilde{\pi}_{0.25} = 25\text{백분위수} = Q_1 = \text{제1사분위수} = 25\text{분위수}$$

$$\tilde{\pi}_{0.5} = 50\text{백분위수} = Q_2 = Me = \text{중위수} = 50\text{분위수}$$

$$\tilde{\pi}_{0.75} = 75\text{백분위수} = Q_3 = \text{제3사분위수} = 75\text{분위수}$$

또한 순서대로 나열된 관찰값들을 10등분했을 때, 그 위치에 있는 값을 10분위수(decile)라 하며, 백분위수에서 $p=0.1, 0.2, \cdots, 0.8, 0.9$ 등일 때, 10분위수, 20분위수, …, 80분위수, 90분위수라 한다. 따라서 10분위수는 백분위수의 특별한 경우라 할 수 있다.

2) 정리된 자료

관찰값 들이 도수분포표로 주어진 경우, $n \times p$가 누적도수 상에서 처음으로 포함된 계급을 백분위수가 포함된 계급이라 하면, 다음과 같은 공식에 의해 백분위수를 구할 수 있다.

$$\tilde{\pi}_p = L + (n \times p - F_c)\frac{c}{f}$$

여기서 $L=$ 백분위수가 속한 계급의 하한

$n=$ 자료의 총 도수

$C=$백분위수가 속한 계급의 폭

$f=$ 백분위수가 속한 계급의 도수

$F_c=$ 백분위수가 속한 계급 이전까지의 누적 도수

3) 엑셀을 이용한 백분위수 계산

정리되지 않은 자료에 대한 백분위수를 계산하기 위해 엑셀에서는 “=PERCENTILE()” 함수를 제공한다. 평균이나 중위수를 계산하기 위한 방법과 마찬가지로 백분위수를 계산하기 위해서는 함수마법사 대화상자에서 통계함수 중 PERCENTILE() 함수를 선택하고, 해당 자료에 대한 범위와 구하고자 하는 백분위수의 비율을 입력하면 쉽게 백분위수를 구할 수 있다.

[백분위수와 사분위수를 구하기 위한 엑셀의 통계함수]

- 백분위수를 구하기 위한 함수 : =PERCENTILE(데이터 범위, 비율)
  여기서 비율 인수는 0~1 까지의 비율을 입력한다. 예를 들어 50분위수를 구하고자 하면 0.5를 입력하면 된다.
- 사분위수를 구하기 엑셀함수 : =QUARTILE(데이터범위, 사분위수값)
  여기서 사분위수 값은 0~4 까지의 값
  0 : 최소값, 1: 제1사분위수, 2: 중위수, 3: 제3사분위수, 4: 최대값

예제2.8) 다음의 자료를 통해 10분위수 부터 90분위수 까지를 모두 구하라.

22	12	9	8	33	32	30	33	8	11
21	16	12	15	37	30	16	22	12	24
18	25	37	16	25	28	25	18	9	28
25	28	26	15	12	35	38	16	24	31

☞ 풀이

1단계] 데이터를 입력한 후 백분위수 항목을 만든다.

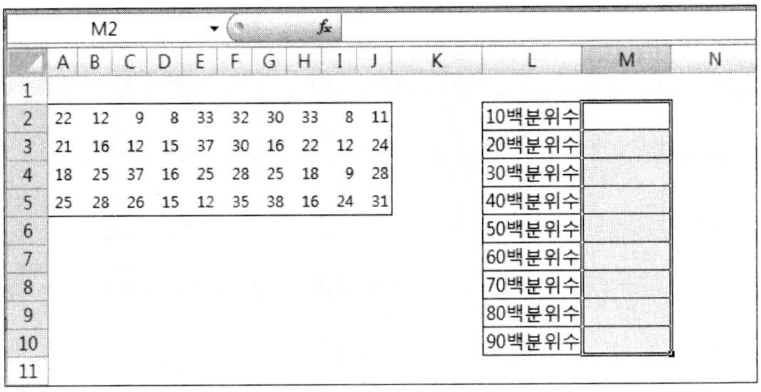
M2

	A	B	C	D	E	F	G	H	I	J	K	L	M	N
1														
2	22	12	9	8	33	32	30	33	8	11		10백분위수		
3	21	16	12	15	37	30	16	22	12	24		20백분위수		
4	18	25	37	16	25	28	25	18	9	28		30백분위수		
5	25	28	26	15	12	35	38	16	24	31		40백분위수		
6												50백분위수		
7												60백분위수		
8												70백분위수		
9												80백분위수		
10												90백분위수		
11														

2단계] 함수마법사의 PERCENTILE() 함수를 호출하여 먼저 제10백분위수를 구하기 위해 데이터 범위와 비율을 다음과 같이 입력한 다음 "확인" 단추를 클릭한다.

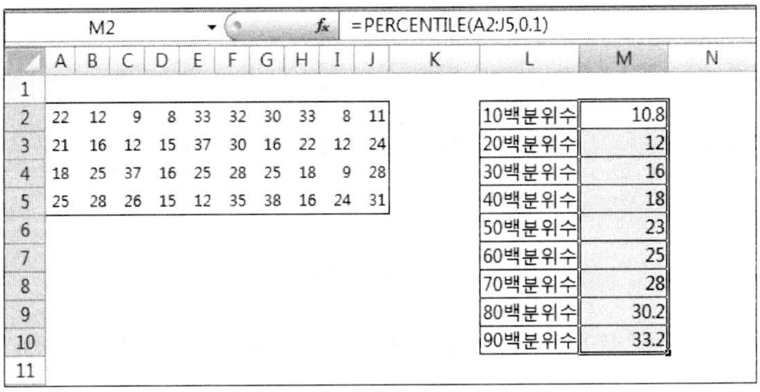
M2 =PERCENTILE(A2:J5,0.1)

	A	B	C	D	E	F	G	H	I	J	K	L	M	N
1														
2	22	12	9	8	33	32	30	33	8	11		10백분위수	10.8	
3	21	16	12	15	37	30	16	22	12	24		20백분위수	12	
4	18	25	37	16	25	28	25	18	9	28		30백분위수	16	
5	25	28	26	15	12	35	38	16	24	31		40백분위수	18	
6												50백분위수	23	
7												60백분위수	25	
8												70백분위수	28	
9												80백분위수	30.2	
10												90백분위수	33.2	
11														

즉, "=PERCENTILE(A2: J5, 0.1)"은 제10백분위수가 된다. 같은 방법으로 나머지 셀에 대해 분위수를 구한다.

예제2.9) 앞의 [예제2.8]의 자료를 이용하여 제1사분위수 Q_1와 제3사분위수 Q_3를 각각 구하라.

☞ 풀이 - 제1사분위수 Q_1와 제3사분위수 Q_3는 각각 25백분위수와 75백분위수이므로 PERCENTILE() 함수를 이용하여 각각 다음과 같이 구할 수 있다.

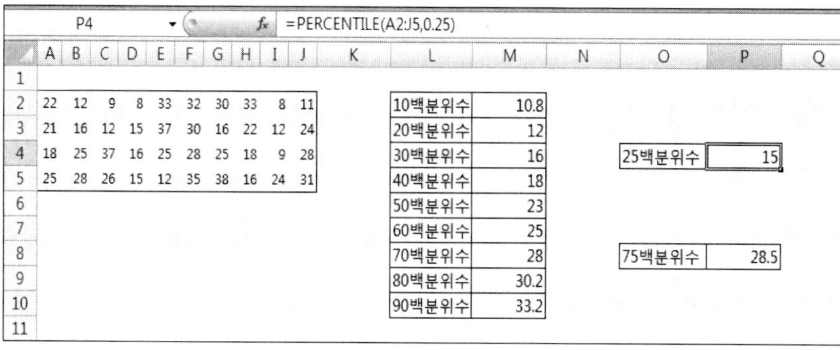

P4 =PERCENTILE(A2:J5,0.25)

	A	B	C	D	E	F	G	H	I	J	K	L	M	N	O	P	Q
1																	
2	22	12	9	8	33	32	30	33	8	11		10백분위수	10.8				
3	21	16	12	15	37	30	16	22	12	24		20백분위수	12				
4	18	25	37	16	25	28	25	18	9	28		30백분위수	16		25백분위수	15	
5	25	28	26	15	12	35	38	16	24	31		40백분위수	18				
6												50백분위수	23				
7												60백분위수	25				
8												70백분위수	28		75백분위수	28.5	
9												80백분위수	30.2				
10												90백분위수	33.2				
11																	

- 제1사분위수 : =PERCENTILE(A2: J5, 0.25) 또는 =QUARTILE(A2: J5, 1)
- 제3사분위수 : =PERCENTILE(A2: J5, 0.75) 또는 =QUARTILE(A2: J5, 3)

예제2.10) 다음 도수분포표에서 제1 사분위수 Q_1과 제3사분위수 Q_3를 구하라.

계 급	도 수	누적 도수
5 ~ 19	4	4
20 ~ 34	12	16
35 ~ 49	15	31
50 ~ 64	16	47
65 ~ 79	22	69
80 ~ 94	11	80

☞ 풀이

먼저 제1 사분위수를 구해보면 다음과 같다. 전체 자료의 도수 중 $n \times p = 80 \times 0.25 = 20$이므로 20번째 위치한 값이 제1 사분위수가 된다. 따라서 백분위수의 공식으로부터 다음과 같이 계산된다.

$$\tilde{\pi}_{0.25} = Q_1 = L_1 + (80 \times 0.25 - F_1)\frac{C_1}{f_1}$$

$L_1 = 34.5,\ n = 80,\ F_1 = 16,\ f_1 = 15,\ C_1 = 15$ 이므로

$$\tilde{\pi}_{0.25} = Q_1 = 34.5 + (20 - 16)\frac{15}{15}$$

$$= 34.5 + 4 \times \frac{15}{15} = 38.5$$

다음으로 제 3사분위수는 $n \times p = 80 \times 0.75 = 60$번째 값으로서 제 3사분위수가 속해 있는 계급은 65~79 이다. 따라서 위와 같은 방법으로 다음과 같이 계산할 수 있다.

$L_3 = 64.5,\ n = 80,\ F_3 = 47,\ f_3 = 22,\ C_3 = 15$

$$\tilde{\pi}_{0.75} = Q_3 = 64.5 + (60-47)\frac{15}{22}$$

$$= 64.5 + 13 \times \frac{15}{22} = 73.36$$

2.1.4 최빈수(Mode)

1) 최빈수의 계산

변량 X의 측정값 중에서 출현 도수가 가장 많은 값을 최빈수(mode) 또는 최빈값이라 하고 Mo로 나타낸다. 정리된 자료에 대한 도수분포곡선에서는 최고봉에 해당하는 변량의 값이 된다. 즉, 도수분포표에서는 최빈수가 다음과 같다.

$$Mo = L + \left(\frac{f_2}{f_1 + f_2}\right) C$$

여기서 L은 최빈수가 속한 계급의 하한, f_1은 최빈수가 속한 계급의 이전 도수, f_2는 최빈수가 속한 계급의 다음도수, C는 급간격이다.

다음은 최빈수의 성질에 관해 설명한 것이다.

[최빈수의 성질]

(1) 극단적인 값의 영향을 받지 않는다.
(2) 자료의 전형적인 값이므로 가장 납득하기 쉬운 대표값이다.
(3) 의류에서 기성복의 치수 등을 정하는 경우에 사용하기 적당하다.
(4) 반드시 하나만 존재하는 것은 아니다.

2) 엑셀을 이용한 최빈수의 계산

엑셀에서는 최빈수를 구하기 위한 통계함수로서 MODE() 함수를 제공한다. 중위수나 백분위의 경우와 마찬가지로 정리되지 않은 자료의 경우 이 함수를 이용하여 최빈수를 구할 수 있다.

[최빈수를 구하기 위한 엑셀의 통계함수]

- 최빈수를 구하기 위한 함수 : =MODE(데이터 범위)

예제2.11) 다음의 자료들로부터 최빈수를 구하라.

1) 2, 3, 7, 7, 7, 8, 9, 9
2) 2, 3, 7, 7, 7, 7, 8, 9, 9, 9, 9
3) 22, 23, 32, 40, 49

☞ 풀이 1 - 산술적인 방법

1) 7의 빈도가 3이므로 가장 많은 빈도가 된다. 따라서 최빈수는 7이다.
2) 7과 9의 빈도가 4이므로 가장 많은 빈도가 된다. 따라서 최빈수는 2개, 즉 7과 9가 된다.
3) 각 관찰값에 대한 빈도가 모두 같으므로 최빈수는 존재하지 않는다.

☞ 풀이 2 - 엑셀을 이용한 방법

1단계] 먼저 자료를 입력한 후 통계함수 중 MODE() 함수를 이용하여 다음과 같이 최빈수를 구할 수 있다.

FREQUENCY | =mode(B1:I1)

	A	B	C	D	E	F	G	H	I	J	K	L	M	N	O
1	자료1	2	3	7	7	7	8	9	9					=mode(B1:I1)	
2	자료2	2	3	7	7	7	7	8	9	9	9	9			
3	자료3	22	23	32	40	49									
4															

2단계] 나머지 자료에 대해서도 같은 방법으로 최빈수를 구하면 다음과 같다.

N1 | =MODE(B1:I1)

	A	B	C	D	E	F	G	H	I	J	K	L	M	N	O
1	자료1	2	3	7	7	7	8	9	9					7	
2	자료2	2	3	7	7	7	7	8	9	9	9	9		7	
3	자료3	22	23	32	40	49								#N/A	
4															
5															

이때 자료2의 경우 출현회수가 7과 9가 4로서 같아 실제 최빈수는 7과 9인데 엑셀의 결과

는 7만 출력되었다. 이와 같은 이유는 자료의 순서를 고려하였기 때문이다. 또한 자료3의 경우 모든 데이터의 출현회수가 동일하기 때문에 최빈수를 구할 수 없다. 따라서 엑셀의 결과는 "#N/A" 와 같은 에러 메시지를 결과로 나타낸다.

※ 참고 - 에러메시지

#N/A 는 Not Available 즉, 결과 값을 이용할 수 없다는 에러 메시지로 함수가 적절하게 적용되었다 할지라도 결과로 출력될 값이 없거나 적절치 않은 경우 발생하는 에러메시지이다.

예제2.12) 다음 도수분포표에서 최빈수는 얼마인가?

계급	15~20	20~25	25~30	30~35	계
도수	5	12	8	5	30

☞ 풀이

$Mo = L + \left(\dfrac{f_2}{f_1 + f_2}\right)c$ 에서 $L = 20$, $f_1 = 5$, $f_2 = 8$, $c = 5$ 이므로 구하고자 하는 최빈수는 다음과 같다.

$$Mo = 20 + \frac{8}{5+8} \times 5 = 23.08$$

2.1.5 평균,중위수,최빈수간의 관계

주어진 자료의 분포에 대한 중심적인 경향을 나타내는 평균, 중위수, 최빈수 중에서 가장 보편적으로 사용되는 것은 평균이며, 이들에 대한 장단점을 파악해 보면 다음과 같다.

(1) 자료가 정리되지 않은 경우에 자료를 가공하지 않고 항상 평균을 구할 수 있는 반면에 중위수와 최빈수는 그렇지 못한 점이 있다.

(2) 정리된 자료의 경우 계급 중에 한쪽이 열려 있는 경우 평균을 구할 수 없다. 하지만 중위수는 이와 상관없이 구할 수 있다.

(3) 추측통계학의 관점으로부터 평균은 중위수나 최빈수에 비해 여러 가지 좋은 점들을 지니고 있다.

(4) 평균은 자료들 중에 극단적인 값이 있을 경우 이러한 값에 상당한 영향을 받

는 반면에, 중위수나 최빈수는 비교적 극단적인 값에 영향을 덜 받는다.

위와 같은 장·단점들을 가진 세 가지 대표값들은 도수분포의 특성에 따라 그래프 상에서 다음과 같은 관계를 갖는다.

① 대칭인 분포 : 평균 = 중위수 = 최빈수 의 관계를 갖는다.

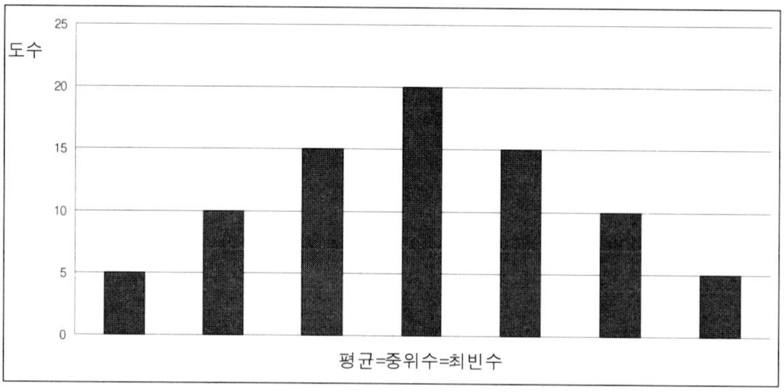

[그림2.1] 대칭인 분포

② 오른쪽 꼬리가 긴 분포 : 최빈수 < 중위수 < 평균 인 관계를 갖는다.

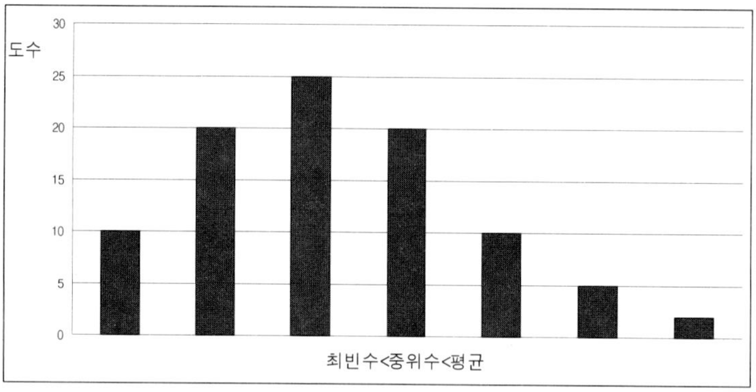

[그림2.2] 오른쪽 꼬리가 긴 분포

③ 왼쪽 꼬리가 긴 분포 : 평균 < 중위수 < 최빈수 인 관계를 갖는다.

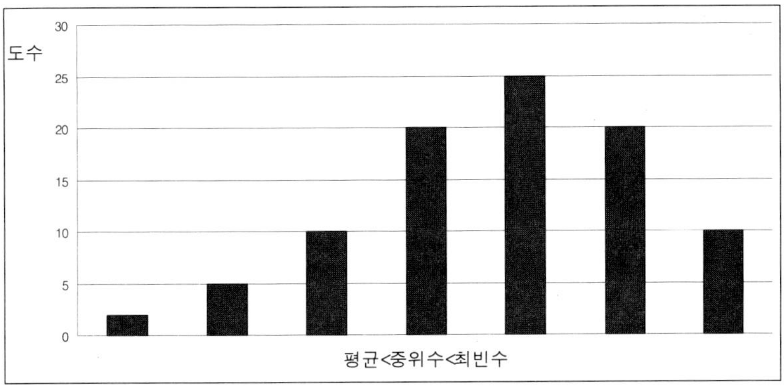

[그림2.3] 왼쪽 꼬리가 긴 분포

예제2.13) 다음은 농산물을 취급하는 두 개의 인터넷 쇼핑몰 A, B에서 7일 동안의 농산물매출액에 관한 자료이다. 두 쇼핑몰 중 어느 쇼핑몰의 성과가 좋은가?

A쇼핑몰의 매출액	B쇼핑몰의 매출액
1700	1000
1600	1100
1400	1600
1300	4200
1600	1000
1300	1300
1600	1000

☞ 풀이

먼저 매출액의 중심 위치를 살펴보면 다음과 같다.

	A쇼핑몰	B쇼핑몰
평균	1500	1600
중위수	1600	1100
최빈수	1600	1000

만약, 성과에 대한 판단 기준을 1일 평균 매출액으로 하면 B 쇼핑몰의 성과가 약간 더 좋다고 말할 수 있겠지만, B 쇼핑몰의 매출액은 기복이 심하고 일관성이 결여되어 있다. 반면에 성과에 대한 판단 기준을 중위수나 최빈수로 하면 B 쇼핑몰보다 A 쇼핑몰이 훨씬 더 좋음을 알 수 있고, A 쇼핑몰의 매출액은 일관성이 높다. 따라서 지속적으로 잘 팔리는 A 쇼핑몰의 성과가 더 바람직하다고 판단할 수 있다.

2.2 산포도(Dispersion)

우선 산포도를 정의하기에 앞서 고등학생 14명을 대상으로 각각 7명씩 두 학급으로 나누어 수학시험 결과가 다음과 같다고 하자.

A학급	B학급
56	90
60	35
58	60
60	85
62	60
64	60
60	30

두 학급의 평균, 중위수, 최빈수를 구해보면 모두 60점이 된다. 그러면, 두 학급의 수학점수에 대한 분포가 똑같다고 말할 수 있는가? 위의 표를 살펴보면, 명백하게 두 집단의 성적 분포가 다르다는 것을 알 수 있다. 즉, A학급의 학생들의 점수는 서로 비슷하며, 대표값의 하나인 평균 60점과 별 차이가 없는 반면, B학급의 학생들의 점수는 평균 60점과 서로 많은 차이가 나타남을 알 수 있다.

결과적으로 집단의 특성을 하나의 수치인 대표 값으로 표현하는데 있어서 "대표값이 같다"는 것이 집단의 분포 상태도 같음을 의미하는 것은 아니다. 따라서 각각의 관찰값이 대표값 주위에 어떻게 분포되어 있는가를 계량화 한 측도인 산포도가 필요하게 된다.

다시 말해서, 산포도는 측정값들이 대표값을 중심으로 어느 정도 집중되어 있는지, 아니면 중심으로부터 어느 정도나 퍼져 있는지를 의미한다. 이와 같은 산포도의 계산을 위해 엑셀에서는 대표값의 경우와 마찬가지로 여러 가지 통계함수를 제공하고 있다.

따라서 산포도의 계산을 위해 수식을 통한 직접적인 계산과 다양한 통계함수를 통한 계산을 통해 엑셀을 이용한 계산 방법을 익히도록 한다.

2.2.1 범위(Range)

1) 범위의 계산

산포도 중에서 가장 간단히 구할 수 있는 값으로서 변량 X의 측정값이 $x_1,\cdots,x_n$일 때 X의 범위는 이들 측정값 중에서 최대값과 최소값의 차를 말한다. 즉 범위 R로 표시하면 다음과 같다.

$$R = \max[x_i] - \min[x_i], \quad 1 \le i \le n$$

또한 도수분포표상에서 범위를 구할 때에는 다음과 같은 식을 이용하면 된다.

R=최상위 계급의 상한 - 최하위 계급의 하한

범위는 그다지 크지 않은 표본을 다룰 때 매우 편리한 산포도이나, 변량 중에 나타나는 최대값, 최소값 같은 것은 예외적인 극단적인 값의 경우가 많으므로 매우 불안정한 산포도이다. 공업적 품질 관리에서 통계적 기법을 다룰 때 사용된다. 또한 범위는 n 개의 측정값 중에서 최대값과 최소값 만을 사용하기 때문에 정보의 손실이 크다는 단점을 가진다.

2) 엑셀을 이용한 범위의 계산

엑셀에서는 따로 범위를 구하기 위한 통계함수를 제공하지 않는다. 단, 정리되지 않은 자료에 대한 최대값과 최소값을 구하기 위한 함수로서 각각 MAX() 함수와 MIN() 함수를 제공한다. 따라서 이 함수들을 이용하여 범위를 구하면 된다.

[엑셀을 이용한 범위의 계산]

- 최대값을 구하기 위한 통계함수 : =MAX(데이터범위)
- 최소값을 구하기 위한 통계함수 : =MIN(데이터범위)
- 범위 =MAX(데이터범위) - MIN(데이터범위)

예제2.14) 다음 자료로부터 범위를 구하라.

1, 80, 79, 64, 70, 78, 69, 100

☞ 풀이 1 - 산술적인 계산

변량 중 최대값은 100, 최소값은 1이므로 다음과 같다.

$$R = 100 - 1 = 99$$

이 경우 최대값과 최소값은 극단적인 값이기 때문에 범위가 상당히 크게 된다. 이와 같이 범위는 불안정한 산포도이다.

☞ 풀이 2 - 엑셀을 이용한 계산

최대값과 최소값을 구한 후 이들 간의 차이를 구할 수 있으며, 그림과 같이 "=MXA(C1:J1)-MIN(C1:J1)"을 직접 입력하여 범위를 구할 수 있다.

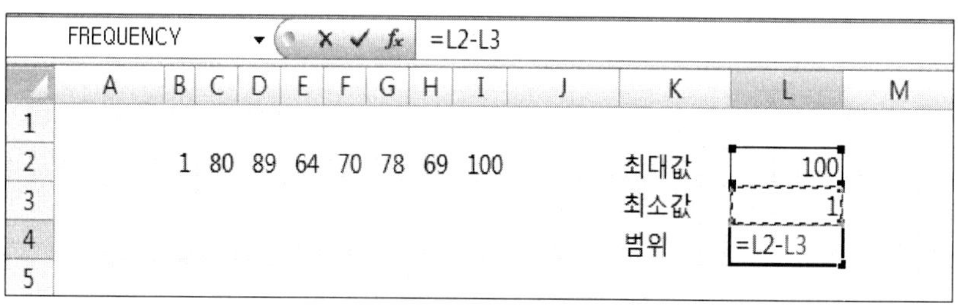

구하는 범위는 결과적으로 99가 된다.

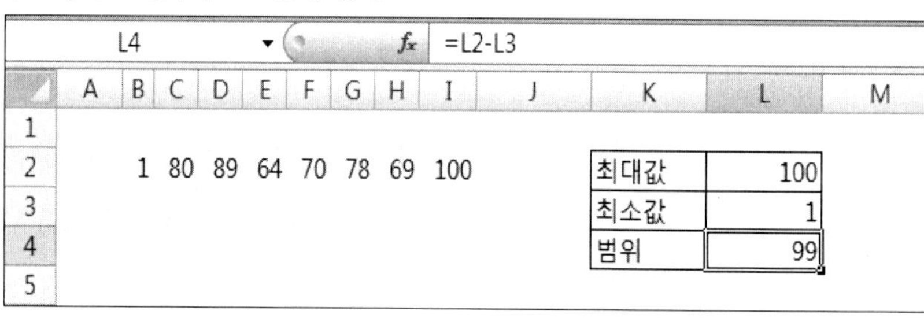

예제2.15) 다음 자료로부터 범위를 구하라.

10, 8, 5, 3, 9, 12

☞ 풀이 1 - 산술적인 계산

변량 중 최대값은 12, 최소값은 3이므로 $R = 12 - 3 = 9$ 가 된다.

☞ 풀이 2 - 엑셀을 이용한 계산

예제2.16) 다음의 도수분포표로부터 범위를 구하여라.

계 급	도 수
0 ~ 10	2
10 ~ 20	8
20 ~ 30	9
30 ~ 40	6

☞ 풀이

도수분포표에서 최상 계급의 상한은 40, 최하 계급의 하한은 0이므로 범위는 다음과 같이 계산된다.

$R = 40 - 0 = 40$

2.2.2 평균편차(Mean Deviation)

1) 평균편차의 계산

변량 X의 n개의 측정값이 $x_1, x_2, \cdots, x_n$일 때, 편차 $\sum(x_i - \bar{x})$의 절대값의 산술평균을 평균편차라하며, MD로 나타내고 다음과 같이 정의된다.

$$MD = \frac{1}{n}\sum_{i=1}^{n}|x_i - \bar{x}|$$

또한 X의 측정값이 도수분포로 주어졌을 때는 가중평균편차로서 다음과 같이 정의된다.

$$MD = \frac{1}{N}\sum_{i=1}^{k} f_i |x_i - \mu|$$

$$N = \sum_{i=1}^{k} f_i$$

x_i: i번째 계급값

f_i: i번째 계급의 도수

평균편차는 계산식 중에 절대값이 포함되어 수학적 처리의 복잡성과 통계적 추론에서 이용도가 낮기 때문에 별로 사용되지 않으나, 극단적인 값에 대한 편차가 분산이나 표준편차보다는 영향을 덜 받는다.

2) 엑셀을 이용한 평균편차의 계산

엑셀에서 평균편차를 구하기 위한 통계함수로 "=AVEDEV()" 함수를 제공한다. 수식을 이용하여 평균편차를 계산하는 방법도 있으나, 함수를 이용하는 방법에 비해 복잡하므로 여기서는 함수를 이용하는 경우만을 다루도록 한다.

[엑셀을 이용한 평균편차의 계산]

- 평균편차를 구하기 위한 통계함수 : =AVEDEV(데이터범위)

예제2.17) 다음의 관찰치에 대한 평균편차를 구하여라.

3, 9, 8, 8, 9, 8, 18

☞ 풀이 1 - 산술적인 방법

평균편차를 구하기 위해 먼저 산술평균을 구하면 다음과 같다.

$$\bar{x} = \frac{1}{n}\sum_{i=1}^{n} x_i = \frac{1}{7}(3+9+8+8+9+8+18) = 9$$

따라서 위에서 정의된 평균편차의 공식에 자료와 산술평균을 각각 대입하면 평균편차는 다음과 같이 구할 수 있다.

$$MD = \frac{1}{n}\sum_{i=1}^{n}|x_i - \bar{x}|$$

$$= \frac{1}{7}[|3-9|+|9-9|+|8-9|+|8-9|+|9-9|+|8-9|+|18-9|]$$

$$= 2.57$$

☞ 풀이 2 - 엑셀을 이용한 방법

1단계] 다음과 같이 엑셀에 데이터를 입력하고, 평균편차 항목을 만든후 통계함수 중 AVEDEV 함수를 이용하여 평균편차를 구한다.

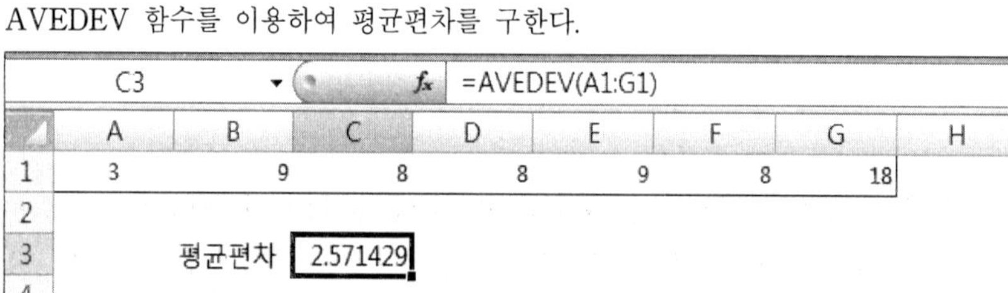

예제2.18) 다음은 학생 10명의 수학 성적(10점 만점)의 도수분포표를 나타낸 것이다. 평균 편차를 구하시오.

점 수	6	7	8	9	10	계
인원수	2	0	5	2	1	10

☞ 풀이 1 - 산술적인 계산

자료가 도수분포표로 주어졌으므로, 먼저 평균을 구하면 다음과 같다.

$$\mu = \frac{1}{N}\sum_{i=1}^{k} f_i\, x_i$$

$$= \frac{1}{10}(2\times 6+0\times 7+5\times 8+2\times 9+1\times 10)=8$$

따라서 평균편차를 구하면 다음과 같다.

$$MD= \frac{1}{N}\sum_{i=1}^{k} f_i\, |x_i-\mu|$$

$$= \frac{1}{10}\{2\times|6-8|+0\times|7-8|+5\times|8-8|+1\times|6-8|+2\times|9-8|\}$$

$$= \frac{1}{10}\{2\times 2+0\times 1+5\times 0+1\times 2+2\times 1\}= \frac{8}{10}=0.8$$

☞ 풀이 2 - 엑셀을 이용한 계산

정리된 자료의 경우 엑셀에서 특별히 제공하는 평균편차에 대한 함수가 없기 때문에 수식을 이용하여 평균편차를 계산할 수 있다.

I7 | f_x =H7/H3

	A	B	C	D	E	F	G	H	I	J
1										
2		점 수	6	7	8	9	10	계		
3		인원수	2	0	5	2	1	10		
4									평균	
5		점수*인원수	12	0	40	18	10	80	8	
6		|점수-평균|	2	1	0	1	2		평균편차	
7		인원수*|점수-평균|	4	0	0	2	2	8	0.8	
8										

[계산절차]

* 우선 점수×인원수를 계산하고 이들의 합을 계산하여 가중평균을 구한다.
* 다음으로 |점수-평균|을 수학함수인 ABS() 함수를 이용하여 구한다.
* 인원수*|점수-평균|를 계산하여 이들을 합을 SUM() 함수로 구한 후 전체인원수로 나누면 된다.

2.2.3 사분위편차

1) 사분위 편차의 계산

사분위편차는 범위의 극단적인 값의 영향을 받아 불안정함을 개량하기 위해 고안된 산포도로 제 1사분위수를 Q_1, 제 3사분위수를 Q_3라 할 때 사분편차를 Q라 하면, 다음과 같이 정의된다.

$$Q = \frac{Q_3 - Q_1}{2}$$

사분위편차는 대표값이 중위수일 때 쓰이는 산포도이며, 범위보다는 양호하나 전체 자료의 산포도를 기술하지 못하는 단점이 있다. 따라서 사분위편차를 산포도로 사용하려면, 자료의 수가 어느 정도 많아야 하며 자료의 수가 적으면 Q_1, Q_3가 불안정하기 때문에 신뢰할 수 없다.

2) 엑셀을 이용한 사분위편차의 계산

엑셀에서는 사분위편차의 계산을 위한 별도의 함수를 제공하지 않는다. 백분위수나 사분위수를 계산하기 위한 통계함수를 제공하기 때문이 이들을 이용하여 사분위편차를 구할 수 있다.

[엑셀을 이용한 사분위편차의 계산]

- 백분위수를 이용한 계산 :
  =(PERCENTILE(데이터 범위,0.75)-PERCENTILE(데이터 범위,0.25))/2
- 사분위수를 이용한 계산 :
  =(QUARTILE(데이터 범위,3)-QUARTILE(데이터 범위,1))/2
  - 계산 결과는 동일하다.

예제2.19) 12명의 신장을 관찰한 값이 다음과 같을 때 사분위편차를 구하여라.

160, 172, 173, 169, 162, 168, 164, 163, 162, 166, 165, 165

☞ 풀이 1 - 산술적인 계산

자료를 크기 순서대로 나열하면, 다음과 같다.

160, 162, 162, 163, 164, 165, 165, 166, 168, 169, 172, 173

이 때 제 1사분위수는 다음과 같이 계산된다.

$$Q_1 = \frac{n}{4}\text{번째 값} = \frac{12}{4}\text{번째값} = 3\text{번째 값} = 162$$

또한 제 3사분위수는 다음과 같다.

$$Q_3 = \frac{3n}{4}\text{번째 값} = \frac{3\times 12}{4}\text{번째 값} = 9\text{번째값} = 168$$

따라서 사분위편차는 다음과 같이 계산할 수 있다.

$$Q = \frac{Q_3 - Q_1}{2} = \frac{168-162}{2} = 3$$

☞ 풀이 2 - 엑셀을 이용한 계산

1단계] 엑셀에 데이터를 입력하고 다음과 같이 사분위편차를 위한 항목을 만든다.

2단계] 다음과 같이 사분위편차 항목에 수식을 입력한다.

= (QUARTILE(A2:L2,3)-QUARTILE(A2:L2,1))/2

N3 =(QUARTILE(A2:L2,3)-QUARTILE(A2:L2,1))/2

	A	B	C	D	E	F	G	H	I	J	K	L	M	N	O
1															
2	160	172	173	169	162	168	164	163	162	166	165	165		사분위편차	
3														2.75	
4															

2.2.4 분산과 표준편차

1) 분산과 표준편차의 계산

분산(variance)과 표준편차(standard deviation)는 관찰치의 퍼짐의 정도를 나타내는 산포도로 가장 많이 사용되는 값으로서 한 집단의 퍼짐의 정도를 나타내기 위해서는 대표값을 기준치로 설정하여 관찰치들과 대표값간의 차이를 계산해야 한다. 이때 대표값이 산술평균일 때 산포도로 사용되는 값이 분산과 표준편차이다. 분산과 표준편차는 관찰치들과 산술평균간의 차이 즉, 편차를 제곱하여 모두 합한 값으로 다음과 같이 정의된다.

n개의 측정값 $x_1, x_2, \cdots, x_n$에 대해 산술평균을 μ라 하면, 분산을 σ^2이라 할 때

$$\sigma^2 = \frac{1}{n}\sum_{i=1}^{n}(x_i - \mu)^2 = \frac{1}{n}\sum_{i}^{n} x_i^2 - \mu^2$$

으로 정의되며, 정리된 자료에 대한 분산은 다음과 같다.

$$\sigma^2 = \frac{1}{N}\sum_{i=1}^{k} f_i (x_i - \mu)^2 = \frac{1}{N}\sum_{i=1}^{k} f_i x_i^2 - \mu^2$$

또한 표준편차는 분산의 양의 제곱근으로 다음과 같다.

$$\sigma = \sqrt{\sigma^2}$$

분산의 성질을 간단히 살펴보면, 분산 $\sigma^2 = 0$이면 관찰치들이 평균값과 같다는 의미가 되며, 관찰치들이 평균과 차이가 많이 클수록 분산은 급격히 증가하게 된다. 특별히 편차의 제곱합으로 계산된 값이므로 관찰치 중에 극단적인 값이 있으면, 이들의 영향을 많이 받게 되는 단점이 있다.

2) 엑셀을 이용한 분산과 표준편차의 계산

엑셀에서는 분산과 표준편차의 계산을 위해 다음과 같이 각각 2가지씩의 함수를 제공하고 있다.

[엑셀을 이용한 분산과 표준편차의 계산]

- 분산의 계산
  - 모분산의 계산 : =VARP(데이터 범위)
  - 표본 분산의 계산 : =VAR(데이터범위)
- 표준편차의 계산
  - 모표준편차의 계산 : =STDEVP(데이터범위)
  - 표본표준편차의 계산 : =STDEV(데이터범위)

즉, 엑셀을 이용하여 분산이나 표준편차를 계산하고자 할 때에는 모집단의 분산 또는 표준편차에 따라 전체 관찰치의 수 n로 나누거나, $n-1$로 나누기 때문에 선택한 함수에 따라 결과 값에 차이가 날 수 있음에 유의해야 한다. 모분산 또는 모표준편차의 경우 n으로 나누며, 표본분산 또는 표본표준편차의 경우 $n-1$로 나누어 계산한다.

예제2.20) 다음의 관찰 값들에 대해 분산과 표준편차를 구하여라.

30, 20, 15, 25, 10

☞ 풀이 1 - 산술적인 계산

분산을 구하기 위해서는 먼저 관찰치들의 대표값인 평균을 구해야 한다. 따라서 먼저 평균을 구하면 다음과 같다.

$$\mu = \frac{1}{5}(30+20+15+25+10) = 20$$

따라서 구하고자 하는 분산은 다음과 같다.

$$\sigma^2 = \frac{1}{n}\sum_{i=1}^{n}(x_i-\mu)^2 = \frac{1}{n}\sum_{i}^{n}x_i^2-\mu^2$$
$$= \frac{1}{5}(30^2+20^2+15^2+25^2+10^2)-20^2$$
$$= 50$$

또한 표준편차는 $\sigma = \sqrt{50} = 7.07$ 이다.

☞ 풀이 2 - 엑셀을 이용한 계산

엑셀에 데이터를 입력하고 분산 및 표준편차를 계산하기 위한 항목을 입력한 후 함수 마법사를 이용하여 통계함수 중 VAR() 또는 VARP(), STDEV() 또는 STDEVP() 함수를 이용하여 데이터 범위를 입력한 후 "각각 값을 구할수 있다.

다음 그림은 VAR() 과 VARP(), STDEV() 과 STDEVP() 함수를 각각 이용한 경우 그 값의 차이를 나타내주고 있다.

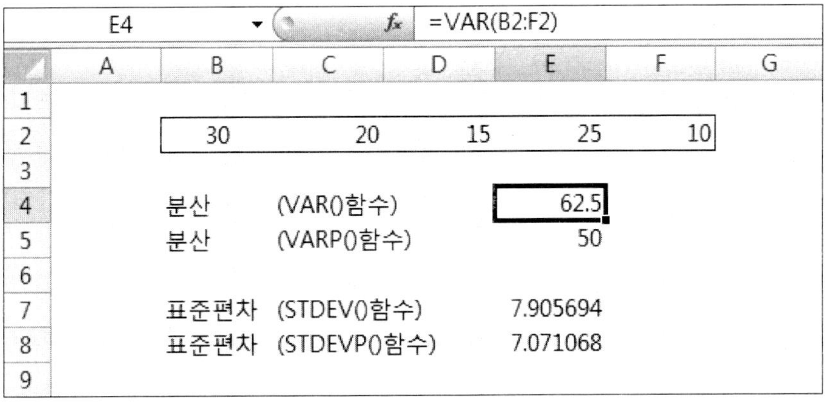

결과적으로 본 예제의 풀이는 모집단 분산과 표준편차를 계산하는 예제이므로 VARP() 함수와 STDEVP() 함수를 이용하여 그 값을 구해야 할 것이다.

즉, σ^2 =VARP(B1:F1), σ =STDEVP(B1:F1) 와 같이 계산해야 한다.

예제2.21) 다음과 같이 정리된 자료로부터 분산을 구하여라.

계급	도수
55~65	1
65~75	5
75~85	4
계	10

☞ 풀이 1 - 산술적인 계산

각 계급의 계급값은 60, 70, 80이므로 산술평균을 구하면 다음과 같다.

$$\mu = \frac{1}{N}\sum_{i=1}^{k} f_i x_i = \frac{1}{10}(60\times1+70\times5+80\times4) = 73$$

따라서 분산은 다음과 같이 계산된다.

$$\sigma^2 = \frac{1}{N}\sum_{i=1}^{k} f_i (x_i - \mu)^2 = \frac{1}{N}\sum_{i=1}^{k} f_i x_i^2 - \mu^2$$

$$= \frac{1}{10}\left(60^2\times1+70^2\times5+80^2\times4\right) - 73^2 = 41$$

☞ 풀이 2 - 엑셀을 이용한 계산

엑셀에서는 정리된 자료에 대한 분산이나 표준편차를 계산하기 위한 함수를 제공하지 않는다. 따라서 위와 같이 도수 분포표 상의 자료에 대한 분산 또는 표준편차를 계산하기 위해서는 계산공식에 입각하여 공식에 포함된 원소들을 함수를 이용하여 계산하여야 한다. 먼저 다음과 같이 엑셀에 도수분포표를 입력하고 분산의 각 원소를 구할 항목을 만든다.

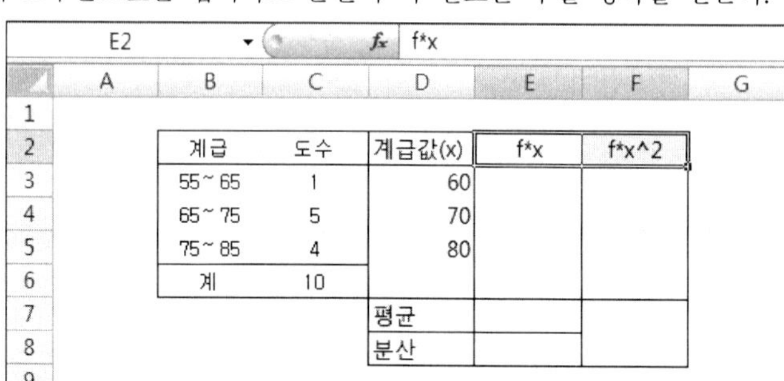

E2 | f*x

	A	B	C	D	E	F	G
1							
2		계급	도수	계급값(x)	f*x	f*x^2	
3		55~65	1	60			
4		65~75	5	70			
5		75~85	4	80			
6		계	10				
7				평균			
8				분산			
9							

다음으로 평균 $\mu = 1/N\sum_{i=1}^{k} f_i x_i$ 과 $f_i x_i^2$을 계산한다.

E7 =E6/C6

	A	B	C	D	E	F	G
1							
2		계급	도수	계급값(x)	f*x	f*x^2	
3		55~65	1	60	60	3600	
4		65~75	5	70	350	24500	
5		75~85	4	80	320	25600	
6		계	10		730	53700	
7				평균	73		
8				분산			
9							

마지막으로 분산 공식을 이용하여 다음과 같이 분산을 구할 수 있다.

E8 =F6/C6-E7^2

	A	B	C	D	E	F	G
1							
2		계급	도수	계급값(x)	f*x	f*x^2	
3		55~65	1	60	60	3600	
4		65~75	5	70	350	24500	
5		75~85	4	80	320	25600	
6		계	10		730	53700	
7				평균	73		
8				분산	41		
9							

즉, 분산의 계산 공식 $\sigma^2 = \frac{1}{N}\sum_{i=1}^{k} f_i x_i^2 - \mu^2$에 대한 각 셀에 계산된 값을 셀주소를 이용하여 공식에 적용하여 구한다.

2.2.5 변동계수

1) 변동계수의 계산

일반적으로 두 집단 이상의 자료에 대한 변동을 서로 비교하기 위해 산포도를 이용한다. 그리고 산포도를 서로 비교할 때 그 값의 크기로만 비교하는데는 한계가 있기 때문에 산포도의 크기를 상대적으로 비교할 필요가 있다.

특별히 평균이 서로 다른 집단간의 산포도를 비교할 때 사용되는 값이 변동계수(coefficient of variation)이다. 변동계수는 산술평균에 대한 표준편차의 비율로 정의하며, 다음과 같다.

$$CV = \frac{\sigma}{\mu} \times 100(\%)$$

특별히, 변동계수의 제곱인 $(CV)^2$을 상대분산이라 한다.

2) 엑셀을 이용한 변동계수의 계산

엑셀에서는 변동계수를 계산하기 위한 함수를 제공하지 않는다. 따라서 변동계수를 구하기 위해서는 평균과 표준편차를 구하여 이들의 비로 계산하여야 한다.

즉, 변동계수= 표준편차/평균 ×100의 형태로 나타남으로 표준편차에 대한 함수 STDEVP() 또는 STDEV()를 이용하고, 평균에 대한 함수로서 AVERAGE() 함수를 이용하면 된다.

[엑셀을 이용한 변동계수의 계산]

- 모집단 변동계수의 계산:
  = STDEVP(데이터범위)/AVERAGE(데이터범위) ×100
- 표본변동계수의 계산:
  = STDEV(데이터범위)/AVERAGE(데이터범위) ×100

이와 더불어 "도구-데이터분석-기술통계법-요약통계량"을 선택하면 변동계수를 구할 수 있다.

위의 두 가지 수식 중에서 변동계수의 공식을 모분산과 모평균으로 설명하고 있으므로 첫 번째 변동계수의 계산식을 이용하는 것이 타당하다.

예제2.22) A사에 근무하고 있는 남성과 여성의 임금을 조사하여 다음과 같은 자료를 얻었다. 남성과 여성간의 임금에 대해한 산포도를 비교하라.

구분	평균임금	표준편차
남성	3,000,000	3000
여성	1,300,000	2000

☞ 풀이 1 - 산술적 계산

두 집단의 산포도를 비교하기 위해 남성과 여성의 임금에 대한 변동계수를 구하면 다음과 같다.

$$CV_{남} = \frac{3,000}{3,000,000} \times 100 = 0.1(\%)$$

$$CV_{여} = \frac{2,000}{1,300,000} \times 100 = 0.15(\%)$$

따라서 남성의 임금 변동이 여성의 임금변동 보다 작다고 할 수 있다.

☞ 풀이 2 - 엑셀을 이용한 계산

데이터를 입력한 후 각 셀의 표준편차와 평균값을 이용하여 변동계수를 구하면 다음과 같다.

E3 ▾ fx =D3/C3

	A	B	C	D	E	F
1						
2		구분	평균임금	표준편차	변동계수	
3		남성	3,000,000	3000	0.10%	
4		여성	1,300,000	2000	0.15%	
5						

즉, 남성의 변동계수항목에 입력될 수식은 =D3/C3 이며, 여성의 변동계수 수식은 =D3/C3이다. 이때 백분율로 값을 표현하기 위해 "서식메뉴- 셀서식"에서 "백분율" 항목을 선택하고 "소수점이하 자리 수" 를 "2"자리로 선택하면 화면과 같은 결과를 얻을 수 있다.

예제2.23) 다음 자료에 대한 변동계수를 엑셀을 이용하여 구하라

22	12	9	8	33	32	30	33	8	11
21	16	12	15	37	30	16	22	12	24
18	25	37	16	25	28	25	18	9	28
25	28	26	15	12	35	38	16	24	31

☞ 풀이

다음과 같이 데이터를 입력하고 변동계수의 공식을 이용하여 구하면 40.05%로 계산된다. 즉, 변동계수의 항목에 =(STDEVP(A1:J4)/AVERAGE(A1:J4))*100를 입력하여 구한다.

C6 ▾ fx =STDEVP(A1:J4)/AVERAGE(A1:J4)*100

	A	B	C	D	E	F	G	H	I	J	K
1	22	12	9	8	33	32	30	33	8	11	
2	21	16	12	15	37	30	16	22	12	24	
3	18	25	37	16	25	28	25	18	9	28	
4	25	28	26	15	12	35	38	16	24	31	
5											
6		변동계수	40.0527								
7											

2.2.6 엑셀을 이용한 요약통계량 구하기

엑셀의 "도구-분석 도구" 메뉴에서 "통계분석" 대화상자에는 "기술통계법" 항목이 있으며, 이 기능을 이용하여 각종 기술통계량들을 동시에 구할 수 있다. 여기에서 출력되는 통계량들을 살펴보면 다음과 같다.

<표2-1> 요약통계량

통계량	통계량	통계량
평균(μ)	표준편차(STD)	합(SUM)
표준오차(SE)	분산(VAR)	가장 큰 값(K)-선택사항
중앙값(MEDIAN)	왜도(SKEW)	가장 작은 값(K)-선택사항
최빈값(MODE)	첨도(KURT)	신뢰수준(95%)-선택사항
최소값(MAX)	범위(RANGE)	
최대값(MIN)	관측수(N)	

예제2.24) 다음 자료에 대한 요약통계량들을 엑셀을 이용하여 구하라

A집단:	21	16	12	15	37	30	16	22	12	24
B집단:	18	25	37	16	25	28	25	18	9	28

☞ 풀이

엑셀에 데이터를 입력한 후 도구메뉴-데이터분석- 기술통계법을 선택한다.

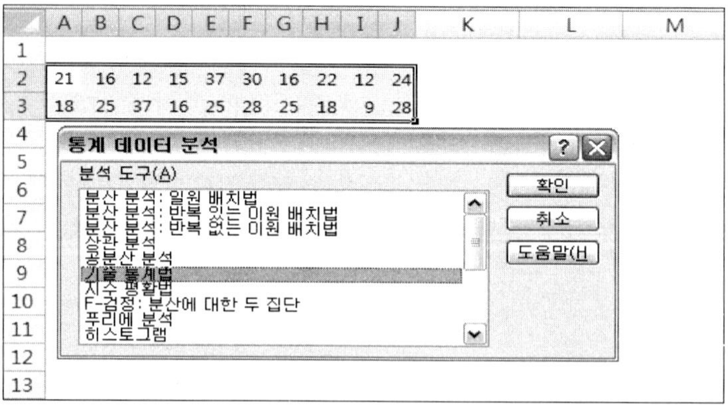

다음으로 기술통계법 대화상자에서 데이터 범위를 입력하고, 데이터 방향을 "행방향" 으로 선택하고, "요약통계량", "평균에 대한 신뢰수준", "K번째 큰값", "K번째 작은값" 항목을 선택한 후 "확인" 단추를 클릭한다.

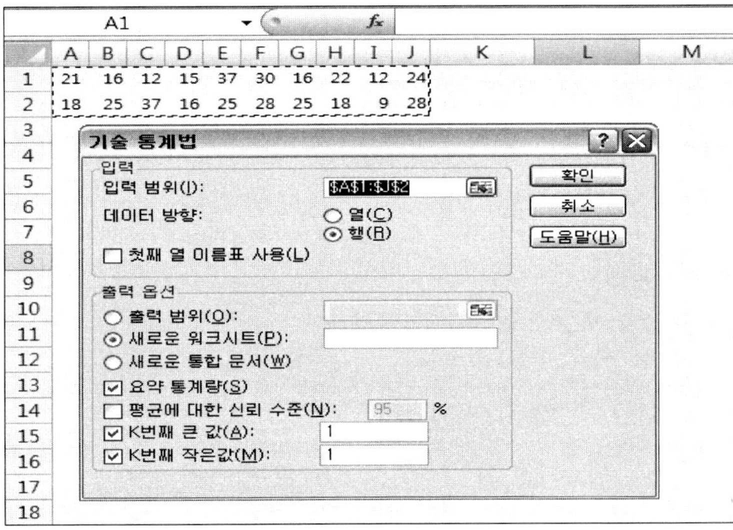

그러면 다음과 같이 두 집단에 대한 요약 통계량을 얻을 수 있다.

	A	B	C	D	E
1	Row1		Row2		
2					
3	평균	20.5	평균	22.9	
4	표준 오차	2.56580072	표준 오차	2.478574859	
5	중앙값	18.5	중앙값	25	
6	최빈값	16	최빈값	25	
7	표준 편차	8.113774296	표준 편차	7.837941907	
8	분산	65.83333333	분산	61.43333333	
9	첨도	0.424382539	첨도	0.384657686	
10	왜도	0.992998046	왜도	-0.044166532	
11	범위	25	범위	28	
12	최소값	12	최소값	9	
13	최대값	37	최대값	37	
14	합	205	합	229	
15	관측수	10	관측수	10	
16	가장 큰 값	37	가장 큰 값	37	
17	가장 작은	12	가장 작은	9	
18					
19					

2.2.7 상자그림(Box Plot)

상자그림(box plot)은 자료의 중심위치, 산포의 측도 등과 같이 몇 개의 측도값을 이용하여 그림으로 나타낸 요약방법이다. 상자그림으로부터 주로 파악할 수 있는 내용은 분포의 대칭성, 자료의 중심위치 산포의 정도, 분포의 꼬리부분의 집중정도, 이상관측점등이다. 상자그림은 주로 사분위수를 기준으로 작성되며, 순서대로 나열된 자료에서 중산에 위치하는 50%의 자료를 상자로 나타내고, 상위 25%와 하위 25%의 자료를 상자의 좌우에 적당한 길이로 선을 상자와 연결시켜 작성하게 된다. 이와 같이 작성된 상자그림은 통계패키지를 이용하면 간단히 작성되나, 여기서는 실제로 작성과정을 살펴보기로 한다.

[상자그림의 작성과정]

(1) 사분위수 값들을 결정한다. ($Q_1, Q_2 = Me, Q_3$)

(2) 제1사분위수인 Q_1과 제3사분위수인 Q_3을 연결하여 네모난 상자로 만들고, 중위수 Q_2의 위치에 수직선을 그린다.

(3) 사분위 범위인 $IQR = Q_3 - Q_1$를 계산한다.

(4) 상자의 양끝에 $1.5 \times IQR$크기의 범위를 경계점으로 하여 이 범위에 포함되는 최대값과 최소값을 Q_1과 Q_3로부터 각각의 선을 그린다.

(5) 양끝의 경계를 벗어나는 자료들은 *로 표시하고, 이 관찰값들을 이상 관측치로 판정한다.

다음 그림은 상자그림을 나타낸 것이다.

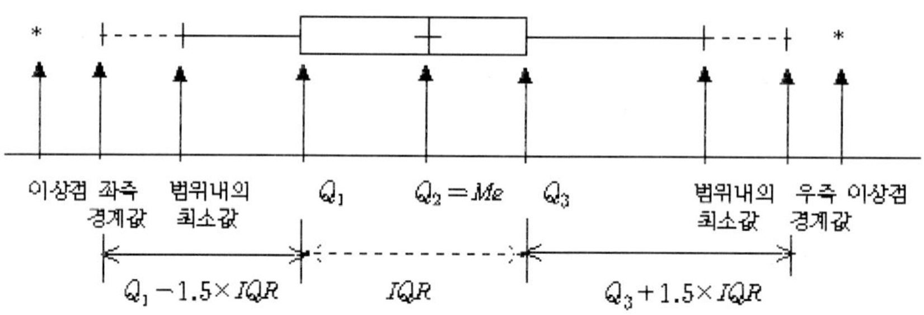

[그림2-4] 상자그림

연습문제

[1] 학생 5명의 성적이 각각 52, 68, 76, 55, 84이다. 엑셀을 이용하여 산술평균을 구하라.

[2] 40명의 몸무게(단위: kg)가 60인 사람이 15명, 65인 사람이 20명, 70인 사람이 5명이다. 40명에 대한 평균 몸무게를 엑셀을 이용하여 구하라.

[3] 한 학생이 세 번 시험을 치러 평균 점수가 81점이었다. 만약, 이 학생이 앞으로 두 번 더 시험을 치러 다섯 번에 대한 평균 점수를 85점으로 끌어올리려고 한다면 앞으로 두 번의 시험에서 평균 몇 점을 받아야 하는가?

[4] 다음 자료의 산술평균을 엑셀을 이용하여 구하여라.

1) 24, 32, 28, 26, 25
2) 74, 82, 78, 76, 75
3) 10, 124, 10, 132, 10, 128, 10, 126, 10, 125

[5] 400개의 전구의 수명에 관한 도수 분포가 다음과 같았다.

전구의 수명	전구의 수
60 ~ 69	85
70 ~ 79	77
80 ~ 89	124
90 ~ 99	78
100 ~109	36

1) 평균을 구하라.
2) 중위수를 구하라.
3) 최빈수를 구하라.
4) 제 1사분위수와 제 3사분위수를 구하라.
5) $\tilde{\pi}_{30}$과 $\tilde{\pi}_{80}$을 구하라.

[6] 다음은 특정지역의 30년 동안 2월에 내린 강우량을 도수분포표로 나타낸 것이다.

강우량	연수
2.1~2.5	3
2.6~3.0	6
3.1~3.5	8
3.6~4.0	8
4.1~4.5	5

1) 강우량에 대한 평균과 중위수를 구하여라.

2) $\tilde{\pi}_{10}$과 $\tilde{\pi}_{40}$을 구하라.

[7] 9주 동안 어느 호텔에 숙박한 손님의 수는 각각 455, 150, 327, 169, 321, 2568, 398, 1352, 387이었다. 손님 수의 중위수를 엑셀을 이용하여 구하라.

[8] 다음 자료로부터 중위수, 제1사분위수, 제3사분위수를 엑셀을 이용하여 구하여라.

10, 124, 10, 132, 10, 128, 10, 126, 10, 125

1) 중위수

2) 제1사분위수

3) 제3사분위수

[9] 다음의 자료에서 최빈수가 존재한다면 엑셀을 이용하여 구하라.

1) 14, 15, 16, 14, 14, 15, 16, 10

2) -3.1, -4.0, -5.3, -6.8, -4.0, -6.8

3) -4, -5, -7, -7, -5, -7, -4, -4, -5

[10] 6명의 학생에 대한 시험 성적이 75, 82, 56, 69, 87, 43이었다. 이 자료를 작은 크기순으로 나열하고 엑셀을 이용하여 범위를 구하여라.

[11] 6곳의 높이가 각각 해발 고도 1,200m, 해발 고도 140m, 해저 100m, 해발 고도 10,500m, 해저 400m, 해발 고도 800m이었다. 여섯 지역의 높이에 대한 범위는 얼마인가?

[12] 다음 자료의 평균편차를 엑셀을 이용하여 구하여라.

1) 14, -4, 10, 6, 10, -15, 7

2) 1.8, 2.8, 2.3, 4.5, 1.1

3) -8, -7, -6, -5, -10, -12

4) 8, 9, 6, 8, 8, 9, 6, 9, 8, 6, 9, 9, 6

[13] 40개 음극관의 수명에 대한 분포가 아래와 같을 때 음극관의 수명에 대해 다음을 계산하라.

음극선관의 수명	도수
6~6.9	8
7~7.9	7
8~8.9	12
9~9.9	7
10~10.9	6

1) 분산

2) 표준편차

3) 변동계수

[14] 다음의 도수분포표는 근로자의 소득을 나타낸 것이다. 다음을 계산하라.

소득	근로자 수
8,550	3
10,550	6
12,550	6
14,550	5

1) 엑셀을 이용하여 평균편차를 구하라.

2) 엑셀을 이용하여 분산과 표준편차를 구하라.

[15] 20명의 학생을 대상으로 가족 수를 조사한 결과를 다음과 같은 도수분포표로 나타내었다.

가족수	근로자 수
3	7
4	6
5	5
6	2

1) 가족 수에 대한 범위, 평균편차를 엑셀을 이용하여 구하라.
2) 엑셀을 이용하여 분산과 표준편차를 구하라.
3) 엑셀을 이용하여 변동계수를 구하라.

[16] K 군은 15주 동안 인터넷 쇼핑몰을 대상으로 어떤 한 상품이 얼마에 팔리고 있는가를 조사하여 아래와 같은 자료를 얻었다. K 군은 짧은 기간 물건을 싸게 파는 시기를 놓치지 않고 여러 가지 물건을 잘 사는 습관이 있다면 어느 쇼핑몰에서 상품을 구입하는 것이 좋은가?

	평균가격	표준편차
A쇼핑몰	32.75	8.37
B쇼핑몰	31.56	2.20

[17] 40대 여성의 평균 체중은 51kg이고, 표준편차는 5이다. 10대 여성의 평균 체중은 26.5kg이고, 표준편차는 3.7이다. 각각의 변동계수를 엑셀을 이용하여 구하고, 비교하라.

3장 확 률

어떤 사건이 일어나는 확실성을 어떻게 수량적으로 나타낼 것이며, 이들이 어떠한 성질을 가지고 있는 가 등에 대해 이론적으로 체계를 세우는 것이 확률론이다.

실험 또는 시행에 의하여 어떤 사건이나 현상이 발생할 수 있는 가능성의 정도를 숫자로 나타낼 때 이것을 그 사건이나 현상의 확률(probability)이라 한다. 이 장에서는 확률의 개념과 성질에 관해 살펴보고자 한다.

3.1 표본공간과 사상

시행에 의하여 일어날 수 있는 가능한 모든 결과로 된 집합을 그 시행에 대한 표본공간(sample space)이라 하고, S로 나타내며, 표본공간의 부분집합을 사상(event)이라 한다. 그리고 표본공간을 구성하고 있는 개개의 원소를 표본점(sample point)이라 한다.

확률을 다루는 확률론은 집합과 사상을 바꾸어 사용할 수 있는 용어이므로, 특별히 집합에서 사용하는 용어들에 대해 간단히 살펴보면 다음과 같다.

(1) ϕ는 공집합을 나타낸다.
(2) $A \subseteq B$는 A가 B의 부분집합을 나타낸다.
(3) $A \cup B$는 A와 B의 합집합을 나타낸다.
(4) A^c는 A의 여집합을 나타낸다.

이와 같은 집합들은 확률론에서 표본공간의 사상으로 표현된다. 또한 특별한 사상으로 표본공간의 단 하나의 원소로 구성된 부분집합을 근원사상(elementary event) 또는 단순사상(simple event) 라하며, 표본공간의 모든 원소를 포함하고 있는 사상을 전사상 이라 한다.

예제3.1) 다음의 시행으로부터 표본공간을 정의하라.

1) 1개의 주사위를 던졌을 때, 나타난 주사위 눈의 수를 관찰하는 시행.
2) 정상적인 동전을 계속해서 3번 던졌을 때 나타나는 앞면의 수를 관찰하는 시행.

☞ 풀이

1) 나타난 주사위의 눈의 수가 표본점들이 되므로 표본공간은 다음과 같이 정의된다.
   $S=\{1,2,3,4,5,6\}$
2) 동전을 던졌을 때 나타나는 앞면을 H 라고 하고, 뒷면을 T 라고 하면, 3번 던지는 시행 에서 나타나는 경우는 다음과 같다.
   $(HHH),(HHT),(HTH),(HTT),(THH),(THT),(TTH),(TTT)$
   따라서 위의 결과들로 이루어진 집합이 표본공간이 된다. 즉,
   $S=\{(HHH),(HHT),(HTH),(HTT),(THH),(THT),(TTH),(TTT)\}$
   또한 나타나는 앞면의 수라 하면, 표본공간은 다음과 같이 정의된다.
   $S=\{0,1,2,3\}$

예제3.2) 정상적인 주사위를 한번 던지는 시행에서 표본공간은 S는 $\{1,2,3,4,5,6\}$으로 정의된다. 다음의 사상들을 정의하라.

1) 단순사상
2) 짝수의 사상
3) 3의 배수가 되는 사상
4) 소수의 사상
5) 전사상

☞ 풀이

1) 단순사상은 표본공간을 구성하는 단 하나의 표본점으로 이루어진 사상을 의미하므로 다음과 같다.
   $\{1\},\{2\},\{3\},\{4\},\{5\},\{6\}$
2) 짝수의 사상=$\{2,4,6\}$
3) 3의 배수가 되는 사상 =$\{3,6\}$
4) 소수의 사상=$\{2,3,5\}$
5) 전사상은 표본공간 전체가 되므로 $S=\{1,2,3,4,5,6\}$가 된다.

3.2 확률의 정의

표본공간 S가 n개의 표본점들 즉, $S=\{w_1,w_2,\cdots,w_n\}$ 이라 가정하자. 그러면, 각각의 단순사상 $\{w_i\}$에 대해 다음의 조건을 만족하도록 단순사상$\{w_i\}$에 실수 p_i를 대응시켰을 때, $P(\{w_i\})=p_i$ 를 단순사상 $\{w_i\}$의 **확률**(probability)이라 한다.

[확률의 정의]

1) $0 \le P(\{w_i\}) \le 1$

2) $P(\{w_1\})+P(\{w_2\})+\cdots+P(\{w_n\})=\sum_{i=1}^{n} p_i = 1$

3) 사상 A의 확률은 사상 A에 속하는 단순사상들에 대응되는 확률들의 합으로 나타나며, 다음과 같다.

$$P(A)=\sum_{w_i \in A} P(\{w_i\})=\sum_{i} p_i$$

예제3.3) 정상적인 주사위를 한번 던지는 시행에서 표본공간은 S는 $\{1,2,3,4,5,6\}$으로 정의된다. 이때 각각의 표본점들에 대응되는 확률은 다음과 같을 때, 다음의 확률을 구하라.

$$P(\{1\})=P(\{2\})=P(\{3\})=P(\{4\})=P(\{5\})=P(\{6\})=\frac{1}{6}$$

1) 짝수의 사상
2) 3의 배수가 되는 사상
3) 소수의 사상

☞ 풀이

1) 짝수의 사상은$\{2,4,6\}$이므로 구하는 확률은 다음과 같다.

$$P(\{2\})+P(\{4\})+P(\{6\})=\frac{1}{6}+\frac{1}{6}+\frac{1}{6}=\frac{1}{2}$$

2) 3의 배수가 되는 사상은 $\{3,6\}$이므로 구하는 확률은 다음과 같다.

$$P(\{3\})+P(\{6\})=\frac{1}{6}+\frac{1}{6}=\frac{1}{3}$$

3) 소수의 사상은 $\{2,3,5\}$이므로 구하는 확률은 다음과 같다.

$$P(\{2\})+P(\{3\})+P(\{5\})=\frac{1}{6}+\frac{1}{6}+\frac{1}{6}=\frac{1}{2}$$

[확률의 고전적 정의]

만일 표본공간이 유한개의 표본점으로 이루어졌고, 각 표본점에 대응되는 확률이 모두 같을 때, 임의의 사상 A의 확률은 다음과 같다.

$$P(A)=\frac{\text{사상 } A\text{에 포함된출현치의 개수}}{\text{표본공간}S\text{에 포함된 출현치의 개수}}=\frac{n(A)}{n(S)}$$

또한 일반적으로 **확률실험** 또는 **확률시행**이라 함은 그 시행에서 일어날 가능성이 모두 같은 경우를 말한다. 이러한 확률 시행에서 일어날 가능성이 모두 같으면 등확률(equally likely)이라 하며, 표본공간을 $S=\{w_1,w_2,\cdots,w_n\}$ 라고 할 때, n은 모든 표본점들의 경우의 수이다. 이때 n개의 실현치들이 등확률을 갖는다고 한다. 즉,

$$P(\{w_i\})=\frac{1}{n},\ i=1,2,\cdots,n$$

이다.

예제3.4) 정상적인 주사위를 한번 던지는 시행 대해서 다음과 같은 사상들이 정의되었을 때 각각의 사상들의 확률을 구하라.

1) A=짝수의 눈
2) B=3의 배수의 눈
3) C=짝수이거나 3의 배수의 눈

☞ 풀이

위에서 정의한 고전적 확률의 정의에 의해 표본공간과 각 사상의 출현치의 개수는 다음과 같다.

$n(S)=6,\ n(A)=3,\ n(B)=2,\ n(C)=4$

따라서 각 사상의 확률은 다음과 같다.

1) $P(A)=\frac{n(A)}{n(S)}=\frac{3}{6}=\frac{1}{2}$

2) $P(B)=\frac{n(B)}{n(S)}=\frac{2}{6}=\frac{1}{3}$

3) $P(C)=\frac{n(C)}{n(S)}=\frac{4}{6}=\frac{2}{3}$

3.3 확률의 정리

이 절에서는 확률의 정의를 이용하여 확률에 대한 몇 가지 정리들에 대해 살펴보고자 한다. 이들 정리들에 대해서는 간단히 증명 없이 소개하는 것으로 한다.

1) 확률의 공리

표본공간을 S라하고, 표본공간의 부분집합인 두 사상 A,B에 대해 다음이 성립한다.

(1) 사상 A에 대해 $0 \le P(A) \le 1$가 성립한다.
(2) $P(S)=1$
(3) 두 사상 A,B가 서로 배반 사상이면 즉, $A \cap B = \phi$ 이면,

$$P(A \cup B) = P(A) + P(B)$$

이를 보다 일반적으로 표현하면 n개의 사상 $A_1, A_2, \cdots A_n$가 서로 배반사상이면,

$$P(A_1 \cup A_2 \cup \cdots \cup A_n) = P(A_1) + P(A_2) + \cdots + P(A_n)$$

$$= \sum_{i=1}^{n} P(A_i)$$

2) 확률의 정리

위와 같은 확률의 공리를 이용하여 다음과 같은 정리들이 성립함을 보일 수 있다.

(1) 전사상의 확률은 1이다. 즉, $P(S)=1$
(2) 공사상의 확률은 0 이다. 즉, $P(\phi)=0$.
(3) 임의의 두 사상 A,B에 대해 $A \subset B$이면, 다음이 성립한다.

$$P(A) \le P(B)$$

(4) 임의의 두 사상 A,B에 대해,

$$P(A \cup B) = P(A) + P(B) - P(A \cap B)$$

(5) 사상 A에 대한 여사상 A^c의 확률은 다음과 같다.

$$P(A^c) = 1 - P(A)$$

예제3.5) 특정 지역에 TV 채널 4와 7이 같은 지역 방송망에 가입되어 있다. 채널 4에서 특정 스포츠 프로그램을 방송할 확률은 0.5이고, 채널 7은 0.7이다. 또한, 서로 동시에 똑같은 특정 스포츠 프로그램을 방송하게 될 확률은 0.3이다. 어느 시청자가 그 특정 스포츠프로그램을 두 채널 중 어느 한 채널에서 시청할 확률은 얼마인가?

☞ 풀이

A : 채널 4에서 그 프로그램을 방송한다.

B : 채널 7에서 그 프로그램을 방송한다 라 놓으면, 각 사상의 확률은 다음과 같다.

$P(A) = 0.5,\quad P(B) = 0.7,\quad P(A\cap B) = 0.3$

따라서, 구하고자 하는 확률 $P(A\cup B)$는 다음과 같다.

$$P(A\cup B) = 0.5 + 0.7 - 0.3 = 0.9$$

결국, 어떤 시청자가 그 프로그램을 시청하게 될 확률은 0.9이다.

예제3.6) 어느 학생이 국어 시험에 합격할 확률이 $\frac{2}{3}$, 영어 시험에 합격할 확률이 $\frac{4}{9}$라고 할 때 적어도 한 과목에 합격할 확률이 $\frac{4}{5}$라면, 이 학생이 두 과목 모두에 합격할 확률은?

☞ 풀이

A : 국어 시험에 합격할 사상

B : 영어 시험에 합격할 사상이라 하면, 문제로부터 각 사상의 확률은 다음과 같다.

$P(A) = \frac{2}{3},\quad P(B) = \frac{4}{9},\quad P(A\cup B) = \frac{4}{5}$

따라서 구하고자 하는 확률은 다음과 같이 계산된다.

$$\begin{aligned} P(A\cap B) &= P(A)+P(B)-P(A\cup B) \\ &= \frac{2}{3}+\frac{4}{9}-\frac{4}{5}=0.31 \end{aligned}$$

3.4 경우의 수

어떤 사건에 대한 경우의 수를 구하는 문제들을 다루는데 있어서, 그 사건이 발생할 논리적인 가능성을 하나씩 열거해 가면서 세지 않고 순열이나 조합과 같은 수학적 개념을 이용하여 결정할 수 있다. 따라서, 여기서는 세어야 할 수학적 대상이 발생할 수 있는 경우의 수를 어떻게 셀 것인가에 대한 방법에 대하여 다루어 보고자 한다. 먼저, 경우의 수를 세는 방법에서 널리 사용되는 곱의 원리(multiplication principal)을 살펴보자.

[곱셈법칙]

하나의 실험 E_1을 r가지의 방법으로 실시하고, 또한 다른 실험 E_2을 k가지 방법으로 실시하였다면, 이러한 2개의 실험을 결합한 E_1E_2는 rk가지가 발생 가능하다.

예제3.7) 1개의 동전과 주사위를 던지는 시행에 대한 모든 가능한 경우 수를 계산하라.

☞ 풀이

동전을 던지는 시행을 E_1, 주사위를 던지는 시행을 E_2라 하면, E_1의 경우의 수는 2가지이며, E_2의 경우의 수는 6가지이다. 따라서 두 시행에서 나타날 모든 가능한 경우의 수는 곱셈법칙에 의해 2×6=12 가지가 된다. 이를 그림으로 표현하면 다음과 같다.

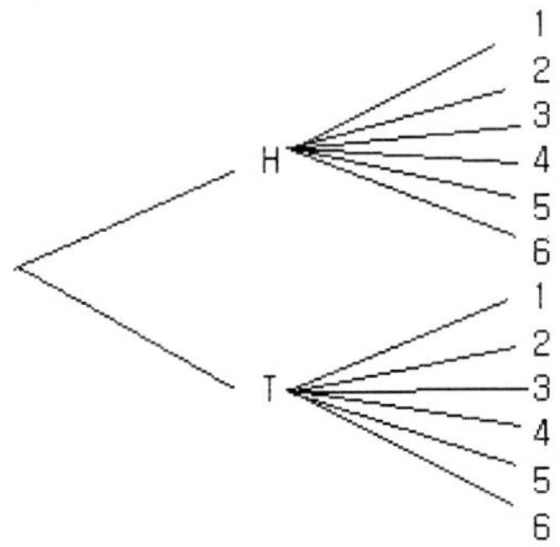

[순서표본]

n개의 개체를 포함한 집합으로부터 순서를 고려하여 r개의 원소를 추출할 때, 추출된 r개의 집합을 크기 r인 순서표본(ordered sample)이라 한다.

[복원 추출과 비복원 추출]

크기 n인 집합으로부터 원소들을 추출할 때, 다음 원소가 추출되기 전에 추출된 원소를 다시 되돌려 넣은 후 다음 원소를 추출하는 방법을 복원 추출(sampling with replacement)라 하며, 한 번 추출된 원소를 되돌려 넣지 않고 다음 원소를 추출하는 방법을 비복원 추출(sampling without replacement)라 한다.

예제3.8) 어떤 주머니에 0에서 9까지의 번호가 적힌 10개의 공이 들어있다. 4개의 공을 차례대로 복원 추출했을 때 가능한 순서 표본의 경우의 수는 모두 몇 가지인가?

☞ 풀이

순서를 고려한 순서 표본이고, 복원으로 추출한 경우이므로, 10개의 공 중에서 1개를 추출하는 경우의 수는 10가지이고, 뽑힌 공을 되돌려 넣은 후 다시 다음 공을 추출하는 경우의 수는 10 가지이다. 따라서 4개의 공을 순서대로 뽑는 경우의 수 다음과 같다.

$10\times10\times10\times10=10^4=10{,}000$

만일 n개의 자리에 n개의 서로 다른 원소를 배열한다면, 첫 번째 위치에는 n개를 선택 할 수 있고, 두 번째 자리에는 $n-1$개의 자리를 선택할 수 있다. 이러한 과정을 맨 마지막 원소까지 진행하면, 최종적으로 맨 마지막 번째의 원소는 1개를 선택할 수 있다. 결과적으로 곱의 법칙에 따라 n개의 서로 다른 원소를 배열하는 경우의 수는 다음과 같이 계산된다.

[계승(Factorial)]

$$n!=n\times(n-1)\times(n-2)\times\cdots\times2\times1$$

예제3.9) 4개의 문자 a,b,c,d 로 구성된 단어가 있을 때, 다음의 경우의 수를 구하라.

1) 4개의 문자로 암호를 만들 수 있는 모든 가능한 경우의 수
2) 서로 다른 문자로 단어를 만들 수 있는 경우의 수

☞ 풀이

1) 4개의 문자로 암호를 만들 수 있는 모든 가능한 경우의 수는 문자들이 복원으로 선택되어도 상관이 없기 때문에 처음에 문자 a가 선택된 후 되돌려 넣은 후 다시 두 번째 a가 선택되고, 세 번째에도 a가 선택되고, 마지막에 a가 선택되어도 된다. 따라서 가능한 모든 경우의 수는 $4 \times 4 \times 4 \times 4 = 4^4 = 256$ 가지가 된다.

2) 서로 다른 문자로 단어를 만드는 경우는 4개의 자리에 문자 하나씩을 배열하는 경우와 같으므로 계승으로 계산하면 된다. 따라서 $4 \times 3 \times 2 \times 1 = 4! = 24$가지 이다.

위와 같이 계승(factorial)을 n개의 원소로 구성된 집합에서 r개의 원소를 순서대로 배열하는 경우를 고려할 수 있으며, 이 경우가 다음에 정의된 순열이다.

[순열]

n개의 원소로 구성된 집합에서 한번에 r개의 원소를 선택하여 이들을 순서대로 배열하는 방법을 순열(permutation) 이라 한다. 이때 r개의 원소들은 모두 서로 다른 원소이며, 선택된 r개의 원소들 간의 배치 순서가 다르면, 다른 순열로 취급한다.

순열에 대한 계산식은 다음과 같다.

[순열의 계산식]

1) $P(n,r) = n \times (n-1) \times (n-2) \ \cdots \times (n-r+1) = \dfrac{n!}{(n-r)!}$
2) $P(n,n) = n \times (n-1) \times (n-2) \ \cdots \ 3 \times 2 \times 1 = n!$
3) $P(n,0) = 1$

여기서 $n \geq r$ 이며, 계승(factorial)의 계산에서 $0! = 1$이다.

예제3.10) 3, 4, 5, 6, 7, 8의 정수를 사용하여 다음과 같은 실험을 할 때 경우의 수를 구하라.

1) 6개의 정수를 모두 이용하여 서로 다른 수를 만들 수 있는 경우의 수
2) 6개의 정수를 이용하여 3자리 정수를 만들 때 가능한 경우의 수

☞ 풀이

1) 6개의 정수를 모두 이용하여 만들 수 있는 경우는 6자리에 숫자 하나씩을 배열하는 경우와 같으므로 결과적으로 구하고자 하는 경우의 수는 $6\times5\times4\times3\times2\times1=6!=720$ 가지이다.

2) 6개의 정수 중 3개의 정수로 만드는 경우이므로 순열을 이용하여 다음과 같이 계산할 수 있다.

$$P(6,3)=\frac{6!}{(6-3)!}=6\times5\times4=120$$

예제3.11) 한 대의 공중전화에 5명이 동시에 도착하여 전화를 걸려고 한다. 차례로 줄서는 방법은 몇 가지가 있는가?

☞ 풀이

5명의 자리에 순서대로 배치하는 경우이므로, $5!=5\times4\times3\times2\times1=120$ 가지이다.

순서를 고려하여 경우의 수를 계산하는 순열과는 다르게 원소의 배열 순서를 고려하진 않고 단순히 뽑힌 집합에만 관심을 가질 때 가 있는데, 이에 대한 경우의 수를 계산하는 방법으로 다음과 같이 정의되는 조합이 있다. 특별히 조합은 확률의 계산에 매우 유용하게 사용되기 때문에 주의를 기울일 필요가 있다.

[조합]

n개의 원소로 구성된 집합으로부터 r개의 원소를 순서에 관계없이 비복원으로 선택하는 방법을 조합(Combination)이라 한다.

조합은 다음과 같이 경우의 수를 계산한다.

[조합의 계산식]

1) $\binom{n}{r} = \frac{{}_nP_r}{r!} = \frac{n(n-1)\cdots(n-r+1)}{r!} = \frac{n!}{r!(n-r)!}$

2) $\binom{n}{r} = \binom{n}{n-r}$

3) $\binom{n}{n} = \binom{n}{0} = 1$

4) $\binom{n}{1} = n$

이와 같이 정의되는 조합은 특별히 이항계수(binomial coefficient)라 하며, 이는 다음과 같은 이항전개로부터 유래한다.

$$(a+b)^n = \sum_{r=0}^{n} \binom{n}{r} b^r a^{n-r}$$

즉, $b^r a^{n-r}$의 계수가 조합의 식인 $\binom{n}{r}$에 의해 결정되기 때문이다.

예제3.12) 52장의 카드 한 벌로부터 5장을 비복원으로 추출하는 경우의 수는 몇 가지인가?

☞ 풀이

52장의 카드에서 5장을 순서에 관계없이 비복원으로 추출하는 가지 수는 다음과 같다.

$\binom{52}{5} = \frac{52!}{5!47!} = 2,298,690$

예제3.13) 8권의 책 중에서 3권의 책을 선택하는 방법은 몇 가지인가?

☞ 풀이

조합을 이용하여 $\binom{8}{3} = \frac{8!}{3!5!} = 56$ 가지가 된다.

특별히 n개의 원소들 중 같은 원소들이 p,q,r개 있을 때 n개를 배열하는 방법에 대한 경우의 수는 다음과 같이 계산되며, 다항계수(multinomial coefficient)라 한다.

$$\binom{n}{p,q,r}=\frac{n!}{p!q!r!}$$

예제3.14) 외항선 승선한 선원들이 7개의 색깔이 있는 깃발을 이용하여 신호를 보낼 수 있다고 할 때, 다음의 경우에 대해 경우의 수를 계산하라.

1) 7가지의 서로 다른 색깔의 깃발을 가지고 있을 때 보낼 수 있는 가능한 신호의 가지 수.
2) 4개의 노란색 깃발과 3개의 흰색 깃발을 가지고 있을 때 보낼 수 있는 가능한 신호의 가지 수.

☞ 풀이

1) 7개의 서로 다른 깃발을 배열하는 경우와 같으므로 $7!=7\times6\times5\times4\times3\times2\times1=5040$ 가지이다.

2) 4개의 노란색 깃발과 3개의 흰색 깃발을 가진 경우는 다음과 같이 계산된다.

$$\binom{7}{3,4}=\frac{7!}{3!4!}=\binom{7}{4}=35$$

n개의 원소들로 이루어진 집합에서 r개의 원소를 선택하는 경우의 수는 다음과 같이 요약할 수 있다.

표본	복원	비복원
순서 표본	n^r	$P(n,r)$
비순서 표본	-	$\binom{n}{r}$

3.5 엑셀을 이용한 경우의 수 계산

엑셀에서는 경우의 수를 계산하기 위한 여러 가지 수학함수를 제공하고 있다. 이러한 함수들을 이용하여 확률의 계산에 필요한 경우의 수를 보다 쉽게 계산할 수 있으며, 이들에 대해 예제를 통해 살펴보기로 한다.

1) 계승(Factorial)의 계산

우선 계승을 계산하기 위한 엑셀의 수학함수는 FACT( ) 함수이다. 함수마법사 대화상자에서 수학함수 중 FACT를 선택할 수 있으며, 그에 대한 형식은 다음과 같다.

[엑셀을 이용한 계승의 계산]

- 엑셀의 계승 함수 : =FACT(숫자)

이때 숫자 부분에는 구하고자 하는 계승 값을 입력한다. 즉 4!을 계산하기 위해서는 =FACT(4)를 입력하면 된다.

예제3.15) 엑셀을 이용하여 다음의 계승값을 구하시오.

1) 5!　　　　2) 8!　　　　3) 0!

☞ 풀이

그림과 같이 수학함수 중 FACT 함수를 이용하여 계산할 수 있다.

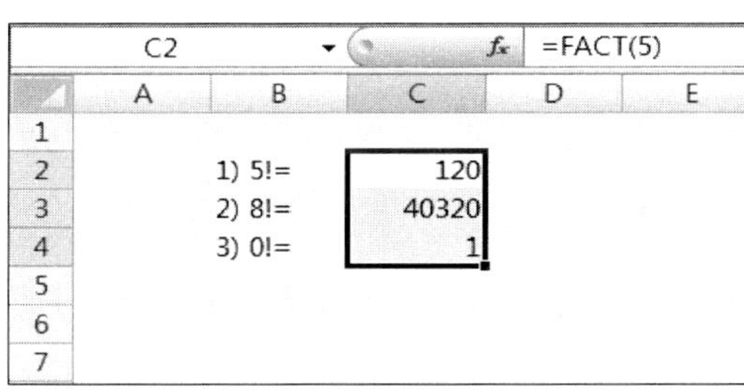

결과적으로 5! 값은 120이다. 나머지 계승 값들도 같은 방법으로 구하면 다음과 같다. 즉, 8!=40320 이며, 0!=1 이다.

2) 순열(Permutation)의 계산

순열은 계승을 이용하여 구할 수 있으며, 또한 함수를 이용하여 구할 수 있다. 함수의 경우 함수 마법사의 통계함수 중에서 PERMUT() 함수로 존재하며, 이를 이용하여 순열 값을 쉽게 계산 할 수 있다. 당연히 두 값은 동일하다.

[엑셀을 이용한 순열의 계산]

- 엑셀의 순열 함수 : =PERMUT(n, r)
- 계승 함수를 이용한 계산식 : =FACT(n)/FACT(n-r)

예제3.16) 엑셀을 이용하여 다음의 순열을 계산하라.

1) $P(4,2)$　　　　2) $P(10,3)$　　　　3) $P(12,4)$

☞ 풀이

그림과 같이 통계함수 중 PERMUT 함수를 이용하여 순열값을 계산할 수 있다..

C2 　 fx =PERMUT(4,2)

	A	B	C	D	E
1					
2		1) P(4,2) =	12		
3		2) P(10,3)=	720		
4		3) P(12,4)=	11880		
5					
6					

즉, P(4,2) = 12, P(10,3)=720, P(12,4)=11880 이다.

이와는 다른 방법으로 계승을 이용하여 순열 값을 구할 수 있다. 다음 그림은 계승함수를 이용하여 순열을 계산한 결과이다. 두 경우의 값이 동일함을 확인할 수 있다.

E3 　 fx =FACT(10)/FACT(7)

	A	B	C	D	E	F
1			PERMUT ( )		FACT ( )	
2		1) P(4,2) =	12		12	
3		2) P(10,3)=	720		720	
4		3) P(12,4)=	11880		11880	
5						
6						

3) 조합(Combination)의 계산

조합을 계산하기 위한 함수로는 COMBIN( ) 함수이다. 이는 함수 마법사의 수학함수 중에 존재한다. 순열과 마찬가지로 COMBIN( ) 함수를 이용하여 조합을 계산하거나, 또는 FACT( ) 함수와 PERMUT( ) 함수를 결합하여 이용할 수 있으며, 순수하게 FACT( ) 함수만을 이용할 수도 있다.

[엑셀을 이용한 조합의 계산]

- 엑셀의 조합 함수 : =COMBIN(n, r)
- 계승과 순열함수를 이용한 계산식 : =PERMUT(n,r)/FACT(r)
- 계승만을 이용한 순열 계산식 : =FACT(n)/(FACT(r)*FACT(n-r))

예제3.17) 엑셀을 이용하여 다음의 조합을 계산하라.

1) $\binom{4}{2}$ 2) $\binom{10}{3}$ 3) $\binom{12}{4}$

☞ 풀이

그림과 같이 수학함수 중 COMBIN 함수를 이용하여 직접 조합값을 구할 수 있다. 참고로 FACT 함수와 PERMUT 함수를 이용하여 계산한 값이 COMBIN 함수 값과 같음을 확인할 수 있다.

C2 fx =COMBIN(4,2)

	A	B	C	D	E	F	G	H
1			COMBIN		FACT		PERMUT	
2		1) 4C2 =	6		6		6	
3		2) 10C3=	120		120		120	
4		3) 12C4=	495		495		495	
5								
6								

3.6 조건부확률

어떤 조건이 주어진 경우에 사상의 확률에 대해 살펴보도록 하자. 어떤 실험에서 출현치 들에 관한 정보를 미리 알고 있다면, 그와 연관된 사상의 확률을 다시 구해야 한다.

따라서 어떤 사상이 발생했다는 조건하에서 다른 사상이 일어날 확률을 조건부확률(conditional probability) 이라 하며, 이 확률은 다음과 같이 정의된다.

$$P(A|B) = \frac{P(A \cap B)}{P(B)}$$

이 확률의 의미는 사상 B가 일어났다는 조건하에서 사상 A의 확률을 의미하며, $P(A|B)$으로 표기한다.

[조건부 확률의 성질]

1) $0 \le P(A|B) \le 1$
2) $A_1 \cap A_2 = \phi$ 이면, $P(A_1 \cup A_2|B) = P(A_1|B) + P(A_2|B)$.
3) $P(A|A) = 1$

예제3.18) 어떤 가정에 두 명의 아이가 있다. 그들 중 적어도 한 명이 남자라고 할 때 두 명 모두 남자일 확률은 얼마인가? (단 $P(\text{남자}) = \frac{1}{2}$ 이다.)

☞ 풀이

사상 A를 "두 명 모두 남자" 라는 사상으로 정의하고, 사상 B를 "적어도 한 명이 남자" 라는 사상으로 정의하면, 문제로부터 다음과 같이 조건부 확률을 구하는 것과 같다.

$$P(A|B) = \frac{P(A \cap B)}{P(B)} = \frac{\frac{1}{4}}{1 - \frac{1}{4}} = \frac{1}{3}$$

예제3.19) 52장의 카드 한 벌에서 한 장의 카드를 뽑았을 때, 뽑힌 카드가 빨간색이라는 조건하에서 그림이 있는 카드가 나올 확률은 얼마인가?

☞ 풀이

빨간색 카드의 수는 Hart와 Diamond 무늬이므로 모두 26장이다. 따라서 빨간색 카드가 나올 사상을 B라 할 때, 사상 B의 확률 $P(B) = \frac{26}{52} = \frac{1}{2}$가 된다.

그림이 나올 사상을 A라 할 때, $P(A \cap B)$는 빨간색 그림이 나올 확률이므로 52장의 중에서 Jack, Queen, King 카드가 모두 6장이 되어 빨간색 그림이 나올 확률은 $\frac{6}{52} = \frac{3}{26}$가 된다. 결국 구하고자 하는 확률은 다음과 같이 계산된다.

$$P(A|B) = \frac{P(A \cap B)}{P(B)} = \frac{\frac{3}{26}}{\frac{1}{2}} = \frac{6}{26}$$

예제3.20) 두 개의 주사위를 던져서 나오는 결과가 (X_1,X_2)로 나타난다. 두 사상 A,B를 다음과 같이 정의 할 때, $P(B|A)$를 구하라.

$$A=\{(X_1,X_2)|X_1+X_2=10\},\ B=\{(X_1,X_2)|X_1>X_2\}$$

☞ 풀이

주사위 두 개를 던지는 시행으로부터 $S=\{(1,1),(1,2),\cdots,(6,6)\}$로 정의되며, 사상 A와 $A\cap B$가 다음과 같다.

$A=\{(X_1,X_2)|X_1+X_2=10\}=\{(4,6),(5,5),(6,4)\}$

$A\cap B=\{(X_1,X_2)|X_1+X_2=10, X_1>X_2\}=\{(6,4)\}$

따라서 이들 사상의 확률은 $P(A)=\frac{3}{36}=\frac{1}{12}, P(A\cap B)=\frac{1}{36}$ 가 되어, 구하고자 하는 조건부 확률은 다음과 같이 계산된다.

$$P(B|A)=\frac{P(A\cap B)}{P(A)}=\frac{\frac{1}{36}}{\frac{1}{12}}=\frac{1}{3}$$

조건부확률은 그 자체로 이용되기보다는 다음과 같이 정의되는 곱셈법칙 (multiplication rule) 에 많이 응용된다.

[곱셈법칙]

(1) 두 사상 A,B가 동시에 일어날 확률, $P(A\cap B)$는 곱셈법칙에 의해 다음과 같이 정의된다.

$$P(A\cap B)=P(A)P(B|A)$$
$$=P(B)P(A|B)$$

(2) 이를 세 사상 A,B,C에 대해 확장이 가능하며, 세 사상이 모두 일어날 확률, $P(A\cap B\cap C)$는 다음과 같이 정의된다.

$$P(A\cap B\cap C)=P(A)P(B|A)P(C|A\cap B)$$

(3) 일반적인 경우로서 n개의 사상들 $A_1,A_2,\cdots,A_n$이 동시에 일어날 확률은 다음과 같다.

$$P(A_1\cap A_2\cap\cdots\cap A_n)=P(A_1)P(A_2|A_1)\cdots P(A_n|A_1\cap A_2\cap\cdots\cap A_{n-1})$$

예제3.21) 한 상자 안에 파란색 공 7개와 빨간색 공 3개가 들어있다. 두 개의 공을 무작위로 비복원으로 추출한다고 할 때, 첫 번째 공이 빨간색이고, 두 번째 공이 파란색일 확률을 구하라.

☞ 풀이

사상 A를 "첫 번째 공이 빨간색" 이라 하고, 사상 B를 "두 번째 공이 파란색" 이라 할 때, $P(A)=\frac{3}{10}$ 이며, $P(B|A)=\frac{7}{9}$ 가 된다. 따라서 구하고자 하는 확률은 곱셈 법칙에 의해 다음과 같이 계산된다.

$$P(A\cap B)=P(A)P(B|A)=\left(\frac{3}{10}\right)\times\left(\frac{7}{9}\right)=\frac{7}{30}$$

예제3.22) 52장의 카드 한 벌로부터 4장의 카드를 차례로 비복원으로 뽑았을 때, Spade, Diamond, Hart, Club 의 순서대로 뽑힐 확률을 구하라.

☞ 풀이

곱셈 법칙에 의해 사상 A를 "첫 번째 카드가 Spade" 인 사상이라 하고, 사상 B를 "두 번째 뽑힌 카드가 Diamond" 인 사상, 사상 C를 "세 번째 뽑힌 카드가 Diamond" 인 사상, 마지막으로 사상 D를 "네 번째 뽑힌 카드가 Club"인 사상이라 하면, 구하고자 하는 확률은 다음과 같다.

$$\begin{aligned}P(A\cap B\cap C\cap D) &= P(A)P(B|A)P(C|A\cap B)P(D|A\cap B\cap C)\\ &=\left(\frac{13}{52}\right)\left(\frac{13}{51}\right)\left(\frac{13}{50}\right)\left(\frac{13}{49}\right)\\ &= 0.0044\end{aligned}$$

3.7 독립사상

어떠한 두 사상에 대해 하나의 사상의 결과가 다른 사상의 결과에 아무런 영향을 주지 않는 경우, 즉, 두 사상 A와 B에 대해, 사상 A의 확률과 사상 B가 일어났다는 조건하에서 사상 A가 일어날 조건부 확률이 같은 경우, 두 사상 A와 B는 서로 독립(independent)이라 한다. 다시 말해서 먼저 일어난 사상이 나중에 일어난 사상에 영향을 주지 않는다는 의미로서 다음과 같이 표현된다.

$$P(A|B)=P(A),\ \text{또는}\ P(B|A)=P(B)$$

만일 두 사상 A와 B가 서로 독립이면, 곱셈 법칙에 의해 다음이 성립한다.

$$P(A\cap B)=P(A)P(B|A)=P(A)P(B)$$

[독립인 두 사상]

만약 A와 B가 서로 독립이면 다음의 두 사상 역시 독립이다.

1) 사상 A와 B^c : $P(A \cap B^c) = P(A)P(B^c)$
2) 사상 A^c와 B : $P(A^c \cap B) = P(A^c)P(B)$
3) 사상 A^c와 B^c : $P(A^c \cap B^c) = P(A^c)P(B^c)$

[독립인 세 사상]

세 사상 A, B 그리고 C가 서로 독립이기 위한 필요충분조건은 다음 4가지 조건을 모두 만족해야 한다.

1) $P(A \cap B) = P(A)P(B)$
2) $P(A \cap C) = P(A)P(C)$
3) $P(B \cap C) = P(B)P(C)$
4) $P(A \cap B \cap C) = P(A)P(B)P(C)$

만일 위의 조건 중에서 1), 2), 3)만을 만족하는 경우 A와B, A와C, B와 C가 쌍으로 독립(pairwise independent) 라 한다.

예제3.23) 두 개의 주사위를 던질 때, 2와 5의 눈이 동시에 나타날 확률은?

☞ 풀이

하나의 주사위를 던져서 2의 눈이 나올 확률은 $\frac{1}{6}$ 이고, 다음 주사위를 던져서 5의 눈이 나올 확률 또한 $\frac{1}{6}$ 이므로, 2의 눈과 5의 눈이 동시에 나올 확률은 첫 번째 주사위와 두 번째 주사위는 서로 독립이다. 따라서 구하고자 하는 확률은 다음과 같다.

$$\frac{1}{6} \times \frac{1}{6} = \frac{1}{36}$$

예제3.24) 어떤 경주용 자동차에는 연료 주입 보조 장치가 장착되어 있다고 한다. 이 장치는 만일 첫 번째 장치가 고장 나면, 다시 두 번째 장치를 사용하고, 두 번째 장치가 고장 나면, 세 번째 장치를 사용한다고 한다. 이들 장치가 고장 날 확률은 모두 0.2 이며, 서로 독립이라고 할 때, 이 경주용 자동차의 연료 주입 장치가 제대로 작동할 확률은 얼마인가?

☞ 풀이

사상 A를 "첫 번째 장치가 고장날 사상", 사상 B를 "두 번째 장치가 고장 날 사상", 사상 C를 "세 번째 장치가 고장 날 사상" 이라 하면, 세 장치가 모두 고장 나면, 연료주입장치는 작도하지 않으므로 연료 주입장치가 제대로 작동할 사상의 확률은 여사상의 확률로 계산되며 다음과 같다.

$$\begin{aligned} P(A\cap B\cap C)^c &= 1-P(A\cap B\cap C) \\ &= 1-P(A)P(B)P(C) \\ &= 1-(0.2)^3 \\ &= 0.992 \end{aligned}$$

3.8 베이즈 정리

베이즈 정리를 설명하기 전에 전확률 공식에 대해 알아보도록 하자. 어떤 집합 B의 n개의 분할을 $B_1, B_2, \cdots, B_n$이라 하면, 다음의 조건을 만족한다.

1) $B_i \subset B,\ i=1,2,\cdots,n,$
2) $B_i \cap B_j = \phi,\ i \neq j$
3) $B_1 \cup B_2 \cup \cdots \cup B_n = B$

따라서 $B_1, B_2, \cdots, B_n$은 상호 배반적이며, 포괄적이다. 그러면, $B_1, B_2, \cdots, B_n$을 표본공간 S의 분할이라 하고, 사상 A를 표본공간의 임의의 사상이라 하면, 다음과 같이 표현할 수 있다.

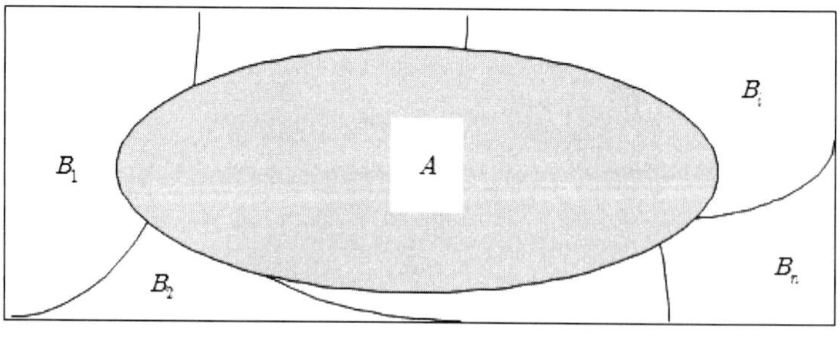

[그림 3-1] 분할과 사상 A의 관계

[그림 3-1] 로부터 사상 A는 다음과 같이 n개의 분할인 사상들의 합집합으로 표현할 수 있다.

$$A = (B_1 \cap A) \cup (B_2 \cap A) \cup \cdots \cup (B_n \cap A)$$

따라서 사상 A의 확률 $P(A)$는 곱셈정리를 이용하여 다음과 같이 구할 수 있으며, 이 확률을 전확률(total probability)이라 한다.

$$\begin{aligned} P(A) &= P(B_1 \cap A) + P(B_2 \cap A) + \cdots + P(B_n \cap A) \\ &= \sum_i^n P(B_i \cap A) \\ &= \sum_i^n P(B_i) P(A|B_i) \end{aligned}$$

만일 $P(A) > 0$라 하면, 조건부확률 공식에 의해 다음과 같으며,

$$P(B_k|A) = \frac{P(B_k \cap A)}{P(A)}$$

이 식에 위에서 정의된 전확률을 적용하면, 다음과 같다.

$$\begin{aligned} P(B_k|A) &= \frac{P(B_k \cap A)}{P(A)} \\ &= \frac{P(B_k)P(A|B_k)}{\sum_{i=1}^n P(B_i)P(A|B_i)} \end{aligned}$$

이와 같이 정의된 확률공식을 **베이즈 공식**이라 하며, 이때 $P(B_i)$를 사전확률(prior probability)라고 하며, 조건부 확률 $P(B_k|A)$을 사후확률(posterior probability)이라고 한다.

예제3.25) 어떤 공장에서 기계Ⅰ,Ⅱ,Ⅲ을 사용하여 같은 종류의 부품 생산한다고 한다. 기계Ⅰ,Ⅱ,Ⅲ으로부터 불량 부품을 생산할 확률이 각각 2%, 1%, 3% 이라고 한다. 또한 전체 부품생산량의 35%를 기계Ⅰ에서 생산하고, 25%를 기계Ⅱ에서, 40%를 기계Ⅲ에서 생산한다고 한다. 생산된 부품 중에서 임의로 하나를 선택했을 때, 다음의 확률을 구하라.

1) 선택한 부품이 불량품일 확률
2) 만일 선택한 부품이 불량품이라면, 그 부품이 기계Ⅲ에서 생산된 부품일 확률

☞ 풀이

1) 불량품의 사상을 A라 하면, 전확률 공식에 의해 다음과 같다.

$$P(A) = P(A \cap \text{I}) + P(A \cap \text{II}) + P(A \cap \text{III})$$

$$= P(\text{I})P(A|\text{I}) + P(\text{II})P(A|\text{II}) + P(\text{III})P(A|\text{III})$$

$$= 0.35 \times 0.02 + 0.25 \times 0.01 + 0.45 \times 0.03$$

$$= 0.0215$$

2) 베이즈 공식을 이용하여 다음과 같이 확률을 구할 수 있다.

$$P(\text{III}|A) = \frac{P(\text{III})P(A|\text{III})}{P(A)}$$

$$= \frac{0.4 \times 0.03}{0.0215}$$

$$= 0.558$$

예제3.26) 각각의 문이 있는 4개의 벽으로 둘러싸인 어떤 방에 갇혀 있는 쥐 한 마리가 문을 통하여 도피하려고 한다. 그러나 불행하게도 4개의 문 d_1, d_2, d_3, d_4에 각각 함정이 놓여 있으며, 그 함정에 빠질 확률은 각각 0.3, 0.2, 0.3, 0.5이다. 만약, 쥐가 임의로 1개의 문을 택할 경우 다음 확률을 구하여라.

1) 쥐가 무사히 도피할 확률
2) 쥐가 도피했다고 가정하고 d_3 문으로 도피했을 가능성 확률

☞ 풀이

사상 A를 쥐가 도피에 성공할 사상이라고 하고, 사상 D_1, D_2, D_3, D_4를 각각 쥐가d_1, d_2, d_3, d_4문을 선택하는 사상이라고 하자. 전확률 공식에 의해 쥐가 도피할 확률은 다음과 같이 된다.

$$P(A) = P(D_1)P(A|D_1) + P(D_2)P(A|D_2) + P(D_3)P(A|D_3) + P(D_4)P(A|D_4)$$

그리고 4개의 문 중 임의로 하나를 선택하기 때문에 $P(D_1) = P(D_2) = P(D_3)$ $= P(D_4) = 0.25$가 된다. 또한, 각 문으로 도피할 확률은 다음과 같다.

$$P(A|D_1) = 1 - 0.3 = 0.7 \qquad P(A|D_2) = 1 - 0.2 = 0.8$$

$$P(A|D_3) = 1 - 0.3 = 0.7 \qquad P(A|D_4) = 1 - 0.5 = 0.5$$

따라서 쥐가 무사히 도피할 확률은 다음과 같이 계산할 수 있다.

$$P(A) = 0.25 \times 0.7 + 0.25 \times 0.8 + 0.25 \times 0.7 + 0.25 \times 0.5 = 0.675$$

2) 구하고자 하는 확률은 $P(D_3|A)$이다. 따라서 베이즈 공식에 의해 다음과 같이 계산할 수 있다.

$$P(D_3|A) = \frac{P(D_3)P(A|D_3)}{P(A)} = \frac{0.25 \times 0.7}{0.675} = 0.259$$

예제3.27) 어떤 대학에서 남녀별 합격자 및 탈락자에 대한 것을 조사한 결과표와 같다고 한다. 그런데 합격자 가운데 36명과 탈락자 가운데 12명이 학원과외를 했던 사람이라고 한다.

성별	합격자	탈락자	합계
남	460	40	500
여	140	260	400
계	600	300	900

1) 임의로 뽑힌 한 사람이 학원과외를 했을 확률은?
2) 이들 900명 가운데 한 명을 뽑았을 때, 학원과외를 했었다는 조건하에서 이 사람이 합격자일 확률은 얼마인가?

☞ 풀이

1) 학원과외를 했던 사람을 뽑는 사상을 A라하고 합격자가 뽑히는 사상을 E라 하자. 뽑힌 사람이 학원과외를 했던 사람이면서 합격자일 수 있고, 반대로 탈락자이면서 학원과외를 했던 사람일 수 있다. 따라서 $A = (E \cap A) \cup (E^c \cap A)$이므로, 학원과외를 했을 확률은 다음과 같다.

$$\begin{aligned} P(A) &= P(E \cap A) + P(E^c \cap A) \\ &= P(E)P(A|E) + P(E^c)P(A|E^c) \\ &= \frac{600}{900} \times \frac{36}{600} + \frac{300}{900} \times \frac{12}{300} = \frac{4}{75} \end{aligned}$$

2) 구하고자 하는 확률은 $P(E|A)$이 되므로 베이즈 공식에 의해 다음과 같이 계산된다.

$$P(E|A) = \frac{P(E)P(A|E)}{P(A)} = \frac{1/25}{4/75} = \frac{3}{4}$$

연습문제

[1] 다음의 각 실험에 대해 표본공간을 기술하여라.

1) 컴퓨터 학원에 등록한 학생 10명 중 정보처리 기술사에 합격할 학생의 수.
2) 어느 실업률 조사에서 100명에게 직업의 유무를 질문했을 때, "아니오"라고 대답한 사람의 수.
3) 5개 신문사에 발행하는 신문을 보는지를 기록한 경우.

[2] 공정한 주사위를 두 번 던질 때, 표본공간을 구하여라.

[3] 공정치 못한 주사위를 던지는 실험에서 각 주사위의 눈이 나타날 확률이 다음과 같다.

$$P(\{1\})=\frac{1}{3}, P(\{2\})=\frac{1}{4}, P(\{3\})=\frac{1}{12}$$
$$P(\{4\})=\frac{1}{12}, P(\{5\})=\frac{1}{6}, P(\{6\})=\frac{1}{12}$$

1) 확률의 정의에 맞는가?
2) 다음 사상의 확률을 구하라.
   ① 눈의 수가 3의 배수
   ② 눈의 수가 짝수
   ③ 눈의 수가 짝수이거나 3의 배수

[4] 공정한 동전을 세 번 던졌을 때 다음 사상에 대한 확률을 구하여라.

1) 앞면이 두 번 나올 확률
2) 앞, 뒤가 교대로 나올 확률
3) 앞면이 두 번 이상 나올 확률
4) 첫 번째에 뒷면이 나올 확률

[5] 표본공간 $S=\{w_1,w_2,w_3,w_4\}$의 단순사상에 대한 확률의 관계식이 다음과 같다.

$$P(\{w_1\})=3P(\{w_2\}),\ P(\{w_3\})=P(\{w_1\}),\ P(\{w_4\})=4P(\{w_2\})$$

1) 각 단순사상에 대한 확률을 구하라.
2) $A=\{w_1,w_3,w_4\}$일 때 $P(A)$를 구하라.

[6] 다음의 값을 엑셀의 함수를 이용하여 계산하라.

1) STATISTICS 라는 단어의 문자를 배열하는 경우의 수

2) 3, 4, 5, 6, 7, 8의 정수를 사용하여 서로 다른 세 자리 정수를 만드는 경우의 수

[7] 다음의 값을 엑셀의 함수를 이용하여 계산하라.

1) $\binom{8}{4}$ 2) $\binom{7}{0}$ 3) $\binom{10}{3}$ 4) $\binom{5}{5}$

[8] 특정한 레스토랑에서 판매하는 메뉴에는 2종류의 스프, 3종류의 스테이크, 5종류의 디저트가 있다. 이중 한 가지씩 골고루 선택하는 방법은 모두 몇 가지인가?

[9] 한 상자에 8개의 계란이 들어 있을 때, 이중 3개가 유정란이다. 8개중 임의로 3개를 뽑아내는 실험에서 다음 사상의 확률을 구하여라.

1) 정확히 2개가 유정란인 사상

2) 3개 모두 유정란인 사상

3) 3개 모두 유정란이 아닌 사상

4) 적어도 한 개는 유정란인 사상

[10] 어느 학생이 통계학 과목에서 A학점을 받을 확률이 0.2, B학점을 받을 확률이 0.3이고, C학점을 받을 확률이 0.3, D학점을 받을 확률이 0.1이고, F학점을 받을 확률이 0.1이다. D학점 이상 받는다면 이 과목에서 합격이라 할 때 이 학생이 합격할 확률은 얼마인가?

[11] 100만명에 대한 HIV 항체 검사를 실시한 결과가 다음과 같다.

	B_1(HIV보균)	B_2(HIV미보균)	계
A_1(양성)	4,885	73,630	78,515
A_2(음성)	115	921,370	92,1485
계	5,000	995,000	1,000,000

이들 중 한사람을 임의로 선택했을 때 다음의 확률을 구하라.

1) $P(B_1)$ 2) $P(A_1)$

3) $P(A_1|B_2)$ 4) $P(B_1|A_1)$

[12] 52장의 카드에서 한 장의 카드를 뽑는 실험에서 뽑힌 카드가 스페이드 카드라는 조건하에서 그림이 있는 카드가 나올 확률은?

[13] 어떤 과목은 중간고사와 기말고사 두 종류의 시험을 치른다. 임의의 한 학생이 중간고사를 통과할 확률은 0.6이고, 중간고사에 실패한 학생이 기말고사에 합격할 확률이 0.8이었다면, T군이 중간고사에는 실패하고 기말고사에는 합격이 될 확률은 얼마인가?

[14] 눈이 내릴 확률이 0.3이다. 눈이 내린다는 조건하에서 비행기가 예정 시간에 이륙할 확률은 0.4이며, 눈이 내리지 않는다는 조건하에서 비행기가 예정 시간에 이륙할 확률은 0.9이다. 다음의 확률을 구하여라.

1) 눈이 내리고 비행기가 예정 시간에 이륙할 확률
2) 눈이 안 오고 비행기가 예정 시간에 이륙할 확률
3) 비행기가 예정 시간에 이륙할 확률

[15] 중고차 시장에 있는 전체 차의 50%는 미국에서 생산된 차이고, 이 중의 15%는 소형차이다. 그리고 전체 차의 30%는 유럽에서 생산되었고, 이 중 40%는 소형차이며, 전체 차의 20%는 일본에서 생산되었고, 이 중 60%는 소형차이다. 임의로 한 대의 차를 뽑았을 때 뽑힌 차가 다음과 같이 될 확률을 구하라.

1) 소형차가 될 확률
2) 소형차라는 조건하에서 그 차가 유럽에서 생산되었을 확률

[16] 3개의 상자에 각각 다음 표와 같이 흰 공, 붉은 공, 검은 공이 들어 있다.

상자	흰공	검은공	붉은공
A	8	2	6
B	4	5	3
C	2	7	3

임의로 3개의 상자 중에서 하나를 선택하여, 선택된 상자 중에서 공 1개를 임의로 뽑아 낼 때 다음의 확률을 구하라.

1) 뽑힌 공이 붉은 공이 될 확률
2) 뽑힌 공이 붉은 공이었다는 사실을 알고 이 공이 상자B 에서 뽑힐 확률

[17] 어떤 회사원이 승진할 확률은 $\frac{5}{8}$이다. 만약 그가 승진하는 경우에 휴가를 다녀올 확률이 $\frac{5}{6}$ 가 되며, 그가 승진되지 않았을 때 휴가를 갈 확률은 $\frac{1}{3}$이다.

1) 그 회사원이 휴가를 갈 확률을 구하여라.
2) 그가 휴가를 갔다는 조건하에서 그가 승진하였기 때문에 휴가를 갔을 확률은 얼마인가?

[18] 오전 11시까지 비행기가 공항에 도착할 확률은 0.7이고, 승객이 시내에서 공항에 버스를 타고 오전 11시까지 도착할 확률은 0.6이다.

1) 비행기와 승객이 모두 다 오전 11시까지 공항에 도착할 확률을 구하라.
2) 비행기는 오전 11시까지 도착하고, 승객은 오전 11시 이후에 도착할 확률을 구하여라.

[19] 12월의 어느 날에 서울과 모스크바에 눈이 내릴 확률은 각각 0.4와 0.7이다. 서로 독립임을 가정하고, 다음의 확률을 구하여라.

1) 두 도시 모두 눈이 내릴 확률
2) 모스크바에만 눈이 내릴 확률
3) 두 도시 모두 눈이 내리지 않을 확률
4) 두 도시 중 한 도시에만 눈이 내릴 확률

[20] 2개의 주사위를 던질 때 주사위의 두 눈의 곱이 7과 10 사이에 있을 확률을 구하여라.

[21] 2개의 주사위를 던질 때 다음의 확률을 구하라.

1) 주사위의 눈이 같을 확률
2) 한 쪽 주사위의 눈이 다른 쪽의 2배일 확률

[22] 1개의 주사위를 던질 때, 홀수의 눈이 나오는 사상을 A, 5 이상의 눈이 나오는 사상을 B라 할 때, 조건부 확률 $P(B|A)$를 구하여라.

[23] 서랍 A에는 10원짜리 동전 5개와 100원짜리 동전 3개가 들어 있고, 서랍 B에는 10원짜리 동전 3개와 100원짜리 동전 7개가 들어 있다. 무작위로 하나의 서랍을 택하여 한 개의 동전을 꺼낸다.

1) 100원짜리 동전을 꺼낼 확률을 구하라.

2) 100원짜리 동전이 나왔다면 그것이 서랍 B에서 나왔을 확률을 구하라.

[24] 임산부가 흡연자일 경우 비흡연자보다 자궁외 임신을 할 가능성이 두 배라 한다. 만일 분만 연령의 여성 중 32%가 흡연자이면, 자궁외 임신을 한 여성의 몇 퍼센트가 흡연자인가?

[25] $P(A)=0.4$, $P(A \bigcup B)=0.6$이라 하자.

1) $P(B)$가 얼마일 때 A와 B가 독립인가?

2) $P(B)$가 얼마일 때 A와 B가 상호 배반인가?

[26] 다음의 그림과 같이 회로망이 있다. 이 회로망에서 스위치 A, B가 연결될 확률은 0.8, 0.9이다. 두 개의 스위치는 독립적으로 작동된다고 가정할 때, 전구가 켜질 확률을 구하라.

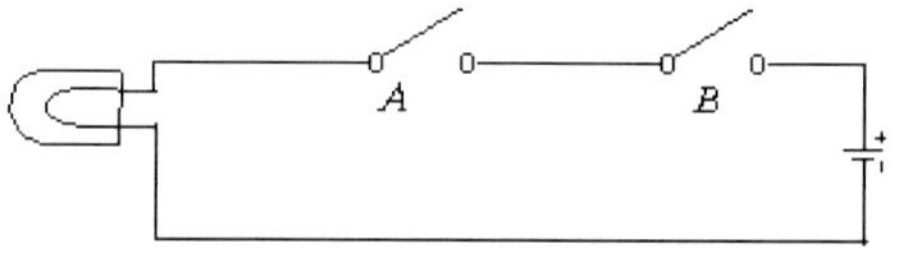

[27] 어느 상점에서는 아메리카 익스프레스카드나 비자카드로만 대금을 결제할 수 있다. 그 상점의 고객 중 24%는 아메리카 익스프레스카드를 소지하고, 61%는 비자카드를 소지하고, 11%는 두 카드를 모두 가지고 있다. 그 상점의 고객 중 몇 퍼센트가 그 상점에서 결제할 수 있는 카드를 가지고 있는가?

[28] 어떤 학교 학생들의 60%는 반지도 끼지 않고 목걸이도 하지 않는다. 20%는 반지를 끼고 있으며 30%는 목걸이를 하고 있다. 학생들 중 1명을 무작위로 선택할 때 다음 확률을 구하라.

1) 반지 또는 목걸이를 할 확률

2) 반지와 목걸이를 할 확률

4장 확률 분포

4.1 확률변수의 정의

시행 결과에 대하여 그 값이 정해지는 우연 변량을 X라 하자. 이 변량 X가 취하는 모든 값 x에 대하여 사상 $X=x$의 확률 $P(X=x)$가 정해질 때 이 변량 X를 확률변수(random variable)라 하고, X의 각 값 x에 확률 $P(X=x)$을 대응시킨 함수를 X의 확률분포(probability distribution)라 한다.

즉, 확률변수는 원래의 표본공간을 숫자로 표현하여 수학적으로 다루기가 간편한 새로운 표본공간으로 대응시켜 주는 함수이며, $X, Y, Z, \cdots$등으로 표시하고, 확률분포는 확률변수가 취할 수 있는 모든 가능한 값, 즉 표본공간의 모든 결과들이 각각 발생할 확률에 대한 분포를 의미한다.

예제4.1) 동전을 3회 던지는 시행에서 앞면이 나오는 회수를 확률변수 X라 할 때, 표본공간 S와 확률변수 X가 취할 수 있는 값을 대응시켜라.

☞ 풀이

동전의 앞면을 H, 뒷면을 T라 하면 시행의 결과와 그에 대응되는 값을 표로 나타내면 다음과 같다.

표본공간 S	HHH	HHT	HTH	HTT	THH	THT	TTH	TTT
확률변수 X의 값	3	2	2	1	2	1	1	0

따라서 확률변수 X가 취할 수 있는 실수값 0, 1, 2, 3에 사상을 대응시키면 다음과 같다.

확률변수 X의 값	X의 값에 대응되는 사상
0	$\{TTT\}$
1	$\{HTT, THT, TTH\}$
2	$\{HHT, HTH, THH\}$
3	$\{HHH\}$

예제4.2) 2대의 로켓 발사시험을 실시했을 때, 확률변수 X를 발사시험에 성공한 로켓의 수라 하면, 표본공간 S와 확률변수 X가 취할 수 있는 값을 대응시켜라.

☞ 풀이

발사에 성공한 경우를 S 라하고 실패한 경우를 F 라 하면 시행의 결과와 그에 대응되는 값을 표로 나타내면 다음과 같다.

표본공간 S	SS	SF	FS	FF
확률변수 X의 값	2	1	1	0

따라서 확률변수 X가 취할 수 있는 실수값은 0, 1, 2가 된다. 즉 확률변수 X에 대응되는 사상은 다음과 같다.

확률변수 X의 값	0	1	2
확률변수 X에 대응되는 사상	$\{FF\}$	$\{SF, FS\}$	$\{SS\}$

예제4.3) 어떤 사람이 반경 $3m$의 과녁판에 화살을 쏘았다. 그는 반드시 판의 어딘가에 맞춘다고 가정하고 중심으로부터 빗나간 거리를 X로 나타낼 때 확률변수 X를 결정하라.

☞ 풀이

이런 경우에 표본 공간은 과녁판의 모든 점이며, X는 화살의 착지점에서 중심까지의 거리를 잰 것이다. 따라서 X는 $0 \leq x < 3$인 모든 값을 취한다.

이러한 예 이외에도 확률변수로는 대학 졸업생의 초봉, 단위 면적 당 바이러스의 수, 특정시간 동안 걸려온 전화의 수 등 자연현상과 사회현상에 대해 확률변수로 정의할 수 있다.

이와 같이 정의할 수 있는 확률변수는 유한개의 셀 수 있는 값을 나타내는 이산확률변수(discrete random variable)와 어떤 범위 안의 모든 값을 취할 수 있는 연속확률변수(continuous random variable)로 구분된다.

이산확률변수의 예로는 동전을 던졌을 때, 나타나는 앞면의 수, 주사위를 던지는 시행에서 나타나는 주사위 눈의 수, 전화 통화의 수, 특정 병균에 감염된 환자의 수 등을 들 수 있다.

또한 연속확률변수의 예로서는 전구의 수명, 사람의 키, 버스를 기다리는 시간 등이 이에 속한다.

4.2 이산 확률변수

1) 이산확률분포의 정의

셀 수 있는 유한개의 값을 취하는 이산확률변수 X에 대해 알아보도록 하자. 이산확률변수 X가 취하는 값을 $x_1, x_2 \cdots, x_n$ 이라 하면, 이 값들에 대응되는 확률을 나열한 것을 이산확률분포(discrete probability distribution)라 하며, 확률변수 X가 x_i의 값을 취할 확률을 다음과 같이 표현한다.]

$$P(X=x_i)=p(x_i) \ \ , \ i=1,2,\cdots,n$$

그러면 확률변수 X는 이산확률분포를 따른다고 하며, $p(x_i)$를 확률질량함수(probability mass function : pmf) 또는 간단히 확률함수(probability function) 라 한다.

확률변수 X의 값 $x_1, x_2 \cdots, x_n$ 과 그에 따르는 확률을 대응시킨 표를 확률분포표라하며, 다음과 같다.

[표 4-1] 이산확률분포표

X	x_1	x_2	$\cdots$	x_i	$\cdots$	x_n	계
$P(X=x_i)$	$p(x_1)$	$p(x_2)$	$\cdots$	$p(x_i)$	$\cdots$	$p(x_n)$	1

이산확률변수X의 확률함수는 다음의 성질을 만족한다.

(1) $0 \le p(x_i) \le 1, \ i=1,2,\cdots,n$

(2) $\sum_{i=1}^{n} p(x_i)=1$

이산확률변수 X에 의해 만들어진 사상을 A라 하면, 사상 A의 확률은 확률함수 $p(x_i)$를 이용하여 다음과 같이 구할 수 있다.

$$P(X \in A)=\sum_{x_i \in A} p(x_i)$$

2) 이산확률분포의 확률 계산

위에서 언급한 확률의 성질을 이용하여 어떤 사상 A의 확률

$$P(X \in A) = \sum_{x_i \in A} p(x_i)$$

을 구하기 위한 방법으로 액셀에서는 PROB()함수를 제공하고 있다. 이 함수는 [표 4-1]과 같은 임의의 확률분포표로부터 뿐만 아니라 5장에서 다룰 여러 가지 이산형 확률 분포에서 특정한 사상 A의 확률을 계산하는 데 유용하다.

[엑셀을 이용한 이산확률의 계산]

- 엑셀의 통계함수를 이용한 사상 A의 확률
  =PROB(X의 범위, 확률 범위, X의 구간)

예제4.4) 2개의 동전을 던지는 실험에서 앞면이 나오는 횟수를 확률변수 X라 하면, 이 때 확률변수 X의 분포를 결정하라. 또한 $P(1 \le X \le 2)$의 확률을 엑셀을 이용하여 구하라.

☞ 풀이 1 - 산술적 계산

동전의 앞면을 H, 뒷면을 T라 하면 $S=\{HH, HT, TH, TT\}$이다. 따라서 확률변수 X가 앞면의 횟수이므로 X가 취할 수 있는 값은 $X=\{0,1,2\}$로서 각각의 값에 대응되는 확률은 다음과 같다.

$$P(X=0) = P(\{TT\}) = p(0) = \frac{1}{4}$$
$$P(X=1) = P(\{HT, TH\}) = p(1) = \frac{1}{2}$$
$$P(X=2) = P(\{HH\}) = p(2) = \frac{1}{4}$$

따라서 이를 표로 나타내면 다음과 같다.

X	0	1	2	계
$P(X=x_i)$	$\frac{1}{4}$	$\frac{1}{2}$	$\frac{1}{4}$	1

☞ 풀이 2 - 엑셀을 이용한 계산

엑셀을 이용하여 $P(1 \leq X \leq 2)$의 확률을 구하기 위해서는 우선 풀이1에서 구한 확률분포표를 다음과 같이 입력해야 한다.

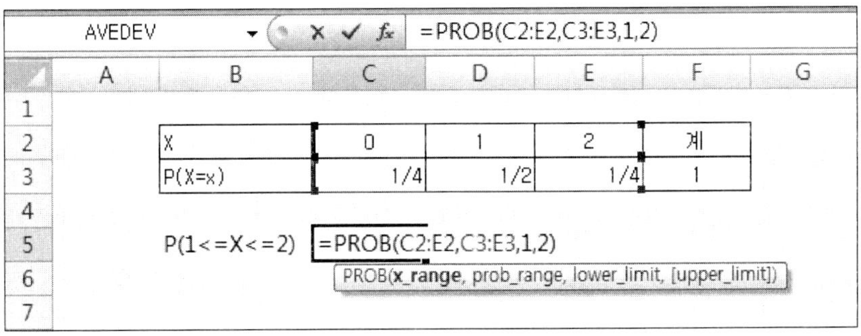

다음으로 PROB()함수 대화상자에서 함수에 들어갈 각 인수 값을 입력한다.

X의 범위 ; C2:E2

확률의 범위 ; C3:E3

확률을 구할 X의 하한 ; 1 또는 D2

확률을 구할 X의 상한 ; 2 또는 E2

구하고자 하는 확률은 다음과 같이 0.75 이다.

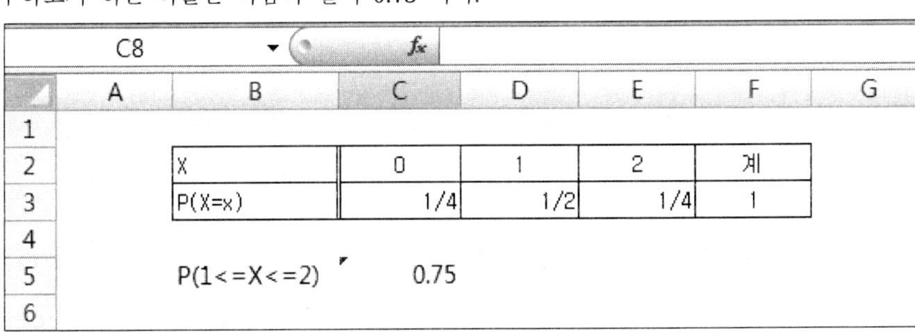

예제4.5) 한 상자에 10개의 부품이 들어 있을 때, 임의로 4개의 부품을 선택하여 검사한 후 불량품의 수가 2개를 넘지 않으면 양호하다고 판정하여 품질인증 마크를 부여한다. 실제로 그 상자에는 3개의 불량품이 들어있다고 할 때 4개의 부품 가운데 불량품 수를 확률변수 X라 할 때, 다음을 구하여라.

1) X의 확률 분포
2) 품질인증 마크를 받을 확률

☞ 풀이 1 - 산술적인 계산

1) 뽑힌 부품의 수는 4개이지만, 상자에서는 3개의 불량품이 들어 있으므로 확률변수 X가 취할 수 있는 값은 $X=\{0,1,2,3\}$ 이다. 또한 10개중에서 4개의 부품을 선택하기 때문에 표본공간S에 대한 경우의 수는 다음과 같다.

$$\binom{10}{4}=\frac{10!}{4!6!}=\frac{10\times 9\times 8\times 7}{4\times 3\times 2\times 1}=210$$

이 중에서 불량품이 없을 경우의 수는 다음과 같다.

$$\binom{3}{0}\binom{7}{4}=\frac{7\times 6\times 5}{3\times 2\times 1}=35$$

따라서 불량품이 하나도 없을 확률은 확률변수 X가 0을 취할 확률이므로 다음과 같다.

$$P(X=0)=\frac{\binom{3}{0}\binom{7}{4}}{\binom{10}{4}}=\frac{35}{210}$$

다음으로 확률변수 X가 1을 취할 확률 즉, 불량품이 하나 있을 확률은 다음과 같다.

$$P(X=1)=\frac{\binom{3}{1}\binom{7}{3}}{\binom{10}{4}}=\frac{105}{210}$$

이와 같은 방법으로 일반화하면 다음과 같은 식을 얻을 수 있다.

$$P(X=x)=\frac{\binom{3}{x}\binom{7}{4-x}}{\binom{10}{4}},\quad x=0,1,2,3$$

위의 확률함수에 대하여 확률분포표로 나타내면 다음과 같다.

X	0	1	2	3	계
$P(X=x)$	$\frac{35}{210}$	$\frac{105}{210}$	$\frac{63}{210}$	$\frac{7}{210}$	1

2) 확률변수 X가 취하는 값이 $X\le 2$이면, 그 상자는 품질인증 마크를 받게 된다. 따라서 해당 상자가 품질인증 마크를 받을 확률은 다음과 같이 계산할 수 있다..

$$P(X\le 2)=P(X=0)+P(X=1)+P(X=2)$$

$$=\frac{35}{210}+\frac{105}{210}+\frac{63}{210}=\frac{29}{30}$$

이 경우 여사상의 확률로 계산하면 편리하다. 즉, $P(X\le 2)=1-P(X>2)$가 되므로 결국 다음과 같다.

$$P(X\le 2)=1-P(X>2)=1-P(X=3)=1-\frac{7}{210}=\frac{29}{30}$$

☞ 풀이 2 - 엑셀을 이용한 계산

1) 확률분포표의 작성

수학함수 중 COMBIN()함수를 이용하여 각각의 확률을 구하면 다음과 같다.

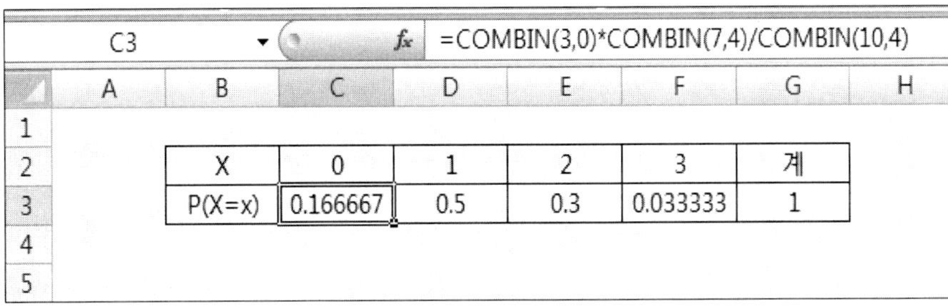

즉 $P(X=0)$의 값을 COMBIN()함수로 표현하면 다음과 같이 나타낼 수 있다.

$P(X=0)$ =COMBIN(3,0)*COMBIN(7,4)/COMBIN(10,4)

나머지 확률 값들도 이와 같은 방법으로 구할 수 있다.

2) 확률의 계산

$P(X \le 2)$의 확률을 구하기 위해 PROB()함수대화상자에 입력할 값들은 다음과 같다.

X의 범위 ; C2: F2

확률의 범위 ; C3: F3

확률을 구할 X의 하한 ; 0

확률을 구할 X의 상한 ; 2

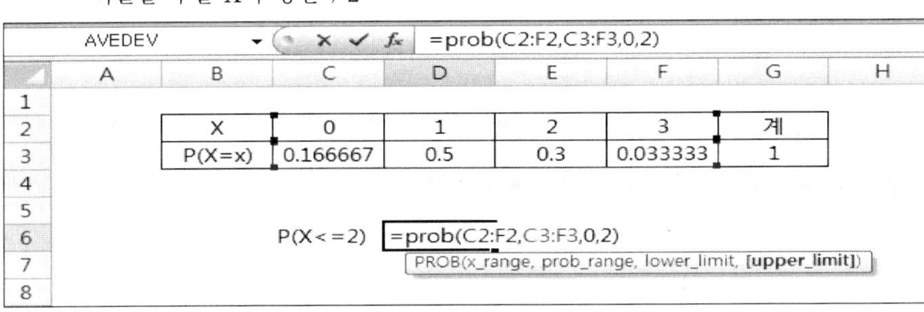

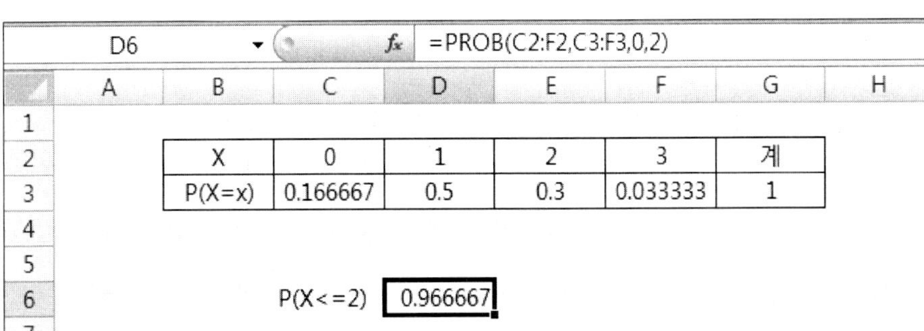

결과적으로 $P(X \le 2)=0.966667$이다.

4.3 연속 확률변수

확률변수 X가 취하는 값이 호수 수면의 증감이나 전화 통화의 길이와 같은 경우는 그 값을 이산적인 점의 값으로 표현할 수가 없고 적절한 구간의 값으로 나타낼 수 있다. 이와 같이 어떤 구간의 값을 취하는 확률변수를 **연속확률변수**(continuous random variable)라하고 연속확률변수의 확률분포를 **연속확률분포**라 한다.

즉, X가 연속확률변수로서 특정구간의 사상 $(a \le X \le b)$의 확률은 다음과 같이 정의된다.

$$P(a \le X \le b) = \int_a^b f(x)dx$$

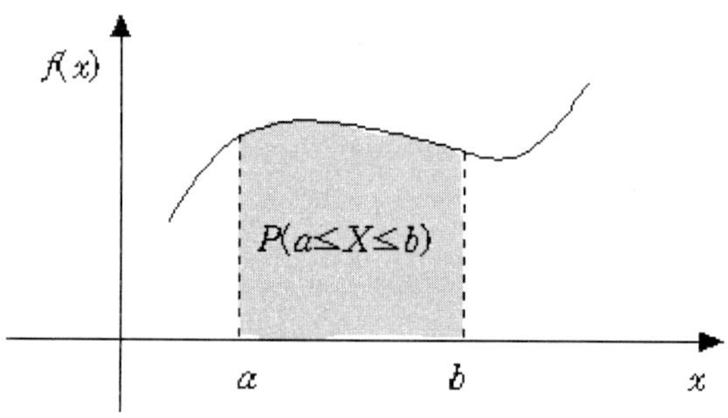

[그림 4-1] 연속확률 분포의 그래프

이때 $P(a \le X \le b)$를 X의 연속확률분포라 하며, 이 연속함수 $f(x)$를 X의 연속확률함수(continuous probability function) 또는 **확률밀도함수**(probability density function : pdf)라 한다.

확률변수 X의 확률밀도 함수를 $f(x)$라 하면, $f(x)$는 다음의 조건을 만족한다.

(1) 모든 실수 x에 대해 $f(x) \ge 0$

(2) $\int_{-\infty}^{\infty} f(x)dx = 1$

(3) $P(a \le X \le b) = \int_a^b f(x)dx$

특별히 연속확률변수 X에 대해 $P(X=x)=0$이며, 특정한 구간에 속할 확률을 구할 때, 다음의 관계가 성립한다.

$$P(a < X < b) = P(a \le X < b) = P(a < X \le b) = P(a \le X \le b)$$

즉, 구간의 경계점이 포함되는가에 영향을 받지 않는다.

예제4.6) X는 연속확률변수로서 다음과 같은 확률밀도함수를 가질 때, 다음의 확률을 구하라.

$$f(x) = \begin{cases} \frac{x}{2}, & 0 \le x \le 2 \\ 0, & \text{그 밖에} \end{cases}$$

1) $P(1 \le X \le 1.5)$
2) $P(X \le 1)$
3) $P(-1 \le X \le 1)$

☞ 풀이

1) $P(1 \le X \le 1.5) = \int_1^{1.5} \frac{1}{2} x\,dx = \left[\frac{x^2}{4}\right]_1^{1.5} = \frac{1.25}{4}$

2) $P(X \le 1) = \int_0^1 \frac{x}{2} dx = \left[\frac{x^2}{4}\right]_0^1 = \frac{1}{4}$

3) $P(-1 \le X \le 1)$의 확률은 확률밀도함수 $f(x)$가 존재하는 범위가 $0 \le x \le 2$ 이므로 구하고자 하는 확률은 다음과 같이 계산할 수 있다.

$$P(-1 \le X \le 1) = \int_{-1}^{1} f(x)dx = \int_{-1}^{0} 0dx + \int_0^1 \frac{x}{2} dx = \frac{1}{4}$$

4.4 분포함수

확률변수의 유형에 관계없이 어떤 분포의 일반적인 표현 방법이 필요하게 되는데, 이 때 도입되는 함수가 분포함수(distribution function)이며, 분포함수를 누적분포함수(cumulative distribution function: cdf 또는 df)라고도 하며, 다음과 같이 정의된다.

임의의 실수 x에 대하여 확률변수 X가 x보다 작거나 같은 값을 취하는 확률 $F(x)$, 즉,

$$F(x) = P(X \le x)$$

와 같은 함수를 확률변수 X의 분포함수라 한다.

1) 이산형 확률변수

X가 확률함수 $p(x_i)$를 갖는 이산확률변수이면 $F(x)$는 다음과 같다.

$$F(x) = P(X \le x) = \sum_{x_i \le x} p(x_i)$$

이 때 $F(x)$는 계단함수(step function)의 형태가 된다.

2) 연속형 확률변수

한편 X가 확률밀도함수 $f(x)$를 갖는 연속확률변수이면 $F(x)$는 다음과 같다.

$$F(x) = P(X \le x) = \int_{-\infty}^{x} f(t)dt$$

일반적으로 분포함수 $F(x)$는 다음과 같은 성질을 갖는다.

[분포함수의 성질]

(1) $0 \le F(x) \le 1$

(2) $F(x)$는 x의 비감소함수(non-decreasing function)이다.

(3) $F(+\infty) = \lim_{x \to +\infty} F(x) = 1$, $F(-\infty) = \lim_{x \to -\infty} F(x) = 0$

(4) $F(x)$는 오른쪽으로 연속이다.

(5) X가 이산인 경우 : $P(X = x) = F(x) - F(x-1)$

X가 연속인 경우 : $f(x) = \dfrac{dF(x)}{dx}$

예제4.7) X가 다음 분포를 갖는 이산확률변수라 하자.

X	-2	1	2	4	계
$p(x)$	$\frac{1}{4}$	$\frac{1}{8}$	$\frac{1}{2}$	$\frac{1}{8}$	1

X의 분포함수 $F(x)$를 정의하고, 그 그래프를 그려라.

☞ 풀이

분포함수의 정의에 따라 다음과 같이 구할 수 있다.

$$F(x)=\begin{cases}0, & x<-2\\ \frac{1}{4}, & -2\le x<1\\ \frac{3}{8}, & 1\le x<2\\ \frac{7}{8}, & 2\le x<4\\ 1, & x\ge 4\end{cases}$$

또한 그래프는 다음과 같다.

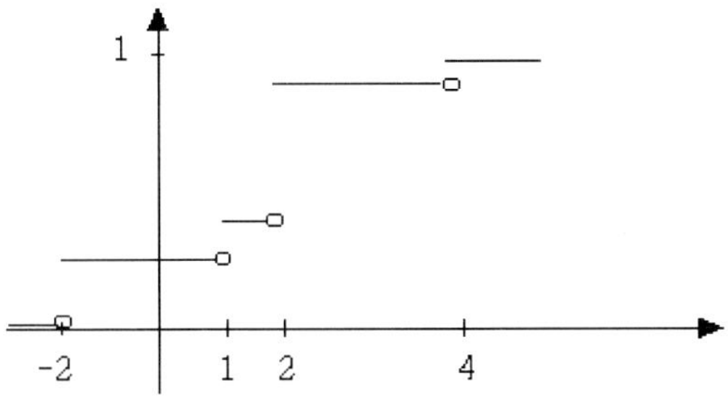

예제4.8) 확률변수 X는 다음과 같은 확률밀도함수를 갖는 연속확률변수이다. 분포함수 $F(x)$를 구하여라.

$$f(x)=\begin{cases}\frac{x}{2}, & 0\le x\le 2\\ 0 & ,\text{그밖에서}\end{cases}$$

☞ 풀이

분포함수의 정의에 따라 구간 $0\le x<2$에서 다음과 같이 구할 수 있다.

$$F(x)=\int_0^x f(t)dt=\int_0^x \frac{t}{2}dt=\left[\frac{t^2}{4}\right]_0^x=\frac{x^2}{4}$$

따라서 $F(x)$는 다음과 같다.

$$F(x)=\begin{cases}0, & x<0\\ \frac{x^2}{4}, & 0\le x<2\\ 1, & x\ge 2\end{cases}$$

예제4.9) 3개의 동전을 던져서 앞면이 나오는 횟수를 확률변수 X라고 할 때, 다음을 구하여라.

1) X의 확률분포
2) 분포함수 $F(x)$
3) $F(3.5)$, $F(2)$

☞ 풀이

표본공간을 정의하면, $S=\{HHH, HHT, HTH, HTT, THH, THT, TTT\}$ 이며, 확률변수 X의 값은 0, 1, 2, 3이 된다.

1) 확률분포는 다음과 같다.

X	0	1	2	3	계
$p(x_i)$	1/8	3/8	3/8	1/8	1

2) 분포함수 $F(x)$는 다음과 같다.

$$F(x)=\begin{cases} 0, & x<0 \\ \frac{1}{8}, & 0 \le x < 1 \\ \frac{4}{8}, & 1 \le x < 2 \\ \frac{7}{8}, & 2 \le x < 3 \\ 1, & x \ge 3 \end{cases}$$

3) $F(3.5)=P(X \le 3.5)=P(X \le 3)=1$

$$\begin{aligned} F(2) &= P(X \le 2) = P(X=0)+P(X=1)+P(X=2) \\ &= \frac{1}{8}+\frac{3}{8}+\frac{3}{8} \\ &= \frac{7}{8} \end{aligned}$$

예제4.10) 확률변수 X의 분포함수가 다음과 같다.

$$F(x) = \begin{cases} 0 & ,x < 1 \\ \dfrac{(x-1)^4}{16} & ,1 \le x < 3 \\ 1 & ,x \ge 3 \end{cases}$$

1) 확률밀도 함수 $f(x)$를 구하여라.

2) $P(2 < X \le 3)$을 구하여라.

☞ 풀이

1) 분포함수와 확률밀도함수의 관계는 $f(x) = \dfrac{dF(x)}{dx}$ 이다. 따라서 분포함수의 각각의 구간에서 x에 대해 미분하면 다음과 같다.

$$x < 1,\ f(x) = \frac{dF(x)}{dx} = 0$$

$$1 \le x < 3,\ f(x) = \frac{dF(x)}{dx} = \left[\frac{1}{16}(x-1)^4\right]' = \frac{1}{4}(x-1)^3$$

$$x \ge 3,\ f(x) = \frac{dF(x)}{dx} = 0$$

따라서 구하는 확률밀도함수는 다음과 같다.

$$f(x) = \begin{cases} \dfrac{(x-1)^3}{4}, & 1 < x \le 3 \\ 0\ , & \text{그밖에서} \end{cases}$$

2) $P(2 < X \le 3)$의 확률은 분포함수를 이용하면 다음과 같이 쉽게 구할 수 있다.

$$\begin{aligned} P(2 < X \le 3) &= P(X \le 3) - P(X \le 2) \\ &= F(3) - F(2) \\ &= \frac{1}{16}\left[(3-1)^4 - (2-1)^4\right] \\ &= \frac{15}{16} \end{aligned}$$

4.5 기대값과 분산

4.5.1 기대값

기대값은 확률 분포의 중심위치를 나타내는 측도로서 확률변수 X가 취하는 평균의 개념이다. 일반적으로 평균은 확률변수의 수학적 기대값으로서 간단히 기대값(expected value)라 하며, $E(X)$로 표현한다.

1) 이산확률변수

확률변수 X가 이산형일 때, X의 모든 값 $x_1,x_2,\cdots,x_n$에 대해 확률 $p(x_1),p(x_2),\cdots,p(x_n)$이 대응되면, 확률변수 X의 기대값은 다음과 같다.

[이산확률변수의 기댓값]

$$E(X) = x_1p(x_1)+x_2p(x_2)+\cdots+x_np(x_n)$$
$$= \sum_{i=1}^{n} x_ip(x_i)$$

2) 연속확률변수

확률변수 X가 연속형일 때, X의 확률밀도 함수를 $f(x)$라 하면, 확률변수X의 기대값은 다음과 같다.

[연속확률변수의 기댓값]

$$E(X) = \int_{-\infty}^{\infty} x f(x)\, dx, \quad -\infty \le x \le \infty$$

[기대값의 성질]

일반적으로 확률변수 X의 기대값인 $E(X)$는 임의의 상수 a,b 에 대해 다음이 성립한 다.

(1) $E(a)=a$

(2) $E(bX)=bE(X)$

(3) $E(aX\pm b)=aE(X)\pm b$

3) 엑셀을 이용한 기대값의 계산

특별히 이산확률 변수에 대한 기대값은 엑셀을 이용하여 쉽게 구할 수 있다. 즉, 셀 들간의 연산을 통한 곱과 SUM()함수를 이용한 합계를 구하면 기대값을 구할 수 있다.

[엑셀을 이용한 이산형 확률 변수의 기대값 계산]

- 엑셀을 이용한 기대값의 계산:
  ① $x_i \times p_i$ 값을 셀 들간의 곱을 통해 구한다.
  ② 다음으로 이들의 합을 =SUM()함수를 이용하여 구한다.

예제4.11) 어느 근로자의 하루 수입이 다음과 같은 확률분포로 주어졌을 때, 이 사람의 1일 평균 수입을 구하라.

X	0	6	12	16	계
$P(X=x)$	0.3	0.2	0.3	0.2	1

☞ 풀이 1 - 산술적인 계산

$$E(X) = \sum_{i}^{n} x_i p(x_i)$$

$$= 0 \times 0.3 + 6 \times 0.2 + 12 \times 0.3 + 16 \times 0.2$$

$$= 8.0$$

☞ 풀이 2 - 엑셀을 이용한 계산

먼저 다음과 같이 확률 분포표를 입력하고 $x_i \times p_i$를 C4셀에서 =C2*C3 같이 구한다.

다음으로 범위를 설정한 후 이들의 합을 =SUM()함수나 자동합계 단추를 클릭하여 구하면 기대값을 구하게 된다.

G4 ▾ fx =SUM(C4:F4)

	A	B	C	D	E	F	G	H
1								
2		X	0	6	12	16	계	
3		P(X=x)	0.3	0.2	0.3	0.2	1	
4		x*p	0	1.2	3.6	3.2	8	
5								

결과적으로 구하고자 하는 기대값은 $E(X) = 8$ 이다.

예제4.12) 다음 확률분포표로부터 엑셀을 이용하여 기대값을 구하라.

X	0	1	2	계
$P(X=x_i)$	$\frac{1}{4}$	$\frac{1}{2}$	$\frac{1}{4}$	1

☞ 풀이

앞의 예제4.11] 과 같이 확률분포표를 입력한 후$x_i \times p_i$를 각각 구한다. 끝으로 이들의 합을 구하면, 기대값은 $E(X)=1$을 구할 수 있다.

C4 　 fx =C2*C3

	A	B	C	D	E	F	G
1							
2		X	0	1	2	계	
3		P(X=x)	1/4	1/2	1/4		
4		x*p	0	0.5	0.5	1	
5							

예제4.13) X는 연속확률변수로서 다음과 같은 확률밀도함수를 가질 때, X의 기대값 $E(X)$을 구하라.

$$f(x) = \begin{cases} \frac{x}{2}, & 0 \le x \le 2 \\ 0, & \text{그 밖에} \end{cases}$$

☞ 풀이

$$E(X) = \int_0^2 x\left(\frac{x}{2}\right)dx = \int_0^2 \frac{x^2}{2}dx$$

$$= \left[\frac{x^3}{6}\right]_0^2 = \frac{8}{6}$$

4.5.2 분산

확률분포에서 분포의 퍼짐 정도를 나타내는 측도로서 분산(variance)은 확률변수 X의 기대값을 $\mu=E(X)$라 하면, 관찰치들이 기대값 중심으로 얼마나 퍼져있는 가를 나타낸다.

일반적으로 분산을 $V(X)$ 또는 간단히 σ^2 로 표기하며, 다음과 같이 정의된다.

$$\sigma^2 = V(X) = E[X - E(X)]^2 = E[X - \mu]^2$$

분산의 양의 제곱근을 표준편차(standard deviation)라 하며, $\sigma = \sqrt{\sigma^2} = \sqrt{V(X)}$ 로 정의한다.

1) 이산확률변수

확률변수 X가 이산형일 때, X의 모든 값 $x_1, x_2, \cdots, x_n$에 대해 확률 $p(x_1), p(x_2), \cdots, p(x_n)$이 대응되면, 확률변수 X의 기대값을 $\mu = E(X)$라 할 때 분산은 다음과 같다.

[이산확률변수의 분산]

$$V(X) = E[X - E(X)]^2 = \sum_{i=1}^{n} (x_i - \mu)^2 p(x_i)$$

2) 연속확률변수

확률변수 X가 연속형일 때, X의 확률밀도 함수를 $f(x)$라 하면, 확률변수X의 기대값을 $\mu = E(X)$라 할 때 분산은 다음과 같다.

[연속확률변수의 분산]

$$V(X) = \int_{-\infty}^{\infty} (x-\mu)^2 f(x)\, dx \quad , -\infty \le x \le \infty$$

[분산의 성질]

일반적으로 확률변수 X의 기대값을 $\mu = E(X)$라 할 때, X의 분산 $V(X)$는 임의의 상수 a, b에 대해, 다음이 성립한다.

(1) $V(a) = 0$
(2) $V(bX) = b^2 V(X)$
(3) $V(aX \pm b) = a^2 V(X)$

[분산의 변형공식]

앞에서 정의한 분산 $V(X)$에 대해 계산을 간단히 하기 위해 다음과 같이 변형된 공식을 자주 사용한다.

$$\sigma^2 = V(X) = E[X-\mu]^2 = E(X^2) - \mu^2$$

따라서 이산형 확률변수와 연속형 확률변수의 경우에 대해, 각각 다음과 같이 변형하여 쓸 수 있다.

$$\text{이산형 확률변수: } V(X) = \sum_{i=1}^{n} x_i^2 p(x_i) - \mu^2$$

$$\text{연속형 확률변수: } V(X) = \int_{-\infty}^{\infty} x^2 f(x)\,dx - \mu^2$$

3) 엑셀을 이용한 이산형 확률변수의 분산 계산

이산형 확률 변수에 대한 기대값 계산과 같이 분산을 엑셀을 이용하여 구할 수 있다. 이에 대해 계산 방법과 예제를 살펴보기로 한다.

[엑셀을 이용한 이산형 확률 변수의 분산 과 표준편차의 계산]

- 엑셀을 이용한 분산의 계산:
  ① 기대값을 구하기 위해 $x_i \times p_i$ 값을 셀 들간의 곱을 통해 구한 다음 이들의 합을 SUM()함수를 이용하여 구한다.
  ② x_i^2을 구하고, $x_i^2 p_i$ 값을 셀 들간의 곱을 통해 구한 다음 이들의 합을 SUM()함수를 이용하여 구한다.
  ③ ①번과 ②에서 계산된 값들 간의 차이를 구한다.
- 엑셀을 이용한 표준편차의 계산:
  분산을 구하여 이 값의 제곱을 구하면 된다. 이를 위해 SQRT()함수를 이용한다.

예제4.14) 확률변수 X의 분포는 다음과 같다. X의 분산 σ^2과 표준편차 σ를 구하라.

X	1	2	3	4	계
$P(X=x)$	$\frac{1}{4}$	$\frac{1}{4}$	$\frac{1}{4}$	$\frac{1}{4}$	1

☞ 풀이 1 - 산술적인 계산

우선 분산을 구하기 위해서는 기대값을 구해야 하며, X의 기대값을 구하면 다음과 같다.

$$\mu = E(X) = \sum_{i}^{n} x_i p(x_i)$$

$$= 1 \times \frac{1}{4} + 2 \times \frac{1}{4} + 3 \times \frac{1}{4} + 4 \times \frac{1}{4}$$

$$= 2.5$$

분산의 변형공식을 이용하기 위해 $E(X^2)$을 구하면, 다음과 같다.

$$E(X^2) = \sum_{i=1}^{n} x^2 p(x_i) = 1^2 \times \frac{1}{4} + 2^2 \times \frac{1}{4} + 3^2 \times \frac{1}{4} + 4^2 \times \frac{1}{4} = 7.5$$

결국 구하고자 하는 분산과 표준편차는 각각 다음과 같다.

$$\sigma^2 = V(X) = \sum_{i=1}^{n} x_i^2 p(x_i) - \mu^2 = 7.5 - (2.5)^2 = 1.25$$

$$\sigma = \sqrt{V(X)} = \sqrt{1.25} = 1.118$$

☞ 풀이 2 - 엑셀을 이용한 계산

먼저 확률분포표를 입력하고, 계산할 각 항목을 그림과 같이 입력하고, 기대값을 구하기 위해 "$x_i \times p(x_i)$" 항목을 계산한 다음 이들의 합을 구한다. 첫 번째 셀에는 =C2*C3을 입력하고, 나머지 셀에 대해서는 자동채우기핸들을 이용하여 간단히 계산할 수 있다. 즉, $E(X) = 2.5$를 구하였다.

G4 | f_x =SUM(C4:F4)

	A	B	C	D	E	F	G	H
1								
2		X	1	2	3	4	계	
3		P(X=x)	1/4	1/4	1/4	1/4		
4		x*p	0.25	0.5	0.75	1	2.5	
8								

이제는 분산의 변형 공식의 각 항목 중 x_i^2과 $x_i^2 \times p_i$를 계산한다. 이때에도 앞의 과정과 마찬가지로 첫 번째 셀에 만 주어진 셀 주소를 이용하여 수식을 입력하고, 나머지 셀에 대해서는 자동채우기핸들을 이용하면 된다.

G5 | f_x | =SUM(C5:F5)

	A	B	C	D	E	F	G	H
1								
2		X	1	2	3	4	계	
3		P(X=x)	1/4	1/4	1/4	1/4		
4		x*p	0.25	0.5	0.75	1	2.5	
5		x^2*p	0.25	1	2.25	4	7.5	
8								

결과적으로 SUM() 함수를 이용하여 $\sum x_i^2 p_i$ 값까지 구할 수 있다. 끝으로 분산을 구하기 위해 앞에서 구한 기대값의 제곱을 구하여, 이 값을 지금 구한 값으로 빼면 된다. 즉, $V(X)=1.25$를 얻을 수 있다. 이와 더불어 표준편차는 분산의 제곱근이므로, 제곱근을 구하면 다음과 같다.

즉, $\sigma=\sqrt{V(X)}=1.118034$ 이다.

G7 | f_x | =SQRT(G6)

	A	B	C	D	E	F	G	H
1								
2		X	1	2	3	4	계	
3		P(X=x)	1/4	1/4	1/4	1/4		
4		x*p	0.25	0.5	0.75	1	2.5	
5		x^2*p	0.25	1	2.25	4	7.5	
6						분산	1.25	
7						표준편차	1.118034	
8								

예제4.15) 확률변수 X가 다음과 같은 확률분포를 가질 때 엑셀을 이용하여 평균($E(X)=\mu$)과 분산($V(X)=\sigma^2$), 그리고 표준편차($\sqrt{V(X)}=\sigma$)를 각각 구하라.

X	0	1	2	3	계
$P(X=x)$	$\frac{35}{210}$	$\frac{105}{210}$	$\frac{63}{210}$	$\frac{7}{210}$	1

☞ 풀이

엑셀을 이용하여 평균, 분산 그리고 표준편차를 동시에 구해보도록 한다.

	A	B	C	D	E	F	G	H
1								
2		X	0	1	2	3	계	
3		P(X=x)	1/6	1/2	3/10	1/30	1	
4		x*p	0	0.5	0.6	0.1	1.2	
5		x^2*p	0	0.5	1.2	0.3	2	
6						분산	0.56	
7						표준편차	0.748331	
8								

즉, $\mu = E(X) = 1.2$, $\sigma^2 = V(X) = 0.56$, $\sigma = 0.74833$ 이다.

예제4.16) X는 연속확률변수로서 다음과 같은 확률밀도함수를 가질 때, X의 분산 $V(X)$을 구하라.

$$f(x) = \begin{cases} \dfrac{x}{2}, & 0 \le x \le 2 \\ 0, & \text{그 밖에} \end{cases}$$

☞ 풀이

앞의 예제로부터 기대값은 $\mu = \dfrac{8}{6}$이다. $V(X) = E(X^2) - \mu^2$ 에서 $E(X^2)$을 구하면 다음과 같다.

$$E(X^2) = \int_0^2 x^2\left(\frac{x}{2}\right)dx = \int_0^2 \frac{x^3}{2}dx = \left[\frac{x^4}{8}\right]_0^2 = 2$$

$$V(X) = E(X^2) - \mu^2 = 2 - \left(\frac{8}{6}\right)^2 = 0.2311$$

4.6 결합확률분포

2개 이상의 확률변수들이 어떠한 확률적인 관계를 갖고 있을 때, 하나의 확률변수에 대한 확률분포를 2차원 이상으로 확장한 분포를 고려할 수 있으며, 이러한 확률분포는 사회와 자연 현상에 대한 통계적 분석을 가능하게 한다.

1) 이산확률변수

2개의 확률변수 X와 Y는 각각 m개와 n개의 값을 취한다고 하자. 즉,

$$X: \ x_1, x_2, \cdots, x_m$$

$$Y: \ y_1, y_2, \cdots, y_n$$

그러면 (X, Y)는 $m \times n$개의 서로 다른 순서쌍 $(x_i,\ y_j)$의 값을 취하는 것을 생각할 수 있는데 (X, Y)가 $(x_i,\ y_j)$를 취하는 확률을 $p(x_i,\ y_j)$라 하면 다음과 같다.

$$P(X = x_i,\ Y = y_j) = p(x_i, y_j),\ i = 1, 2, \cdots, m\ \ j = 1, 2, \cdots, n$$

이것을 X, Y의 결합확률함수(joint probability mass function: jpmf)라 한다.

두 이산확률 변수 X, Y의 결합확률함수$p(x_i,\ y_j)$는 다음과 같은 확률의 공리를 만족한다.

(1) $0 \le p(x_i,\ y_j) \le 1$

(2) $\sum_{i=1}^{m}\sum_{j=1}^{n} p(x_i,\ y_j) = 1$

(3) $P(a < X < b,\ c < Y < d) = \sum_{a < x_i < b}\sum_{c < y_j < d} p(x_i,\ y_j)$

X와 Y의 결합확률분포에서 X 또는 Y 하나만의 확률분포를 주변확률함수(marginal probability function)라 하며, 각각을 $h(x_i)$와 $g(y_j)$라 하면 다음과 같이 정의할 수 있다.

$$h(x_i) = \sum_{j=1}^{n} p(x_i, y_j),\ \ i = 1, 2, \cdots, m,$$

$$g(y_j) = \sum_{i=1}^{m} p(x_i, y_j),\ \ j = 1, 2, \cdots, n$$

[표 4-2] X와 Y의 결합확률분포 표

X \ Y	y_1	y_2	$\cdots$	y_n	합
x_1	$p(x_1, y_1)$	$p(x_1, y_2)$	$\cdots$	$p(x_1, y_n)$	$h(x_1)$
x_2	$p(x_2, y_1)$	$p(x_2, y_2)$	$\cdots$	$p(x_2, y_n)$	$h(x_2)$
$\vdots$	$\vdots$	$\vdots$	$\vdots$	$\vdots$	$\vdots$
x_m	$p(x_m, y_1)$	$p(x_m, y_2)$	$\cdots$	$p(x_m, y_n)$	$h(x_m)$
합	$g(y_1)$	$g(y_2)$	$\cdots$	$g(y_n)$	1

[표 4-3] X의 주변확률분포 표

X	x_1	x_2	$\cdots$	x_m	합
$h(x)$	$h(x_1)$	$h(x_2)$	$\cdots$	$h(x_m)$	1

[표 4-4] Y의 주변확률분포 표

Y	y_1	y_2	$\cdots$	y_n	합
$g(y)$	$g(y_1)$	$g(y_2)$	$\cdots$	$g(y_n)$	1

예제4.17) 다음의 결합확률분포표로부터 X와 Y의 주변확률 분포를 각각 구하라.

X \ Y	2	3	4
1	0.06	0.15	0.09
2	0.14	0.35	0.21

☞ 풀이 1 - 산술적인 계산

두 확률 변수X와 Y의 주변확률은 결합확률 분포표로부터 각각 다음과 같이 구할 수 있다.

X의 주변확률분포

X	1	2	계
$h(x)$	0.30	0.70	1.00

Y의 주변확률분포

Y	2	3	4	계
$g(y)$	0.20	0.50	0.30	1.00

☞ 풀이 2 - 엑셀을 이용한 계산

두 확률 변수의 주변확률은 각각 가로와 세로 확률의 합이므로 =SUM() 함수 또는 "자동합계"단추를 이용하여 간단히 구할 수 있다.

F3 f_x =SUM(C3:E3)

	A	B	C	D	E	F	G
1							
2			2	3	4	계	
3		1	0.06	0.15	0.09	0.3	
4		2	0.14	0.35	0.21	0.7	
5		계	0.2	0.5	0.3	1	
6							

예제4.18) 다음의 결합확률분포표로부터 엑셀을 이용하여 X와 Y의 평균과 분산을 각각 구하라.

X \ Y	2	3	4
1	0.06	0.15	0.09
2	0.14	0.35	0.21

☞ 풀이

예제 4.17]로부터X와 Y의 주변확률분포를 구하였으므로 이를 이용하여 평균과 분산을 구할 수 있다.

C10 ｜ f_x ｜ =(C2^2*C5+D2^2*D5+E2^2*E5)-C8^2

	A	B	C	D	E	F	G	H
1								
2			2	3	4	계		
3		1	0.06	0.15	0.09	0.3		
4		2	0.14	0.35	0.21	0.7		
5		계	0.2	0.5	0.3	1		
6								
7		X의 기대값	1.7					
8		Y의 기대값	3.1					
9		X의 분산	0.21					
10		Y의 분산	0.49					
11								

즉, $E(X)=1.7,\ V(X)=0.21, E(Y)=3.1,\ V(Y)=0.49$ 이다.

2) 연속확률변수

두 연속확률변수 X와 Y의 표본공간이 $S=\{-\infty<X<\infty, -\infty<Y<\infty\}$ 이고 사상 A, B가 $A=\{a<X<b\}$, $B=\{c<Y<d\}$일 때 A와 B가 동시에 일어날 확률분포를 결합확률분포(joint probability distribution)라 하며, 2개의 연속확률변수(X, Y)가 취하는 확률을 $f(x,y)$라 하면 다음과 같다.

$$P(a<X<b,\ c<Y<d)=\int_a^b\int_c^d f(x,y)dydx$$

$f(x,y)$를 X와 Y의 결합확률밀도함수(joint probability density function: jpdf)라하며, 다음과 같은 확률의 공리를 만족한다.

1) $0\le f(x,y)\le 1$

2) $\int_{-\infty}^{\infty}\int_{-\infty}^{\infty} f(x,y)dydx=1$

이산형의 경우와 마찬가지로 X와 Y의 결합확률분포에서 X 또는 Y 하나만의 확률분포를 주변확률밀도함수(marginal probability density function)라 하며, 각각의 확률밀도함수를 $h(x)$ 와 $g(y)$라 하면 다음과 같이 정의할 수 있다.

$$h(x)=\int_{-\infty}^{\infty} f(x,y)dy,\ -\infty<x<\infty$$

$$g(y)=\int_{-\infty}^{\infty} f(x,y)dx,\ -\infty<y<\infty$$

4.7 공분산과 상관계수

4.7.1 공분산

두 확률변수 X와 Y의 기대값을 각각 $\mu_x = E(X)$, $\mu_y = E(Y)$라 하면, 두 확률변수간의 결합 산포의 정도를 나타내는 척도로서 $(X-\mu_x)(Y-\mu_y)$에 기대값을 취한 $E(X-\mu_x)(Y-\mu_y)$를 X와 Y의 공분산(covariance)이라 하며, 다음과 같이 정의된다.

[공분산의 정의]

$$\sigma_{xy} = Cov(X,Y) = E(X-\mu_x)(Y-\mu_y)$$
$$= E(XY) - \mu_x \mu_y$$

공분산의 정의로부터 X가 증가할 때, Y가 증가하면, 공분산 σ_{xy}는 양수가 되며, 반대로 X가 증가할 때, Y가 감소하거나, X가 감소할 때, Y가 증가하면, 공분산 σ_{xy}는 음수가 된다.

두 확률변수X와 Y의 공분산 σ_{xy} 은 임의의 상수 a,b,c,d 에 대해, 다음이 성립한다.

$$Cov(aX+b, cY+d) = \begin{cases} acCov(X,Y), & a>0, c>0 \text{또는 } a<0, c<0 \\ -acCov(X,Y), & a>0, c<0, \text{또는} a<0,\ c>0 \end{cases}$$

공분산 σ_{xy}을 두 확률변수 X와 Y의 관계에 따라 다음과 같이 그래프로 표현할 수 있다.

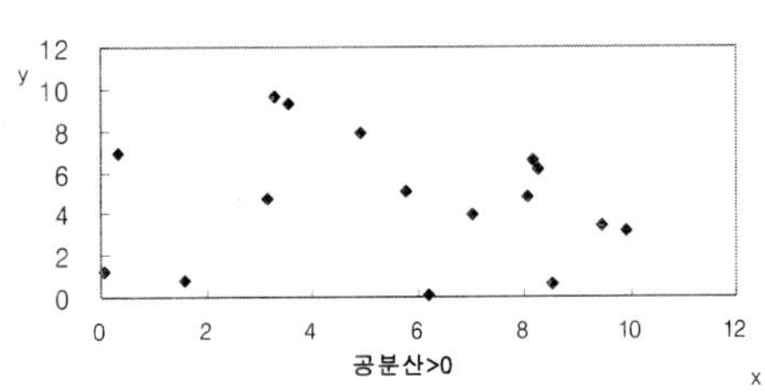

(a)$\sigma_{xy} > 0$

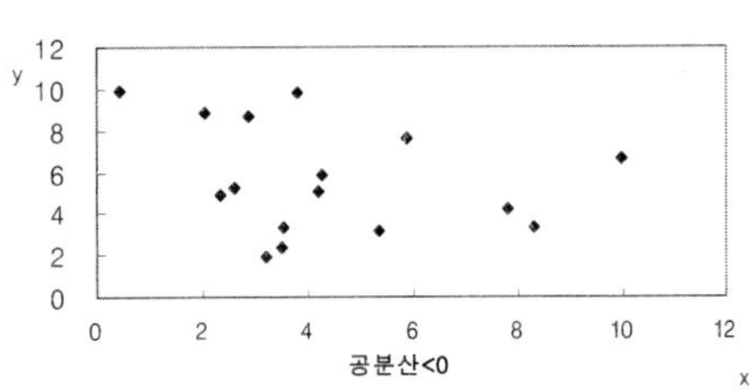

(b)$\sigma_{xy} < 0$

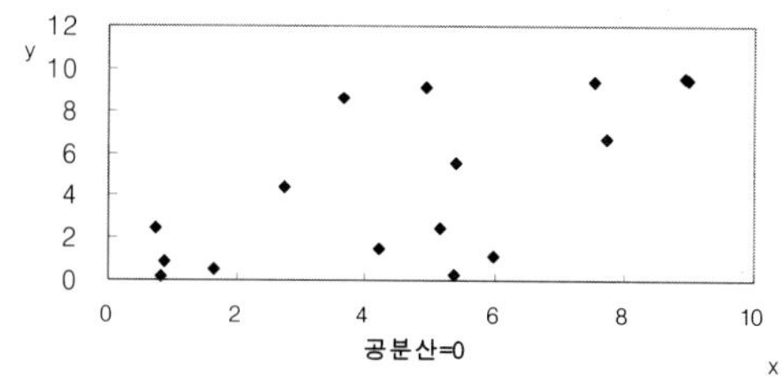

(c) $\sigma_{xy}=0$

[그림 4-2] 공분산 σ_{xy}의 변화

1) 이산형 확률변수의 경우

두 확률변수 X와 Y가 이산형 확률변수인 경우 두 확률변수의 결합확률함수를 $p(x_i,y_j)$라하고, 주변확률함수를 각각 $h(x_i),g(y_j)$라 하면 X와 Y의 공분산 σ_{xy}는 다음과 같다.

[이산 확률변수의 공분산]

$$\begin{aligned}\sigma_{xy} &= Cov(X,Y)=E(XY)-\mu_x\mu_y \\ &= \sum_i\sum_j x_i y_j p(x_i,y_j)-\mu_x\mu_y\end{aligned}$$

이때, 각각의 기대값은 다음과 같다.

$$\mu_x=E(X)=\sum_i x_i h(x_i), \qquad \mu_y=E(Y)=\sum_j y_j g(y_j)$$

2) 연속형 확률변수의 경우

두 확률변수 X와 Y가 연속형 확률변수인 경우 두 확률변수의 결합밀도함수를 $f(x,y)$라하고, 주변확률밀도함수를 각각 $h(x),g(y)$라 하면 X와 Y의 공분산 σ_{xy}는 다음과 같다.

[연속 확률변수의 공분산]

$$\begin{aligned}\sigma_{xy} &= Cov(X,Y)=E(XY)-\mu_x\mu_y \\ &= \int_{-\infty}^{\infty}\int_{-\infty}^{\infty} x\,y f(x,y)\,dx\,dy-\mu_x\mu_y\end{aligned}$$

이때, 각각의 기대값은 다음과 같다.

$$\mu_x = E(X) = \int_{-\infty}^{\infty} x\,h(x)dx, \qquad \mu_y = E(Y) = \int_{-\infty}^{\infty} y\,g(y)dy$$

3) 엑셀을 이용한 이산형 확률변수의 공분산 계산

엑셀을 이용하여 공분산을 계산할 때에는 주어진 데이터의 형태에 따라 다르게 이용해야 한다. 즉, 두 확률변수들 간의 결합확률분포표로 주어진 경우에는 앞에서 계산한 방법과 같이 각각의 셀들 간의 연산을 통해 평균 등을 구해 공분산 공식에 대입해야 한다. 그렇지 않고, 단지 두 변수들의 관찰치만 주어진 경우에는 통계함수 중에서 COVAR()함수를 이용하여 구할 수 있다. 이를 간단히 요약하면 다음과 같다.

[엑셀을 이용한 공분산 계산]

- 결합확률 분포표로 주어진 경우:
  ① X와 Y의 평균과 분산을 구한다.
  ② $\sum_i \sum_j x_i y_j p(x_i, y_j)$ 값을 셀 끼리의 연산을 통해 구한다.
  ③ 마지막으로 $\sigma_{xy} = \sum_i \sum_j x_i y_j p(x_i, y_j) - \mu_x \mu_y$ 를 구한다.
- 두 변수들의 관찰치로 주어진 경우:
  함수마법사의 통계함수 중에서 COVAR( ) 함수를 이용한다.
  =COVAR(Y의 범위, X의 범위)
  참고로 관찰치로 주어진 데이터에 대한 공분산 계산 공식(COVAR()함수)

$$\sigma_{xy} = Cov(X, Y) = \frac{1}{n}\sum (X_i - \overline{X})(Y_i - \overline{Y})$$

예제4.19) 다음 결합확률분포표로부터 엑셀을 이용하여 X와 Y의 공분산을 구하라.

X \ Y	0	1	2	3
1	1/8	1/8	0	0
2	0	1/4	0	1/4
3	0	0	1/8	1/8

☞ 풀이

다음과 같이 엑셀에 결합확률분포표를 입력하고, 공분산 공식에 포함되는 각 구성요소에 대한 값을 구하여 결과적으로 계산된 공분산 $\sigma_{xy} = Cov(X, Y) = 0.5$ 이다.

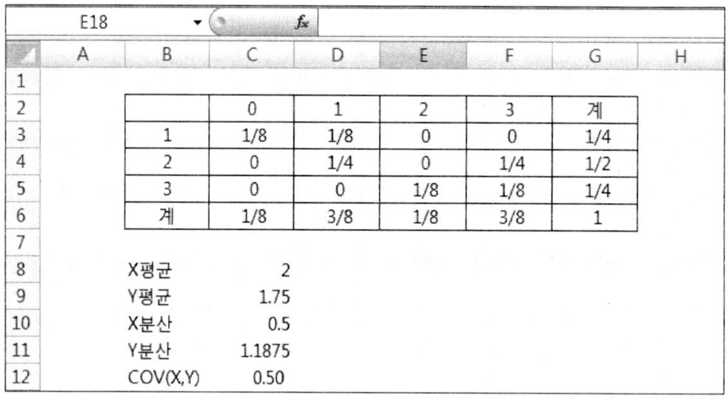
E18

	0	1	2	3	계
1	1/8	1/8	0	0	1/4
2	0	1/4	0	1/4	1/2
3	0	0	1/8	1/8	1/4
계	1/8	3/8	1/8	3/8	1

X평균	2
Y평균	1.75
X분산	0.5
Y분산	1.1875
COV(X,Y)	0.50

예제4.20) 다음과 같이 두 변수에 대한 자료가 있을 때, 엑셀을 이용하여 두 변수 X와 Y의 공분산을 구하라.

X	12	14	15	13
Y	22	21	18	20

☞ 풀이

엑셀의 함수마법사중 통계함수에서 COVAR()함수를 입력하고, X의 데이터범위와 Y의 데이터범위를 각각 입력한다.

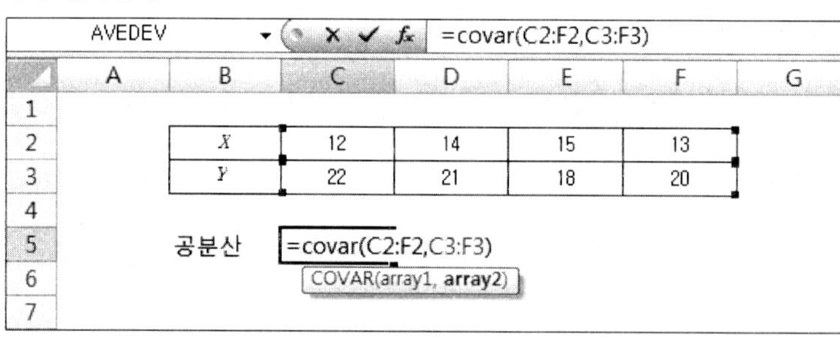
AVEDEV =covar(C2:F2,C3:F3)

X	12	14	15	13
Y	22	21	18	20

공분산 =covar(C2:F2,C3:F3)

COVAR(array1, array2)

결과적으로 구하고자 하는 공분산은 $\sigma_{xy} = Cov(X, Y) = -1.375$ 이다.

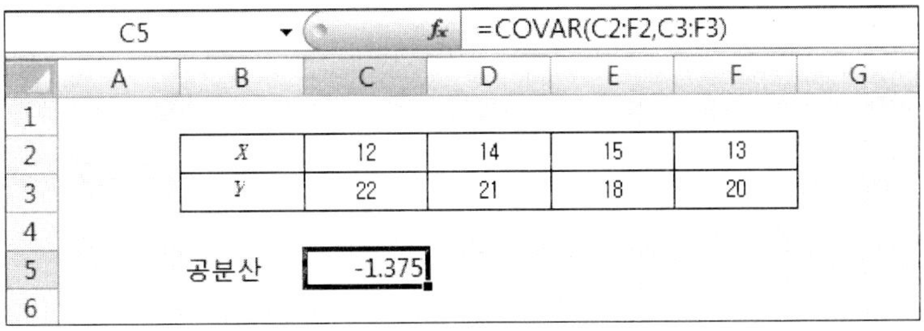

4.7.2 상관계수

두 확률변수 X와 Y 간의 결합산포의 정도를 나타내는 측도로서 공분산을 사용하는 데에는 한계가 있다. 즉, 두 변수간의 선형적인 관계를 표현하는 측도로서 공분산을 사용할 경우 공분산의 값의 크기에 따라 선형성이 강한지 아니면, 약한지를 표현할 수 없다. 또한 공분산은 두 확률변수의 단위에 따라 값이 변화함으로 X와 Y 간의 관계를 나타내기에는 부적합하다. 따라서 관측된 단위에 무관하고, 선형성의 강약을 나타내는 측도로서 다음과 같이 정의되는 상관계수(correlation coefficient)를 이용한다.

1) 상관계수의 정의

두 확률변수 X와 Y의 기대값을 각각 μ_x, μ_y 라하고, 분산을 각각 $V(X)=\sigma_x^2$, $V(Y)=\sigma_y^2$이라 하자. 또한 공분산을 $Cov(X,Y)=\sigma_{xy}$라 하면, 두 확률변수 X와 Y의 상관계수 $Corr(X,Y)=\rho_{xy}$는 다음과 같다.

[상관계수의 정의]

$$Corr(X,Y)=\rho_{xy}=\frac{Cov(X,Y)}{\sqrt{V(X)}\sqrt{V(Y)}}=\frac{\sigma_{xy}}{\sigma_x\sigma_y}$$

두 확률변수 X와 Y의 선형관계를 나타내는 상관계수는 다음과 같은 성질을 갖는다.

[상관계수의 성질]

(1) $\rho_{xy} = \rho_{yx}$

(2) $-1 \leq \rho_{xy} \leq 1$

(3) $\rho_{xx} = 1, \ \rho_{yy} = 1$

(4) $\rho_{ax+b, cy+d} = \begin{cases} \rho_{xy}, & a>0, \ c>0 \text{또는 } a<0, \ c<0 \\ -\rho_{xy}, & a>0, \ c<0 \text{또는 } a<0, \ c>0 \end{cases}$

(5) $\rho_{xy} = 1$ 이면, 두 확률변수 X, Y는 완전 양의 상관을 갖는다.
$\rho_{xy} = -1$ 이면, 두 확률변수 X, Y는 완전 음의 상관을 갖는다.
$0 < \rho_{xy} < 1$ 이면, 두 확률변수 X, Y는 양의 상관을 갖는다.
$-1 < \rho_{xy} < 0$ 이면, 두 확률변수 X, Y는 음의 상관을 갖는다.

상관계수의 값에 따라 X와 Y간의 그래프 형태를 다음과 같이 표현할 수 있다.

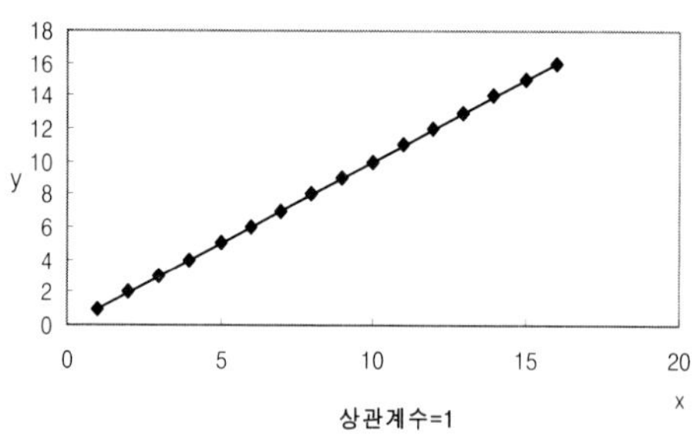

(a) $\rho_{xy} = 1$ 인 경우

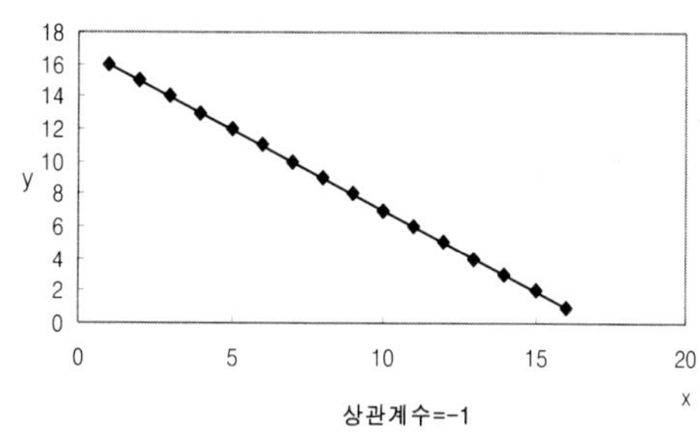

(b) $\rho_{xy} = -1$ 인 경우

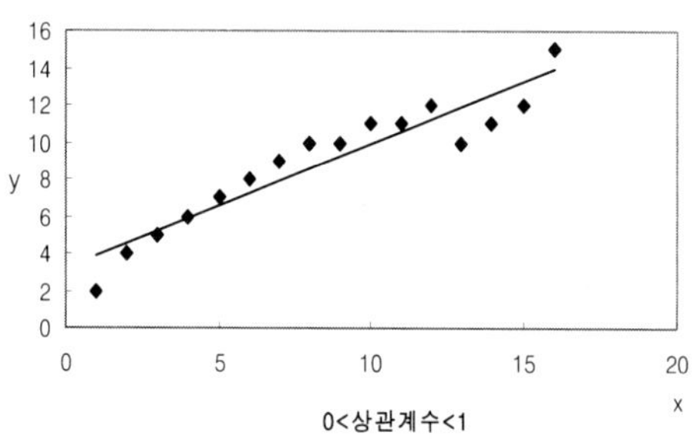

(c) $0 < \rho_{xy} < 1$ 인 경우

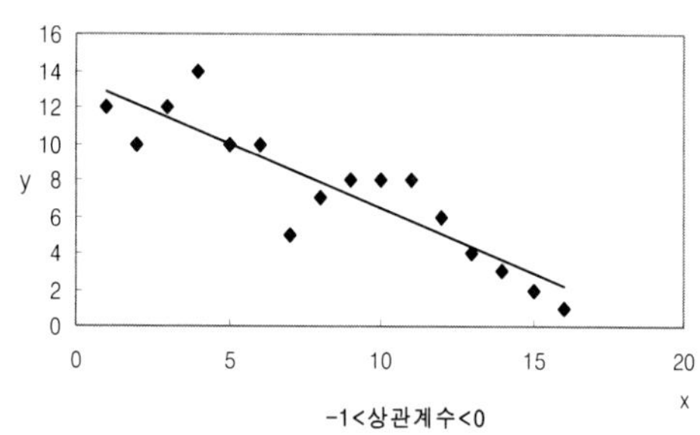

(d) $-1 < \rho_{xy} < 0$ 인 경우

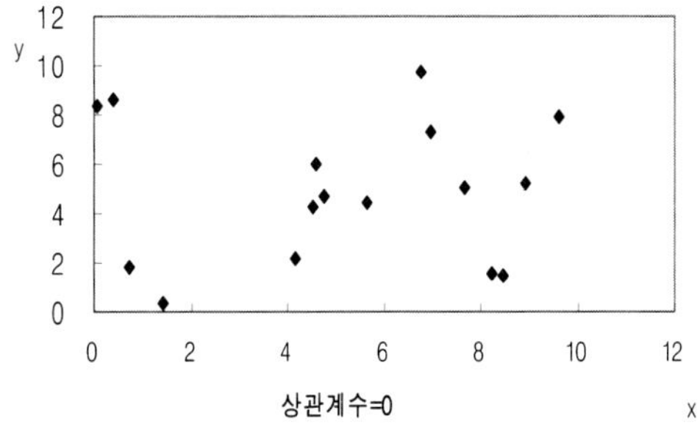

(e) $\rho_{xy}=0$ 인 경우

2) 엑셀을 이용한 이산확률 변수의 상관계수 계산

공분산의 계산과 마찬가지로 두 확률변수의 결합확률분포표로 나타내어진 경우 셀들간의 연산을 통해 평균, 분산, 공분산을 각각 구해야 한다. 그렇지 않고, 만일 두 변수간의 관찰치로 주어진 경우에는 통계함수 중 CORREL()함수를 이용하여 상관계수를 구할 수 있다.

이를 간단히 요약하면 다음과 같다.

[엑셀을 이용한 이산확률 변수의 상관계수 계산]

- 결합 확률분포표로 주어진 경우 :
  ① 두 확률변수 X와 Y의 평균을 각각 μ_x, μ_y 를 구한다.
  ② 다음으로 분산 $V(X)=\sigma_x^2$, $V(Y)=\sigma_y^2$을 각각 구한다.
  ③ 공분산을 $Cov(X,Y)=\sigma_{xy}$을 구한다.
  ④ 상관계수 공식을 이용하여 값을 구한다.

- 관찰치로 주어진 경우 :
  함수 마법사의 통계함수 중 CORREL()함수를 이용하여 구한다.
  =CORREL(X의 데이터범위, Y의 데이터범위)

참고로 관찰치로 주어진 자료를 이용한 상관계수 공식은 다음과 같다.

$$\rho_{xy}=\frac{\sigma_{xy}}{\sigma_x\sigma_y}=\frac{Cov(X,Y)}{\sqrt{V(X)}\sqrt{V(Y)}}$$

$$=\frac{\sum(X_i-\overline{X})(Y_i-\overline{Y})}{\sqrt{\sum(X_i-\overline{X})^2}\sqrt{\sum(Y_i-\overline{Y})^2}}$$

예제4.21) 다음 결합확률분포표로부터 엑셀을 이용하여 X와 Y의 상관계수를 구하라.

X \ Y	0	1	2	3
1	1/8	1/8	0	0
2	0	1/4	0	1/4
3	0	0	1/8	1/8

☞ 풀이

상관계수를 구하기 위한 계산과정을 단계별로 설명하면 다음과 같다.

① X와 Y의 주변확률 $h(x)$와 $g(y)$를 구한다.

② $E(X)$와 $E(Y)$: $x_i h(x_i)$ 와 $y_j g(y_j)$를 각각 구하여 이들의 합계가 기대값이다.

③ $V(X)$와 $V(Y)$: $x_i^2 h(x_i)$, $y_j^2 g(y_j)$를 계산하고, 이들의 합을 구하여 각각 평균의 제곱을 뺀다.

④ $Cov(X,Y)$: $x_i y_j p(x_i, y_j)$를 계산하여 이들의 합을 구하고, $E(X)$와 $E(Y)$의 곱을 뺀다.

⑤ $Corr(X,Y)$: ④에서 구한 공분산을 SQRT()함수를 이용하여 $V(X)$와 $V(Y)$의 곱의 제곱근 구하여 이 값으로 나눈다.

C13   fx =C12/(SQRT(C10)*SQRT(C11))

	A	B	C	D	E	F	G	H
1								
2			0	1	2	3	계	
3		1	1/8	1/8	0	0	1/4	
4		2	0	1/4	0	1/4	1/2	
5		3	0	0	1/8	1/8	1/4	
6		계	1/8	3/8	1/8	3/8	1	
7								
8		X평균	2					
9		Y평균	1.75					
10		X분산	0.5					
11		Y분산	1.1875					
12		COV(X,Y)	0.50					
13		CORR(X,Y)	0.649					
14								

예제4.22) 다음과 같이 두 변수에 대한 자료가 있을 때, 엑셀을 이용하여 두 변수 X와 Y의 상관계수를 구하라.

X	12	14	15	13
Y	22	21	18	20

☞ 풀이

① CORREL()함수를 이용하여 X의 범위와 Y의 범위를 각각 입력한 후 확인단추를 클릭하면

상관계수를 구할 수 있다.

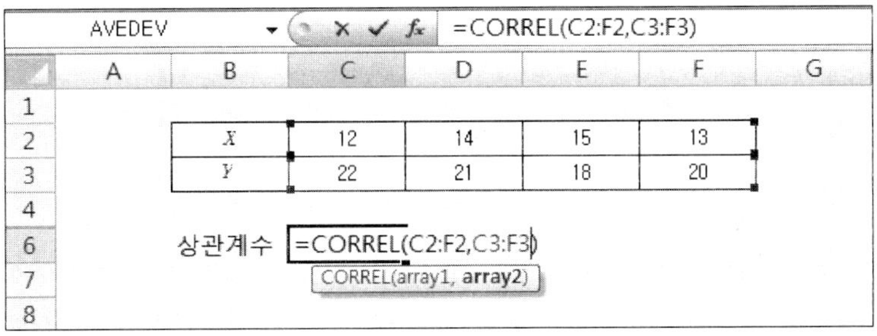

즉, X와 Y의 상관계수는 -0.832 이다.

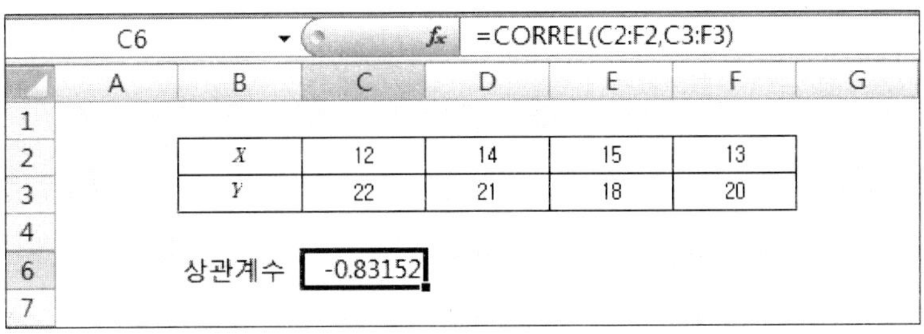

4.8 확률변수의 독립

두 확률변수 X, Y가 서로 독립이기 위한 필요충분조건은 다음과 같다.

1) 이산형 확률변수

두 확률변수 X, Y의 결합확률함수를 $p(x_i, y_j)$라하고, 각각의 주변확률함수를 $h(x_i)$와 $g(y_j)$라 할 때, X와 Y가 독립이기 위한 필요충분조건은 다음과 같다.

$$p(x_i, y_j) = h(x_i)g(y_j)$$

2) 연속형 확률변수

두 확률변수 X, Y의 결합확률밀도함수를 $f(x, y)$라하고, 각각의 주변확률함수를 $h(x)$와 $g(y)$라 할 때, X와 Y가 독립이기 위한 필요충분조건은 다음과 같다.

$$f(x, y) = h(x)g(y)$$

[두 확률 변수의 독립]

만일 두 확률변수 X와 Y가 독립이면, 다음이 성립한다.

(1) $E(XY)=E(X)E(Y)$ 즉, $\mu_{xy}=\mu_x\mu_y$

(2) $Cov(X,Y)=0$, 즉 $\rho_{xy}=0$

(3) $V(X\pm Y)=V(X)+V(Y)$

예제4.23) 확률변수 X와 Y에 대해 다음과 같은 결합분포를 할 때 X와 Y는 서로 독립인가?

X \ Y	2	3	4	합
1	0.06	0.15	0.09	0.30
2	0.14	0.35	0.21	0.70
합	0.20	0.50	0.30	1.00

☞ 풀이

X와 Y의 주변 분포는 다음과 같다.

X	1	2	계
$h(x)$	0.30	0.70	1.00

Y	2	3	4	계
$g(y)$	0.20	0.50	0.30	1.00

두 확률변수 X와 Y가 독립이기 위한 필요충분조건은 $p(x_i,y_j)=h(x_i)g(y_j)$ 이므로 결합확률이 각각의 주변확률의 곱으로 표현되는지를 계산하면 된다.

$$P(X=1,Y=2)=p(1,2)=0.06=p(X=1)P(Y=2)=h(1)g(2)=0.30\times 0.20=0.06$$
$$P(X=1,Y=3)=p(1,3)=0.15=p(X=1)P(Y=3)=h(1)g(3)=0.30\times 0.50=0.15$$

다른 경우에도 위와 같은 관계가 성립함으로 결과적으로 X와 Y는 서로독립이다.

연습문제

[1] 한 개의 주사위를 두 번 던지는 시행에서 표본공간을 정의하라. 그리고 각 경우의 확률분포를 정의하라.

1) 두 번 던져서 나타난 눈 중 최대값
2) 두 번 던져서 나타난 눈 중 최소값
3) 두 번 던져서 나타난 눈의 합
4) 첫 번째 나타난 눈에서 두 번째 나타난 눈금을 뺀 값

[2] 어떤 복권에서 1등 한 명에게 상금 30,000,000원, 2등 5명에게 상금 10,000,000원, 3등 20명에게 상금 1,000,000원이 걸려 있다. 모두 10,000매의 복권을 1매당 15,000원에 팔았을 때, 복권 1매를 산 사람에게 기대되는 실질 상금은 얼마인가?

[3] 어떤 고속도로에서 자동차 한 대 당 승객의 수는 다음과 같은 확률 분포를 갖는다.

승객수	1	2	3	4	5
확 률	0.40	0.30	0.15	0.10	0.05

1) 엑셀을 이용하여 자동차 한 대 당 승객의 기대치를 구하라.
2) 엑셀을 이용하여 자동차 한 대 당 승객의 분산을 구하라.

[4] 2개의 주사위를 던지는 실험에서 X를 두 주사위 눈금의 곱이라 할 때, 확률변수 X의 확률분포를 구하라.

[5] 중고 상점의 진열대에 10개의 전구가 놓여 있는데 이 중 4개는 필라멘트가 끊어져 있다고 한다. 한 손님이 이들 전구 중에서 3개를 임의로 골라서 산다고 했을 때 확률변수 X를 3개 중 불량 전구의 개수라 하면 X의 확률분포는 어떻게 되겠는가?

[6] 어떤 도시에서 1주일 동안의 교통사고의 수는 다음의 확률분포를 갖는다. 다음 경우의 확률을 구하여라.

X	0	1	2	3
$P(X=x)$	0.5	0.3	0.15	0.05

1) 엑셀의 함수를 이용하여 사고가 없을 경우의 확률을 구하라.
2) 엑셀의 함수를 이용하여 적어도 한 번의 사고가 있을 경우의 확률을 구하라.

[7] 5개의 흰 공과 3개의 검은 공이 들어 있는 주머니로부터 3개의 공을 꺼낼 때 3개 중에 흰 공의 수를 X라 하면, X의 확률분포를 구하라.

[8] 확률변수 X가 다음과 같은 확률함수를 갖는다고 하자.

$$f(x) = \begin{cases} \frac{x}{8}, & x = 1, 2, 5 \\ 0, & \text{그 밖에} \end{cases}$$

이 때, 다음 값을 구하라.

1) $E(X)$
2) $V(X)$
3) $E(2X+3)$

[9] 확률변수 X는 다음과 같은 확률함수를 갖는다.

X	-3	6	9
$P(X=x)$	$\frac{1}{6}$	$\frac{1}{2}$	$\frac{1}{3}$

1) 엑셀을 이용하여 $E(X)$을 구하라.
2) 엑셀을 이용하여 $E(X^2)$을 구하라.
3) $E\left[(2X+1)^2\right]$을 구하라.

[10] 이산형 확률변수 X의 확률함수가 주어졌을 때, 다음의 물음에 답하여라.

$$p(x) = \frac{x}{6}, \quad x = 1,2,3$$

1) $P(X \leq 1)$를 엑셀을 이용하여 구하라.
2) $P(X \leq 3)$를 엑셀을 이용하여 구하라.
3) $P\left(X \leq \frac{7}{3}\right)$를 엑셀을 이용하여 구하라.
4) 분포함수 $F(x)$를 구하여라.

[11] 확률함수가 다음과 같을 때, 엑셀을 이용하여 기대값과 분산을 구하라.

$$p(x) = \frac{1}{3}, \quad x = -1, 0, 1$$

1) $E(X)$

2) $V(X)$

[12] 확률변수 X는 1, 2, 4의 값을 취한다고 한다. $P(X=1)=0.3$이고, X의 기대값이 2.7일 때 $P(X=2)$와 $P(X=4)$를 구하라.

[13] 다음 표는 논술검사점수(X)와 수능검사점수(Y)에 따라 대학에 합격할 확률이 어느 정도인가를 결합확률분포로 작성한 것이다.

X \ Y	280	300	320	340
70	0.00	0.00	0.02	0.08
80	0.00	0.03	0.03	0.10
90	0.02	0.05	0.06	0.15
100	0.05	0.06	0.10	0.25

1) 엑셀을 이용하여 X와 Y의 주변확률을 구하라.

2) 엑셀을 이용하여 X와 Y의 기대값과 분산을 구하라.

[14] 다음과 같이 두 확률변수 X, Y에 대한 결합확률분포가 주어졌다.

X \ Y	0	1	2	3	계
0	0.05	0.05	0.10	0	0.20
1	0.05	0.10	0.25	0.10	0.50
2	0	0.15	0.10	0.05	0.30
계	0.1	0.30	0.45	0.15	1

1) 엑셀을 이용하여 X와 Y의 주변확률분포를 구하라.

2) 엑셀을 이용하여 X와 Y의 기대값과 분산을 구하라.

3) 엑셀을 이용하여 $Cov(X, Y)$를 구하라.

4) 엑셀을 이용하여 $Corr(X, Y)$를 구하라.

[15] 다음과 같이 두 확률변수 X, Y에 대한 결합확률분포가 주어졌다.

Y \ X	0	2	4	6	계
0	0.10	0.05	0.10	0	0.25
1	0.05	0.20	0.20	0.05	0.50
2	0	0.10	0.05	0.10	0.25
계	0.15	0.35	0.35	0.15	1

1) 엑셀을 이용하여 X와 Y의 주변확률분포를 구하라.
2) 엑셀을 이용하여 X와 Y의 기대값과 분산을 구하라.
3) $P(X=Y)$, $P(X \geq Y+2)$의 확률을 구하라.
4) 엑셀을 이용하여 $Cov(X, Y)$를 구하라.
5) 엑셀을 이용하여 $Corr(X, Y)$를 구하라.

[16] 확률변수 X와 Y에 대하여 다음과 같은 값이 주어졌다.

$$V(X)=16,\ V(Y)=25,\ Cov(X, Y)=-20$$

1) $Corr(X, Y)$를 계산하라.
2) $V(3X+3)$, $V(2Y-4)$을 구하여라.
3) $Corr(3X+3, 2Y-4)$를 계산하여라.

[17] 확률변수 X의 확률밀도함수가 다음과 같을 때, 확률밀도함수 $f(x)$의 그래프와 분포함수 $F(x)$의 그래프를 그려라. 또한 기대값과 분산을 각각 구하여라.

$$f(x)=\begin{cases} \frac{1}{2}, -1 \leq x \leq 1 \\ 0,\ \text{그 밖에} \end{cases}$$

[18] 확률밀도함수가 다음과 같을 때 $P(X \leq a)=\frac{1}{4}$을 만족하는 양의 정수a를 구하라.

$$f(x)=\begin{cases} x^3,\ 0 \leq x \leq 1 \\ 0\ ,\ \text{그 밖에} \end{cases}$$

[19] 연속확률변수 X의 확률밀도함수가 다음과 같다.

$$f(x) = kx,\ 0 \le x \le 2$$

1) k를 결정하여라.
2) 분포함수 $F(x)$를 구하라.
3) $P(1 \le X \le 2)$를 구하여라.

[20] 연속형 확률변수 X의 확률밀도함수가 다음과 같다.

$$f(x) = \begin{cases} 2x, & 0 < x < 1 \\ 0, & \text{그 밖에} \end{cases}$$

1) 분포함수 $F(x)$를 구하라.
2) $P\left(\frac{1}{4} < X < \frac{3}{4}\right)$
3) 기대값 $E(X)$
4) 분산 $V(X)$

[21] 연속확률변수 X 의 확률밀도함수가 다음과 같다.

$$f(x) = \begin{cases} \frac{1}{x^3}, & x > 1 \\ 0, & \text{그 밖에} \end{cases}$$

사상 A_1, A_2가 $A_1 = \{x|1 < x < 4\}$, $A_2 = \{x|3 < x < 6\}$일 때, $P(A_1 \cap A_2)$을 계산하라.

[22] 확률변수 X의 확률밀도함수가 다음과 같다.

$$f(x) = \begin{cases} c(1-x^2), & -1 < x < 1 \\ 0, & \text{그 밖에} \end{cases}$$

1) 상수 c를 결정하라.
2) X의 분포함수$F(x)$를 구하라.

[23] 연속확률변수 X의 확률밀도함수가 다음과 같다.

$$f(x) = \begin{cases} \frac{1}{2}, & 1 < x < 3 \\ 0 \ , & \text{그 밖에} \end{cases}$$

1) X의 분포함수 $F(x)$를 구하여라.
2) $P(2 < X < 2.5)$를 구하여라.
3) $P(X \leq 1.6)$을 구하여라.

5장 이산확률분포

5.1 베르누이 시행

5.2 이항분포

5.3 초기하분포

5.4 음이항분포

5.5 기하분포

5.6 포아송분포

연습문제

확률분포(probability distribution)란 한 확률변수가 어떤 실험이나 관찰의 결과로 나타날 수 있는 모든 상황과 각 상황이 나타날 확률을 표시한 것이며, 확률분포의 형태는 확률변수의 종류에 따라 달라진다. 따라서 확률분포가 결정되면, 그 분포의 확률함수와 기대값 분산 등을 살펴봄으로서 분포의 특징을 파악할 수 있다.

확률분포는 크게 이산확률분포와 연속확률분포로 나뉘는데, 이 장에서는 이항분포, 기하분포, 음이항분포, 초기하분포, 포아송분포에 대하여 살펴보고자 한다. 또한 엑셀을 이용하여 이산확률 분포의 확률을 구해보고, 이들의 특징에 대해 알아보기로 한다.

5.1 베르누이 시행

어떤 시행을 독립적으로 반복할 때 가능한 결과가 오직 2개뿐인 경우를 베르누이 시행(Bernoulli trial)이라 하며, 이는 다음을 만족한다.

[베르누이 시행]

(1) 각 시행의 결과는 "성공(S)"과 "실패(F)" 중 하나로 나타난다.
(2) 각 시행에서 성공의 확률은 $P(\{S\})=p$이고 $P(\{F\})=1-p=q$ 이다.
(3) 각 시행은 서로 독립으로 각 시행의 결과가 다른 시행의 결과에 영향을 미치지 않는다.

예를 들어, 하나의 동전을 던지는 시행의 결과는 앞면(H)과 뒷면(T)인 두 가지만 나타나고, 앞면과 뒷면이 나타날 확률은 각각 $\frac{1}{2}$이 된다. 따라서 동전을 던지는 시행은 베르누이 시행이다.

주사위를 던지는 예에서도 마찬가지이다. 주사위의 숫자가 1이 나타날 경우를 성공(S)이라 하고 그 나머지의 경우를 실패(F)라고 정의하면, 성공의 확률은 $P(\{S\})=\frac{1}{6}$이고 실패의 확률은 $P(\{F\})=\frac{5}{6}$이므로, 베르누이 시행이다.

이와 같은 예로부터 베르누이 시행에서 확률변수 X가 성공이면, 1 실패이면 0을 갖는다면, 확률변수 X 를 베르누이 확률변수라 한다. 즉 다음과 같이 표현할 수 있다.

$$P(\{S\}) = P(X=1) = p,$$
$$P(\{F\}) = P(X=0) = 1-p = q$$

1) 베르누이 확률분포의 정의

확률변수 X가 베르누이 분포 또는 베르누이 시행을 따르는 확률변수로서 $X \sim B(1,p)$로 표현하고, 확률변수 X는 다음과 같은 확률함수를 갖는다.

$$p(x) = P(X=x) = p^x (1-p)^{(1-x)},\ \ x = 0,1$$

[베르누이분포의 평균과 분산]

(1) 평균 : $E(X) = p$
(2) 분산 : $V(X) = p(1-p)$

2) 베르누이분포의 확률 계산

확률변수 X가 베르누이분포를 따르는 확률변수로서 $X \sim B(1,p)$로 표현되므로 다음에서 설명할 이항분포의 확률함수를 이용하여 확률을 구할 수 있다.

[엑셀을 이용한 베르누이분포의 확률계산]

- 베르누이분포의 확률 계산 :
  =BINOMDIST(성공회수, 1, 성공확률, 누적논리값)
  여기서 누적논리값은 TRUE 이거나 1 이면 누적확률
  FALSE 이거나 0이면 확률을 구한다.

예제5.1) 확률 변수 X가 $X \sim B(1,1/3)$인 베르누이분포를 따를 때, 다음의 확률을 엑셀을 이용하여 계산하라.

1) $P(X=1)$　　　　2) $P(X=0)$

☞ 풀이

간단한 문제이지만, 이를 엑셀의 통계함수 중 BINOMDIST()함수를 이용하여 구하면 다음과 같다. 함수에 필요한 인수를 다음과 같이 입력하여 확률을 계산할 수 있다.

1) 베르누이 분포의 확률을 계산하기 위해 =BINOMDIST(1,1,1/3,0)를 입력하면 다음과 같이 확률을 구할 수 있다.

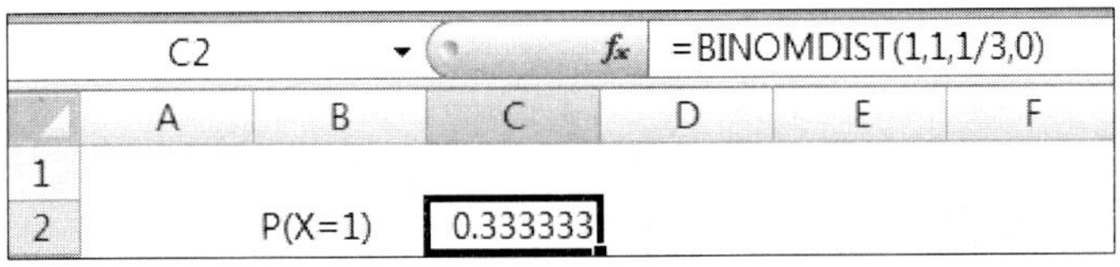

즉, $P(X=1)=0.333$ (또는 1/3)이다.

2) 1)번과 같은 방법으로 =BINOMDIST(0,1,1/3,0)입력하면 확률을 다음과 같이 구할 수 있다.

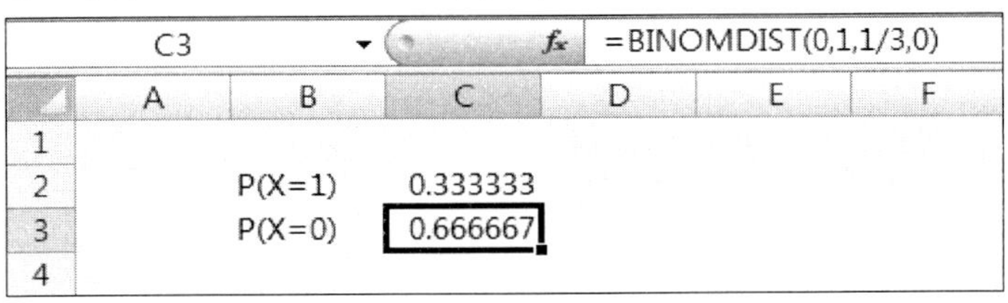

즉, $P(X=0)=0.667$(또는 2/3) 이다.

5.2 이항분포

1) 이항분포의 정의

성공의 확률이 p인 베르누이 시행을 독립적으로 n회 반복할 때, 나타나는 성공의 회수를 확률변수 X 라고 하면, 확률변수 X는 이항분포를 따르며, $X \sim B(n,p)$ 으로 표현한다.

이때, 이항분포의 확률함수는 다음과 같다.

$$p(x)=P(X=x)=\binom{n}{x}p^{x}(1-p)^{(n-x)}, \quad x=0,1,2,\cdots,n$$

여기서 $\binom{n}{x}=\frac{n!}{x!(n-x)!}$으로 n 번의 베르누이 시행에서 x번 성공할 경우의 수이다.

[이항분포의 평균과 분산]

성공의 확률이 p이고, 시행회수가 n인 이항분포 $B(n,p)$를 따르는 확률변수 X의 평균과 분산은 다음과 같다.

(1) 평균 : $E(X)=np$
(2) 분산 : $V(X)=np(1-p)$

이항분포는 시행회수 n 과 성공확률 p에 따라 분포의 형태가 달라진다. [그림 5-1] 과 [그림 5-2]는 동일한 시행회수 하에서 성공의 확률p가 각각 $\frac{1}{4}$와 $\frac{1}{2}$일 때의 이항분포 형태를 나타낸 것이다. $p=\frac{1}{4}$일 때의 그래프는 왼쪽으로 치우쳐진 형태로서 비대칭 분포의 형태를 보이는 반면, $p=\frac{1}{2}$일 때의 그래프는 좌우 대칭의 형태를 보이고 있다. 이러한 사실로부터 성공확률 p가 0.5 보다 작으면, 오른쪽으로 비대칭인 분포를 하며, 시행회수 n에 관계없이 p가 0.5이면, 대칭인 분포가 됨을 알 수 있다.

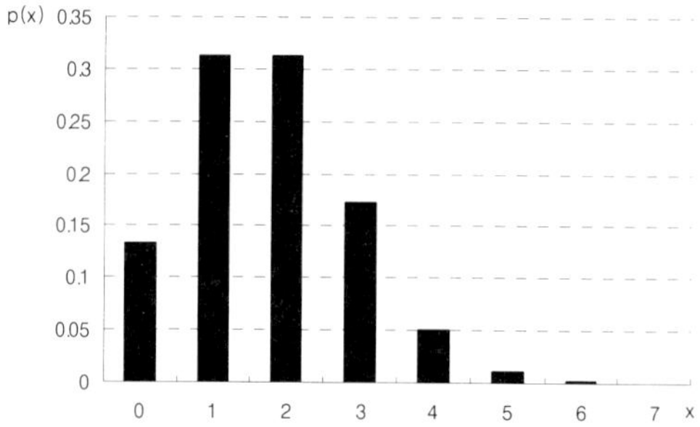

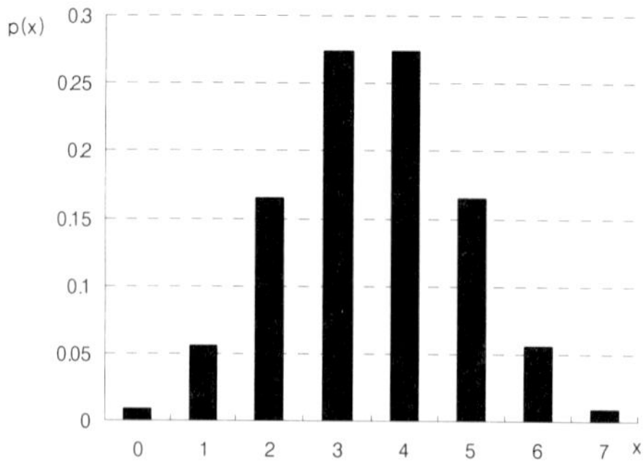

[그림 5-1] $n=7, p=\frac{1}{4}$　　　　[그림 5-2] $n=7, p=\frac{1}{2}$

다음으로 시행회수 $n=20$일 때, 성공의 확률이 각각 $p=\frac{1}{4}$, $\frac{1}{2}$일 때 이항분포의 형태를 살펴보면 [그림 5-3]으로부터 근사적으로 대칭인 분포의 형태를 띠고 있음을 볼 수 있다. 또한 [그림 5-4]의 그래프로부터 $p=\frac{1}{2}$일 때는 좌우 대칭인 분포의 형태를 띠고 있다. 이와 같은 사실로부터 성공의 확률이 0.5보다 작더라도 시행회수 n이 커지면 근사적인 대칭분포의 형태를 가짐을 알 수 있다.

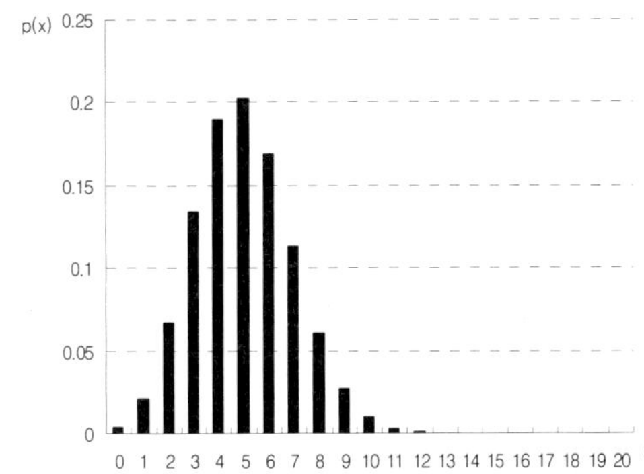

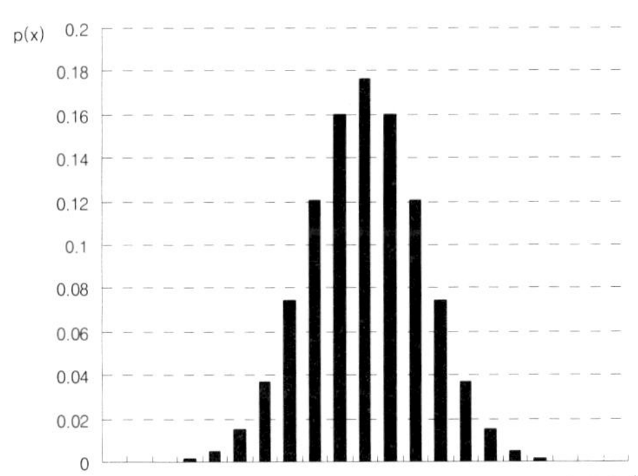

[그림 5-3] $n=20, p=\frac{1}{4}$ [그림 5-4] $n=20, p=\frac{1}{2}$

[참고] 이항계수(binomial coefficient)

다음과 같이 정의되는 식을 이항계수라 하며, 이항 분포의 형태와 유사하다.

$$(a+b)^n = \sum_{x=0}^{n} \binom{n}{x} b^x a^{(n-x)}$$

2) 이항확률분포 표를 이용한 확률의 계산

일반적으로 확률변수 X가 $B(n,p)$인 이항 분포를 따를 때, 특정한 성공의 회수가 나타날 확률을 계산하기란 쉽지 않다. 따라서 이러한 문제를 해결하기 위해 부록에 수록된 이항확률분포 표를 이용하여 확률을 보다 쉽게 계산할 수 있다.

즉, 시행회수 n과 성공확률 p에 대해 x번의 성공회수인 경우에 이항확률분포 표로부터 각각의 값이 서로 교차하는 지점의 값이 x번의 성공이 나타날 확률이 된다. 예를 들어 확률변수 X가 $B\left(6,\frac{1}{2}\right)$인 이항분포를 따를 때, 성공의 회수가 2회일 때의 확률을 표로부터 찾으려면, $n=6$일 때, $x=2$와 $p=\frac{1}{2}$가 만나는 지점의 확률이 0.311이 되므로 $p(2)=P(X=2)=0.311$이 된다.

그러나 대부분의 통계학 책에 수록된 이항확률분포 표는 성공확률 p가 0.5일 때까지만 확률이 수록되어 있기 때문에 0.5보가 큰 쪽의 확률은 다음과 같은 관계로부터 구할 수 있다.

즉, 확률변수 X가 $B(n,p)$인 이항 분포를 따른다고 할 때, 확률변수 X는 성공의 회수를 나타낸다. 이와 반대의 개념으로 확률변수 Y는 실패의 회수를 나타내는 확률변수라 하면, Y는 $B(n,1-p)$인 이항분포를 따르게 된다. 따라서 확률변수 Y의 값은 $y=n-x$으로서 시행회수 n에서 확률변수 X가 취하는 값인 x를 뺀 값으로 이용하면 된다.

다음의 예제로부터 이러한 사실을 확인 할 수 있다.

예제5.2) 어떤 질병의 치료에 70%정도의 치료효과가 있는 약이 있다. 만일 8명의 환자에게 이 약을 투여했을 때, 6명 이상의 환자가 약효를 볼 확률을 구하여라.

☞ 풀이

약을 투여하여 치료된 환자의 수를 확률변수 X라고 한다면, $X \sim B(8,0.7)$인 이항분포를 따른다. 그러나 성공확률이 0.7이므로, 위에서 설명한 관계를 이용하여 다음과 같이 확률을 구할 수 있다.

확률변수 Y를 치료가 되지 않은 환자의 수라고 하면, $Y \sim B(8,0.3)$인 이항분포를 따른다. 그러므로 $P(X \geq 6) = P(8-X \geq 8-6) = P(Y \leq 2)$ 이고, 결과적으로 $P(Y \leq 2)$인 확률을 표로부터 찾으면, 다음과 같다.

$$P(Y \leq 2) = P(Y=0) + P(Y=1) + P(Y=2)$$

$$= 0.0576 + 0.1977 + 0.2965 = 0.5518$$

따라서 $P(Y \leq 2) = P(X \geq 6) = 0.5518$이다.

예제5.3) 80%의 가정에 컴퓨터가 보급된 것으로 나타났다. 임의로 10가구를 방문했을 때, 다음의 확률을 구하여라.

1) 정확히 7가구에 컴퓨터가 있을 확률
2) 적어도 7가구에 컴퓨터가 있을 확률

☞ 풀이

방문했을 때 컴퓨터가 있는 가구의 수를 확률변수 X라고 한다면, $X \sim B(10, 0.8)$인 이항분포를 따른다. 그러나 성공확률이 0.8이므로, 위에서 설명한 관계를 이용하여 다음과 같이 확률을 구할 수 있다.

확률변수 Y를 컴퓨터가 없는 가구의 수라고 하면, $Y \sim B(10, 0.2)$인 이항분포를 따른다. 따라서 이러한 관계를 이용하여 확률을 구하면 된다.

1) $P(X=7) = P(10-X = 10-7) = P(Y=3)$으로 이항확률분포표에서 $n=10, p=0.2$, $y=3$인 값을 찾으면, 0.201이 된다. 따라서 $P(X=7) = P(Y=3) = 0.201$이다.

2) 적어도 7가구에 컴퓨터가 있을 확률은 $P(X \geq 7) = P(10-X \geq 10-7) = P(Y \leq 3)$이므로 이항분포 표로부터 $n=10, p=0.2$일 때, $y=0,1,2,3$일 때의 확률을 찾아서 더하면 된다.

$$
\begin{aligned}
P(Y \leq 3) &= P(Y=0) + P(Y=1) + P(Y=2) + P(Y=3) \\
&= 0.201 + 0.302 + 0.268 + 0.107 \\
&= 0.878
\end{aligned}
$$

따라서 $P(X \geq 7) = P(Y \leq 3) = 0.878$이다.

3) 엑셀을 이용한 이항분포의 확률 계산

$X \sim B(n, p)$인 이항확률 변수일 때, 베르누이 분포와 같이 엑셀을 이용한 이항분포의 확률을 계산하기 위한 통계함수는 BINOMDIST()함수이다. 엑셀을 이용한 이항확률의 계산의 장점은 특정한 확률에 대해 일일이 이항분포표를 찾을 필요 없이 직접 확률을 구할 수 있다는 것이다. 또한 성공확률이 0.5 보다 큰 경우에는 이항분포표에 수록되어 있지 않기 때문에 앞에서 언급한 변환을 통해 확률을 구해야 하는 번거로운 문제를 쉽게 해결할 수 있는 장점을 가진다.

[엑셀을 이용한 이항분포의 확률계산]
▪ 이항분포의 확률 계산 : =BINOMDIST(성공회수, 시행회수, 성공확률, 누적논리값) 여기서 누적논리값은 TRUE 이거나 1 이면 누적확률 FALSE 이거나 0 이면 확률을 구한다.

예제5.4) 당첨률 20%인 복권이 있을 때, 어떤 사람이 8매의 복권을 구입했을 때, 확률변수 X를 당첨된 복권의 수 라 하면, 2장의 복권이 당첨될 확률을 구하여라.

☞ 풀이 1 - 산술적인 계산

확률변수 X의 분포는 $B(8,0.2)$인 이항분포를 따르므로 구하고자 하는 확률은 다음과 같다.

$$P(X=2)=\binom{8}{2}(0.2)^2(1-0.2)^6=0.2936$$

☞ 풀이 2 - 엑셀을 이용한 계산

함수 마법사의 통계함수 중 BINOMDIST()함수를 선택하여 문제에 필요한 각 인수를 입력하면 된다.

즉, =BINOMDIST(2,8,0.2,0)와 같이 입력하면 구하고자 하는 확률을 0.293601로 얻을 수 있다.

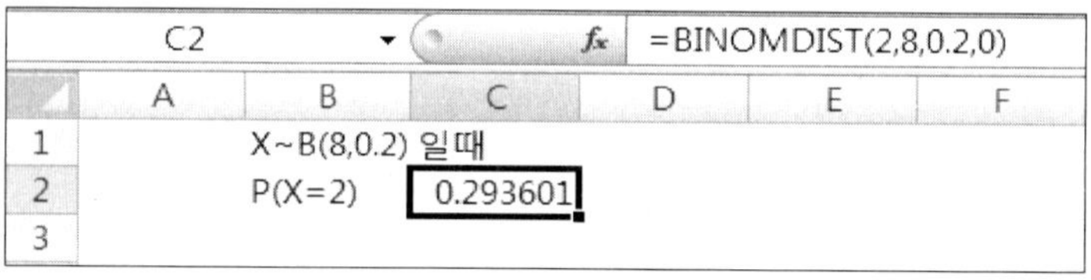

예제5.5) 공정한 동전 1개를 6회 던졌을 때, 앞면의 회수를 관찰하는 실험을 실시하였다. 다음의 확률을 구하여라.

1) 앞면이 2회 나타날 확률
2) 적어도 4회의 앞면이 나타날 확률
3) 앞면이 나타나지 않을 확률

☞ 풀이 1 - 산술적인 계산

동전을 던지는 시행은 베르누이 시행으로서 이러한 베르누이 시행을 6회 반복하였기 때문에 시행에서 앞면이 나타나는 회수를 확률변수 X라 하면, X는 이항분포 $B\left(6,\frac{1}{2}\right)$를 따르게 된다. 따라서 구하는 확률은 다음과 같다.

1) $P(X=2)=\binom{6}{2}\left(\frac{1}{2}\right)^2\left(\frac{1}{2}\right)^4=\frac{15}{64}$

2) 적어도 4회의 앞면이 나타날 확률이므로 4회 이상 앞면이 나타나면 된다. 따라서, 다음과 같다.

$$P(X\geq 4)=\sum_{x=4}^{6}\binom{6}{x}\left(\frac{1}{2}\right)^x\left(\frac{1}{2}\right)^{(6-x)}$$

$$=\binom{6}{4}\left(\frac{1}{2}\right)^4\left(\frac{1}{2}\right)^2+\binom{6}{5}\left(\frac{1}{2}\right)^5\left(\frac{1}{2}\right)^1+\binom{6}{6}\left(\frac{1}{2}\right)^6\left(\frac{1}{2}\right)^0$$

$$=\frac{22}{64}$$

3) $P(X=0)=\binom{6}{0}\left(\frac{1}{2}\right)^6=\frac{1}{64}$

☞ 풀이 2 - 엑셀을 이용한 계산

1) $P(X=2)$

=BINOMDIST(2, 6, 0.5, FALSE) 또는 =BINOMDIST(2, 6, 0.5, 0)

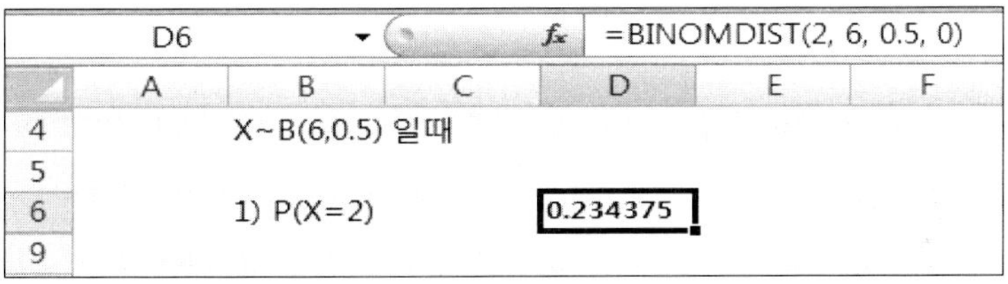

2) $P(X\geq 4)=1-P(X\leq 3)$

=1-BINOMDIST(3, 6, 0.5, TRUE) 또는 =1-BINOMDIST(3, 6, 0.5, 1)

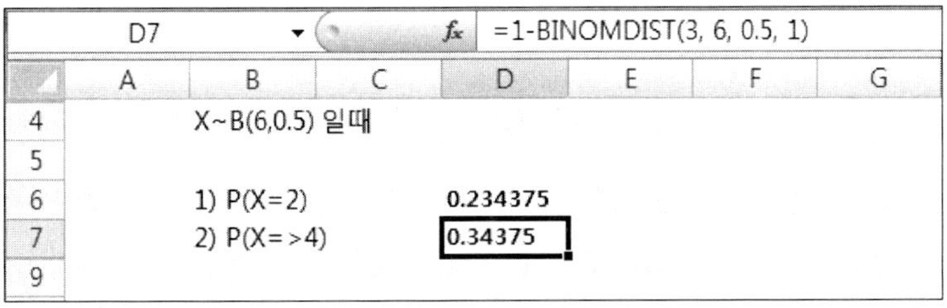

3) $P(X=0)$

=BINOMDIST(0, 6, 0.5, FALSE) 또는 =BINOMDIST(0, 6, 0.5, 0)

D8 | f_x =BINOMDIST(0, 6, 0.5, 0)

	A	B	C	D	E	F
4		X~B(6,0.5) 일때				
5						
6		1) P(X=2)		0.234375		
7		2) P(X=>4)		0.34375		
8		3) P(X=0)		0.015625		
9						

구한 확률은 각각 다음과 같다. 이때 주의해야 할 것은 2)번과 같이 $P(X \ge 4)$의 확률을 계산할 때에는 $P(X \ge 4) = 1 - P(X \le 3)$ 이므로 $X = 3$ 까지의 누적확률을 1에서 빼야 정확한 확률을 구할 수 있다는 점이다.

예제5.6) $X \sim B(10, 0.8)$인 이항 분포를 따를 때 엑셀을 이용하여 다음의 확률을 구하라.

1) $P(X=7)$ 2) $P(X \ge 7)$

☞ 풀이

앞에서 언급한 바와 같이 성공확률이 0.5 보다 크지만 엑셀을 이용하는 경우에는 별 문제가 되지 않는다.

1) $P(X=7)$=BINOMDIST(7, 10, 0.8, 0)를 입력하면 구하는 확률은 0.201327이다.

D12 | f_x =BINOMDIST(7, 10, 0.8, 0)

	A	B	C	D	E	F
9						
10		X~B(10,0.8) 일때				
11						
12		1) P(X=7)		0.201326592		
14						

2) $P(X \ge 7) = 1 - P(X \le 6)$=1-BINOMDIST(6, 10, 0.8, 1)을 입력하면 구하는 확률은 0.879126이다.

D13 | f_x =1-BINOMDIST(6, 10, 0.8, 1)

	A	B	C	D	E	F
9						
10		X~B(10,0.8) 일때				
11						
12		1) P(X=7)		0.201326592		
13		2) P(X=>7)		0.879126118		
14						

다음의 예제들은 이항분포의 평균과 분산의 계산을 다루고 있다. 즉, 이항분포의 특성을 결정

하는 값들로는 시행회수 n과 성공확률 p로서 이 값을 알면 평균과 분산을 구하는데 충분하다는 사실을 보여주고 있다.

예제5.7) 어떤 농구 선수가 10개의 슛을 던졌을 때, 슛의 성공률은 50%라 한다. 이 때, 성공한 회수를 확률변수 X라고 할 때, X의 평균과 분산을 구하라.

☞ 풀이

확률변수 X는 $B(10, 0.5)$인 이항분포를 따르므로 평균과 분산은 다음과 같다.

평균 : $E(X) = np = 10 \times 0.5 = 5$

분산 : $V(X) = np(1-p) = 10 \times 0.5 \times 0.5 = 2.5$

예제5.8) D대학 통계학과 4학년에 재학중인 학생이 1학기 재학중의 취업률이 0.4라고 한다. 현재 60명의 학생이 4학년 1학기에 재학 중이라고 하면, 이들이 1학기 중에 취업할 기대인원 수와 분산을 구하라.

☞ 풀이

확률변수 X 를 1학기 중에 취업자의 수라 하면, 확률변수 X는 $B(60, 0.4)$인 이항분포를 따르므로 취업자의 평균과 분산은 다음과 같다.

평균 : $E(X) = np = 60 \times 0.4 = 24$

분산 : $V(X) = np(1-p) = 60 \times 0.4 \times 0.6 = 14.4$

5.3 초기하분포

무한모집단에서 표본을 비복원추출하거나 유한모집단에서 복원추출을 할 경우에는 베르누이 시행의 조건을 만족하므로 이항분포를 사용할 수 있다. 그러나 유한모집단에서 비복원추출 할 경우에는 베르누이 시행의 조건 중에서 독립성을 만족하지 않으므로 이항분포를 사용할 수 없다. 이러한 경우에 초기하분포를 적용하며, 다음과 같이 정의할 수 있다.

1) 초기하분포의 정의

크기 N인 유한모집단에서 k개는 성공집단에 속하고, $N-k$개는 실패집단에 속한다고 하자. 이로부터 비복원으로 n개를 임의로 추출할 때, n개중에서 성공의 회수를 X라 하면, 확률변수 X는 초기하분포를 따르며, $X \sim H(N, n, k)$로 표현한다. 이때 초기하분포의 확률함수는 다음과 같다.

$$p(x) = P(X=x) = \frac{\binom{k}{x}\binom{N-k}{n-x}}{\binom{N}{n}}, \quad x = 0, 1, 2, \cdots, \min(n,k)$$

확률변수 X가 $H(N,n,k)$인 초기하분포를 따를 때, 확률변수 X의 평균과 분산은 다음과 같다.

[초기하분포의 평균과 분산]

(1) 평균 : $E(X) = n\left(\frac{k}{N}\right)$

(2) 분산 : $V(X) = n\left(\frac{k}{N}\right)\left(1-\frac{k}{N}\right)\left(\frac{N-n}{N-1}\right)$

유한모집단의 크기 N이 추출 개수 n에 비해 매우 크면, 초기하분포는 $\frac{N-n}{N-1} \fallingdotseq 1$이 되어 근사적으로 $p = \frac{k}{N}$인 이항분포에 접근한다. 따라서 N이 큰 경우 이항분포를 적용해도 별 무리가 없다.

2) 초기하분포의 확률 계산

초기하분포의 확률을 엑셀을 이용하여 계산하는 방법은 우선 4장에서 다른 조합에 대한 통계함수인 COMBIN()함수를 이용하거나, HYRGEOMDIST()함수를 이용하는 것이다. COMBIN()함수를 이용하는 경우는 초기하분포의 확률함수를 알아야 함으로 여기서는 HYRGEOMDIST()함수를 이용하여 확률을 계산하도록 한다.

[엑셀을 이용한 초기하분포의 확률 계산]

크기 N인 유한모집단에서 k개는 성공집단에 속하고, $N-k$개는 실패집단에 속한다고 하자. 이로부터 비복원으로 n개를 임의로 추출할 때, n개중에서 성공의 회수를 X라 하면, 다음과 같이 입력한다.

- 초기하분포의 확률 계산 : =HYPGEOMDIST(x, n, k, N)

예제5.9) 10개의 흰 공과 15개의 검은 공이 들어 있는 상자에서 5개를 비복원추출하였을 때 정확히 3개가 흰 공일 확률을 구하여라.

☞ 풀이 1 - 산술적 계산

확률변수 X를 5개중에 들어 있는 흰 공의 수라 하면, X는 $N=25$, $k=10$, $n=5$인 초기하분포를 따른다. 따라서 구하고자 하는 확률은 다음과 같다.

$$P(X=3)=\frac{\binom{10}{3}\binom{25-10}{5-3}}{\binom{25}{5}}=\frac{\binom{10}{3}\binom{15}{2}}{\binom{25}{5}}=0.2372$$

☞ 풀이 2 - 엑셀을 이용한 계산

$P(X=3)$ = HYPGEOMDIST(3, 5, 10, 25) = 0.23715415

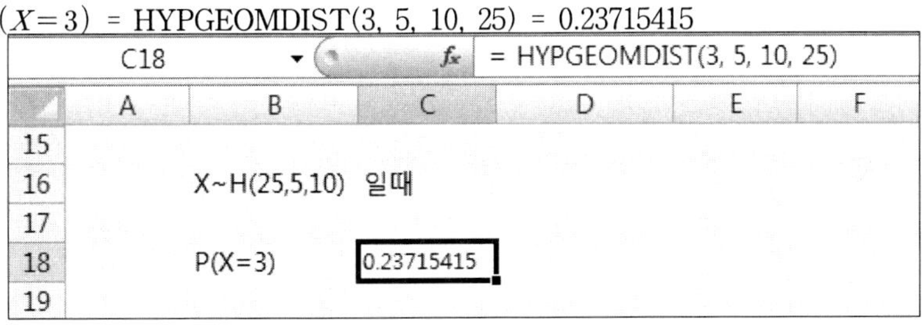

예제5.10) 어떤 설비 회사가 소유하고 있는 15대의 발전기 중에 2대는 안전밸브가 불량이라고 한다. 검사하기 위하여 4대의 발전기를 임의로 선택하여 그 중 불량 안전밸브를 갖고 있는 발전기의 대수를 확률변수X라 하자. 다음의 확률을 엑셀을 이용하여 구하라.

1) $P(X=1)$　　　　2) $P(X\le 1)$

☞ 풀이

$N=15$, $k=2$, $n=4$ 인 초기하분포를 따르므로 구하고자 하는 확률은 다음과 같다.

1) $P(X=1)$ =HYPGEOMDIST(1,4,2,15) =0.41905

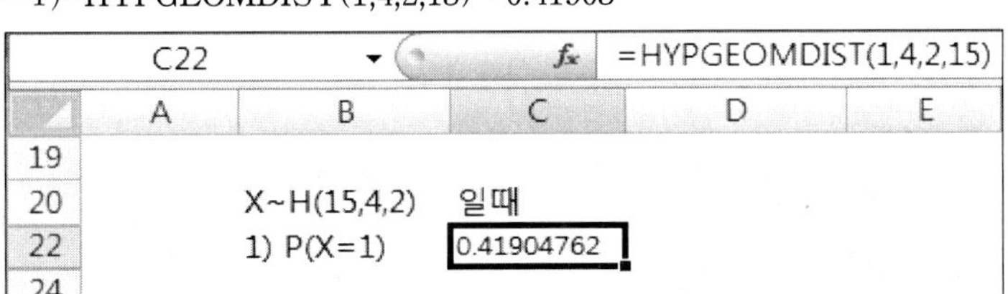

2) $P(X\le 1)$ $=P(X=0)+P(X=1)$

=HYPGEOMDIST(0,4,2,15)+HYPGEOMDIST(1,4,2,15) =0.942857

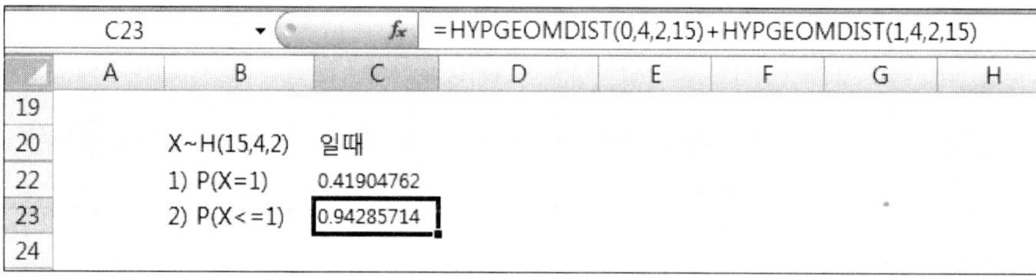

예제5.11) 예제5.10의 확률분포에 대한 평균과 분산을 각각 구하라.

☞ 풀이

$N=15,\ k=2,\ n=4$ 이므로 확률변수 X의 분포는 다음과 같은 초기하분포를 따른다.

$$p(x)=P(X=x)=\frac{\binom{2}{x}\binom{15-2}{4-x}}{\binom{15}{4}},\quad x=0,1,2$$

따라서 $X\sim H(15,4,2)$이므로 평균과 분산은 다음과 같다.

$$E(X)=n\left(\frac{k}{N}\right)=4\times\left(\frac{2}{15}\right)$$

$$=\frac{8}{15}=0.53$$

$$V(X)=n\left(\frac{k}{N}\right)\left(1-\frac{k}{N}\right)\left(\frac{N-n}{N-1}\right)=4\times\left(\frac{2}{15}\right)\left(1-\frac{2}{15}\right)\left(\frac{15-4}{15-1}\right)$$

$$=0.363$$

5.4 음이항분포

n회의 베르누이 시행 중 성공회수를 X라 하면 X는 이항분포 $B(n,p)$를 따르게 된다. 이때, 시행회수 n을 미리 정하지 않고 어떤 주어진 성공의 회수가 나올 때까지 베르누이 시행을 반복하는 경우를 고려하면, 확률변수 X를 k번째 성공이 나올 때까지의 시행회수 라고 정의하면, X번 시행 중에서 $k-1$회 성공하고 $X-k$번 실패한 후, 맨 마지막에 성공을 의미한다.

이와 같은 과정에 대한 확률은 $p^{(k-1)}(1-p)^{(x-k)}p=p^k(1-p)^{(x-k)}$이고, x번의 시행에서 맨 마지막에 성공하는 시행을 뺀 $x-1$회의 시행에서 $k-1$회는 성공하고 $x-k$회는 실패하는 모든 경우의 수는 $\binom{x-1}{k-1}$과 같다. 따라서 이 과정에서 확률은 다음과 같다.

$$\binom{x-1}{k-1}p^k(1-p)^{x-k},\ x=k,k+1,\cdots$$

[그림 5-5] 음이항분포의 확률분포

1) 음이항분포의 정의

성공확률이 p인 베르누이 시행을 독립적으로 반복시행 할 때 k번 성공하기까지의 시행횟수를 X라 하면, 확률변수 X의 확률분포는 다음과 같으며, 이 확률분포를 음이항분포 라하며, $X \sim NB(k,p)$로 나타낸다.

$$p(x)=P(X=x)=\binom{x-1}{k-1}p^k(1-p)^{x-k},\ x=k,k+1,\cdots$$

확률변수 X가 $NB(k,p)$인 음이항분포를 따를 때, 확률변수 X의 평균과 분산은 다음과 같다.

[음이항분포의 평균과 분산]

(1) 평균 : $E(X)=\dfrac{k}{p}$

(2) 분산 : $V(X)=\dfrac{k(1-p)}{p^2}$

예제5.12) 어느 프로농구 선수의 자유투 성공률이 80%라고 한다. 10번의 자유투를 성공하기까지 던져야할 슛의 회수를 확률변수 X라고 한다면, 다음을 구하라.

1) 확률변수 X의 확률함수를 정의하라.

2) 확률변수 X의 평균과 분산을 구하라.

3) 12번째 만에 비로소 10개의 슛을 성공할 확률을 구하라.

☞ 풀이

1) 성공확률 $p=0.8$이고, $k=10$인 음이항분포이다. 따라서 다음과 같이 확률함수를 정의 할 수 있다.

$$P(X=x)=\binom{x-1}{10-1}(0.8)^k(0.2)^{x-10},\ x=10,11,\cdots$$

2) $X\sim NB(10,0.8)$ 이므로 평균과 분산은 각각 다음과 같다.

$$E(X)=\frac{k}{p}=\frac{10}{0.8}=12.5$$

$$V(X)=\frac{k(1-p)}{p^2}=\frac{10\times 0.2}{(0.8)^2}=3.125$$

3) $P(X=12)=\binom{11}{9}(0.8)^{10}(0.2)^2=0.236$

2) 음이항분포의 확률계산

엑셀에서는 음이항분포의 확률을 계산하기 위해 NEGBINOMDIST()함수를 제공하고 있다. 음이항분포의 경우 이항분포는 달리 확률분포 표를 제공하지 않기 때문에 특정한 확률 계산을 일일이 해야 하는 번거로운 문제가 있다. 따라서 엑셀을 이용하면 번거로움을 덜 수 있다.

성공확률이 p인 베르누이 시행을 독립적으로 반복시행 할 때 k번 성공하기까지의 시행횟수를 X라 하면 구하고자 하는 확률은 다음과 같다.

[엑셀을 이용한 음이항분포의 확률 계산]

- 음이항분포의 확률 계산 :
  =NEGBINOMDIST(x-k, k, p)
  즉, 일정한 성공 확률이 p일 때 k 번째 성공 전에 $x-k$ 실패일 확률을 구한다.
  이와 더불어 COMBIN()함수를 이용하여 산술적으로 계산할 수도 있다.

예제5.13) 유도탄의 발사 성공률은 90%이다. 시험 발사를 6번하여 3번의 발사가 성공할 확률을 구하라.

☞ 풀이 1 - 산술적인 계산

성공확률 $p=0.9$이고, $k=3$인 음이항분포이다. 따라서 다음과 같이 확률함수를 정의할 수 있다.

$$P(X=x)=\binom{x-1}{2}(0.9)^3(0.1)^{x-3},\ x=3,4,\cdots$$

결국 구하고자 하는 확률은 $x=6$이므로, 이를 확률함수에 대입하여 계산하면 다음과 같다.

$$P(X=6) = \binom{5}{2}(0.9)^3(0.1)^3 = 0.0073$$

☞ 풀이 2 - 엑셀을 이용한 계산

1) COMBIN()함수를 이용한 계산

$$P(X=6) = \binom{5}{2}(0.9)^3(0.1)^3$$ = COMBIN(5, 2)*(0.9^3)*(0.1^3)

= 0.0073

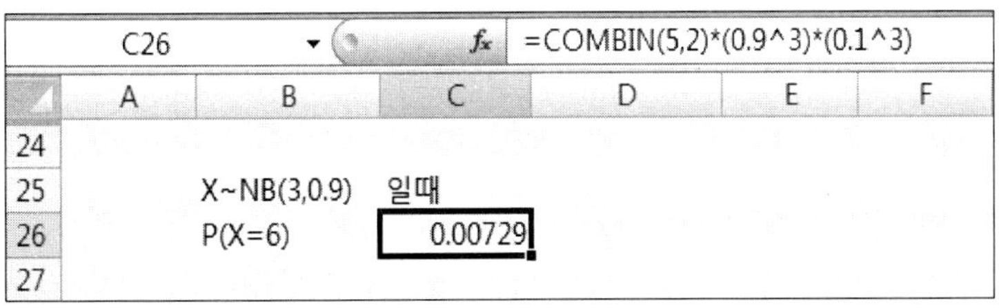

2) NEGBINOMDIST() 함수를 이용한 계산

$P(X=6)$ = NEGBINOMDIST(6-3, 3, 0.9)

= 0.0073

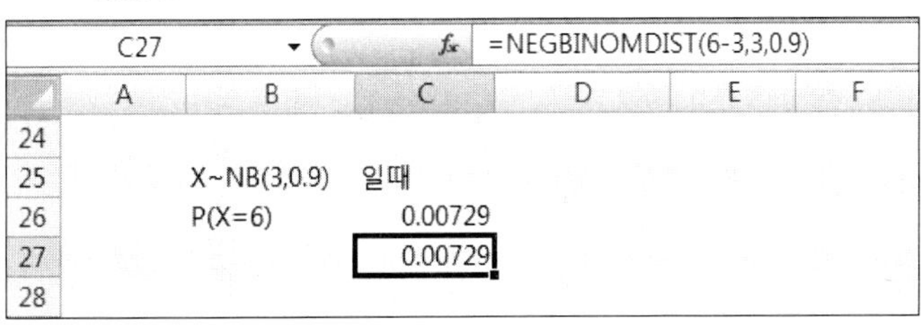

예제5.14) 3개의 동전을 던지는 시행에서 모두 앞면이 나오거나 모두 뒷면이 나오면 성공이라고 한다. 이러한 실험을 반복하여 수행할 때, 5번만에 비로소 2번 성공하게 될 확률을 엑셀을 이용하여 구하라.

☞ 풀이

우선 성공확률을 구하면, 모두 앞면이나 오거나 뒷면이 나오는 경우이므로 다음과 같다.

$$p = p(3\text{개 모두 앞면}) + p(3\text{개 모두 뒷면})$$

$$= \frac{1}{2}\times\frac{1}{2}\times\frac{1}{2}+\frac{1}{2}\times\frac{1}{2}\times\frac{1}{2}$$

$$= \frac{1}{4}$$

따라서 확률변수 X는 성공확률 $p=0.25$이고, $k=2$인 음이항분포를 따른다.

구하고자 하는 확률은 다음과 같다.

$P(X=5)$ = NEGBINOMDIST(5-2, 2, 0.25) =0.10546875

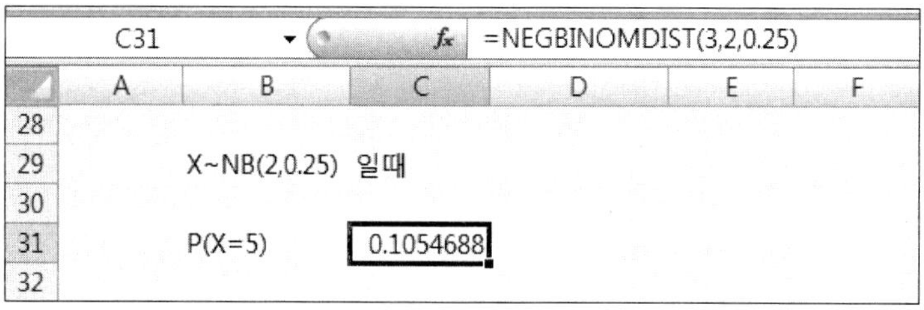

예제5.15) 정상적인 동전을 7회 던져서 비로소 3번째 앞면이 나올 확률을 엑셀을 이용하여 구하라.

☞ 풀이

확률변수 X는 성공확률 $p=0.5$이고, $k=3$인 음이항분포를 따른다.

구하고자 하는 확률은 다음과 같다.

$P(X=7)$ = NEGBINOMDIST(7-3, 3 ,0.5) =0.117188

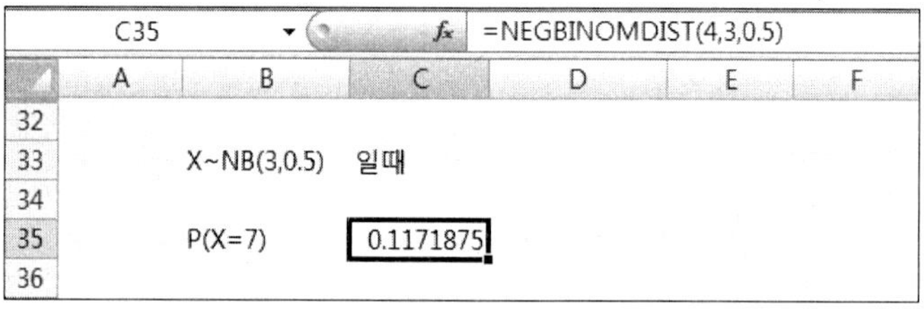

5.5 기하분포

음이항분포의 특별한 경우로서 $k=1$인 경우, 즉 확률변수 X를 “첫 번째 성공이 나올 때까지의 시행 회수”라고 정의하고, 시행 회수 X에 대한 확률을 생각해 보자.

x회의 시행 중에서 처음 $x-1$번째까지는 계속 실패이고, 마지막 x번째에서 비로소 성공이므로, 그 확률은 다음과 같이 계산된다.

$$P(X=x)=P(\{FF\cdots FS\})=(1-p)^{(x-1)}p,\ \ x=1,2,\cdots$$

1) 기하분포의 정의

성공의 확률 p인 베르누이 시행을 처음으로 성공할 때까지 반복 시행할 때, 그 시행횟수 X의 확률함수는 기하분포를 따르며, $X \sim Ge(p)$로 나타낸다.

$$p(x) = P(X = x) = p(1-p)^{(x-1)}, \ x = 1, 2, \cdots$$

확률변수 X가 $Ge(p)$인 기하분포를 따를 때, 확률변수 X의 평균과 분산은 다음과 같다.

[기하분포의 평균과 분산]

(1) 평균 : $E(X) = \dfrac{1}{p}$

(2) 분산 : $V(X) = \dfrac{(1-p)}{p^2}$

2) 기하분포의 확률계산

기하분포에 대한 엑셀의 통계함수는 따로 주어지지 않았다. 따라서 기하분포와 음이항분포간의 관계를 이용하여 음이항분포의 통계함수인 NEGBINOMDIST() 함수를 이용하면 된다.

[엑셀을 이용한 기하분포의 확률 계산]

성공확률이 p인 베르누이 시행을 독립적으로 반복시행 할 때 첫 번째 성공하기까지의 시행횟수를 X라 하면 구하고자 하는 확률은 다음과 같다.

- 기하 분포의 확률 계산 :
  =NEGBINOMDIST(x-1, 1, p)

즉, 일정한 성공 확률이 p일 때 처음 성공 전에 $x-1$ 실패일 확률을 구한다.

예제5.16) 1개의 공정한 주사위를 3의 눈이 나타날 때까지 계속 던지는 반복 시행에서 5번째 만에 비로소 3의 눈이 나타날 확률을 구하라.

☞ 풀이 1 - 산술적인 계산

성공확률이 $p=\frac{1}{6}$인 기하분포 $X\sim Ge\left(\frac{1}{6}\right)$ 으로서, 구하고자 하는 확률은 다음과 같다.

$$P(X=5)=\left(\frac{5}{6}\right)^4\left(\frac{1}{6}\right)=0.0803$$

☞ 풀이 2 - 엑셀을 이용한 계산

$P(X=5)$= NEGBINOMDIST(4, 1, 1/6) =0.0803

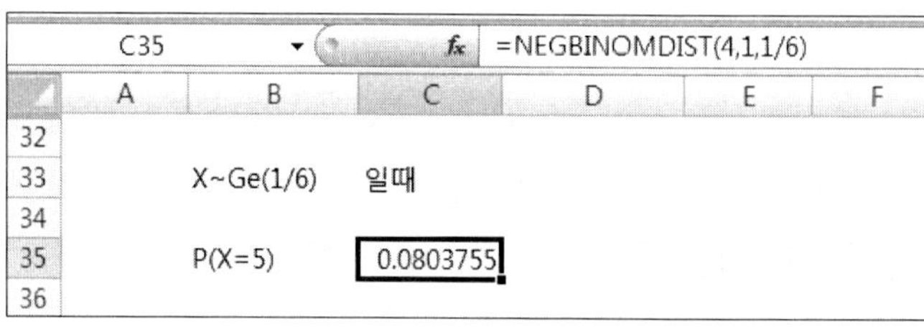

예제5.17) 어떤 사람이 1000원을 지불하고 3000원짜리 인형을 받을 수 있는 게임을 한다. 그가 매 시행마다 인형을 받을 확률은 0.1일 때, 다음의 값들을 엑셀을 이용하여 구하여라.

1) 2번 만에 인형을 받을 확률을 구하라.
2) 4번 이전에 인형을 받을 확률을 구하라.
3) 인형을 받기 위해 필요한 평균 시행회수는 몇 번인가?

☞ 풀이

확률변수 X는 성공의 확률이 $p=0.1$로서 $Ge(0.1)$인 기하분포를 따른다.

1) $P(X=2)$ =NEGBINOMDIST(1,1,0.1) =0.09

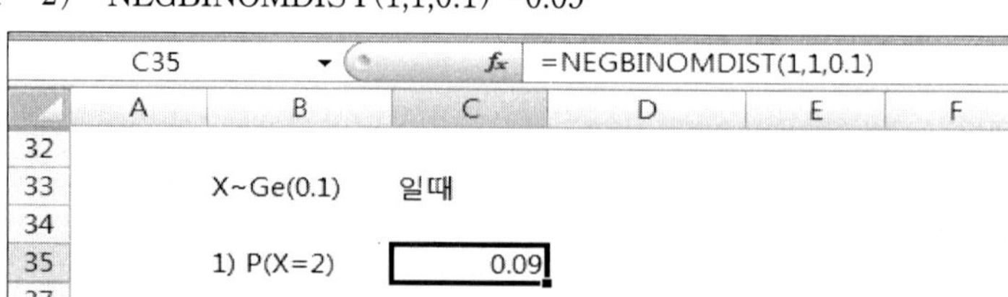

2) 4보다 작은 확률을 구하면 다음과 같다.

$P(X<4) = P(X=1) + P(X=2) + P(X=3)$

= NEGBINOMDIST(0, 1, 0.1) + NEGBINOMDIST(1, 1, 0.1)

+ NEGBINOMDIST(2, 1, 0.1)

=0.271

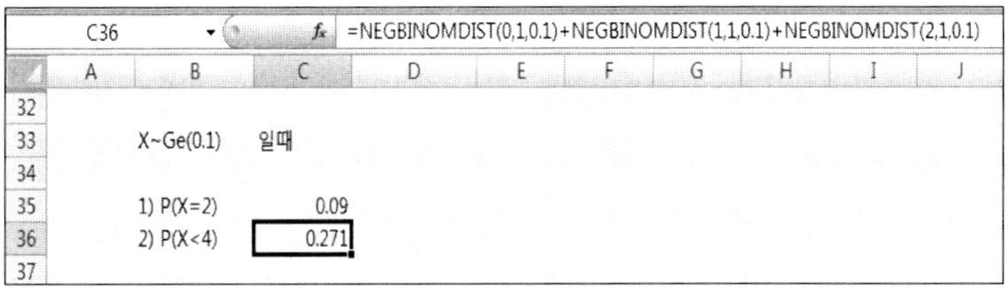

3) $E(X) = \dfrac{1}{0.1} = 10$

5.6 포아송분포

포아송분포는 어떤 주어진 시간 또는 면적, 공간 내에서 어떤 사건이 무작위로 발생할 때 그 사건이 일어날 회수와 그에 대응되는 확률을 나타내는 분포이다. 예를 들면, 어떤 공장에서 매달 발생하는 안전사고 건수, 시간당 백화점 방문 고객의 수, 매일의 자동차 사고 건수, 어떤 지역에서의 1일 교통사고 사망자 수 등은 포아송분포를 따른다.

일반적으로 주어진 시간 또는 정해진 영역 내에서 일어나는 성공의 회수를 나타내는 확률변수 X가 다음의 성질을 만족할 때 확률변수 X를 포아송확률변수라고 한다.

(1) 독립성 : 주어진 시간 동안 또는 영역 내에서 일어나는 사건의 회수는 서로 중복되지 않는 다른 시간 동안 또는 영역 내에서 일어나는 사건의 회수와 독립이다.

(2) 비례성 : 짧은 시간 동안 또는 작은 영역 내에서 사건이 한 번 발생할 확률은 시간길이 또는 영역의 면적에 비례한다.

(3) 비집락성 : 짧은 시간 동안 또는 작은 영역 내에서 사건이 두 번 이상 발생할 확률은 매우 작기 때문에 무시할 수 있다.

1) 포아송분포의 정의

주어진 시간구간 또는 단위 영역에서 발생하는 성공의 회수를 확률변수 X라고 하면, X는 포아송분포를 따르며, $X \sim Po(\lambda)$로 표현하고, 포아송확률변수 X의 확률함수는 다음과 같다.

$$p(x) = P(X=x) = \frac{e^{-\lambda}\lambda^x}{x!}, \quad x = 0, 1, 2, \cdots$$

여기서 λ는 주어진 시간구간 또는 단위 영역에서 발생하는 성공의 회수의 평균값 $(\lambda > 0)$을 나타낸다.

확률변수 X가 $Po(\lambda)$인 포아송분포를 따를 때, 확률변수 X의 평균과 분산은 다음과 같다.

[포아송분포의 평균과 분산]
(1) 평균 : $E(X) = \lambda$
(2) 분산 : $V(X) = \lambda$

한편 포아송분포는 이항분포와 밀접한 관계를 갖는다. 확률변수 X가 $B(n, p)$을 따르는 이항확률변수라 하자. 이 때 $n \to \infty$, $p \to 0$ 으로서 $\lambda = np$ 의 값이 작은 상수이면 이항확률함수는 $Po(\lambda)$인 포아송확률함수로 근사시킬 수 있고, 평균과 분산은 각각 λ가 된다.

$$E(X) = np = \lambda$$

$$V(X) = npq = np(1-p) = \lambda$$

즉, $n \to \infty, p \to 0$일 때, $X \sim B(n,p) \approx Po(\lambda)$로서 다음의 관계가 성립한다.

$$P(X=x) = \binom{n}{x} p^x (1-p)^{(n-x)} \approx \frac{(np)^x e^{-np}}{x!}, \quad np = \lambda$$

이항분포의 시행회수 n이 클수록 또한 성공의 확률 p가 작을수록 더욱 근접해진다. 다음의 [표 5-1]은 이항 분포에서 n과 p에 다른 값을 주었을 때, 이항분포와 포아송분포의 확률값을 비교한 결과이다.

[표 5-1] 이항분포와 포아송분포의 확률값 비교

x	이항분포		포아송분포
	$B(20, 0.05)$	$B(100, 0.01)$	$Po(1)$
0	0.358	0.366	0.368
1	0.378	0.370	0.368
2	0.189	0.185	0.184
3	0.059	0.061	0.061
4	0.013	0.015	0.015
5	0.003	0.003	0.003
6	0.000	0.000	0.001

위의 표에서 $B(20, 0.05)$보다는 $B(100, 0.01)$이 포아송분포의 $\lambda=1$일 때의 확률 $Po(1)$에 근접한 값을 나타냄을 알 수 있다.

2) 포아송확률분포 표를 이용한 확률 계산

부록의 포아송확률분포표를 이용하여 확률을 계산할 할 수 있다. 즉, 평균 사건발생건 수 λ를 찾고, 다음으로 x를 찾아 이 두 값이 만나는 값을 읽으면 구하고자 하는 확률을 얻을 수 있다.

예를 들어 $X \sim Po(0.4)$인 포아송분포를 따를 때, $X=3$의 확률 구하고 한다면, $\lambda=0.4$를 찾고, 다음으로 $x=3$을 찾아 이 값이 만나는 지점의 확률 값을 읽으면, 0.0072가 된다. 즉, $P(X=3)=0.0072$ 이다.

예제5.18) 어느 회사에 오전 10시부터 12시 사이에 1분당 평균 0.4회의 전화가 걸려온다고 하며, 전화가 걸려오는 회수를 X라 하면, X는 포아송분포를 따른다. 이때, 1분에 2회의 전화가 걸려올 확률을 구하라.

☞ 풀이

확률변수 X는 $Po(0.4)$인 포아송분포를 따르므로, 구하고자 하는 확률은 다음과 같다.

$$P(X=2)=\frac{e^{-0.4}(0.4)^2}{2!}$$

그러나 이 확률을 정확하게 계산하기가 쉽지 않기 때문에 부록의 포아송분포 표로부터 $\lambda=0.4$와 $x=2$가 만나는 지점의 확률을 읽으면 된다. 결국 $P(X=2)=0.0536$이 된다.

예제5.19) D대학 통계학과에 걸려오는 전화 통화의 회수는 10분당 평균 3회라고 한다. 어느 특별한 날의 10분 동안에 대해 다음의 확률을 구하라.

1) 2회 전화가 걸려올 확률
2) 한 번도 전화가 걸려오지 않을 확률

☞ 풀이

확률변수 X를 10분 동안에 걸려온 전화통화의 회수라 하면, $X \sim Po(3)$인 포아송분포를 따른다.

1) $P(X=2) = \dfrac{e^{-3}(3)^2}{2!}$

포아송분포 표로부터 $\lambda = 3$ 과 $x = 2$가 만나는 지점의 확률을 찾으면, $P(X=2) = 0.224$가 된다.

2) $P(X=0) = \dfrac{e^{-3}(3)^0}{0!} = e^{-3}$

포아송분포 표로부터 $\lambda = 3$ 과 $x = 0$이 만나는 지점의 확률을 찾으면,
$P(X=0) = 0.0498$이 된다.

예제5.20) 어느 공장에서 생산되는 부품의 약 2%가 불량품이라고 한다. 100개의 부품이 한 상자에 담겨져 있다면, 이중 많아야 3개의 불량품이 들어있을 확률을 구하라.

☞ 풀이

확률변수 X를 100개의 부품 중 불량 부품의 수라고 하면, $X \sim B(100, 0.02)$인 이항분포를 따른다. 따라서 구하는 확률은 다음과 같다.

$$P(X \leqq 3) = \sum_{x=0}^{3} \binom{100}{x} 0.02^x (1-0.02)^{(100-x)}$$

그러나, 이 확률을 정확히 계산하기는 매우 어렵기 때문에 이항분포의 포아송 근사 성질을 이용하여 다음과 같이 근사적인 확률을 구할 수 있다.

즉, $\lambda = np = 100 \times 0.02 = 2$로서, $X \sim Po(2)$인 근사적인 포아송분포를 따른다.

$$P(X \leq 3) = \sum_{x=0}^{3} \binom{100}{x} 0.02^x (1-0.02)^{(100-x)} \approx \sum_{x=0}^{3} \frac{2^x e^{-2}}{x!} = 0.857$$

3) 엑셀을 이용한 포아송분포의 확률 계산

포아송분포의 확률을 계산하기 위해 엑셀에서는 POISSON()함수를 이용하면 된다. 개별적인 확률뿐만 아니라 누적확률도 계산할 수 있다.

[엑셀을 이용한 포아송분포의 확률 계산]

- 포아송확률 계산 :

  =POISSON(x,λ, 누적논리값)

여기서 누적논리값은 TRUE 또는 1이면, 누적확률

FALSE 또는 0이면 개별확률을 구한다.

예제5.20) $X \sim Po(3)$인 포아송분포를 따를 때, 다음의 확률을 엑셀을 이용하여 구하라.

1) $P(X=2)$ 2) $P(X=5)$ 3) $P(X \le 3)$

☞ 풀이

통계함수에서 POISSON()함수를 이용하여 인수에 x, λ 그리고, 누적논리값을 입력한다.

1) = POISSON(2,3,0) =0.22404181

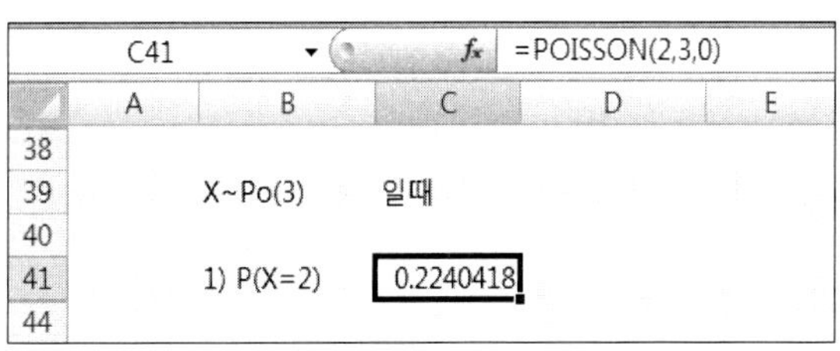

2) =POISSON(5,3,0) =0.100819

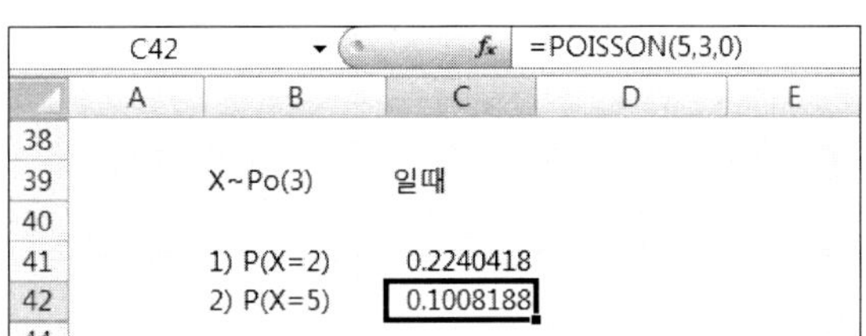

3) $P(X \le 3)$는 $X=3$까지의 누적확률이므로 다음과 같이 입력한다.

=POISSON(3,3,1) =0.647231889

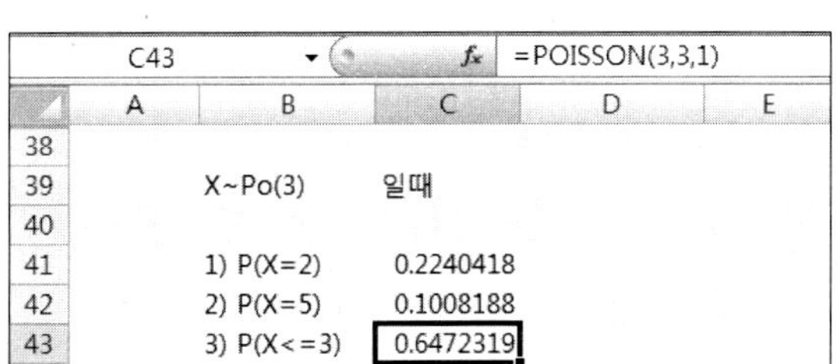

예제5.22) $X \sim Po(0.5)$인 포아송분포를 따를 때, 다음의 확률을 엑셀을 이용하여 구하라.

1) $P(X=2)$ 2) $P(1 \le X \le 3)$ 3) $P(X<2)$

☞ 풀이

1) =POISSON(2, 0.5, 0) =0.0758

2) =POISSON(3, 0.5, 1) - POISSON(0, 0.5, 1) =0.3917177

또는 = POISSON(1, 0.5, 0) + POISSON(2, 0.5, 0) + POISSON(3, 0.5, 0) =0.3917177

3) =POISSON(1, 0.5, 1) =0.9097

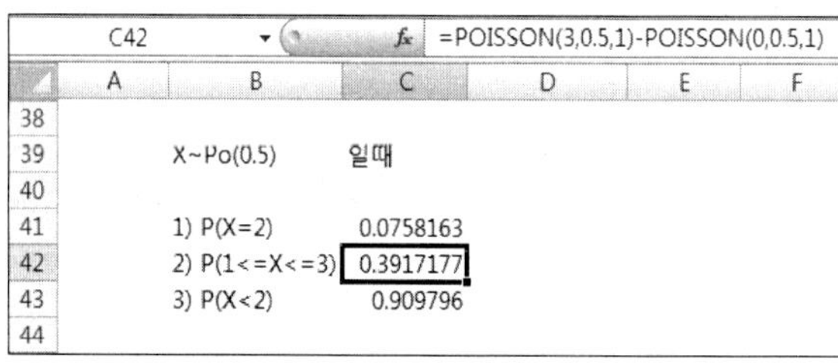

연습문제

[1] A라는 야구선수의 평균 타율은 0.250이다. 이 선수가 어느 날 시합에서 4번 타석에 들어선다고 할 때 다음 확률을 엑셀의 통계함수를 이용하여 구하여라.

1) 1개의 안타를 칠 확률
2) 최소한 1개의 안타를 칠 확률
3) 안타를 한 개도 못 칠 확률

[2] 과거의 경험으로 자동차 판매 영업소에서 고객의 20%가 소형차를 구입한다고 한다. 10명의 고객이 독립적으로 자동차를 구입할 때 다음의 확률을 엑셀의 통계함수를 이용하여 구하라.

1) 3명의 고객이 소형차를 구입할 확률
2) 적어도 2명이 소형차를 구입할 확률
3) 한 명도 소형차를 구입하지 않을 확률

[3] 신장 수술을 받은 환자가 회복할 수 있는 확률은 0.6이라고 알려져 있다. 6명의 환자가 이 수술을 받았을 때 다음의 확률을 엑셀의 통계함수를 이용하여 구하여라

1) 회복한 사람이 한 사람도 없을 확률
2) 모두 회복할 확률
3) 반이 회복할 확률
4) 적어도 반 이상이 회복할 확률

[4] 과거의 경험으로 어떤 사람에게 한 백신을 투약했을 때, 그가 면역성을 갖게 될 확률은 0.8이다. 임의로 8명에게 그 백신을 투약했을 때 다음의 확률을 엑셀의 통계함수를 이용하여 구하여라.

1) 아무도 면역성이 생기지 않을 확률
2) 4명에게 면역성이 생길 확률
3) 모두 면역성이 생길 확률

[5] 유럽지역에서 젖소의 60%가 광우병에 감염되었다고 한다. 15마리의 젖소를 임의로 선택하여 그중 광우병에 감염된 젖소의 수를 확률변수 X라고 할 때, 다음의 물음에 답하라.

1) 독립성을 가정할 때, 확률변수 X의 분포를 결정하라.
2) 엑셀의 통계함수를 이용하여 $P(X \geq 1)$
3) 엑셀의 통계함수를 이용하여 $P(X \leq 4)$

[6] 어떤 시험에 여섯 문제가 출제되었는데 그 시험에 합격하려면 적어도 네 문제는 맞추어야 한다. 각각의 문제는 정답을 포함한 3개의 가능한 답이 있다. 어떤 학생이 시험에 합격할 확률은 얼마인지를 엑셀의 통계함수를 이용하여 구하여라.

[7] 어떤 가정에 4명의 자녀가 있다고 한다. 이 때 2명이 아들일 확률을 구하여라.

[8] 어떤 기계는 14개의 서로 독립적인 부품으로 이루어져 있는데, 그 중 3개 이상의 부품이 고장 나면 작동이 안 된다. 각각의 부품이 고장 날 확률이 0.1이라면 이 기계가 작업을 계속할 확률은?

[9] 다음의 확률변수들의 기대값과 분산을 구하라.
1) $X \sim B(16, 0.4)$
2) $Y \sim B(20, 0.1)$
3) $Z \sim B(25, 0.8)$

[10] 이항분포표로부터 다음의 확률을 계산하라.
1) 성공확률 $p=0.4$일 때, 8회 시행에서 4번 성공할 확률
2) 성공확률 $p=0.3$일 때, 10회 시행에서 3번 성공할 확률
3) 성공확률 $p=0.7$일 때, 10회 시행에서 3번 이상 성공할 확률

[11] 엑셀의 통계함수 중 이항분포 함수를 이용하여 다음의 확률을 계산하라.
1) 성공확률 $p=0.4$일 때, 8회 시행에서 4번 성공할 확률
2) 성공확률 $p=0.3$일 때, 10회 시행에서 3번 성공할 확률
3) 성공확률 $p=0.7$일 때, 10회 시행에서 3번 이상 성공할 확률

[12] 확률변수 X가 이항분포 $B(n, p)$을 따를 때, $E(X)=2, V(X)=1$이다. 확률 $P(X \geq 3)$을 구하여라.

[13] 어느 상자에 5개의 빨간 공과 4개의 흰 공이 들어있다. 이 상자에서 임의로

3개의 공을 비복원으로 꺼낼 때, 다음의 물음에 답하라.

1) 3개의 공 가운데 흰 공의 수를 확률변수 X라고 한다면, X의 확률분포를 결정하라.
2) 엑셀의 통계함수를 이용하여 흰 공이 2개 있을 확률을 구하라.
3) 엑셀의 통계함수를 이용하여 적어도 흰 공이 1개 있을 확률을 구하라.

[14] 5명의 통계학과 학생과 4명의 컴퓨터학과 학생 중에서 임의로 4명을 선택하여 정보대학 선거위원회를 구성하려고 한다. 이때, 선거위원으로 선출된 통계학과 학생을 확률변수 X라 하면, 다음의 물음에 답하라.

1) 확률변수 X의 분포를 결정하라.
2) 확률변수 X의 확률함수를 구하라.
3) 엑셀의 통계함수를 이용하여 선거위원회에 3명의 통계학과 학생이 선출될 확률을 구하라.

[15] 10개의 제품 중에 3개의 불량품이 포함되어 있다. 3개의 제품을 임의로 추출했을 때, 다음의 물음에 답하라.

1) 추출된 3개의 제품 중에 있는 불량품의 개수를 확률변수 X라 하면, X의 확률분포와 확률함수를 구하라.
2) 엑셀의 통계함수를 이용하여 3개 모두 불량품일 확률을 구하라.
3) 엑셀의 통계함수를 이용하여 적어도 2개가 불량품일 확률을 구하라.

[16] 어떤 약품은 80%의 효과가 있다고 한다. 이 약품을 5번째 환자까지 사용하여 비로소 3명의 환자가 효과를 보았을 확률을 엑셀의 통계함수를 이용하여 구하여라.

[17] A와 B팀이 연속해서 시합을 벌인다고 가정하자. 이 때 A팀이 승리할 확률이 0.4라면 5번 만에 3번이길 확률을 엑셀의 통계함수를 이용하여 구하여라.

[18] 어느 회사에서 사원을 8명 모집하기 위해서 신문에 광고를 냈더니 15명의 남자와 8명의 여자가 지원하였다. 임의로 8명을 선택한다고 한다면 8명 중 여자가 3명 이상일 확률을 엑셀의 통계함수를 이용하여 구하여라.

[19] 어떤 견습 조종사가 시험에 합격할 확률은 0.5이다. 2번 만에 비로소 합격할 확률을 엑셀의 통계함수를 이용하여 구하여라.

[20] 어떤 복권의 당첨 확률이 $\frac{1}{9}$이라고 할 때 10장만에 처음으로 당첨될 확률을 엑셀의 통계함수를 이용하여 구하여라.

[21] 한국의 출산모가 자궁암에 걸릴 확률은 0.002이다. 어떤 산부인과 진찰실에서 첫 자궁암 환자가 발견될 때까지 진찰하는 경우에 환자 몇 명을 진료해야 하는가?

[22] 세 사람 중 누가 커피 값을 낼 것인지를 결정하기 위해 동전을 던진다. 세 사람의 동전이 같게 나오면 다시 던지고 그렇지 않으면 다른 면이 나온 사람이 커피 값을 낸다.

1) 두 번 이상 시행이 필요한 확률을 구하라.

2) 두 번 이하의 시행이 필요한 확률을 구하라.

[23] A군은 타이핑을 하는 경우 원고 1장 당 평균 4개의 오타를 범한다고 할 때 다음의 확률을 엑셀의 통계함수를 이용하여 구하여라.

1) 어느 날 A군이 1장의 타이핑에서 오타가 전혀 없을 확률?

2) 오타가 2개 이하일 확률?

[24] 어느 부동산 중개업소에서 하루 평균 세 건의 계약을 성사시킨다고 한다. 어느 날 이 중개업소에서 네 건 이상의 계약을 성사시킬 확률을 엑셀의 통계함수를 이용하여 구하여라.

[25] 어떤 항구에 매일 도착하는 유조선은 평균 10척이고 이 항구의 유조선 수용능력은 하루에 15척이라고 한다. 어떤 날에 유조선을 외항에 대기시키게 될 확률을 엑셀의 통계함수를 이용하여 구하여라.

[26] 어떤 회사의 직원 50명중에서 일주일에 결근하는 사람 수 X는 평균 1명이다. $P(X \geq 3)$을 엑셀의 통계함수를 이용하여 구하여라.

[27] 어떤 희귀한 질병의 발생률은 0.001이다. 집단의 구성원이 각각 독립적으로 감염된다고 가정할 때 인구 1,000명인 도시에서 5명 이상이 감염될 확률을 엑셀의 통계함수를 이용하여 구하여라.

[28] 왼손잡이의 비율은 1%이다. 200명 중 왼손잡이가 4명 이상일 확률을 엑셀의 통계함수를 이용하여 구하라.

[29] 불량률 1%인 제품 1,000개를 1개의 상자에 넣을 때 불량품이 하나도 들어가지 않을 확률을 엑셀의 통계함수를 이용하여 구하여라.

[30] 음주자 1,000명당 1명이 알코올 중독자이다. 5,000명의 음주자를 조사할 때 5명 이내의 알코올 중독자가 있을 확률을 엑셀의 통계함수를 이용하여 구하여라.

6장 연속확률분포

이 장에서는 몇 가지 유형의 연속확률 분포에 대해 다루도록 한다.

어떤 연속확률변수 X가 구간 $[a,b]$에서 값을 취할 확률은 구간 $[a,b]$에서 확률밀도함수 $f(x)$와 x축 사이의 면적임을 이미 다룬 바 있다. 즉,

$$\begin{aligned} P(a \le X \le b) &= \int_a^b f(x)dx \\ &= P(X \le b) - P(X \le a) \\ &= F(b) - F(a) \end{aligned}$$

연속형 확률분포에서 누적확률$P(X \le x)$은 $F(x)$로 표현되며, 다음과 같이 계산된다.

$$P(X \le x) = F(x) = \int_{-\infty}^{x} f(t)dt$$

이와 같은 사실을 인지하고, 연속확률분포 중에서 균등분포, 정규분포, 지수분포에 대해 살펴보고, 엑셀을 이용하여 각 확률분포의 확률을 구해보도록 한다.

6.1 균등분포

연속형 확률분포 중에서 가장 간단한 분포로서, 주어진 구간에서 일정한 확률밀도 함수를 가진다. 이러한 이유로 일양분포, 또는 평등분포라고도 한다. 균등분포의 확률밀도 함수는 다음과 같이 정의된다.

확률변수 X가 구간 $[a,b]$에서 다음과 같은 확률밀도 함수로 주어지면, X는 균등 분포를 따르며, $X \sim U(a,b)$로 표현한다.

$$f(x) = \begin{cases} \dfrac{1}{b-a}, & a \le x \le b \\ 0\ , & \text{그밖에서} \end{cases}$$

균등 분포의 확률밀도 함수에 대한 그래프는 다음과 같다.

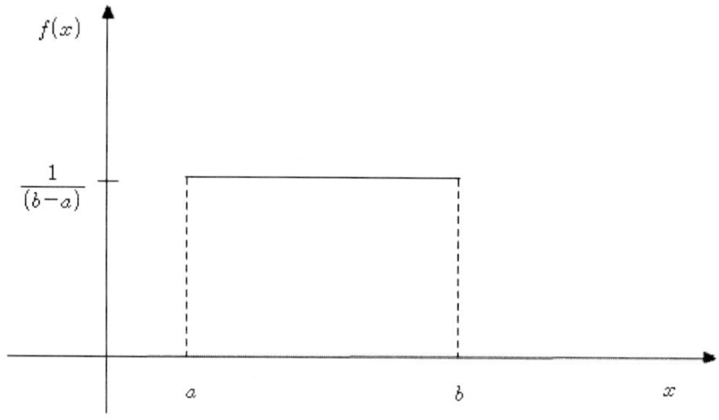

[그림 6-1] 균등분포의 확률밀도함수

이와 같이 정의된 균등분포의 누적분포함수, 또는 분포함수는 다음과 같이 구할 수 있다.

$$F(x) = \begin{cases} 0, & x < a \\ \dfrac{x-a}{b-a}, & a \le x < b \\ 1\ , & x \ge b \end{cases}$$

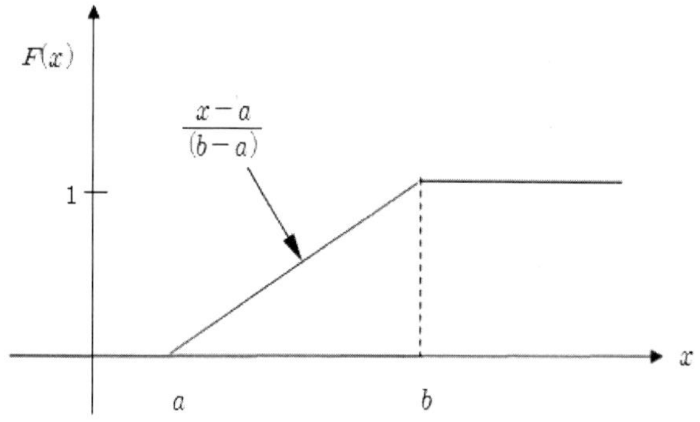

[그림 6-2] 균등분포의 누적분포함수

확률변수 X가 구간 $[a,b]$에서 균등 분포를 따르면, X의 평균과 분산은 다음과 같다.

[균등 분포의 평균과 분산]

(1) 평균 : $E(X)=\dfrac{a+b}{2}$

(2) 분산 : $V(X)=\dfrac{(b-a)^2}{12}$

예제6.1) 국세청의 납세소득 분석에 의하면, 소득수준이 500만원에서 700만원인 납세자의 분포가 균등 분포를 따른다고 한다. 다음을 계산하라.

1) 납세자에 대한 분포를 구하라.
2) 이 분포를 그래프로 나타내어라.
3) 납세자에 대한 분포에 대한 평균과 분산을 각각 구하여라.
4) 소득이 600만원 이하일 확률을 구하라.

☞ 풀이

소득수준이 500만원과 700만원에서 균등분포를 따르므로, 확률변수 X를 소득수준 500만원과 700만원 사이의 납세자라고 하면, $X\sim U(500,700)$으로 표현된다.

1) 납세자의 확률밀도함수를 구하면, 균등 분포의 정의에 의해 다음과 같다.

$$f(x)=\begin{cases}\dfrac{1}{200}, & 500\le x\le 700\\ 0\ , & \text{그밖에서}\end{cases}$$

2) $X\sim U(500,700)$를 그래프로 나타내면 다음과 같다.

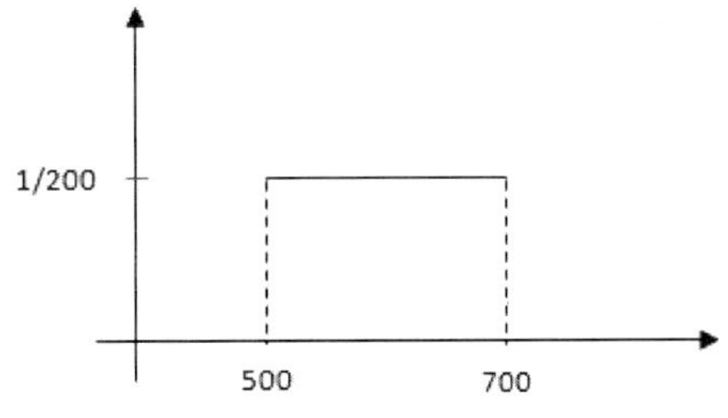

3) $X\sim U(500,700)$의 평균과 분산은 다음과 같다.

평균 : $E(X)=\dfrac{500+700}{2}=600$

분산 : $V(X)=\dfrac{(700-500)^2}{12}=3333.33$

4) 확률을 계산하기 전에 먼저 $X\sim U(500,700)$에 대한 분포함수를 구하면 다음과 같다.

$$F(x)=\begin{cases} 0, & x<500 \\ \dfrac{x-500}{200}, & 500 \le x < 700 \\ 1\ , & x \ge 700 \end{cases}$$

따라서 구하고자 하는 확률은 다음과 같다.

$$P(X \leqq 600)=F(600)=\frac{600-500}{200}=\frac{1}{2}=0.5$$

예제6.2) 버스정류장에서 7:00시, 7:15분, 7:30분, 7:45분에 버스가 정차한다고 한다. 어떤 사람이 7:00시에서 7:30분 사이에 임의로 버스 정류장에 도착할 때, 다음의 확률을 구하라.

1) 버스를 5분 미만 기다릴 확률
2) 버스를 10분 이상 기다릴 확률

☞ 풀이

확률변수 X가 어떤 사람이 버스정류소에 도착할 시간이라 하면, X는 구간 7:00시에서 7:30분 사이에서 균등 분포를 따른다. 즉, $X\sim U(0,30)$이라 할 수 있다. 따라서 균등분포의 정의에 따라 X의 확률밀도 함수는 다음과 같다.

$$f(x)=\begin{cases} \dfrac{1}{30}, & 0 \le \le 30 \\ 0\ , & \text{그밖에서} \end{cases}$$

또한 확률을 구하기 위해 분포함수 $F(x)$를 구하면 다음과 같다.

$$F(x)=\begin{cases} 0, & x<0 \\ \dfrac{x}{30}, & 0 \le x < 30 \\ 1\ , & x \ge 30 \end{cases}$$

1) 버스를 5분 미만 기다릴 경우를 고려하면, 사람이 7:10분과 7:15분 사이와 7:25분과 7:30분 사이에 도착하는 경우이므로 구하고자 하는 확률은 다음과 같다.

$$\begin{aligned} P(10<X<15)+P(25<X<30) &= [F(15)-F(10)]+[F(30)-F(25)] \\ &= \frac{5}{30}+\frac{5}{30}=\frac{10}{30}=\frac{1}{3} \end{aligned}$$

2) 버스를 10분 이상 기다릴 경우를 고려하면, 사람이 7:00시와 7:05분 사이와 7:15분과 7:20분 사이에 도착하는 경우이므로 구하고자 하는 확률은 다음과 같다.

$$\begin{aligned} P(0 \le X \le 5)+P(15 \le X \le 20) &= [F(5)-F(0)]+[F(20)-F(15)] \\ &= \frac{5}{30}+\frac{5}{30}=\frac{10}{30}=\frac{1}{3} \end{aligned}$$

예제6.3) 다음과 같이 정의된 확률밀도함수가 있을 때, 분포함수 $F(x)$와 평균 및 분산을 각각 구하여라. 또한 분포함수에 대한 그래프를 그려라.

$$f(x)=\begin{cases} \dfrac{1}{6}, & 2 \le x \le 8 \\ 0, & \text{그밖에서} \end{cases}$$

☞ 풀이

1) 확률변수 X가 구간 $[2,8]$에서 균등분포를 따르므로, 분포함수 $F(x)$를 구하면 다음과 같다.

$$F(x)=\begin{cases} 0, & x<2 \\ \dfrac{x-2}{6}, & 2 \le x < 8 \\ 1, & x \ge 8 \end{cases}$$

2) 또한 분포함수 $F(x)$에 대한 그래프는 다음과 같다.

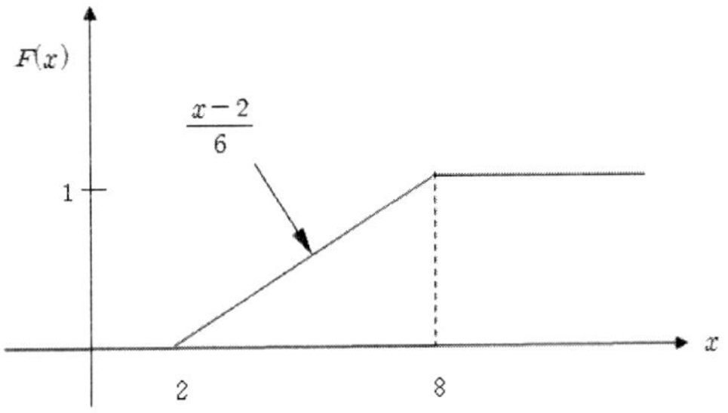

3) $X \sim U(2,8)$이므로 균등 분포의 평균과 분산은 각각 다음과 같다.

$$E(X)=\frac{2+8}{2}=5, \qquad V(X)=\frac{(8-2)^2}{12}=3$$

6.2 정규분포

정규분포는 종(bell) 모양의 확률밀도 함수를 갖는 분포로서, 여러 종류의 자료를 설명하는 매우 유익한 분포로 알려져 있다. 이러한 이유로 정규분포에 관한 이론들이 통계학의 근간을 이루고 있으며, 여러 분야에 응용되고 있다. 예를 들어 지능지수, 연간 강우량 등이 정규분포를 따른다.

정규분포의 형태는 평균 μ과 분산 σ^2에 의해 결정되는데, 이에 대한 확률밀도 함수는 다음과 같이 정의된다.

확률변수 X가 다음과 같은 확률밀도 함수를 가질 때, 확률변수 X는 평균이 μ이고, 분산 이 σ^2인 정규분포를 따른다고 하며, $X \sim N(\mu,\sigma^2)$으로 표현한다.

$$f(x) = \frac{1}{\sqrt{2\pi}\,\sigma} exp\left\{-\frac{(x-\mu)^2}{2\sigma^2}\right\}, \quad -\infty < x < \infty$$

정규 분포의 확률밀도 함수에 대한 그래프를 그려보면 다음과 같다.

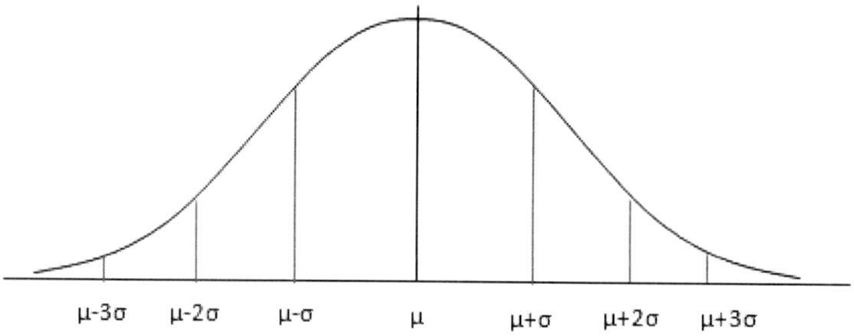

[그림 6-3] 정규분포의 확률밀도함수

[정규분포 곡선의 특징]

(1) $x = \mu$에서 좌우 대칭이고, 이점에서 최대값 $1/\sqrt{2\pi}\,\sigma$ 을 갖는다.
(2) 정규분포 곡선은 평균, 중위수, 최빈수가 일치한다.
(3) $x = \mu \pm \sigma$에서 변곡점을 갖는다.
(4) 정규 분포의 형태는 평균과 분산에 의해 결정된다.

다음의 그림은 평균과 분산의 변화에 따른 분포 형태의 변화를 알아보기 위한 것으로 먼저 [그림 6-4]는 평균은 동일하고 분산이 다른 경우를 나타낸 것이며, 다음으로 [그림 6-5]는 분산은 같지만, 평균이 다른 경우를 나타낸 것이다.

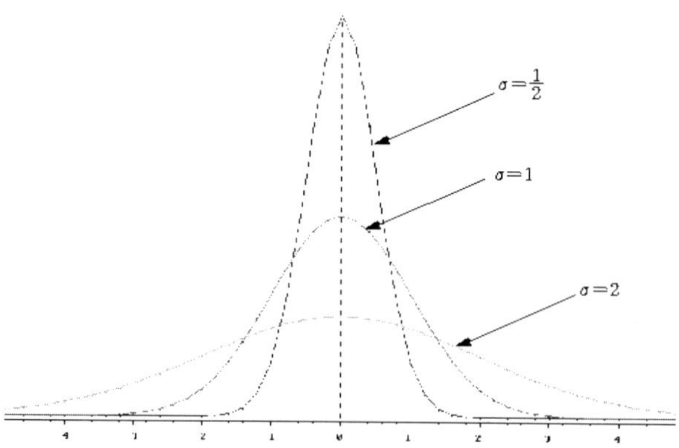

[그림 6-4] 평균은 동일하고 분산이 다른 경우

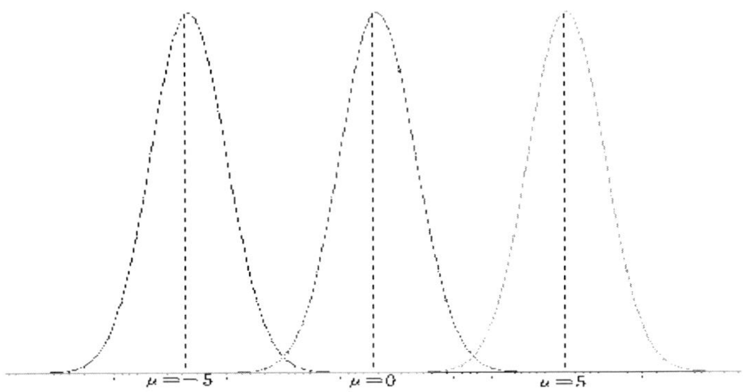

[그림 6-5] 분산은 동일하고 평균이 다른 경우

[그림 6-4]로부터 평균이 같은 분포라 할지라도 분산이 다르면 서로 다른 형태의 분포를 가지며, 특히 분산이 작을수록 뾰쪽한 형태의 분포가 되며, 분산이 클수록 평평한 형태의 분포를 함을 알 수 있다. 또한 [그림 6-5]에서는 분산은 동일하다 할지라도 평균이 다른 경우에는 분포의 형태는 갖지만, 위치가 달라짐을 알 수 있다. 이때, 분산 σ^2을 척도모수(scale parameter) 라하며, 평균 μ를 위치모수(location parameter) 라 한다.

결국 앞에서 언급한 바와 같이 정규분포의 형태는 평균 μ와 분산 σ^2의 값에 좌우됨을 알 수 있다. 따라서 정규분포의 확률을 계산하기 위해서는 평균과 분산에 영향을 받지 않는 표준화된 분포를 만들 필요가 있다.

즉, 확률변수 X가 평균 μ와 분산 σ^2을 갖는 $N(\mu,\sigma^2)$인 정규분포를 따를 때, 다음과 같은 표준화 확률변수 Z는 평균이 0이고 분산이 1인 표준정규 분포를 따른다. 즉,

$$Z = \frac{X-\mu}{\sigma} \sim N(0,1)$$

이며, 표준화 확률변수 Z의 확률밀도 함수는 다음과 같다.

이때 확률변수 Z의 분포함수를 $\Phi(z)$로 나타내고, 다음과 같다.

$$\Phi(z) = P(Z \le z) = \int_{-\infty}^{z} \frac{1}{\sqrt{2\pi}} exp\left\{-\frac{w^2}{2}\right\} dw$$

$$f(z) = \frac{1}{\sqrt{2\pi}} exp\left\{-\frac{z^2}{2}\right\}$$

6.2.1 정규분포의 확률계산

1) 표준정규분포 표를 이용한 확률계산

앞에서 정의한 표준화 확률변수 Z의 누적 분포함수를 이용하여 확률 값을 직접적으로 구하기가 불가능하기 때문에 부록의 표에 근사적인 값으로 주어진다. 즉, 정규분포를 따르는 특정한 확률변수에 대한 확률 값을 구하기 위해서는 위에서 정의된 표준화 확률변수로 먼저 표준화 한 후, 이에 대한 확률 값을 부록의 표에서 찾아야 한다.

부록의 표준정규분포 표에 나타난 확률은 표준정규분포표로서 $z=0$에서 특정한 값까지의 확률로서 표준정규 분포 그래프에서의 면적을 나타낸다. 예를 들어 만일 $P(0 \le Z \le 2)$의 확률을 구하려면, 표준정규분포 표에서 세로축의 2.0과 가로축의 0.00이 교차하는 부분의 확률을 읽으면 된다. 이때의 확률 값이 0.4772 가 되어 결과적으로 $P(0 \le Z \le 2) = 0.4772$인 값을 구할 수 있다. 이 확률을 그래프로 나타내면 다음과 같다.

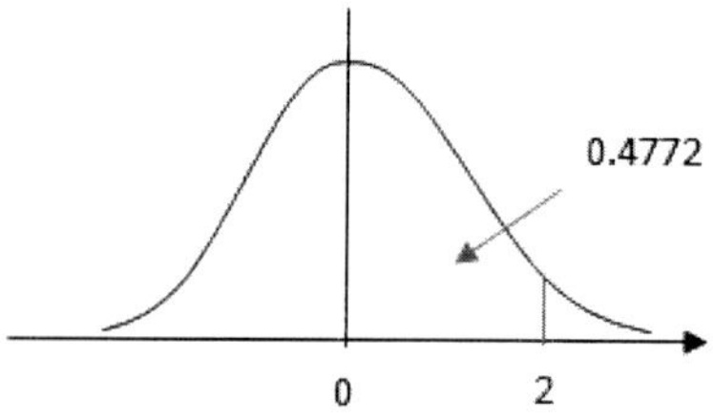

[그림 6-6] $P(0 \le Z \le 2) = 0.4772$

표준정규분포표를 이용하여 확률을 구할 때 분포의 대칭성을 이용하여 다음과 같이 간단하게 확률을 구할 수 있다.

1) $P(|Z| \ge z) = P(Z \ge z) + P(Z \le -z) = 2P(Z \ge z)$
2) $P(|Z| \le z) = P(-z \le Z \le z) = 2P(0 \le Z \le z)$

예제6.4) 표준정규분포 표를 이용하여 다음의 확률을 구하여라.

1) $P(Z \le 1.24)$
2) $P(1.24 \le Z \le 2.37)$
3) $P(-2.37 \le Z \le -1.24)$
4) $P(Z \ge 1.24)$

5) $P(-2.14 \le Z \le 0.77)$

☞ 풀이

1) $P(Z \le 1.24)$가 나타내는 확률을 그래프로 그려보면 다음과 같다. 그러면 확률은 다음과 같은 계산으로부터 간단히 구할 수 있다.

$$P(Z \le 1.24) = 0.5 + P(0 \le Z \le 1.24) = 0.5 + 0.3925 = 0.8925$$

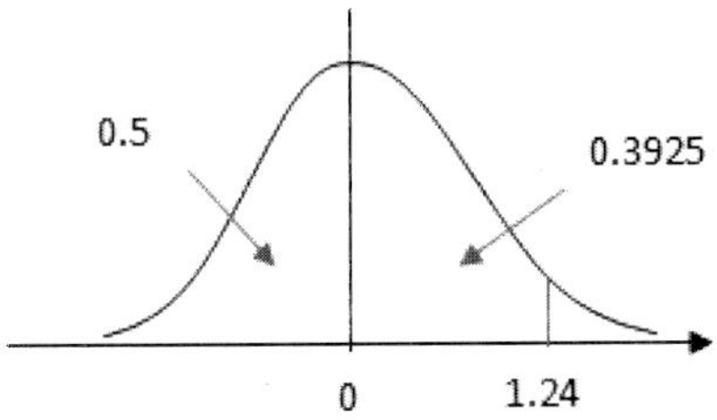

2) 표준정규분포표로부터 큰 쪽의 확률 $P(0 \le Z \le 2.37) = 0.4911$ 이며 작은 쪽의 확률 $P(0 \le Z \le 1.24) = 0.3925$이다. 따라서 구하고자 하는 확률은 다음과 같이 계산된다.

$$P(1.24 \le Z \le 2.37) = P(0 \le Z \le 2.37) - P(0 \le Z \le 1.24)$$

$$= 0.4911 - 0.3925 = 0.0986$$

이를 그래프로 표현하면 다음과 같다.

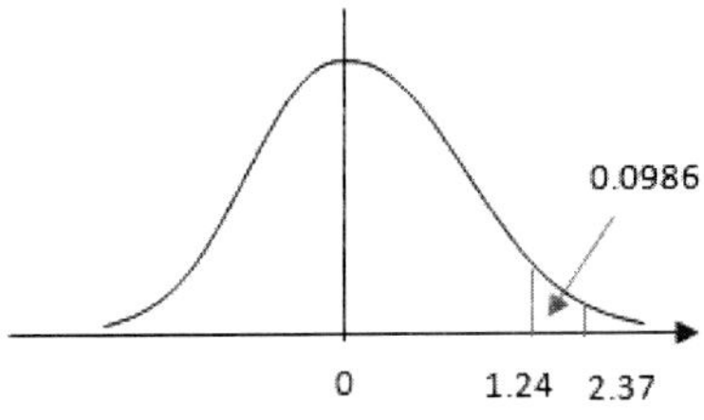

3) $P(-2.37 \le Z \le -1.24)$의 값은 표준정규 분포의 대칭성에 의해 위와 같은 방법으로 확률을 계산하면 다음과 같다.

$$P(-2.37 \le Z \le -1.24) = P(1.24 \le Z \le 2.37) = 0.0986$$

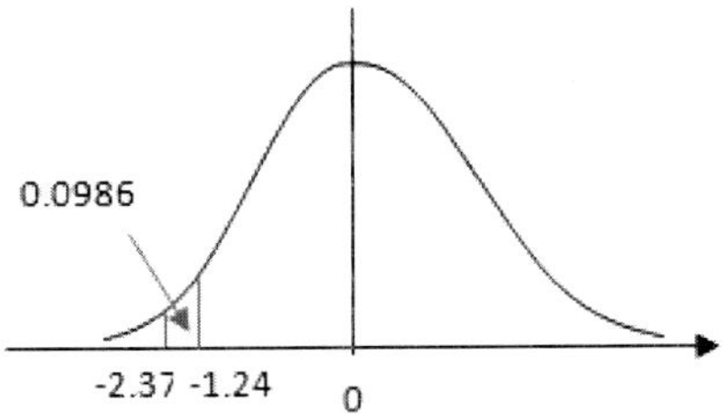

4) $P(Z \ge 1.24)$는 1.24보다 큰 쪽의 확률이므로, 표준정규분포표를 이용하여 다음과 같이 계산할 수 있다.

$$P(Z \geq 1.24) = 0.5 - P(0 \leq Z \leq 1.24)$$
$$= 0.5 - 0.3925 = 0.1075$$

이 확률을 그래프로 표현하면 다음과 같다.

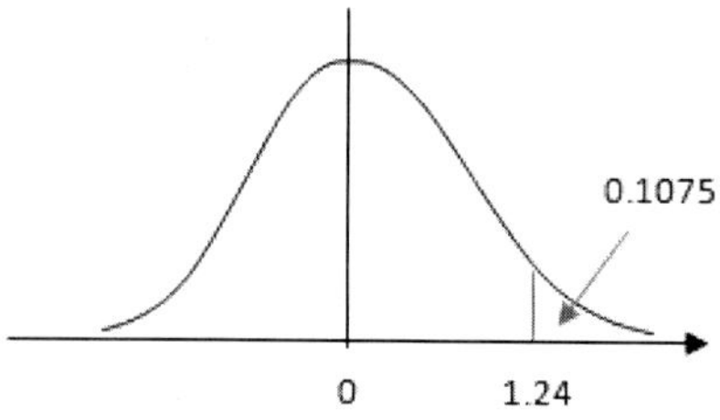

5) $P(-2.14 \leq Z \leq 0.77)$은 표준정규분포의 대칭성을 이용하여 다음과 같이 계산된다.

$$P(-2.14 \leq Z \leq 0.77) = P(0 \leq Z \leq 2.14) + P(0 \leq Z < 0.77)$$
$$= 0.4838 + 0.2794 = 0.7632$$

이 확률을 그래프로 표현하면 다음과 같다.

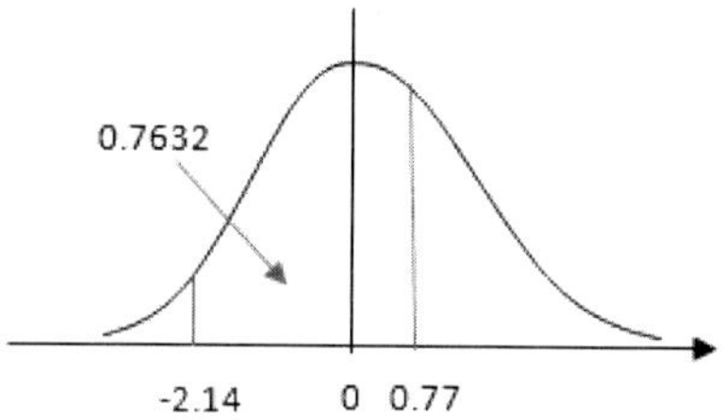

2) 엑셀을 이용한 정규분포의 확률 계산

엑셀에서는 표준정규분포의 확률을 계산하기 위한 함수로 통계함수 중 NORMSDIST()함수를 제공한다. 이 함수는 표준화된 z값을 인수로 입력하면 된다. 또한 정규확률변수 X의 확률을 계산할 수 있도록 NORMDIST()함수를 제공한다.

[정규 확률의 계산]

- $Z \sim N(0,1)$인 표준정규분포의 확률 계산 :
  =NORMSDIST(z값)

- $X \sim N(\mu,\sigma^2)$인 정규분포의 확률 계산 :
  =NORMDIST(x,μ, σ, 누적논리값)

  여기서 μ는 평균, σ는 표준편차이다.
  누적논리값이 TRUE 또는 1이면 누적확률
  FALSE 또는 0이면 개별 확률을 구한다.

이와 더불어 정규분포와 표준정규분포의 누적 역함수값을 계산하는 함수로서 각각 NORMINV()함수와 NORMSINV()함수를 제공한다. 즉, NORMINV()함수는 정규분포를 따르는 확률변수 $X \le x$의 값을 구하며, NORMSINV()함수는 표준정규분포 표에서 특정한 확률값에 대한 z-값을 구하는데 이용된다.

[정규분포의 α-점 계산]

- $Z \sim N(0,1)$인 표준정규분포의 α점 계산 : =NORMSINV(확률)
  : $P(Z \le z_\alpha) = \alpha$가 되는 z값을 구한다.

- $X \sim N(\mu,\sigma^2)$ 정규분포의 α점 계산 : =NORMINV(확률,μ, σ)
  : $P(X \le x) = \alpha$가 되는 x값을 구한다.

예제6.5) 엑셀을 이용하여 다음의 확률을 구하여라.

1) $P(Z \le 1.4)$
2) $P(1.24 \le Z \le 1.8)$
3) $P(-1.3 \le Z \le -1.0)$
4) $P(Z \ge 1.4)$
5) $P(-1.1 \le Z \le 0.7)$

☞ 풀이

모든 문제가 표준정규분포를 따르므로 위에서 언급한 함수 중 =NORMSDIST() 함수를 이용하면 쉽게 확률을 구할 수 있다.

1) $P(Z \le 1.4)$ = NORMSDIST(1.4) = 0.919243

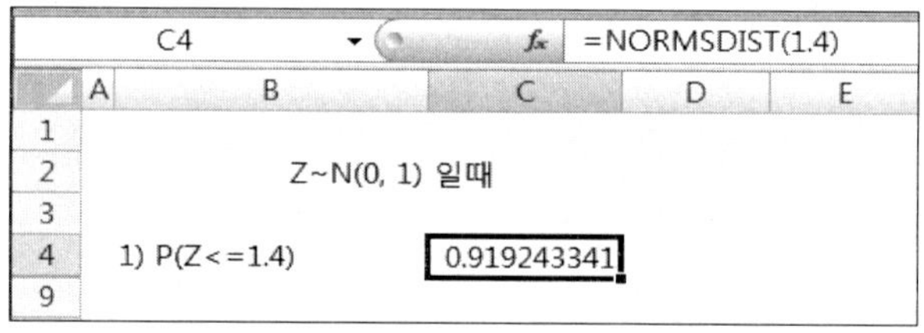

2) $P(1.24 \leq Z \leq 1.8)$ = NORMSDIST(1.8) -NORMSDIST(1.24)

= 0.96407 - 0.892512

= 0.071557

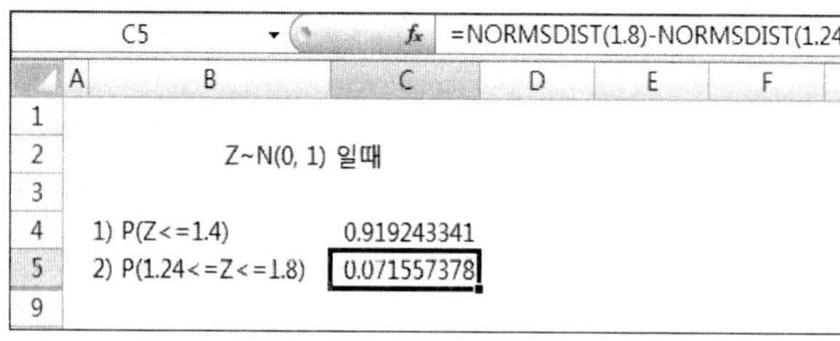

3) $P(-1.3 \leq Z \leq -1.0)$ = NORMSDIST(-1.0) -NORMSDIST(-1.3)

= 0.158655-0.096801 = 0.061855

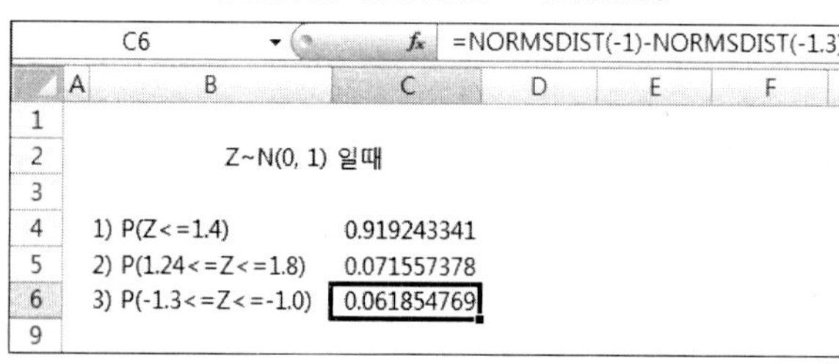

4) $P(Z \geq 1.4) = 1 - P(Z < 1.4)$ = 1-NORMSDIST(1.4)

= 0.080757

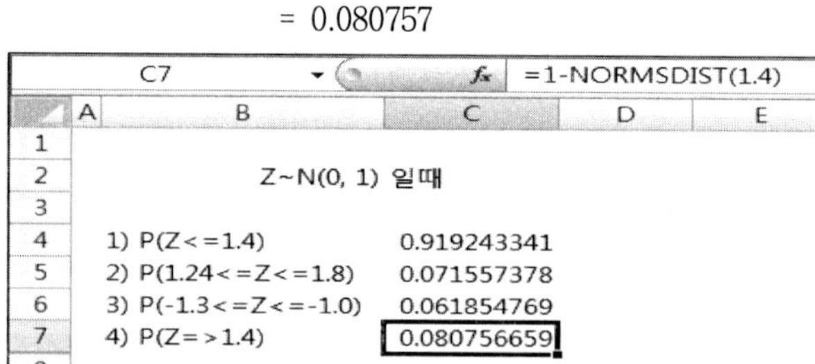

5) $P(-1.1 \leq Z \leq 0.7) = P(Z \leq 0.7) - P(Z \leq -1.1)$

= NORMSDIST(0.7)-NORMSDIST(-1.1)

= 0.62237032

C8 f_x =NORMSDIST(0.7)-NORMSDIST(-1.1)

	A	B	C	D	E	F	G
1							
2		Z~N(0, 1) 일때					
3							
4		1) P(Z<=1.4)	0.919243341				
5		2) P(1.24<=Z<=1.8)	0.071557378				
6		3) P(-1.3<=Z<=-1.0)	0.061854769				
7		4) P(Z=>1.4)	0.080756659				
8		5) P(-1.1<=Z<=0.7)	0.622370287				
9							

예제6.6) 다음의 확률을 엑셀을 이용하여 구하라.

1) $P(-1 \le Z \le 1)$
2) $P(-1.64 \le Z \le 1.64)$
3) $P(-1.96 \le Z \le 1.96)$
4) $P(-2 \le Z \le 2)$
5) $P(-2.58 \le Z \le 2.58)$
6) $P(-3 \le Z \le 3)$

☞ 풀이

예제 6.5와 같은 방법으로 표준정규분포이므로 NORMSDIST()함수를 이용하여 확률을 구할 수 있다.

1) $P(-1 \le Z \le 1)$ = NORMSDIST(1) - NORMSDIST(-1)
= 0.841345 - 0.158655 = 0.68268948

2) $P(-1.64 \le Z \le 1.64)$ = NORMSDIST(1.64) - NORMSDIST(-1.64)
= 0.949497 - 0.050503 = 0.898995

3) $P(-1.96 \le Z \le 1.96)$ = NORMSDIST(1.96) - NORMSDIST(-1.96)
= 0.975002 - 0.024998 = 0.950004

4) $P(-2 \le Z \le 2)$ = NORMSDIST(2) - NORMSDIST(-2)
= 0.97725 - 0.02275 = 0.9545

5) $P(-2.58 \le Z \le 2.58)$ = NORMSDIST(2.58) - NORMSDIST(-2.58)
= 0.99506 - 0.00494 = 0.99012

6) $P(-3 \le Z \le 3)$ = NORMSDIST(3) - NORMSDIST(-3)
= 0.99865 - 0.00135 = 0.9973

이를 정리하면 다음과 같다.

C9		f_x =NORMSDIST(1)-NORMSDIST(-1)			
	A	B	C	D	E	F
1						
2		Z~N(0, 1) 일때				
9		1) P(-1<=Z<=1)	0.68269			
10		2) P(-1.64<=Z<=1.64)	0.89899			
11		3) P(-1.96<= Z<=1.96)	0.95000			
12		4) P(-2<=Z<=2)	0.95450			
13		5) P(-2.58<=Z<=2.58)	0.99012			
14		6) P(-3<=Z<=3)	0.99730			

예제6.7) 다음의 확률이 되는 c값을 엑셀을 이용하여 구하라.

1) $P(Z \leq c) = 0.4523$ 　　 2) $P(-c \leq Z \leq c) = 0.95$

3) $P(Z \geq c) = 0.25$ 　　 4) $P(-c < Z < c) = 0.75$

☞ 풀이

통계함수 중 NORMSINV()함수에서 각 인수를 입력하여 주어진 확률을 만족하는 c 값을 구할 수 있다.

1) $P(Z \leq c) = 0.4523$ = NORMSINV(0.4523)

= -0.1198521

즉, $P(Z \leq c) = 0.4523$ 를 만족하는 c= -0.1198521 이다.

2) $P(-c \leq Z \leq c) = 0.95$, 즉 0.95의 절반이 분포의 한쪽에 위치하게 됨으로 한쪽에 위치한 c 값을 찾기 위해 $P(Z \leq -c) = 0.5 - 0.475 = 0.025$ 이므로

= NORMSINV(0.025) = -1.9599611

따라서 구하고자 하는 c=1.9599611 이다.

3) $P(Z \geq c) = 0.25$

=NORMSINV(0.25)를 구하면 c=-0.6744904 이므로 표준정규분포의 대칭성을 이용하면, c=0.6744904 이다.

$P(Z \geq c)$=0.25+0.5=0.75 인 c값은 0.6744904이다.

4) $P(-c < Z < c) = 0.75$

2)번과 같이 0.75의 절반이 표준정규분포의 0을 중심으로 한쪽에 위치한 c값의 확률이므로 다음과 같이 구하면 된다.

$P(Z \leq -c) = 0.5 - 0.375 = 0.125$

=NORMSINV(0.125) = -1.1503494

따라서 구하고자 하는 c 값은 1.1503494 이다.

이를 정리하면 다음과 같다.

D17 f_x -0.1199

	A	B	C	D	E
2		Z~N(0, 1) 일때			
16				c 값	
17		1) P(Z<=c)=0.4523	-0.1199	-0.1199	
18		2) P(-c<=Z<=c)=0.95	-1.9600	1.96	
19		3) P(Z=>c)=0.25	-0.6745	0.6745	
20		4) P(-c<Z<c)=0.75	-1.1503	1.1503	
21					

예제6.8) 확률변수 $X \sim N(50,4^2)$인 정규분포를 따를 때, 다음의 확률이 되는 상수 값을 엑셀을 이용하여 구하라.

1) $P(X \leq c) = 0.45$ 일 때 c값은?
2) $P(a \leq X \leq b) = 0.99$ 일 때 a, b값은?
3) $P(X \geq d) = 0.9$ 일 때 d 값은?
4) $P(s < X < t) = 0.75$ 일 때 s와 t값은?

☞ 풀이

확률변수 $X \sim N(50,4^2)$인 정규분포를 따르므로, c값을 구하기 위해서는 NORMINV()함수를 이용해야 한다. 함수를 이용하는 요령은 앞의 예제6.7]과 같으며, 단지 NORMINV() 함수에 들어갈 인수만 다를 뿐이다.

1) $P(X \leq c) = 0.45$

다음과 같이 확률: 0.45, 평균: 50, 표준편차: 4를 각각 입력하면 c 값을 구할 수 있다. 즉 $P(X \leq c) = 0.45$ 를 만족하는 c=49.4973541 이다.

2) $P(a \leq X \leq b) = 0.99$

이를 정규분포 그래프로 표현하면 다음과 같다.

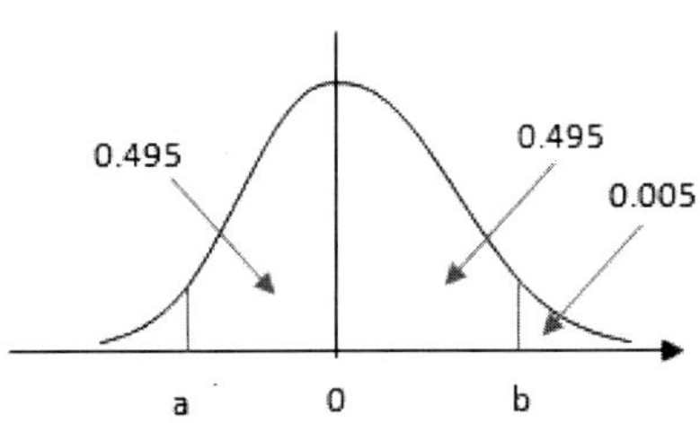

0.99의 절반인 0.495를 0.5로 빼면 0.005이다. 따라서 $P(X \leq a) = 0.005$인 a값을 찾으면 된다. 따라서 구하고자 하는 a값은 =NORMINV(0.005, 50, 4)= 39.696679 이다.

또한 b 값은 0.495에 0.5를 더한 확률이 되는 값으로 다음과 같다.

=NORMINV(0.995, 50, 4)=60.3033381

3) $P(X \geq d) = 0.9$

$P(X \geq d) = 1 - P(X < d) = 0.9$이므로 $P(X < d) = 0.1$인 d를 구하면
=NORMINV(0.1, 50, 4) = 44.8737968이다.

4) $P(s < X < t) = 0.75$

이를 그래프로 나타내면 다음과 같다.

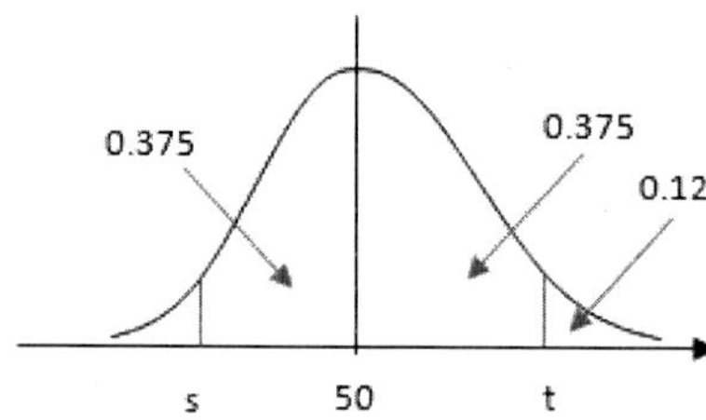

따라서 평균 50을 중심으로 절반의 확률을 구하면, 0.375 이다. 그러므로 50을 중심으로 작은 쪽의 s 값은 0.5-0.375=0.125 가 되며, 따라서 $P(X < s) = 0.125$인 s를 구하면 된다.

$P(X < s) = 0.125$

= NORMINV(0.125, 50, 4) = 45.3986026

결국 t 값은 0.5+0.375=0.875가 되는 값을 구하면 된다.

$P(X < t) = 0.5 + 0.375 = 0.875$

= NORMINV(0.875, 50, 4) = 54.6014

C28 fx =NORMINV(0.5-(0.75)/2,50,4)

	A	B	C	D	E	F
22						
23		X~N(50,16)				
24			상수값			
25		1) P(X<=c)=0.45	49.497			
26		2) P(a<=X<=b)=0.99	39.697	60.303		
27		3) P(X=>d)=0.9	44.874			
28		4) P(s<X<t)=0.75	45.399	54.601		
29						

확률변수 X가 평균 μ와 분산 σ^2을 갖는 $N(\mu, \sigma^2)$인 정규분포를 따를 때, 확률 $P(a \leq X \leq b)$를 구하기 위해서는 표준화 확률변수 Z가 평균이 0이고 분산이 1인 표준정규 분포 $N(0,1)$을 따른다는 사실을 이용하면 된다.

즉, $P(a \leq X \leq b)$를 다음과 같은 과정으로 표준화하여 표준정규분포표로부터 확률을 구할 수 있다.

$$P(a \le X \le b) = P\left(\frac{a-\mu}{\sigma} \le \frac{X-\mu}{\sigma} \le \frac{b-\mu}{\sigma}\right)$$

$$= P\left(\frac{a-\mu}{\sigma} \le Z \le \frac{b-\mu}{\sigma}\right)$$

$$= P(z_a \le Z \le z_b)$$

이 과정을 그래프로 표현하면 다음과 같다.]

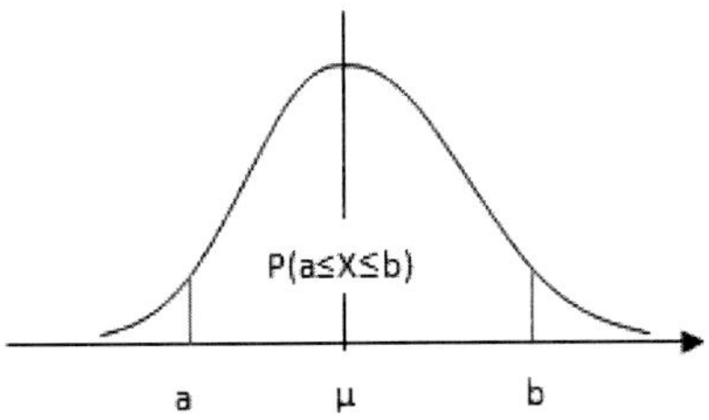

⇒
표준화

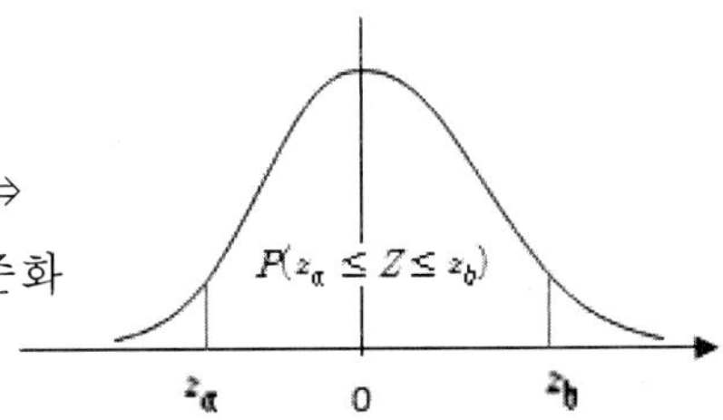

$N(\mu,\sigma^2)$인 정규분포의 확률　　　　$N(0,1)$인 표준정규분포의 확률

결과적으로 표준화 과정으로부터 $X \sim N(\mu,\sigma^2)$인 정규분포로부터의 확률 $P(a \le X \le b)$은 표준정규분포 $Z \sim N(0,1)$ 로부터 확률 $P(z_a \le Z \le z_b)$을 구하는 것과 같게 된다.

특별히 $X \sim N(\mu,\sigma^2)$인 정규분포를 따를 때, 확률변수 X가 특정한 구간에 있을 확률은 다음과 같다.

[특정한 확률]

(1) $P(\mu-\sigma \le X \le \mu+\sigma) = P(-1 \le Z \le 1) = 0.6827$
(2) $P(\mu-1.96\sigma \le X \le \mu+1.96\sigma) = P(-1.96 \le Z \le 1.96) = 0.9500$
(3) $P(\mu-2\sigma \le X \le \mu+2\sigma) = P(-2 \le Z \le 2) = 0.9545$
(4) $P(\mu-2.58\sigma \le X \le \mu+2.58\sigma) = P(-2.58 \le Z \le 2.58) = 0.9900$
(5) $P(\mu-3\sigma \le X \le \mu+3\sigma) = P(-3 \le Z \le 3) = 0.9973$

이와 같은 확률들은 특별히 모집단에 대한 통계적 추론에서 매우 유용하게 사용되는 확률들이다.

예제6.9) 확률변수 X가 $N(60,4^2)$인 정규분포를 따른다고 할 때, $P(55 \le X \le 63)$의 확률을 구하라.

☞ 풀이 1 - 산술적 계산

$X \sim N(60,4^2)$인 정규 분포를 따르므로, 이를 표준화하면 다음과 같다.

$$Z = \frac{X-60}{4} \sim N(0,1)$$

따라서 $P(55 \le X \le 63)$에 대해 표준화하여 이를 정리하면 다음과 같다.

$$P(55 \le X \le 63) = P\left(\frac{55-60}{4} \le \frac{X-60}{4} \le \frac{63-60}{4}\right)$$

$$= P(-1.25 \le Z \le 0.75)$$

$$= P(0 \le Z \le 1.25) + P(0 \le Z \le 0.75)$$

$$= 0.3944 + 0.2734 = 0.6678$$

☞ 풀이 2 - 엑셀을 이용한 계산

$X \sim N(60,4^2)$인 정규분포를 따르므로, 표준정규분포의 확률이 아닌 일반 정규분포함수인 NORMDIST()함수를 이용하면 된다.

$P(55 \le X \le 63)$ = NORMDIST(63, 60, 4, 1) - NORMDIST(55, 60, 4, 1)

= 0.77337272 - 0.10564984 = 0.66772288

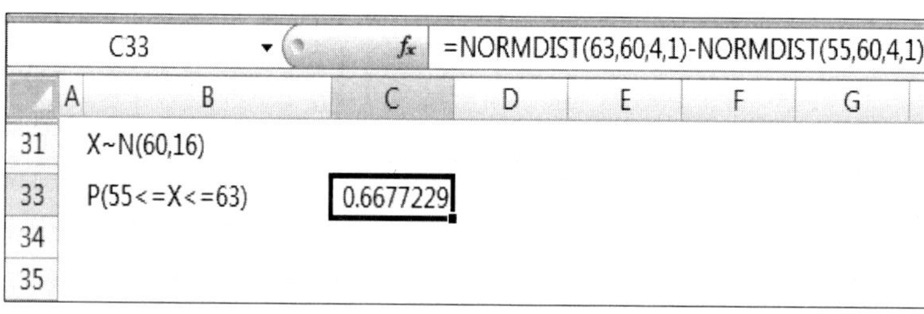

또는 표준화 한 후 다음과 같이 표준정규분포의 함수를 이용해도 결과는 같다.

예제6.10) 어느 대학의 통계학 점수의 분포가 평균 63점이고, 분산이 100인 정규분포를 따른다고 하자. 다음을 구하라.

1) 50점 미만의 학생은 몇%나 되겠는가?

2) 상위 10%의 학생에서 A^+의 학점을 주려고 할 때, 몇 점 이상을 받아야 하겠는가?

☞ 풀이 1 - 산술적 계산

학생들의 통계학 점수를 확률변수 X라 할 때, $X \sim N(63,10^2)$인 정규분포를 따른다. 이러한 사실로부터 다음과 같이 표준화하여 확률을 구할 수 있다.

$$Z = \frac{X-63}{10} \sim N(0,1)$$

1) 50점 미만의 학생의 백분율은 다음과 같이 구할 수 있다.

$$P(X<50) = P\left(\frac{X-63}{10} < \frac{50-63}{10}\right)$$
$$= P(Z<-1.3) = P(Z>1.3)$$
$$= 0.5 - P(0 \le Z \le 1.3)$$
$$= 0.5 - 0.4032 = 0.0968$$

따라서 50점 미만의 학생들은 약 9.7%이다.

2) x점 이상의 점수를 받은 학생들에게 A^+를 준다고 할 때, x는 다음을 만족해야 한다.

$$P(X \ge x) = 0.1$$

이를 위해 우선 표준정규분포표로부터 $0.5 - P(0 \le Z \le z) = 0.1$을 만족하는 z값을 찾으면, $P(0 \le Z \le z) = 0.4$인 값은 1.28이다. 따라서 다음과 같이 구할 수 있다.

$$P(Z \ge 1.28) = P\left(\frac{X-63}{10} \ge 1.28\right)$$
$$= P(X \ge 12.8 + 63) = P(X \ge 75.8)$$

결과적으로 학생들이 A^+학점을 받기 위해서는 통계학 점수를 $x = 75.8$이상을 받아야 한다.

☞ 풀이 2 - 엑셀을 이용한 계산

백분율을 구하기 위해서는 NORMDIST()함수 또는 NORMSDIST()함수를 이용하며, 상위 백분율 값을 구하기 위해서는 NORMINV()함수 또는 NORMSINV()함수를 이용할 수 있다.

1) $P(X<50)$ =NORMDIST(50,63,10,1) =0.096801
2) $P(X \ge x) = 0.1$ 이므로 상위 백분율 값을 구하기 위해서는 $P(X<x) = 0.9$로서 다음과 같이 입력한다.

=NORMINV(0.9,63,10)=75.81551

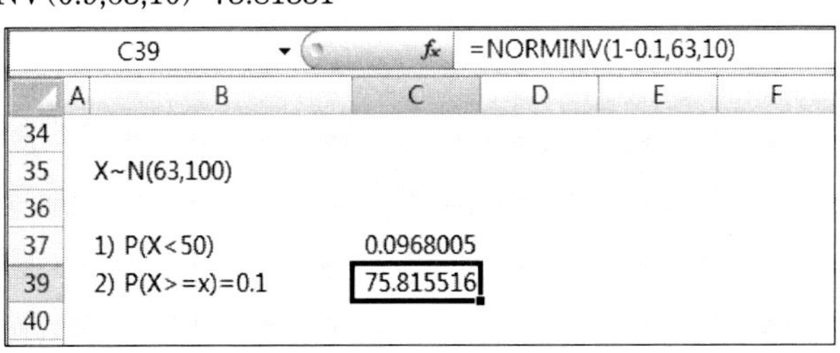

예제6.11) 어느 전구 생산 공장에서 생산된 전구의 수명은 평균 200시간이고, 분산이 400인 정규분포를 따른다고 할 때, 다음을 구하라.

1) 전구의 수명이 180시간 이상 210시간 이내일 확률.
2) 전구의 수명이 250시간이상일 확률.

☞ 풀이 1 - 산술적 계산

전구의 수명을 확률변수 X라 하면, $X \sim N(200, 20^2)$인 정규분포를 따른다. 따라서 이를 표준화하면 $Z = \dfrac{X-200}{20} \sim N(0,1)$이므로 확률을 구할 수 있다.

1) $P(180 \leq X \leq 210)$에 대한 확률은 다음과 같이 계산된다.

$$P(180 \leq X \leq 210) = P\left(\frac{180-200}{20} \leq \frac{X-200}{20} \leq \frac{210-200}{20}\right)$$

$$= P(-1 \leq Z \leq 0.5) = P(0 \leq Z \leq 1) + P(0 \leq Z \leq 0.5)$$

$$= 0.3413 + 0.1915 = 0.5328$$

이 확률을 그래프로 표현하면 다음과 같다.

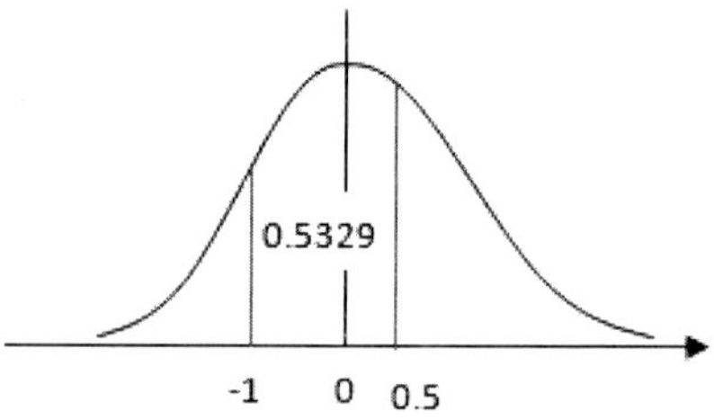

2) 수명이 250시간 이상일 확률 $P(X \geq 250)$은 다음과 같이 계산된다.

$$P(X \geq 250) = P\left(\frac{X-200}{20} \geq \frac{250-200}{20}\right)$$

$$= P(Z \geq 2.5)$$

$$= 0.5 - P(0 \leq Z \leq 2.5)$$

$$= 0.5 - 0.4938 = 0.0062$$

이 확률을 그래프로 표현하면 다음과 같다.

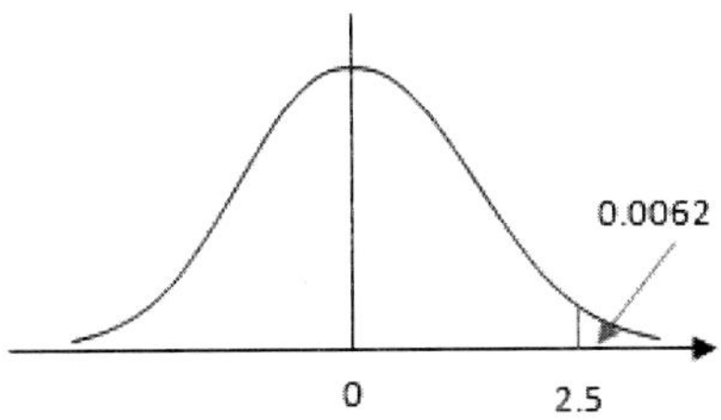

☞ 풀이 2 - 엑셀을 이용한 계산

$X \sim N(200, 20^2)$인 정규 분포를 따르므로, NORMDIST() 함수를 이용하여 확률을 구할 수 있다.

1) $P(180 \le X \le 210)$

= NORMDIST(210, 200, 20, 1) - NORMDIST(180, 200, 20, 1) = 0.532807

2) $P(X \ge 250) = 1 - P(X < 250)$

= 1-NORMDIST(250, 200, 20, 1) = 0.00621

예제6.12) 300명의 몸무게가 평균 70kg, 분산이 100인 정규분포를 따른다고 한다. 그러면 몸무게가 60kg 이상 80kg미만인 사람은 모두 몇 명인가?

☞ 풀이

300명의 몸무게를 확률변수 X라고 한다면, $X \sim N(70, 10^2)$이며, 이를 표준화하면,

$Z = \frac{X-70}{10} \sim N(0,1)$인 표준정규분포를 따르게 된다.

따라서 다음과 같이 확률을 구할 수 있다.

$$P(60 \le X < 80) = P\left(\frac{60-70}{10} \le \frac{X-70}{10} \le \frac{80-70}{10}\right)$$

$$= P(-1 \le Z \le 1) = 0.6827$$

결과적으로 몸무게가 60kg 이상 80kg미만인 사람은 $0.6827 \times 300 = 205$명이 된다.

6.2.2 이항분포의 정규근사

5장에서 다룬바 있는 이항분포는 성공의 확률이 p인 베르누이 시행을 n회 반복할 때 성공의 횟수에 대한 분포이다. 특별히 이항 분포의 특징 중에서 시행회수 n이 크고, 성공의 확률 p가 아주 작으면, $\lambda = np$인 포아송 분포에 근접한다는 사실 또한 알 수 있었다.

이 절에서는 이항분포를 따르는 확률변수에 대해 시행회수 n이 크고 성공의

확률 p가 0이나 1에 가깝지 않을 때, 이 확률변수의 분포는 정규분포에 근접한다는 사실에 대해 살펴보려고 한다. 특별히 이러한 점근성을 이항분포의 정규근사라 한다.

즉, 이항분포의 정규 근사성은 확률변수 X가 이항분포 $B(n,p)$를 따를 때, 시행회수 n이 충분히 크면, 확률변수 X의 분포형태는 평균이 $\mu = np$ 이고 분산이 $\sigma^2 = np(1-p)$인 정규분포에 가까워진다. 이와 같은 사실은 이미 6장의 이항분포를 설명할 때 다룬바 있다.

결과적으로 $X \sim B(n,p)$ 에 대해 정규분포 $N(np, np(1-p))$로 근사하며, 이를 다음과 같이 표준화하면 $N(0,1)$인 표준정규분포를 따르게 된다.

$$Z = \frac{X - np}{\sqrt{np(1-p)}} \sim N(0,1)$$

[이항분포의 정규근사]

확률변수 $X \sim B(n,p)$에 대해 시행회수 n이 충분히 클 때, 확률변수 X는 근사적으로 정규분포 $N(np, np(1-p))$를 따르며, 이를 표준화하여

$$Z = \frac{X - np}{\sqrt{np(1-p)}}$$

는 근사적으로 $N(0,1)$인 표준정규분포를 따른다.

하지만, 이항분포를 정규분포로 근사시킬 때 주의해야할 사항으로 이항분포는 이산형 분포이고, 정규분포는 연속형 분포이기 때문에 확률의 오차를 수반하게 된다는 사실이다. 이 경우 어느 정도 오차를 줄이기 위해 다음과 같이 확률을 보정해 주는 것이 바람직 할 것이다. 이를 **연속성 수정**(continuity correction) 이라 한다. 이때, 임의의 상수 $a \leq b$에 대해 다음과 같이 수정하여 확률을 계산한다.

[연속성 수정]

1) $P(X=a)$에 대해,

$$P(X=a)=P(a-0.5\le X\le a+0.5)$$
$$=P\left(\frac{(a-0.5)-np}{\sqrt{np(1-p)}}\le Z\le\frac{(a+0.5)-np}{\sqrt{np(1-p)}}\right)$$

2) $P(a\le X\le b)$에 대해,

$$P(a\le X\le b)=P(a-0.5\le X\le b+0.5)$$
$$=P\left(\frac{(a-0.5)-np}{\sqrt{np(1-p)}}\le Z\le\frac{(b+0.5)-np}{\sqrt{np(1-p)}}\right)$$

3) $P(a<X<b)$에 대해,

$$P(a<X<b)=P(a+0.5\le X\le b-0.5)$$
$$=P\left(\frac{(a+0.5)-np}{\sqrt{np(1-p)}}\le Z\le\frac{(b-0.5)-np}{\sqrt{np(1-p)}}\right)$$

예제6.13) 확률변수 $X\sim B(150,0.6)$인 이항분포를 따른다고 할 때, 다음의 확률을 구하라.

1) $P(82\le X\le 101)$

2) $P(X>97)$

☞ 풀이

$X\sim B(150,0.6)$인 이항분포를 따르므로, 시행회수 $n=150$으로 충분히 크다고 할 수 있다. 이항분포의 정규근사 성질을 적용하여 정규분포로 근사시키면, 확률변수 X는 다음과 같은 평균과 분산을 갖는 정규분포를 따른다고 할 수 있다.

$\mu=np=150\times 0.6=90$

$\sigma^2=np(1-p)=150\times 0.6\times 0.4=36$

즉, 근사적으로 $X\sim N(90,6^2)$인 정규분포를 따른다.

따라서 이를 표준화하면, $Z=\dfrac{X-90}{6}\sim N(0,1)$이 되므로, 표준정규 분포를 이용할 수 있다. 결과적으로 다음과 같이 확률을 구할 수 있다.

1) $P(82 \le X \le 101) = P(82-0.5 \le X \le 101+0.5)$

$$= P\left(\frac{81.5-90}{6} \le Z \le \frac{101.5-90}{6}\right)$$

$$= P(-1.42 \le Z \le 1.92)$$

$$= P(0 \le Z \le 1.42) + P(0 \le Z \le 1.92)$$

$$= 0.4222 + 0.4726 = 0.8948$$

2) $P(X > 97) = P(X > 97+0.5)$

$$= P\left(Z \ge \frac{97.5-90}{6}\right)$$

$$= P(Z \ge 1.25)$$

$$= 0.5 - P(0 \le Z \le 1.25)$$

$$= 0.5 - 0.3944 = 0.1056$$

예제6.14) 동전 2개를 던지는 시행을 1200회 실시하여 2개 모두 앞면이 나오는 회수를 확률변수 X라고 하면 $P(284 < X < 316)$의 값을 구하여라.

☞ 풀이

$X \sim B\left(1200, \frac{1}{4}\right)$인 이항분포를 따르므로, 구하고자 하는 확률은 다음과 같다.

$$P(284 < X < 316) = \sum_{x=285}^{315} \binom{1200}{x} (0.25)^x (0.75)^{1200-x}$$

그러나 이와 같이 이항분포를 직접적으로 적용하는 것은 계산에 어려움이 있으므로 다음과 같이 이항분포의 정규근사성을 이용하여 간단히 계산할 수 있다.

즉, 시행회수 $n = 1200$으로 충분히 크므로 확률변수 X는 근사적으로 다음과 같은 평균과 분산을 갖는 정규분포를 따른다.

$$\mu = np = 1200 \times 0.25 = 300$$

$$\sigma^2 = np(1-p) = 1200 \times 0.25 \times 0.75 = 15^2$$

따라서 이를 표준화하면 $Z = \frac{X-300}{15}$는 근사적으로 $N(0,1)$인 표준정규분포를 따르게 된다. 결과적으로 구하고자 하는 확률은 연속성 수정을 통해 다름과 같이 계산된다.

$$P(284 < X < 316) = P(284 + 0.5 \le X \le 316 - 0.5)$$
$$= P\left(\frac{284.5 - 300}{15} \le Z \le \frac{315.5 - 300}{15}\right)$$
$$= P(-1.03 \le Z \le 1.03)$$
$$= 2P(0 \le Z \le 1.03)$$
$$= 2 \times 0.3435 = 0.6870$$

예제6.15) 어느 공장의 생산 공정의 불량률이 10%라고 한다. 이 공정에서 100개의 제품을 조사했을 때 불량품이 13개 이상 발견될 확률을 구하라.

☞ 풀이

100개의 생산품에서 발견되는 불량품의 수를 확률변수 X라 하면, $X \sim B(100, 0.1)$인 이항분포를 따른다. 그러나 시행회수가 $n = 100$으로 충분히 크므로 확률변수 X는 근사적으로 다음과 같은 평균과 분산을 갖는 정규분포를 따른다.

$$\mu = np = 100 \times 0.1 = 10$$
$$\sigma^2 = np(1-p) = 100 \times 0.1 \times 0.9 = 3^2$$

따라서 이를 표준화하면 $Z = \dfrac{X - 10}{3}$는 근사적으로 $N(0,1)$인 표준정규분포를 따르게 된다. 결과적으로 구하고자 하는 확률은 연속성 수정을 통해 다름과 같이 계산된다.

$$P(X \ge 13) = P(X \ge 13 - 0.5)$$
$$= P\left(Z \ge \frac{12.5 - 10}{3}\right)$$
$$= P(Z \ge 0.83)$$
$$= 0.5 - P(0 \le Z \le 0.83)$$
$$= 0.5 - 0.2967 = 0.2033$$

6.3 지수분포

지수분포는 지속적인 현상을 나타내는데 흔히 사용되는 확률분포 중 한가지이다. 즉, 어떤 고객이 은행 창구에서 서비스를 받는 시간이나, 공장에서 생산된 부품의 수명 등에 관한 확률분포를 설명하는데 자주 이용된다.

포아송 확률 변수는 단위시간당 발생하는 사건의 회수인 반면, 지수확률변수

X는 어떤 사건이 일어날 때까지 걸리는 시간의 분포를 나타내며, 항상 양의 값을 취하는 연속확률변수이다.

확률변수 X가 다음과 같은 확률밀도함수를 가질 때, X는 지수분포를 따른다고 하며, X~EXP(λ) 로 표기한다.

$$f(x) = \lambda \exp(-\lambda x), \ -\infty < x < \infty, \ \lambda > 0$$

[지수분포의 평균과 분산]

(1) $E(X) = 1/\lambda$

(2) $V(X) = 1/\lambda^2$

다음은 평균의 변화에 따른 지수분포를 나타낸 그래프이다.

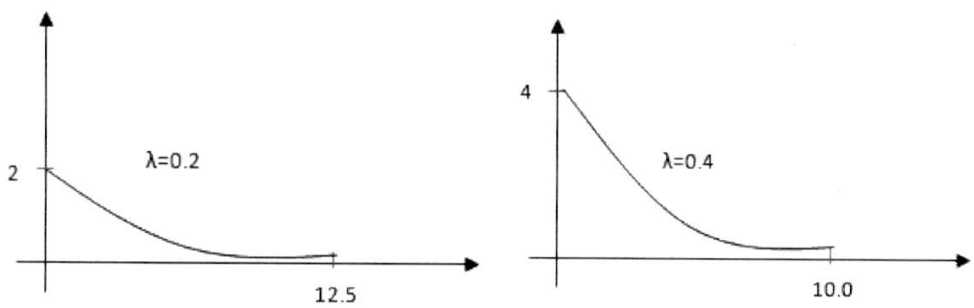

2) 지수분포의 확률 계산

지수분포의 확률 계산을 위해서는 확률밀도함수와 분포함수간의 관계를 이용하면 편리하다. 즉,

$$F(x) = P(X \leq x) = 1 - P(X > x)$$
$$= 1 - \exp(-\lambda x)$$

인 관계로부터 확률을 계산할 수 있다.

예제6.16) 경찰순찰차가 출동에 응하는데 소요되는 시간 X는 $\lambda = 0.2$인 지수분포를 따른다고 한다. 다음의 확률을 계산하라.

1) 순찰차가 출동에 응하는데 걸리는 시간이 15분 이내일 확률.
2) 순찰차가 출동에 응하는데 걸리는 시간이 10분 이상일 확률.

☞ 풀이

$X \sim \text{EXP}(0.2)$인 지수분포를 따르므로 다음과 같이 확률을 구할 수 있다.

1) 시간이 15분 이내일 확률은 $P(X \leq 15)$ 이므로

$$= 1 - P(X > 15)$$

$$= 1 - \exp(-0.2 \times 15) = 0.9502$$

2) 시간이 10분 이상일 확률은 $P(X \geq 10)$ 이므로

$$= \exp(-0.2 \times 10) = 0.135335$$

3) 엑셀을 이용한 지수분포의 확률 계산

엑셀을 이용하여 지수분포의 확률을 계산할 수 있는데, 통계함수 중 EXPONDIST( )함수를 이용하면 된다. 또는 지수분포가 정의되면, 수학함수 중 EXP( )함수를 이용하여 지수분포의 확률을 계산할 수 있다.

[엑셀을 이용한 지수분포의 확률 계산]

- EXPONDIST( )함수를 이용한 지수분포의 확률계산:
  $P(X \leq x)$ = EXPONDIST(x, λ, 누적논리값)
  여기서 누적논리값은 TRUE 또는 1이면 누적확률
  FALSE 또는 0이면 개별확률
- EXP( )함수를 이용한 지수분포의 확률계산:
  $P(X \leq x) = 1 - P(X > x)$ = 1- EXP(-x*λ)

예제6.17) E-할인매장의 계산대에서 한 고객이 구매상품의 가격을 계산하는데 걸리는 시간 X는 평균 200초인 지수분포를 따른다고 알려져 있다. 엑셀을 이용하여 다음의 확률을 구하라.

1) $P(X \leq 100)$
2) $P(X \leq 250)$
3) $P(X > 400)$

☞ 풀이

확률변수 X가 평균 200초인 지수분포를 따르므로 $X \sim \text{EXP}(0.005)$이다. 따라서 구하는 확률은 다음과 같다.

1) $P(X \leq 100)$ = EXPONDIST(100, 0.005, 1) = 0.39346934

2) $P(X \leq 250)$ = EXPONDIST(250, 0.005, 1) = 0.7134952

3) $P(X > 400)$ = 1-EXPONDIST(400, 0.005, 1)= 0.2865048

다음은 EXPONDIST()함수와 EXP()함수를 같이 이용하여 구한 확률을 나타낸 것이다.

C44 = EXPONDIST(100, 0.005, 1)

	A	B	C	D	E	F
41						
42		X~EXP(1/200)				
43			EXPONDIST	EXP		
44		1) P(X<=100)	0.3935	0.39346934		
45		2) P(X<=250)	0.7135	0.713495203		
46		3) P(X>400)	0.1353	0.135335283		
47						

여기서 EXPONDIST()함수를 이용할 때, $P(X > 400)$의 값은 1-EXPONDIST(400, 0.005, 1)으로 입력해야 하며, 반면에 EXP()함수를 이용할 때에는 EXP(-0.005*400)로 입력해야 한다.

또한 $P(X \leq 100)$를 구할 때에는 EXPONDIST()의 경우 EXPONDIST(100, 0.005, 1)으로 입력해야 하며, EXP() 함수의 경우 1-EXP(-0.005*100)으로 입력해야한다.

즉 다음과 같이 요약할 수 있다.

	EXPONDIST() 함수	EXP() 함수
$P(X \leq 100)$	=EXPONDIST(100, 0.005, 1)	=1-EXP(-0.005*100)
$P(X > 400)$	=1-EXPONDIST(400, 0.005, 1)	=EXP(-0.005*400)

연습문제

[1] 40㎞ 구간의 고속도로의 한 끝에 휴게소가 있다. 이 고속도로에서 각 차량이 그 휴게소에서 휴식을 취할 확률은 모두 같다고 가정하자. 확률변수 X가 휴식을 원하는 지점과 휴게소간의 거리를 나타내면, 다음의 물음에 답하라.

1) 확률변수 X의 확률밀도함수를 구하라.
2) 휴식을 원하는 지점이 휴게소로부터 20㎞ 이내일 확률을 구하라.
3) 확률변수 X의 평균과 분산을 구하라.

[2] 어떤 토목공사에 입찰하는데 업체별 경쟁입찰 가격X가 최저 2,500만원에서 최고 3,000만원사이의 균등분포를 따른다고 한다. 다음을 구하라.

1) 확률변수 X의 확률밀도함수 $f(x)$를 구하라.
2) 확률변수 X의 평균과 분산을 구하라.
3) 입찰가격이 2,500만원에서 2,700만원 사이에 있을 확률을 구하라.

[3] 다음의 확률을 엑셀의 통계함수를 이용하여 구하여라.

1) $P(1.8 \le Z \le 2.8)$
2) $P(-2.8 \le Z \le -1.8)$
3) $P(Z > -2.13)$
4) $P(Z \le -1.81)$

[4] 확률변수 Z 가 표준정규분포를 따를 때, 다음의 각 경우에 대해 엑셀의 통계함수를 이용하여 상수 c를 결정하라.

1) $P(Z \le c) = 0.1151$
2) $P(Z \le c) = 0.8238$
3) $P(1 < Z \le c) = 0.1525$
4) $P(-c \le Z \le c) = 0.8164$

[5] 확률변수 X가 평균 $\mu = 30$, 표준편차 $\sigma = 4$인 정규분포$N(30, 4^2)$를 따른다면 다음의 확률을 엑셀의 통계함수를 이용하여 구하라.

1) $P(30 < X < 35)$
2) $P(X > 40)$
3) $P(X < 37)$
4) $P(20 \le X \le 37)$

[6] 우편 주문 판매점에서 하루에 받는 주문 수는 대략 평균 500, 표준 편차 30의 정규분포에 따른다고 한다. 다음과 같이 주문을 받을 확률을 엑셀의 통계함수를 이용하여 구하여라.

1) 440개미만
2) 530개에서 575개 사이
3) 440개에서 470개 사이

[7] 한 나무로부터 추출한 수액의 양은 평균 40ℓ, 표준 편차 8ℓ의 정규분포를 따른다.
1) 어떤 나무에서 35ℓ이상 나올 확률을 엑셀의 통계함수를 이용하여 구하여라.
2) 1,000 그루의 나무에서 채취한다면 35ℓ이상 나오는 나무는 대략 몇 그루나 되겠는가?

[8] 성인 남자의 최고 혈압이 평균 138㎜Hg, 표준 편차 10㎜Hg의 정규분포를 한다고 알려져 있다. 한 명의 성인 남자를 임의로 뽑았을 때 그의 최고 혈압이 다음과 같이 될 확률을 엑셀의 통계함수를 이용하여 구하여라.
1) 160㎜Hg 이상
2) 120㎜Hg에서 135㎜Hg 사이

[9] 어떤 작은 도시의 인구는 5만인데, 이 도시의 시정에 대하여 60%의 지지율을 나타낸다고 한다. 임의로 뽑은 유권자 110명에게 질문했을 때 68명 미만이 시정을 지지할 확률을 엑셀의 통계함수를 이용하여 구하여라.

[10] 한 대학생이 엄격한 학칙에 찬성할 확률이 0.7이라고 한다. 임의로 선택된 200명의 학생에게 질문을 하고, 그들이 서로 독립적으로 응답했을 때, 다음을 구하여라.
1) 표본에서 엄격한 학칙을 원하는 학생수의 기대값
2) 표본에서 엄격한 학칙을 원하는 학생수의 분산
3) 140명의 학생이 엄격한 학칙을 원할 근사적 확률을 정규분포에 대한 엑셀의 통계함수를 이용하여 구하라. 또한 이 확률을 이항분포에 대한 통계함수를 이용한 값과 비교하여라.
4) 130명 이상, 146명 미만의 학생이 엄격한 학칙을 원할 근사적 확률을 정규분포에 대한 엑셀의 통계함수를 이용하여 구하라. 또한 이 확률을 이항분포에 대한 통계함수를 이용한 값과 비교하여라.

[11] 어떤 시험에서 학생들의 점수가 평균 70점, 표준 편차가 10점의 정규분포를 한다고 하자. 10%의 학생에게 A 학점을, 23%의 학생에게 B 학점을 주기로

하였다면 A학점과 B학점을 구분하는 점수를 엑셀의 통계함수를 이용하여 구하여라.

[12] 과거의 경험으로부터 어떤 지방의 연간 강우량의 평균이 150㎝, 표준 편차가 10㎝인 정규분포를 한다고 알려져 있다. 연간 강우량이 170㎝를 초과하면 홍수가 난다고 한다. 어느 한 해에 홍수가 날 확률을 엑셀의 통계함수를 이용하여 구하라.

[13] 어느 학급의 평균시험점수는 67점이고, 표준편차는 12점이었다. 성적의 분포가 정규분포를 이룬다면, 엑셀의 통계함수를 이용하여

1) 60점 이하를 받은 학생은 전체의 몇 %인가?
2) 하위점수 10%에 해당하는 사람은 보충수업을 받아야 한다. 몇 점 이하가 보충수업을 받는가?
3) 상위 10%에 해당하는 학생은 A 학점을 주려고 한다. A학점을 받으려면 최소한 몇 점 이상이어야 될까?

[14] K조명에서 생산되는 전구의 평균수명은 900시간이고, 표준편차는 42시간이다. 1000개의 전구 중에서 840시간 이하의 수명을 가진 전구는 몇 개일까? 이 분포는 정규분포를 따른다고 가정한다.

[15] 100점 만점으로 된 어떤 시험에서 2000명이 응시하였다. 응시자의 득점을 X라 할 때, X의 분포는 정규분포 $N(45, 7.5^2)$으로 나타났다.

1) 이 시험에서 320명이 합격했을 때 합격의 최저점은 얼마인가?
2) 이 시험에서 60명이 합격했을 때 합격의 최저점은 얼마인가?

[16] 동전 1000회를 던질 때 앞면이 나타난 횟수를 X라 하자. 이 때

$$P(440 \le X \le k) = 0.5$$

가 되는 k의 값을 구하여라.

[17] 호텔 방문 판매원이 100 가정을 방문했다. 한 집에서 팔 수 있는 확률이 0.4라고 하면, 46 가정 이상에서 팔 수 있는 근사적 확률을 정규분포에 대한 엑셀의 통계함수를 이용하여 구하라. 또한 이 확률을 이항분포에 대한 통계함수를 이용한 값과 비교하여라.

[18] 1년 동안 한 노동자가 사고를 낼 확률이 0.4라고 한다. 어떤 공장에서 200명의 노동자가 있을 때 1년에 75명 보다 많은 사람이 사고가 날 근사적 확률을 정규분포에 대한 엑셀의 통계함수를 이용하여 구하라. 또한 이 확률을 이항분포에 대한 통계함수를 이용한 값과 비교하여라. (단, 어떤 노동자가 사고가 날 확률은 다른 노동자의 사고와는 독립이다.)

[19] 어떤 새로운 백신의 효과를 시험하기 위해서 100명에게 투여하였다. 제약 회사에서 이 백신을 맞은 사람이 확률 0.8로 면역성을 갖게 된다고 주장한다고 할 때 다음의 근사적 확률을 정규분포에 대한 엑셀의 통계함수를 이용하여 구하라. 또한 이 확률을 이항분포에 대한 통계함수를 이용한 값과 비교하여라.

1) 74명 미만이 면역성을 갖게 될 확률
2) 74명 이상, 85명 이하가 면역성을 갖게 될 확률

[20] 어떤 인터넷 쇼핑몰 업체에서 하루에 400건에서 500건의 상품구입 주문을 받을 확률이 0.3이라고 한다. 100일 중에서 400건에서 500건 사이의 상품 구입 주문을 받는 일 수가 다음과 같을 확률을 정규근사를 이용한 확률과 정확한 확률을 엑셀의 통계함수를 이용하여 구하라.

1) 35일
2) 36일 이상
3) 30일에서 33일 사이

[21] 심장병 환자가 수술을 받고 완쾌할 비율이 30%라고 한다. 100명의 환자가 심장병 수술을 받았을 때, 다음의 물음에 답하라.

1) 완쾌될 환자의 기대값과 분산을 구하라.
2) 완쾌될 환자 수 X의 확률분포를 결정하라.
3) 40명 이상 완쾌될 확률을 엑셀의 통계함수를 이용하여 근사적인 확률과 정확한 확률을 구하여라.

[22] 확률변수 X가 다음과 같은 지수분포를 따를 때, 다음의 확률을 엑셀을 이용하여 구하여라.

$$f(x) = \frac{1}{10} exp\left(-\frac{1}{10}x\right), \quad -\infty < x < \infty$$

1) $P(X \geq 2)$
2) $P(X < 3)$

3) $P(1 < X \leq 10)$

[23] 임의의 홈페이지에서 링크된 사이트로 이동하는데 걸리는 시간은 평균 0.5초인 지수분포를 따른다고 한다. 다음의 확률을 엑셀을 이용하여 구하여라.

1) 링크된 페이지로 이동하는데 4초 이상 걸릴 확률
2) 링크된 페이지로 이동하는데 2초 이하 걸릴 확률

[24] K사에서 제조된 하드디스크의 수명을 확률변수 X라 할 때, 확률변수 X는 평균 3년인 지수분포를 따른다고 할 때, 다음을 엑셀을 이용하여 구하여라.

1) 확률변수 X의 밀도함수
2) 제조된 하드디스크 중 하나의 수명이 3년 이상 작동할 확률
3) 제조된 하드디스크 중 하나의 수명이 1년 미만 작동할 확률

7장 표본분포

일반적으로 추측통계학의 경우 모집단의 일부인 표본의 정보를 이용하여 모집단의 분포에 관한 정보를 추론한다. 따라서 이 장에서는 모집단으로부터 추출된 표본을 토대로 표본변량의 함수로 계산되는 통계량, 즉 표본평균의 분포와 표본분산의 분포에 대한 여러 가지 이론에 대해 살펴보기로 한다. 이와 더불어 엑셀에서 제공하는 통계함수를 이용하여 각 표본분포의 확률값과 주어진 확률에 대한 변량의 값을 구하는 방법에 대해 알아보기로 한다.

7.1 모수와 통계량

모집단의 특성을 나타내는 모수는 그 모집단의 전체를 관찰하여 얻어진 값이므로 변하지 않는 일정한 값이다. 이에 비하여 표본의 특성을 나타내는 통계량은 모집단의 일부인 표본에 근거하여 계산된 값이므로 모집단으로부터 추출된 표본에 따라 변화하는 값이다. 즉, 통계량은 확률 변수로서 통계량의 확률 분포를 충분히 파악해야 모집단에 대한 추론이 가능해진다.

[표7-1] 모집단과 표본의 비교

	크기	평균	분산	표준편차
모집단	N	μ	σ^2	σ
표본	n	$\overline{X}$	S^2	S

7.2 표본평균의 분포

표본변량의 함수인 통계량은 확률변수이다. 따라서 이 통계량의 확률분포를 파악하는 것이 모집단에 대한 추론을 위해 필요하다. 이러한 통계량의 확률분포를 일반적으로 표본분포(sampling distribution)이라 한다.

표본평균의 분포란 선택 가능한 모든 표본들로부터 계산된 평균들의 확률분포를 의미하며 다음과 같이 정의할 수 있다.

> **[표본 평균 $\overline{X}$의 분포]**
>
> 특정한 모집단에서 동일한 크기로 모든 가능한 표본을 추출하여 각 표본들의 평균을 계산했을 때, 그 평균들의 확률분포를 말한다.

예를 들어 하나의 상자에 90, 60, 30이라고 쓰여진 3장의 카드가 들어있는 모집단이 있다고 가정할 때, 이 모집단으로부터 2장의 카드를 표본으로 추출하는 경우를 고려하자. 이 모집단의 확률 분포는 다음과 같다.

X	90	60	30
확률	1/3	1/3	1/3

이러한 가정으로부터 모집단의 평균과 분산을 구하면 다음과 같다.

$$\mu = 90 \times \frac{1}{3} + 60 \times \frac{1}{3} + 30 \times \frac{1}{3} = 60$$

$$\sigma^2 = (90-60)^2 \times \frac{1}{3} + (60-60)^2 \times \frac{1}{3} + (30-60)^2 \times \frac{1}{3} = 600$$

그러면 크기가 2인 표본을 추출하기 위해 사용할 수 있는 방법은 복원추출과 비복원 추출 방법이다. 대개의 경우 모집단으로부터 표본을 추출하는 방법은 비복원 추출방법을 사용한다. 하지만, 표본평균의 분포를 설명하기 위해 복원 추출의 경우를 예를 들어 설명하기로 한다.

7.2.1 복원추출

앞의 예로부터 3개의 요소를 가진 모집단으로부터 복원으로 2개의 요소를 추출할 수 있는 가능한 경우의 수는 $3^2 = 9$가지로서 다음과 같이 나열된다.

가능한 표본들	(90,90)	(90,60)	(90,30)	(60,90)	(60,60)	(60,30)	(30,90)	(30,60)	(30,30)
표본평균	90	75	60	75	60	45	60	45	30
확률	1/9	1/9	1/9	1/9	1/9	1/9	1/9	1/9	1/9

이러한 가능한 표본들 중 실제로 추출되는 표본은 이들 중 하나가 될 것이다. 이때 확률표본이란 의미는 모집단으로부터 추출되는 표본의 확률이 모두 $\frac{1}{9}$로 같다는 의미이다.

그러면 동일한 표본평균을 갖는 것들끼리 묶으면 다음과 같이 요약할 수 있다.

표본평균	30	45	60	75	90
확률	1/9	2/9	3/9	2/9	1/9

따라서 표본평균 $\overline{X}$의 기대값과 분산을 구하면 다음과 같다.

$$E(\overline{X}) = 30\times\frac{1}{9}+45\times\frac{2}{9}+60\times\frac{3}{9}+75\times\frac{2}{9}+90\times\frac{1}{9}=60$$

$$V(\overline{X}) = (30-60)^2\times\frac{1}{9}+(45-60)^2\times\frac{2}{9}+(60-60)^2\times\frac{3}{9}$$

$$+(75-60)^2\times\frac{2}{9}+(90-60)^2\times\frac{1}{9}=300$$

결과적으로 모집단으로부터 크기 n인 표본을 복원 추출할 때, 표본평균 $\overline{X}$의 기대값과 분산은 다음과 같이 요약할 수 있다.

[표본 평균 $\overline{X}$의 기대값과 분산 :복원 추출]

모평균 μ와 모분산 σ^2인 모집단으로부터 크기 n인 확률 표본을 복원 추출할 때 표본평균 $\overline{X}$의 기대값과 분산은 다음과 같다.

$$E(\overline{X}) = \mu\ , \quad V(\overline{X}) = \frac{\sigma^2}{n}$$

이때 표본평균 $\overline{X}$의 표준편차 $\frac{\sigma}{\sqrt{n}}$ 을 표준오차(standard error; SE)라 한다.

7.2.2 비복원추출

앞의 예로부터 2개의 표본을 비복원 추출할 경우의 가능한 표본과 이들의 확률은 다음과 같다.

가능한 표본들	(90,60)	(90,30)	(60,90)	(60,30)	(30,90)	(30,60)
표본평균($\overline{X}$)	75	60	75	45	60	45
확률	1/6	1/6	1/6	1/6	1/6	1/6

앞의 복원 추출의 경우와 마찬가지로 모든 가능한 표본 중 하나가 선택될 확률은 모두 $\frac{1}{6}$로 동일하며, 따라서 확률 표본이라 할 수 있다. 위의 표로부터 표본평균이 같은 것들끼리 묶으면 다음과 같이 요약된다.

표본평균($\overline{X}$)	45	60	75
확률	2/6	2/6	2/6

따라서 표본평균 $\overline{X}$의 기대값은 다음과 같다.

$$E(\overline{X}) = 45 \times \frac{1}{3} + 60 \times \frac{1}{3} + 75 \times \frac{1}{3} = 60$$

결과적으로 모집단으로부터 확률표본을 비복원 또는 복원 추출하던지 간에 항상 표본평균 $\overline{X}$의 기대값은 모평균μ와 같다는 사실을 알 수 있다.

또한 $\overline{X}$의 분산을 구하면 다음과 같다.

$$V(\overline{X}) = (45-60)^2 \times \frac{1}{3} + (60-60)^2 \times \frac{1}{3} + (75-60)^2 \times \frac{1}{3} = \frac{450}{3}$$

이러한 사실로부터 모집단으로부터 크기 n인 표본을 비복원 추출할 때, 표본평균 $\overline{X}$의 기대값과 분산은 다음과 같이 요약할 수 있다.

[표본 평균 $\overline{X}$의 기대값과 분산: 비복원 추출]

모평균 μ와 모분산 σ^2인 모집단으로부터 크기 n인 확률 표본을 비복원 추출할 때 표본평균 $\overline{X}$의 기대값과 분산은 다음과 같다.

$$E(\overline{X}) = \mu\ , \quad V(\overline{X}) = \frac{\sigma^2}{n}\left(\frac{N-n}{N-1}\right)$$

하지만, 모집단의 크기가 매우 커서 표본의 추출률 n/N이 충분히 작으면 복원 추출이나 비복원 추출 모두 같은 결과를 얻게 되며, 따라서 표본 평균 $\overline{X}$의 분산은 근사적으로 $\frac{\sigma^2}{n}$ 으로 쓸 수 있다.

7.2.3 정규모집단의 표본평균의 분포

모집단의 분포가 정규분포 $N(\mu,\sigma^2)$인 경우 표본평균의 분포에 대해 살펴보도록 하자. 즉, 정규분포를 따르는 모집단으로부터 크기 n인 표본을 임의로 추출했을 때, 표본평균 $\overline{X}$의 기대값과 분산은 다음과 같다.

$$E(\overline{X}) = \mu \ , \quad V(\overline{X}) = \frac{\sigma^2}{n}$$

따라서 표본평균 $\overline{X}$의 분포는 평균이 μ이고, 분산이 $\frac{\sigma^2}{n}$인 정규분포를 따르게 된다. 즉, $\overline{X} \sim N\left(\mu, \frac{\sigma^2}{n}\right)$인 정규분포를 따른다. 이에 대해 표준화 확률변수 $Z = \frac{\overline{X}-\mu}{\sigma/\sqrt{n}}$은 $N(0,1)$인 표준정규분포를 따른다. 이를 정리하면 다음과 같다.

[표본평균 $\overline{X}$의 분포: 정규 모집단]

정규분포를 따르는 모집단으로부터 크기 n인 표본을 임의로 추출했을 때, 표본평균 $\overline{X}$의 분포는 $\overline{X} \sim N\left(\mu, \frac{\sigma^2}{n}\right)$인 정규분포를 따르며, 표준화 확률변수 $Z = \frac{\overline{X}-\mu}{\sigma/\sqrt{n}} \sim N(0,1)$ 표준정규분포를 따른다.

1) 표본평균의 분포에 대한 확률의 계산

정규 모집단 가정하에서 표본평균 $\overline{X}$가 평균이 μ이고, 분산이 $\frac{\sigma^2}{n}$인 정규 분포를 따르므로 $\overline{X}$가 구간 $[a,b]$ 사이에 있을 확률은 다음과 같이 계산된다.

$$\begin{aligned} P(a \le \overline{X} \le b) &= P\left(\frac{a-\mu}{\sigma/\sqrt{n}} \le \frac{\overline{X}-\mu}{\sigma/\sqrt{n}} \le \frac{b-\mu}{\sigma/\sqrt{n}}\right) \\ &= P(z_a \le Z \le z_b) \end{aligned}$$

여기서 $z_a = \dfrac{a-\mu}{\sigma/\sqrt{n}}$, $z_b = \dfrac{b-\mu}{\sigma/\sqrt{n}}$ 이다.

결과적으로 6장에서 다룬 표준정규분포의 형식과 같으므로 위와 같이 a와 b값을 평균 μ로 빼주고, 표준편차 $\sigma/\sqrt{n}$로 나눈 값으로 표준화하여 계산한 후 부록의 표준정규분포 표를 이용하거나 엑셀을 이용하여 확률값을 계산할 수 있다.

예제7.1) A공장에서 생산되는 형광등의 수명은 평균 800시간이고, 표준편차가 40시간인 정규분포를 따른다고 한다. 이 공장에서 생산되는 형광등 중에서 임의로 표본 n=16개를 추출했을 때, 표본으로 뽑힌 형광등의 평균 수명이 780시간 미만일 확률을 구하라.

☞ 풀이

n=16개인 표본의 평균 $\overline{X}$의 기대값과 분산은 다음과 같다.

$$E(\overline{X}) = \mu = 800 \ , \quad V(\overline{X}) = \frac{\sigma^2}{n} = \frac{1600}{16} = 100$$

즉, 표본평균 $\overline{X}$는 평균이 800 이고, 분산이 100인 정규분포를 따른다.

따라서, 구하고자 하는 확률은 다음과 같다.

$$P(\overline{X} < 780) = P\left(\frac{\overline{X}-800}{10} < \frac{780-800}{10}\right)$$

$$= P(Z < -2.0) = 0.0228$$

2) 엑셀을 이용한 표본평균에 대한 확률 계산

표본평균 $\overline{X}$가 평균이 μ이고, 분산이 $\dfrac{\sigma^2}{n}$인 정규분포를 따르므로, 6장에서 다룬 정규분포함수인 NORMDIST()함수나, 이를 표준화한 표준화 확률변수 $Z = \dfrac{\overline{X}-\mu}{\sigma/\sqrt{n}}$의 표준정규분포함수인 NORMSDIST()함수를 이용하여 특정한 확률을 계산할 수 있다.

[엑셀을 이용한 표본평균의 분포에 대한 확률 계산]

- 표본평균 $\overline{X}$의 확률 계산 :
  =NORMDIST($\bar{x}$, μ, $\sigma/\sqrt{n}$, 누적논리값)
  여기서 누적논리값은 TRUE 또는 1이면 누적확률값
  FALSE 또는 0이면 개별확률값
- 표준화 확률변수 Z에 대한 확률 계산 :
  =NORMSDIST(z값)

예제7.2) A공장에서 생산되는 형광등의 수명은 평균 800시간이고 표준편차가 40시간인 정규분포를 따른다고 한다. 이 공장에서 생산되는 형광등 중에서 임의로 표본 n=16개를 추출했을 때, 표본으로 뽑힌 형광등의 평균 수명이 780시간 미만일 확률을 엑셀을 이용하여 구하라.

☞ 풀이

표본의 평균$\overline{X}$의 기대값과 분산이 각각

$$E(\overline{X})=\mu=800\ ,\quad V(\overline{X})=\frac{\sigma^2}{n}=\frac{1600}{16}=100$$

이므로 $\overline{X}$는 평균이 800 이고, 분산이 100인 정규분포를 따른다. 따라서 구하고자 하는 확률은 다음과 같다.

$P(\overline{X}<780)$ = NORMDIST(780, 800, 10, 1) = 0.02275

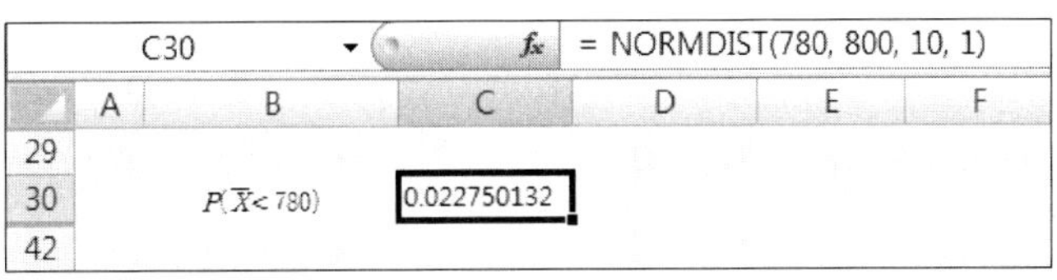

모집단의 분포가 정규분포를 따르지 않을 경우, 표본평균 $\overline{X}$의 분포는 더 이상 정규분포를 따르지 않는다. 그러나 모집단으로부터 추출되는 표본의 크기가 충분히 크면, 표본평균 $\overline{X}$의 분포는 정규분포의 형태를 취하게 되는데, 이를 중심극한정리(Central Limit Theorem : CLT)이라 한다.

[중심극한 정리(Central Limit Theorem : CLT)]

평균이 μ이고, 분산이 σ^2인 모집단으로부터 추출한 확률 표본의 평균 $\overline{X}$의 분포는 표본의 크기n이 크면(≥ 25), 근사적으로 평균이 μ이고, 분산이 $\dfrac{\sigma^2}{n}$인 정규분포 $N\left(\mu, \dfrac{\sigma^2}{n}\right)$를 따른다. 즉, $Z=\dfrac{\overline{X}-\mu}{\sigma/\sqrt{n}}$은 근사적으로 표준정규분포 $N(0,1)$를 따른다.

예제7.3) 연령이 20세인 남성 모집단은 평균 신장이 168.5㎝ 이고 표준편차가 5㎝라고 알려져 있다. 이 모집단으로부터 49명의 남성을 표본 추출하여 이들의 평균 신장을 측정할 때 다음의 확률을 구하여라.

1) 49명의 평균 신장이 170㎝ 이상 될 확률

2) 49명의 평균 신장과 모집단의 평균 신장 168.5㎝의 차가 1㎝ 이상일 확률

☞ 풀이 1 - 산술적 계산

모집단 분포에 대한 가정은 없지만 표본의 크기 $n=49$ 이므로 중심극한 정리에 의해 표본 49명의 평균 신장의 기대값과 분산은 다음과 같다.

$$E(\overline{X})=\mu=168.5\ ,\qquad V(\overline{X})=\frac{\sigma^2}{n}=\frac{25}{49}$$

따라서 표본평균 $\overline{X}$의 분포는 근사적으로 $N\left(168.5, \dfrac{25}{49}\right)$인 정규분포를 따른다. 결과적으로 표준화시키면, $Z=\dfrac{\overline{X}-\mu}{\sigma/\sqrt{n}}=\dfrac{\overline{X}-168.5}{5/7}\sim N(0,1)$을 따른다.

1) $P(\overline{X}\geq 170)=P\left(\dfrac{\overline{X}-168.5}{5/7}\geq\dfrac{170-168.5}{5/7}\right)=P(Z\geq 2.1)=0.0179$

2) 표본평균과 모평균간의 차이가 1㎝ 이상일 경우는 $|\overline{X}-168.5|\geq 1.0$ 이므로 구하고자하는 확률은 다음과 같다.

$$\begin{aligned}P(|\overline{X}-168.5|\geq 1.0) &= P\left(\left|\frac{\overline{X}-168.5}{5/7}\right|\geq\frac{1}{5/7}\right)\\ &= P(|Z|\geq 1.4)\\ &= P(Z\geq 1.4)+P(Z\leq -1.4)\\ &= 2\times 0.0808=0.1616\end{aligned}$$

☞ 풀이 2 - 엑셀을 이용한 계산

표본평균 $\overline{X}$의 분포는 근사적으로 $N\left(168.5, \frac{25}{49}\right)$인 정규분포를 따른다는 사실을 이용하여 다음과 같이 확률을 구할 수 있다.

1) $P(\overline{X} \geq 170)$ =1-$P(\overline{X} < 170)$
=1-NORMDIST(170, 168.5, SQRT(25/49), 1)
=0.01786436

여기서 SQRT(25/49)는 표준편차를 나타낸다.

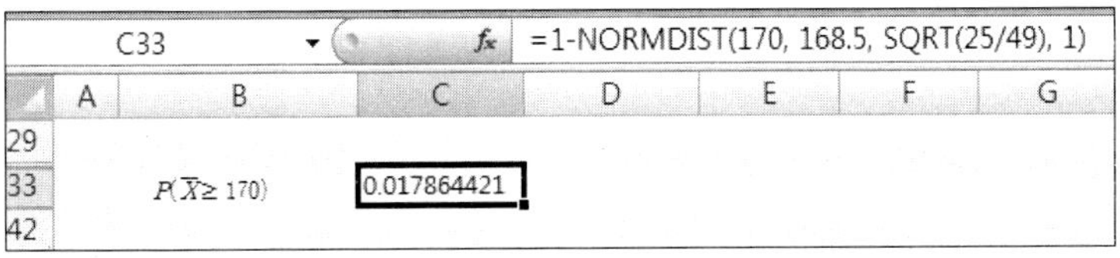

2) 표본평균과 모평균의 차이가 1cm 이상일 경우는 $\overline{X}$가 167.5cm 이하일 경우와 169.5cm 이상일 경우이므로 이들 간의 확률의 합과 같다. 그런데 정규분포는 평균을 중심으로 대칭이므로 한쪽의 확률을 구하여 2배하면 된다. 따라서 $\overline{X}$가 167.5cm 이하일 경우의 확률을 구하면 다음과 같다.

$P(\overline{X} \leq 167.5)$ =NORMDIST(167.5, 168.5, SQRT(25/49), 1)
=0.08075671

결국 구하고자 하는 확률은 $P(\overline{X} \leq 167.5) + P(\overline{X} \geq 169.5) = 2 \times P(\overline{X} \leq 167.5)$으로서
= 2*NORMDIST(167.5, 168.5, SQRT(25/49), 1) = 0.16151342
이다.

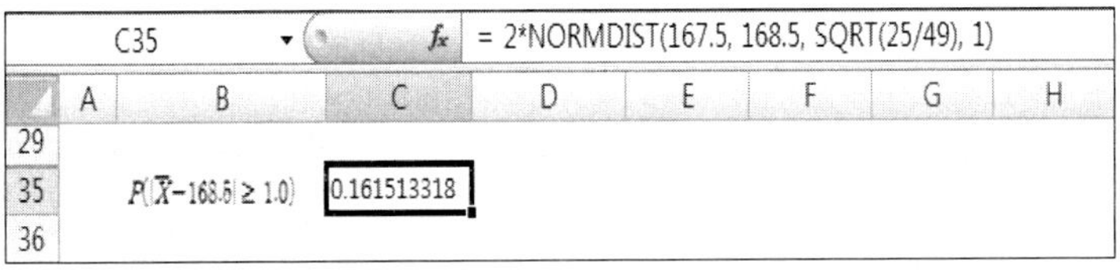

앞의 예제에서 살펴본 바와 같이 표본평균 $\overline{X}$의 분포가 정규분포라는 사실을 알고, $\overline{X}$의 평균과 분산을 알면 엑셀의 통계함수 중 NORMDIST()함수와 $\overline{X}$를 표준화한 Z의 함수인 NORMSDIST()함수를 이용하여 확률을 계산할 수 있다.

7.3 두 표본평균의 차의 분포

1) 두 표본평균의 차의 분포에 대한 정의

두개의 정규 모집단 $N(\mu_1,\sigma_1^2)$과 $N(\mu_2,\sigma_2^2)$을 고려하여, 이들로부터 각각 크기가 n_1과 n_2인 독립인 표본을 추출한 경우 각각의 표본평균 $\overline{X}_1$과 $\overline{X}_2$의 차이에 대한 분포에 대해 알아보자.

우선 $\overline{X}_1$의 분포는 평균이 μ_1이고 분산이 $\dfrac{\sigma_1^2}{n_1}$인 정규분포 $N\left(\mu_1,\dfrac{\sigma_1^2}{n_1}\right)$를 따른다. 또한$\overline{X}_2$의 분포는 평균이 μ_2이고 분산이 $\dfrac{\sigma_2^2}{n_2}$인 정규분포 $N\left(\mu_2,\dfrac{\sigma_2^2}{n_2}\right)$를 따르게 된다. 따라서, $\overline{X}_1$과$\overline{X}_2$의 차이인$\overline{X}_1-\overline{X}_2$의 분포를 구하기 위해 기대값과 분산은 다음과 같다.

$$E(\overline{X}_1-\overline{X}_2)=\mu_1-\mu_2,$$

$$V(\overline{X}_1-\overline{X}_2)=V(\overline{X}_1)+V(\overline{X}_2)=\frac{\sigma_1^2}{n_1}+\frac{\sigma_2^2}{n_2}$$

결과적으로 $\overline{X}_1-\overline{X}_2$의 분포는 $N\left(\mu_1-\mu_2,\dfrac{\sigma_1^2}{n_1}+\dfrac{\sigma_2^2}{n_2}\right)$인 정규분포를 따른다.

[두 표본 평균의 차이 $\overline{X}_1-\overline{X}_2$ 에 대한 분포]

두 정규 모집단 $N(\mu_1,\sigma_1^2)$과 $N(\mu_2,\sigma_2^2)$에서 각각 n_1과 n_2인 독립인 표본을 추출했을 때 두 표본 평균의 차이$\overline{X}_1-\overline{X}_2$에 대한 분포는 $N\left(\mu_1-\mu_2,\dfrac{\sigma_1^2}{n_1}+\dfrac{\sigma_2^2}{n_2}\right)$인 정규분포를 따르며, 이를 표준화하면, 다음과 같이 표준정규분포를 따른다.

$$Z=\frac{(\overline{X}_1-\overline{X}_2)-(\mu_1-\mu_2)}{\sqrt{\sigma_1^2/n_1+\sigma_2^2/n_2}}\sim N(0,1)$$

2) 표준정규분포 표를 이용한 확률계산

두 표본 평균의 차이$\overline{X}_1-\overline{X}_2$에 대한 분포가 $N\left(\mu_1-\mu_2,\dfrac{\sigma_1^2}{n_1}+\dfrac{\sigma_2^2}{n_2}\right)$ 라는 사실로부터 이를 표준화한 표준정규분포 표를 이용하여 특정한 확률을 구할 수 있다.

$\overline{X}_1-\overline{X}_2$의 차이가 구간 $[a,b]$ 사이에 있을 확률은 다음과 같이 계산된다.

$$P(a \le \overline{X}_1 - \overline{X}_2 \le b)$$

$$= P\left(\frac{a-(\mu_1-\mu_2)}{\sqrt{\sigma_1^2/n_1+\sigma_2^2/n_2}} \le \frac{(\overline{X}_1-\overline{X}_2)-(\mu_1-\mu_2)}{\sqrt{\sigma_1^2/n_1+\sigma_2^2/n_2}} \le \frac{b-(\mu_1-\mu_2)}{\sqrt{\sigma_1^2/n_1+\sigma_2^2/n_2}} \right)$$

$$= P(z_a \le Z \le z_b)$$

여기서 $z_a = \dfrac{a-(\mu_1-\mu_2)}{\sqrt{\sigma_1^2/n_1+\sigma_2^2/n_2}}$, $z_b = \dfrac{b-(\mu_1-\mu_2)}{\sqrt{\sigma_1^2/n_1+\sigma_2^2/n_2}}$ 이다.

따라서 이와 같이 표준화하여 계산한 후 부록의 표준정규분포 표를 이용하거나 다음과 같이 엑셀을 이용하여 확률값을 계산할 수 있다.

3) 엑셀을 이용한 확률의 계산

엑셀의 통계함수 중 NORMDIST()함수를 이용할 수 있다. 또 한편으로 표준화 확률변수 $Z = \dfrac{(\overline{X}_1-\overline{X}_2)-(\mu_1-\mu_2)}{\sqrt{\sigma_1^2/n_1+\sigma_2^2/n_2}}$ 라는 사실로부터 NORMSDIST()함수를 이용할 수 있다.

[엑셀을 이용한 두 평균의 차이 $\overline{X}_1-\overline{X}_2$ 에 대한 분포의 확률계산]

- 두 평균의 차이 $\overline{X}_1-\overline{X}_2$에 대한 분포의 확률계산:
  = NORMDIST(x,모평균의 차, 표준편차, 누적논리값)
  여기서 표준편차는 $\sqrt{\sigma_1^2/n_1+\sigma_2^2/n_2}$ 이다.
- 표준화 확률변수 Z에 대한 확률 계산:
  =NORMSDIST(Z값)

예제7.4) A공장과 B공장에서 판매되는 TV 수상기의 평균 수명은 각각 6.5년과 6년이며, 표준편차는 0.9년과 0.8년으로 알려져 있다. A공장의 TV수상기 36대, B공장의 TV수상기 49대를 표본으로 추출했을 때, A공장의 TV수상기의 평균수명이 B공장의 TV수상기의 평균수명보다 1년 이상 될 확률을 구하라.

☞ 풀이 1 - 산술적인 계산

$\overline{X}_1 - \overline{X}_2$ 에 대한 분포를 구하기 위해 먼저 기대값과 분산을 구하면 다음과 같다.

$$E(\overline{X}_1 - \overline{X}_2) = \mu_1 - \mu_2 = 6.5 - 6 = 0.5,$$

$$V(\overline{X}_1 - \overline{X}_2) = V(\overline{X}_1) + V(\overline{X}_2) = \frac{\sigma_1^2}{n_1} + \frac{\sigma_2^2}{n_2} = \frac{0.9^2}{36} + \frac{0.8^2}{49} = 0.189^2$$

따라서 $\overline{X}_1 - \overline{X}_2 \sim N(0.5, 0.189^2)$ 인 정규분포를 따른다. 결국 구하고자 하는 확률은 다음과 같다.

$$P(\overline{X}_1 - \overline{X}_2 \geq 1.0) = P\left(Z \geq \frac{1.0 - 0.5}{0.189}\right)$$

$$= P(Z \geq 2.646) = 0.5 - P(0 \leq Z \leq 2.646) = 0.0040$$

☞ 풀이 2 - 엑셀을 이용한 계산

$\overline{X}_1 - \overline{X}_2$에 대한 분포가 $N(0.5, 0.189^2)$ 인 정규분포라는 사실로부터 다음과 같이 확률을 계산할 수 있다.

= 1-NORMDIST(1, 0.5,SQRT((0.9^2)/36+(0.8^2)/49),1) = 0.00400752

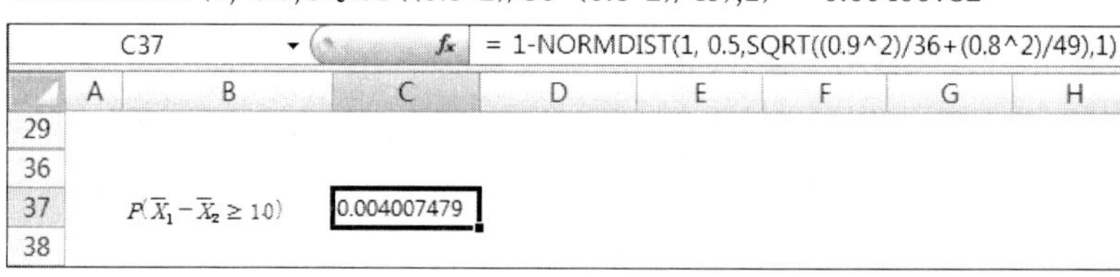

여기서 표준편차를 입력하기 위해 계산하지 않고 수식을 직접 입력하였다는 사실에 주목할 필요가 있다.

(SQRT((0.9^2)/36 + (0.8^2)/49) = $\sqrt{0.9^2/36 + 0.8^2/49}$)

만일 표준정규분포를 이용한다면, 다음과 같이 입력하면 된다.

= 1-NORMSDIST((1-0.5)/SQRT((0.9^2)/36 +(0.8^2)/49)) = 0.0040075

7.4 표본비율의 분포

성공의 확률이 p인 이항모집단에서 독립적으로 크기 n인 확률표본을 추출했을 때 표본비율 $\frac{X}{n}$의 분포는 표본의 크기 n이 상당히 크면 다음과 같은 평균과 분산을 갖는 정규분포를 따른다. 이때 X는 성공의 회수를 나타낸다.

$$E\left(\frac{X}{n}\right) = p, \quad V\left(\frac{X}{n}\right) = \frac{p(1-p)}{n}$$

즉, $\frac{X}{n} \sim N\left(p, \frac{p(1-p)}{n}\right)$ 인 정규분포를 따른다.

[표본비율 X/n의 분포]

성공의 확률이 p인 이항모집단에서 독립적으로 크기 n인 확률표본을 추출했을 때 표본 비율 $\frac{X}{n}$의 분포는 $N\left(p, \frac{p(1-p)}{n}\right)$인 정규분포를 따르며, 이를 표준화하면, 다음과 같이 표준정규분포를 따른다.

$$Z = \frac{X/n - p}{\sqrt{\frac{p(1-p)}{n}}} = \frac{X - np}{\sqrt{np(1-p)}} \sim N(0,1)$$

[엑셀을 이용한 X/n의 분포의 확률계산]

- 표본비율 X/n의 분포의 확률 계산 :
  =NORMDIST(x, 평균, 표준편차, 누적논리값)
  여기서 x는 비율, 평균은 p , 표준편차는 $\sqrt{\frac{p(1-p)}{n}}$ 이다.
- 표준화 확률변수 Z의 분포의 확률 계산:
  =NORMSDIST(z값)

예제7.5) 유전학에서 멘델의 분리법칙에 따르면 완두콩을 교배시켰을 때, 노란색 완두콩이 나올 확률은 3/4이고, 녹색완두콩이 나올 확률은 1/4 라고 한다. 이를 확인하기 위해 400개의 콩을 실험했을 때 다음의 확률을 구하라.

1) 노란색 완두콩의 비율이 0.71과 0.79 사이에 있을 확률.
2) 노란색 완두콩의 비율이 0.71 이하일 확률.

☞ 풀이 1 - 산술적 계산

문제로부터 노란색 완두콩이 나올 경우를 성공이라 한다면, 성공확률 $p=3/4$ 이며, 표본의 크기 $n=400$ 이다. 따라서 표본비율의 분포는 평균이 3/4 이고, 표준편차가 0.0217인 정규분포를 따른다. 결국 다음과 같이 확률을 구할 수 있다.

$$1)\ P\left(0.71 \le \frac{X}{n} \le 0.79\right) = P\left(\frac{0.71-0.75}{0.0217} \le \frac{X/n-p}{\sqrt{p(1-p)/n}} \le \frac{0.79-0.75}{0.0217}\right)$$

$$= P(-1.85 \le Z \le 1.85)$$

$$= 2 \times 0.4676 = 0.9353$$

2) $P\left(\frac{X}{n} \le 0.71\right) = P\left(\frac{X/n-p}{\sqrt{p(1-p)/n}} \le \frac{0.71-0.75}{0.0217}\right)$

$= P(Z \le -1.85)$

$= 0.03216$

☞ 풀이 2 - 엑셀을 이용한 계산

표본비율의 분포는 평균이 3/4 이고, 표준편차가 0.0217인 정규분포를 따른다는 사실로부터 다음과 같이 각각의 확률을 계산할 수 있다.

1) $P\left(0.71 \le \frac{X}{n} \le 0.79\right)$ = NORMDIST(0.79,3/4,SQRT(((3/4)*(1/4))/400),1)

-NORMDIST(0.71,3/4,SQRT(((3/4)*(1/4))/400),1)

= 0.93532843

이와 더불어 표준화된 값을 이용하여 계산할 수도 있다. 즉, 다음과 같이 입력해도 동일한 확률값을 얻을 수 있다.

$P\left(0.71 \le \frac{X}{n} \le 0.79\right)$ = NORMSDIST(((0.79-0.75)/SQRT((3/4)*(1/4)/400)))

- NORMSDIST(((0.71-0.75)/SQRT((3/4)*(1/4)/400)))

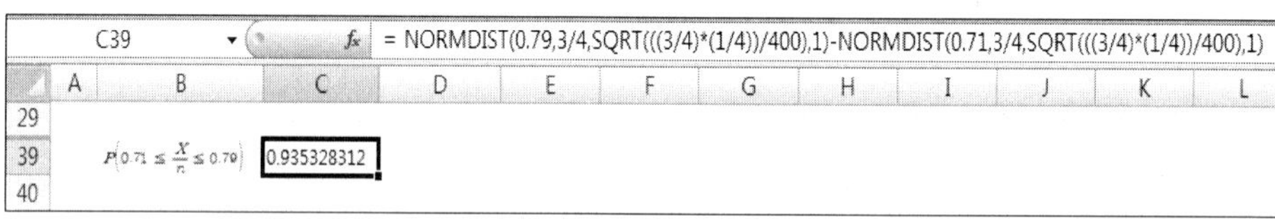

2) $P\left(\frac{X}{n} \le 0.71\right)$ =NORMDIST(0.71,3/4,SQRT(((3/4)*(1/4))/400),1)

=0.03233578

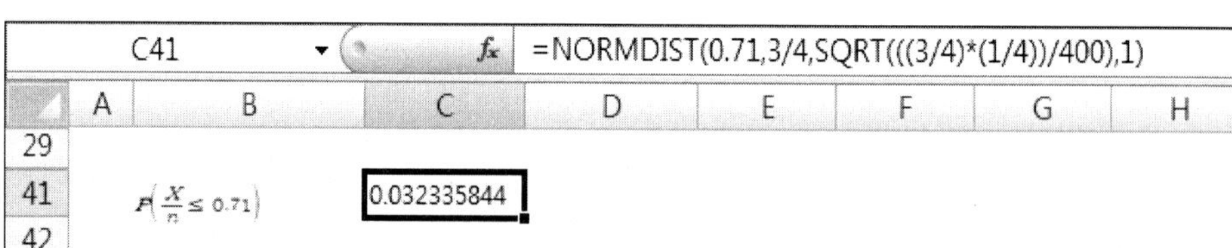

7.5 카이제곱(χ^2)분포

1) 카이제곱 분포의 정의

정규모집단 $N(\mu,\sigma^2)$ 으로부터 크기 n인 확률표본을 추출했을 때, 표본분산은 다음과 같이 정의된다.

$$S^2 = \frac{1}{n-1}\sum_{i=1}^{n}(X_i - \overline{X})^2$$

이때 표본분산 S^2의 분포는 모분산 σ^2의 추정에 널리 이용된다. 그러면, 다음과 같이 정의되는 통계량이 있다.

$$U = \frac{(n-1)S^2}{\sigma^2}$$

통계량 U는 이론적으로 자유도(degree of freedom: df)$(n-1)$인 카이제곱(χ^2) 분포를 따르며, $U \sim \chi^2_{(n-1)}$으로 표현한다.

[카이제곱 분포의 성질]

(1) $Z \sim N(0,1)$ 이면 Z^2은 자유도 1인 χ^2-분포를 따른다.

(2) χ^2-분포는 자유도에 의해 분포의 형태가 결정된다.

(3) 확률변수 $X_1, X_2, \cdots, X_n$이 각각 자유도 $n_1, n_2, \cdots, n_n$인 χ^2-분포를 따르는 독립인 확률변수이면, $Y = \sum_{i=1}^{n} X_i$은 자유도 $n = \sum_{i=1}^{n} n_i$인 χ^2-분포를 따른다.

이를 확률밀도 함수로 설명하자면, 확률변수 U가 다음과 같은 확률밀도 함수를 가지면, U는 자유도 $n-1$인 카이제곱(χ^2) 분포를 따른다.

$$f(u) = \frac{1}{2^{\frac{(n-1)}{2}}\Gamma\left(\frac{n-1}{2}\right)} u^{\frac{(n-1)}{2}-1} e^{-\frac{u}{2}}, \quad u > 0$$

자유도의 변화에 따른 χ^2-분포의 그래프가 다음과 같다.

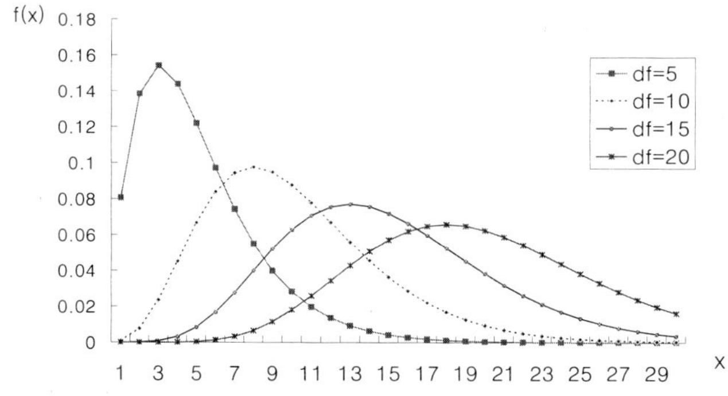

[그림 7-1] 자유도(df)에 따른 χ^2-분포의 형태

[χ^2-분포의 평균과 분산]

확률변수 U가 자유도 n인 χ^2-분포를 따를 때, U의 평균과 분산은 다음과 같다.

(1) $E(U) = n$

(2) $V(U) = 2n$

2) χ^2-분포 표를 이용한 χ^2-분포의 확률계산

확률변수 U가 자유도 n인 χ^2-분포를 따를 때, $0 < \alpha < 1$인 실수 α에 대해

$$P(U \geq \chi_0^2) = \alpha$$

을 만족하는 상수 χ_0^2을 자유도 n인 χ^2-분포의 α-점, 또는 α%점이라 하고, $\chi^2_{(n,\alpha)}$로 표현한다.

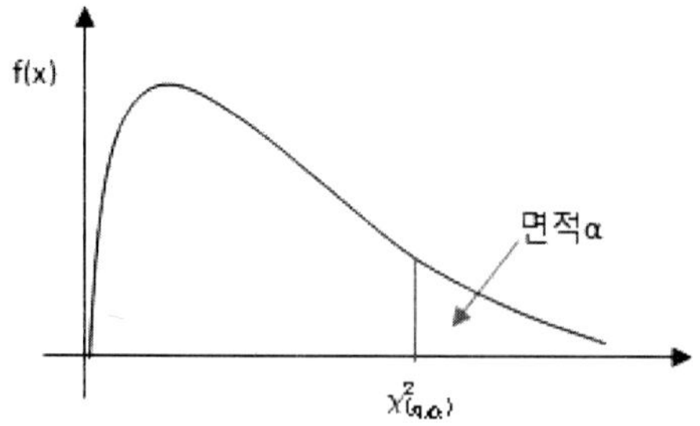

[그림 7-2] χ^2-분포의 $\chi^2_{(n,\alpha)}$점

[그림 7-2]에서 화살표가 지시하는 면적이 α와 같게 되는 χ^2-분포의 값인 $\chi^2_{(n,\alpha)}$가 α-점이 된다. 실제로 확률 α가 되는 α-점에 대해 적분해야 하지만 계산이 곤란하기 때문에 그의 역으로 확률 α를 주고, 이때의 α-점을 찾는 방법을 사용하고 있다. 이를 위해 부록의 χ^2-분포 표를 이용하여 주어진 자유도와 확률 α에 대해 $\chi^2_{(n,\alpha)}$를 찾으면 된다. 이에 대한 해석은 역으로 즉, 확률변수 U가 자유도 n으로 어떤 χ^2_0보다 클 확률이 α라고 하면 된다.

3) 엑셀을 이용한 χ^2-분포의 확률 계산

엑셀에서는 χ^2-분포의 확률 $P(U \geq \chi^2_0) = \alpha$에 대해 통계함수 중에 CHIDIST() 함수와 CHIINV()함수를 제공하고 있다.

[엑셀을 이용한 χ^2-분포의 확률을 계산]

- χ^2-분포의 $P(U \geq \chi^2_0) = \alpha$에서 χ^2_0에 대한 확률 α의 계산:
  =CHIDIST(x,자유도)
- χ^2-분포의 $P(U \geq \chi^2_0) = \alpha$에서 확률 α에 대한 $\chi^2_0(\chi^2_{(n,\alpha)}$점)의 계산:
  =CHIINV(α확률, 자유도)

이 두 함수간의 관계를 그림으로 표현하면 다음과 같다.

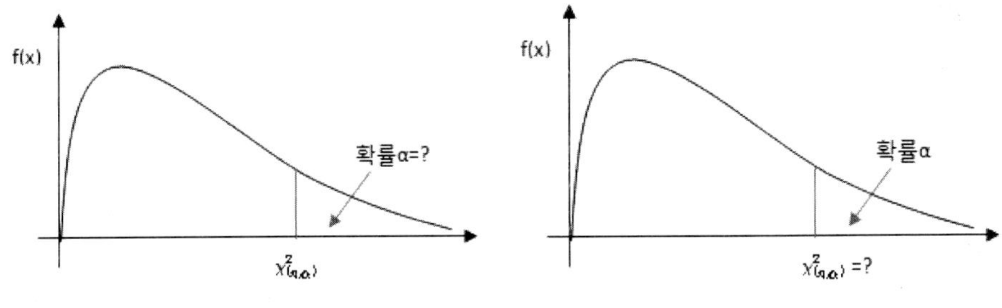

[CHIDIST()함수]　　[CHIINV()함수]

예제7.6) 확률변수 U가 자유도 3인 χ^2-분포를 따를 때, 다음을 만족하는 α점을 구하여라.

1) $P(U \geq \chi^2_0) = 0.05$
2) $P(U \geq \chi^2_0) = 0.025$

☞ 풀이 1 - χ^2-분포 표를 이용한 계산

부록의 χ^2-분포 표로부터 자유도 3과 α를 찾아서 서로 교차되는 값을 읽으면 된다. 따라서

1) $P(U \geq \chi_0^2) = 0.05$ 일 때 $\chi^2_{(3,0.05)} = 7.81$ 이며,

2) $P(U \geq \chi_0^2) = 0.025$ 일 때 $\chi^2_{(3,0.025)} = 9.35$ 가 된다.

☞ 풀이 2 - 엑셀을 이용한 계산

주어진 자유도와 확률 α에 대한 χ_0^2-값을 찾는 것이므로 CHIINV()함수를 이용한다.

1) $P(U \geq \chi_0^2) = 0.05$

= CHIINV(0.05,3) = 7.814725

2) $P(U \geq \chi_0^2) = 0.025$

= CHIINV(0.025,3) = 9.34840397

따라서 위에서 구한 χ_0^2-값은 다음과 같이 액셀 화면으로 확인할 수 있다.

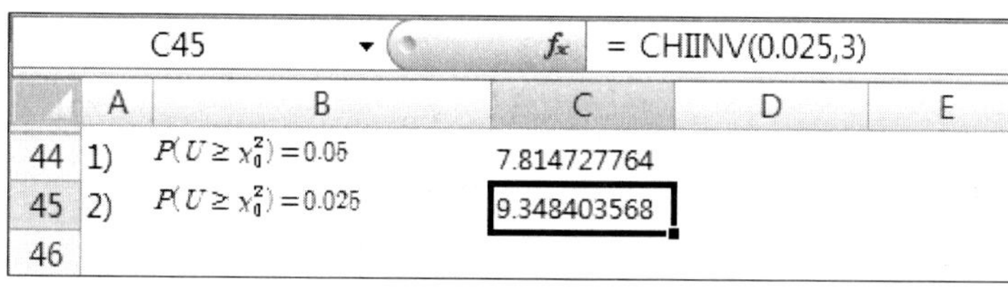

C45 | = CHIINV(0.025,3)

	A	B	C	D	E
44	1)	$P(U \geq \chi_0^2) = 0.05$	7.814727764		
45	2)	$P(U \geq \chi_0^2) = 0.025$	9.348403568		
46					

예제7.7) 확률변수 U가 자유도 14인 χ^2-분포를 따를 때, 다음 확률을 구하여라.

1) $P(U \geq 5.63)$

2) $P(4.66 \leq U \leq 26.12)$

☞ 풀이 1 - χ^2-분포 표를 이용한 계산

부록의 χ^2-분포 표로부터 자유도 14인 지점에서 문제에서 주어진 α-점을 찾아 그 지점의 확률을 읽으면 된다.

1) $P(U \geq 5.63)$인 경우 먼저 자유도 14일 때를 읽어가면서 그때의 α점이 5.63이 되는 확률을 읽으면 0.975가 된다. 따라서 이를 그림으로 표현하면 다음과 같다.

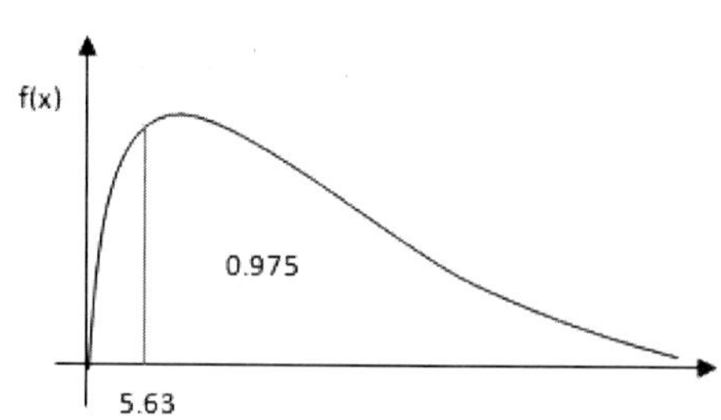

2) $P(4.66 \le U \le 26.12)$의 확률을 구하기 위해 먼저 부록 표에서 자유도 14인 지점을 찾고 이때의 α점이 각각 26.12와 4.66이 되는 확률을 읽으면 각각 0.025와 0.990이 된다. 이를 그래프로 표현하면 다음과 같다.

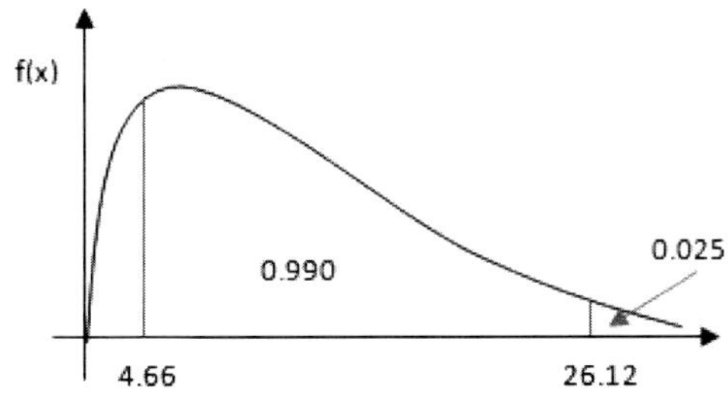

따라서$P(4.66 \le U \le 26.12)$의 확률은 4.66부터의 확률 0.990에서 26.12부터의 확률 0.025의 차이인 0.965가 된다. 이 확률은 그래프로부터 중앙의 면적이 된다.

☞ 풀이 2 - 엑셀을 이용한 계산

앞의 예제에서는 주어진 자유도와 확률 α에 대한 χ_0^2-값을 찾는 것이지만, 여기서는 주어진 자유도와 χ_0^2-값에 대한 확률 α를 구하는 것이다. 따라서 CHIDIST()함수를 이용해야한다.

1) $P(U \ge 5.63)$ = CHIDIST(5.63, 14)= 0.975

2) $P(4.66 \le U \le 26.12)$ = CHIDIST(4.66,14)-CHIDIST(26.12,14) = 0.965012314

따라서 위에서 구한 확률은 다음과 같이 액셀 화면으로 확인할 수 있다.

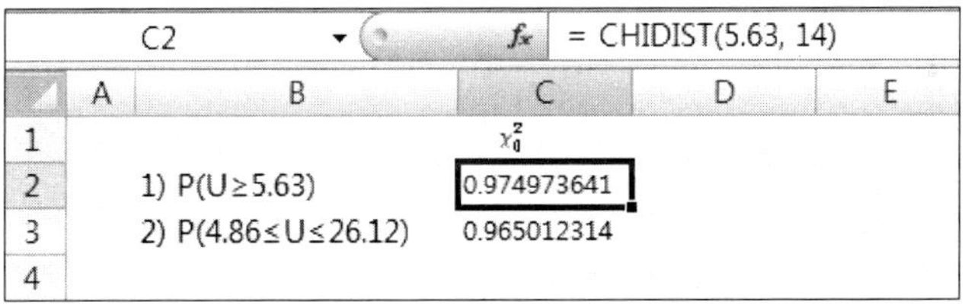

	A	B	C	D	E
1			χ_0^2		
2		1) P(U≥5.63)	0.974973641		
3		2) P(4.86≤U≤26.12)	0.965012314		
4					

예제7.8) 확률변수 U가 자유도 20인 χ^2-분포를 따를 때, 다음 확률을 엑셀을 이용하여 구하여라.

1) $P(U \le 10.3)$

2) $P(12.33 \le U \le 30)$

3) $P(U \ge 15.3)$

☞ 풀이

1) $P(U \le 10.3)$ =1-$P(U > 10.3)$ =1-CHIDIST(10.3, 20) =0.03759983

2) $P(12.33 \le U \le 30)$ =$P(U \ge 12.3) - P(U \ge 30)$

= CHIDIST(12.3, 20)-CHIDIST(30, 20)= 0.83550958

3) $P(U \geq 15.3)$ = CHIDIST(15.3, 20)= 0.75899189

따라서 χ^2-분포의 확률을 구하는 문제이므로 CHIDIST 함수를 이용하여 다음과 같이 구할 수 있다.

C7 = CHIDIST(15.3, 20)

	A	B	C	D	E
1			χ_0^2		
5		1) P(U≤10.3)	0.037599831		
6		2) P(12.33≤U≤30)	0.835509576		
7		3) P(U≥15.3)	0.758991889		
8					

7.6 t -분포

t-분포는 모분산 σ^2이 알려져 있지 않을 때, 표본평균에 대한 분포로서 많이 사용되며, 특히 모평균 μ의 추론에서 사용되는 확률분포이다. 앞에서 다룬바 있는 χ^2-분포와 같이 분포의 형태가 자유도에 의존하며, 0을 중심으로 좌우 대칭인 형태를 취한다.

1) t-분포의 정의

확률변수 Z가 표준정규분포 $N(0,1)$를 따르고, 확률변수 V가 자유도 n인 χ^2-분포를 따를 때, 다음의 확률변수 T는 자유도 n인 t-분포를 따른다.

$$T = \frac{Z}{\sqrt{V/n}} \sim t(n)$$

한편 t-분포에 대해, 정규모집단으로부터 크기 n인 확률표본을 추출했을 때 $\overline{X}$와 S^2을 각각 표본평균과 표본분산이라고 하면, 다음과 같이 정의되는 확률변수 T는 자유도 $n-1$인 t-분포를 따른다.

$$T = \frac{\overline{X} - \mu}{S/\sqrt{n}} \sim t(n-1)$$

[t-분포의 성질]

(1) t-분포는 0을 중심으로 좌우대칭이며, 표준정규 분포와 비교했을 때 분포의 꼬리부분이 두텁다.
(2) 자유도 n이 증가함에 따라 표준정규분포와 비슷해진다.
(3) t-분포는 모평균에 대한 추론에서 모분산 σ^2을 모를 때, 사용된다.

t-분포 그래프를 자유도에 따라 표현하면 다음과 같다.

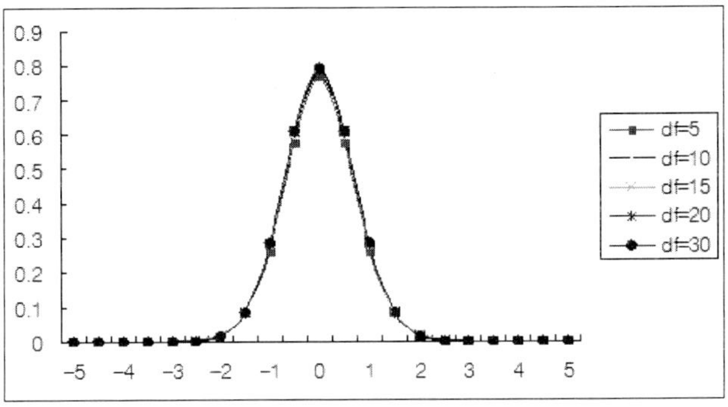

[그림 7-3] 자유도에 따른 t-분포 그래프

2) t-분포 표를 이용한 확률 계산

확률변수 T가 자유도 n인 t-분포를 따를 때, $0<\alpha<1$인 실수 α에 대해

$$P(T \geq t_0) = \alpha$$

을 만족하는 상수 t_0을 자유도 n인 t-분포의 α-점, 또는 α%점이라 하고, $t(n,\alpha)$로 표현한다. 이때 [그림 7-4]의 빗금친 면적이 α와 같게 되는 t-분포의 값인 $t(n,\alpha)$가 α-점이 된다.

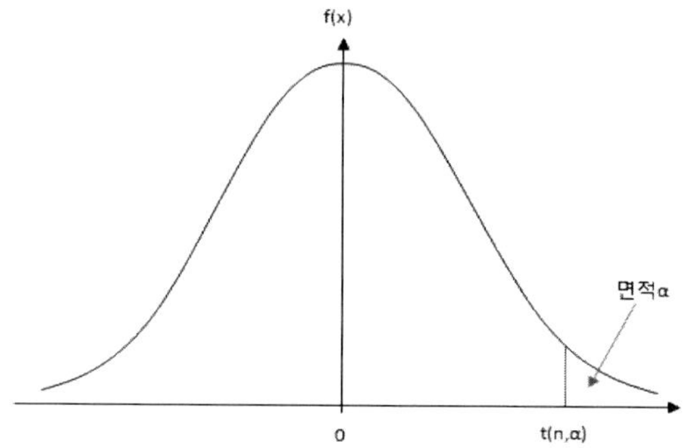

[그림 7-4] t-분포의 $t(n,\alpha)$점

한편 $P(|T| \geq t_0) = \alpha$를 만족하는 점을 t-분포의 $\alpha/2$ 점이라 하고, $t_{(n,\alpha/2)}$으로 표현한다.

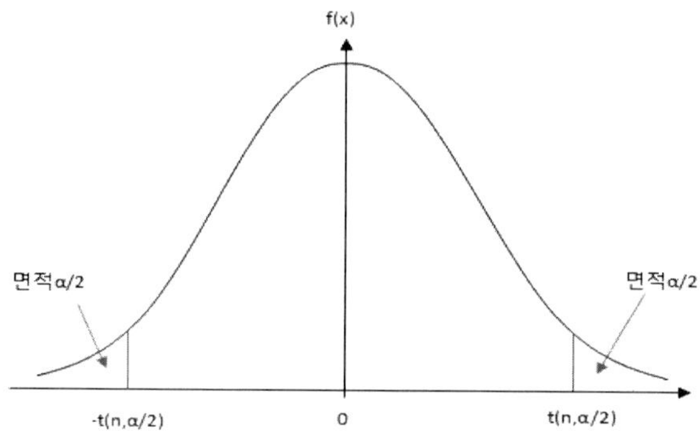

[그림 7-5] t-분포의 $t(n,\alpha/2)$ 점

앞에서 설명한 χ^2-분포와 같이 자유도에 따라 확률이 다르기 때문에 t-분포 역시 주어진 자유도와 확률 α를 제시하여 그때의 x축의 값을 찾는 방법을 사용한다. 즉, 부록의 t-분포 표로부터 자유도와 확률α가 교차하는 지점의 값이 확률 α가 되는 $t(n,\alpha)$점이다.

예제7.9) 확률변수 T가 다음과 같은 자유도를 가진 t-분포를 따를 때, 다음을 만족하는 $t(n,\alpha)$점을 구하여라.

1) 자유도 17일 때, $P(T \geq t_0) = 0.025$
2) 자유도 10일 때, $P(|T| \geq t_0) = 0.05$
3) 자유도 20일 때, $P(|T| \leq t_0) = 0.90$

☞ 풀이

부록의 t-분포 표를 이용하여 자유도와 확률α가 교차하는 지점의 값을 읽으면 된다.

1) 자유도 17일 때, $P(T \ge t_0) = 0.025$ 의 $t(17, 0.025) = 2.11$이 된다.

2) 자유도 10일 때, $P(|T| \ge t_0) = 0.05$의 경우는 $\alpha/2$점을 찾아야 하므로 $P(T \ge t_0) = 0.025$ 일 때 $t(10, 0.025) = 2.228$이 된다.

3) 자유도 20일 때, $P(|T| \le t_0) = P(-t_0 \le T \le t_0) = 0.90$ 이므로 그래프의 양쪽 꼬리부분의 확률은 0.05가 된다. 따라서 $\alpha/2$점은 $t(20, 0.05) = 1.725$가 된다.

3) 엑셀을 이용한 t-분포의 확률 계산

엑셀에서는 t-분포의 확률 값을 구하기 위해 TDIST()함수를 제공하고 있으며, 부록의 표와 같이 주어진 자유도와 확률에 대한 $t(n,\alpha)$점을 찾기 위해 TINV()함수를 제공하고 있다. 이들의 장점은 t-분포에 나와 있지 않은 확률이나 $t(n,\alpha)$점을 쉽게 구할 수 있다는 것이다.

[엑셀을 이용한 t-분포의 확률과 $t(n,\alpha)$점의 계산]

- t-분포의 확률 값을 구하기 위한 함수 :

  = TDIST(x, 자유도, 꼬리확률)

  여기서 꼬리확률은 한쪽꼬리의 확률인 경우에는 1을 입력하고,
  양쪽꼬리확률인 경우는 2를 입력한다.

  이때 양쪽꼬리확률은 $\alpha/2$를 나타내며,
  한쪽꼬리의 확률은 α를 나타낸다.

- $t_{(n,\alpha)}$점을 구하기 위한 함수 :

  =TINV(확률, 자유도)

예제7.10) 확률변수 T가 다음과 같은 자유도를 가진 t-분포를 따를 때, 다음을 만족하는 $t(n,\alpha)$점을 엑셀을 이용하여 구하여라.

1) 자유도 10일 때, $P(T \ge t_0) = 0.025$

2) 자유도 15일 때, $P(|T| \ge t_0) = 0.05$

3) 자유도 5일 때, $P(|T| \le t_0) = 0.90$

☞ 풀이

$t(n,\alpha)$점을 찾는 문제이므로 TINV() 함수를 이용하여 구할 수 있다.

1) 자유도 10일 때, $P(T \ge t_0) = 0.025$

= TINV(0.025, 10) =2.63376933

2) 자유도 15일 때, $P(|T| \geq t_0) = 0.05$

$P(|T| \geq t_0) = P(T \geq t_0) + P(T \leq -t_0)$이므로 $\alpha/2$가 되어 한다. 따라서 다음과 같이 입력하면 된다.

= TINV(0.025, 15) =2.48987817

3) 자유도 5일 때, $P(|T| \leq t_0) = 0.90$

$P(|T| \leq t_0) = P(-t_0 \leq T \leq t_0) = 0.9$ 이므로 양쪽 꼬리부부분의 확률은 0.05가 된다. 따라서 다음과 같이 입력하면 된다.

= TINV(0.05, 5) =2.57057764

따라서 위에서 구한 확률은 다음과 같이 액셀 화면으로 확인할 수 있다.

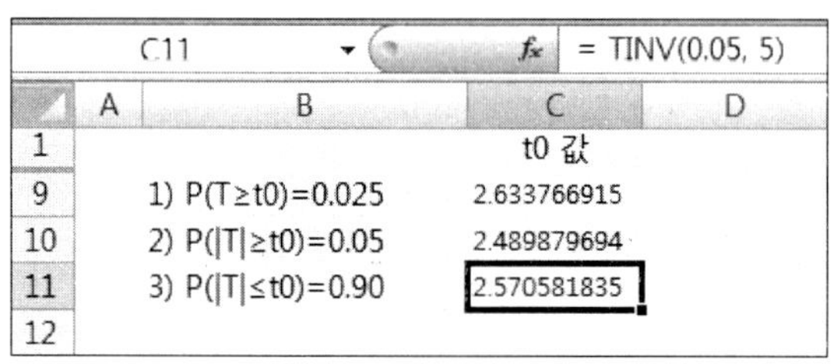

예제7.11) 확률변수 T가 다음과 같이 $t(n,\alpha)$점과 자유도를 가진 t-분포를 따를 때, 다음을 만족하는 확률을 엑셀을 이용하여 구하여라.

1) $P(T \geq 1.5)$, $df = 12$　　2) $P(|T| \leq 2.3)$, $df = 15$

3) $P(T \leq -2.5)$, $df = 10$　　4) $P(|T| \geq 2.3)$, $df = 11$

☞ 풀이

주어진 자유도와 $t(n,\alpha)$점을 이용하여 확률을 구하는 문제이므로 TDIST()함수를 이용하여 확률을 구할 수 있다.

1) $P(T \geq 1.5)$, $df = 12$

= TDIST(1.5, 12, 1) = 0.079728752

2) $P(|T| \leq 2.3)$, $df = 15$

$P(|T| \leq 2.3)$=$P(-2.3 \leq T \leq 2.3)$ 이므로 다음과 같이 양쪽고리부분의 확률을 구해 이 값을 1에서 빼면 확률을 구할 수 있다.

=1-TDIST(2.3, 15, 2) =1-0.0362243=0.9637757

3) $P(T \leq -2.5)$, $df = 10$

=$P(T \leq -2.5)$ = TDIST(2.5, 10, 1) = 0.015723422

4) $P(|T| \geq 2.3)$, $df = 11$

= $P(T \geq 2.3) + P(T \leq -2.3)$ 이므로 양쪽꼬리 확률이다.

= TDIST(2.3, 11, 2) = 0.042031926

따라서 위에서 구한 확률은 다음과 같이 액셀 화면으로 확인할 수 있다.

D17 =TDIST(2.3, 11, 2)

	A	B	C	D	E
12					
13			자유도	확률	
14		1) P(T≥1.5)	12	0.079728752	
15		2) P(|T|≤2.3)	15	0.963775703	
16		3) P(T≤-2.5)	10	0.015723422	
17		4) P(|T|≥2.3)	11	0.042031926	
18					

7.7 F-분포

F-분포는 두 모집단으로부터 독립적으로 추출된 표본으로부터 계산된 표본분산 S_1^2과 S_2^2의 비에 대한 분포를 정의할 때 사용된다. 이러한 이유로 두 정규 모집단의 분산의 비에 대한 추론이나 분산분석 등에 주로 사용되는 분포이다.

1) F-분포의 정의

U와 V가 각각 자유도 n_1과 n_2인 χ^2-분포를 따르며, 서로 독립이면, 다음의 확률변수 F는 자유도가 (n_1,n_2)인 F-분포를 따른다.

$$F=\frac{U/n_1}{V/n_2}\sim F(n_1,n_2)$$

한편 두 정규모집단 $N(\mu_1,\sigma_1^2)$, $N(\mu_2,\sigma_2^2)$ 으로부터 크기가 각각 n_1과 n_2인 확률표본을 추출했을 때 이들의 표본분산을 각각 S_1^2과 S_2^2이라 하면 다음의 확률변수 F는 자유도가 (n_1-1,n_2-1)인 F-분포를 따른다. 즉,

$$F=\frac{S_1^2/\sigma_1^2}{S_2^2/\sigma_2^2}\sim F(n_1-1,n_2-1)$$

이때, 각각의 표본분산은 다음과 같다.

$$S_1^2=\frac{1}{n_1-1}\sum_{i=1}^{n_1}(X_i-\overline{X})^2,\quad S_1^2=\frac{1}{n_2-1}\sum_{i=1}^{n_2}(Y_i-\overline{Y})^2$$

[F-분포의 성질]

(1) F-분포는 분산비를 나타내므로 양수이며, 따라서 그래프는 원점의 오른쪽에 위치한다.
(2) F-분포는 자유도가 증가함에 따라 대칭형을 나타낸다.
(3) F-분포는 모분산 비의 추론에서 사용되는 분포이다.
(4) T가 자유도 n인 t-분포를 따르면, T^2은 자유도 $(1,n)$인 F-분포를 따른다.

F-분포의 그래프를 자유도의 변화에 따라 살펴보면 다음과 같다.

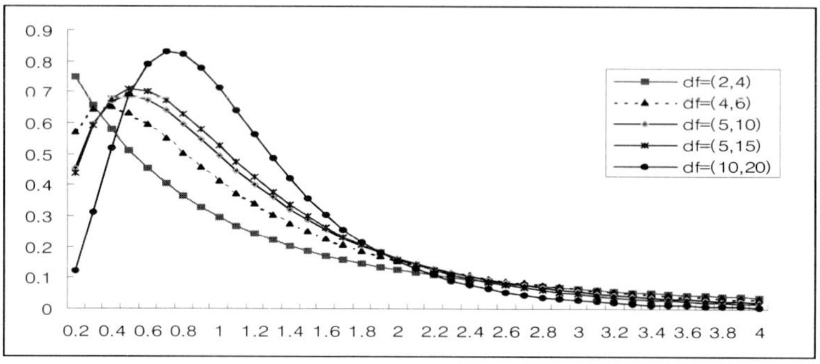

[그림 7-6] 자유도의 변화에 따른 F-분포그래프

확률변수 F가 자유도 (n_1,n_2)인 F-분포를 따를 때, $0<\alpha<1$인 실수 α에 대해

$$P(F \geq F_0) = \alpha$$

을 만족하는 상수 F_0을 자유도 (n_1,n_2)인 F-분포의 α점, 또는 α%점이라 하고, $F_{n_2}^{n_1}(\alpha)$로 표현한다. 이때 [그림 7-7]의 화살표 면적이 α와 같게 되는 F-분포의 값인 $F_{n_2}^{n_1}(\alpha)$가 α-점이 된다.

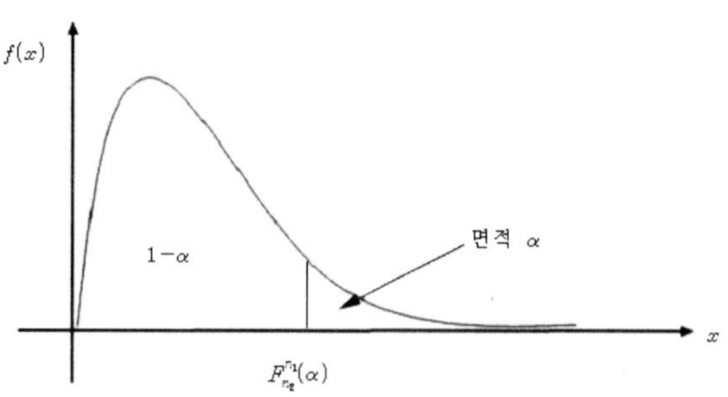

[그림 7-7] F-분포의 $F_{n_2}^{n_1}(\alpha)$점

자유도(n_1,n_2)인 F-분포의 α점을 $F^{n_1}_{n_2}(\alpha)$라 할 때 다음의 관계식이 성립한다.

$$F^{n_1}_{n_2}(1-\alpha)=\frac{1}{F^{n_2}_{n_1}(\alpha)}$$

이를 그래프로 나타내면 다음과 같다.

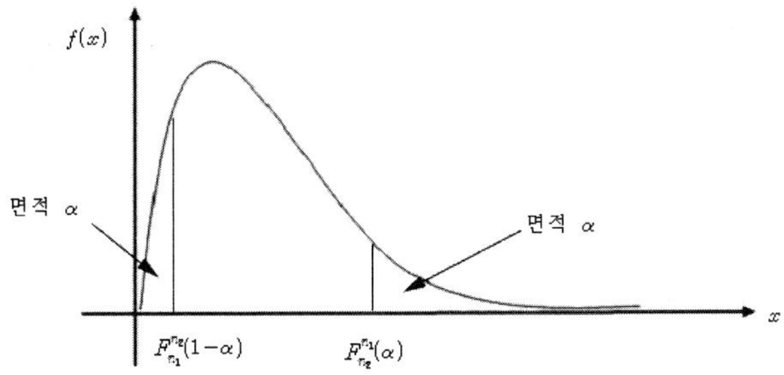

[그림 7-8] $F^{n_1}_{n_2}(\alpha)$와 $F^{n_2}_{n_1}(1-\alpha)$의 비교

2) F-분포 표를 이용한 확률 계산

F-분포는 자유도(n_1,n_2)에 따라 분포의 형태가 좌우되기 때문에 그에 따르는 확률을 직접적으로 구하기란 매우 어렵다. 따라서 확률 α와 자유도(n_1,n_2)을 주고 그에 따르는 $F^{n_1}_{n_2}(\alpha)$점을 찾는 방법을 사용한다. 이에 대한 해석은 반대로 하면 될 것이다. 즉, 자유도 (n_1,n_2)에 따르는 $F^{n_1}_{n_2}(\alpha)$일 확률이 α이다.

$F^{n_1}_{n_2}(\alpha)$점을 F-분포표로부터 찾기 위해서는 주어진 자유도 n_1은 분자의 자유도를 의미하고, n_2는 분모의 자유도를 나타내기 때문에 먼저 n_1을 찾고, 다음으로 n_2를 찾은 후 주어진 확률 α를 찾아 이들이 서로 만나는 위치의 값이 우리가 찾고자 하는 $F^{n_1}_{n_2}(\alpha)$점이다.

예제7.12) $F^{10}_{6}(0.05)=4.06$ 일 때, $F^{6}_{10}(0.95)$는 얼마인가?

☞ 풀이

$$F^{6}_{10}(0.95)=\frac{1}{F^{10}_{6}(0.05)}=\frac{1}{4.06}=0.246$$

3) 엑셀을 이용한 확률 α와 $F_{n_2}^{n_1}(\alpha)$점의 계산

엑셀에서는 주어진 자유도(n_1,n_2)와 $F_{n_2}^{n_1}(\alpha)$점에 따른 확률을 구할 수 있는 FDIST()함수를 제공하며, 자유도(n_1,n_2)와 확률α에 따른 $F_{n_2}^{n_1}(\alpha)$점을 구할 수 있는 FINV()함수를 각각 제공한다. 이 함수의 장점은 F-분포 표에 나타나 있지 않은 다양한 값들을 구할 수 있다는 점이다.

[엑셀을 이용한 F-분포의 확률 α와 $F_{n_2}^{n_1}(\alpha)$점의 계산]

- F-분포의 확률 α의 계산:
  = FDIST(x, 분자의 자유도, 분모의 자유도)
- F-분포의 $F_{n_2}^{n_1}(\alpha)$섬의 계산:
  = FINV(확률, 분자의 자유도, 분모의 자유도)

예제7.13) 엑셀을 이용하여 다음의 α-점을 구하라.

1) $F_6^{10}(0.05)$ 2) $F_{10}^{6}(0.95)$

3) $F_6^{10}(0.5)$ 4) $F_{13}^{12}(0.15)$

☞ 풀이

자유도와 확률 α를 주고 그때의 $F_{n_2}^{n_1}(\alpha)$점을 구하는 문제이므로 FINV()함수를 이용하여 값을 구할 수 있다.

1) $F_6^{10}(0.05)$ = FINV(0.05, 10, 6) = 4.059955927

2) $F_{10}^{6}(0.95)$ = FINV(0.95, 6, 10) = 0.246307863

또는 $F_{n_2}^{n_1}(1-\alpha)=\dfrac{1}{F_{n_1}^{n_2}(\alpha)}$의 관계로부터 다음과 같이 구할 수 있다.

= 1/FINV(0.05, 10, 6) = 1/4.059955927 = 0.2463081

3) $F_6^{10}(0.5)$ = FINV(0.5, 10, 6) = 1.047826714

4) $F_{13}^{12}(0.15)$ = FINV(0.15, 12, 13) =1.81510984

따라서 위에서 구한 $F_{n_2}^{n_1}(\alpha)$점은 다음과 같이 엑셀화면에서 확인할 수 있다.

C23 f_x = FINV(0.15, 12, 13)

	A	B	C	D	E
19			F0값		
20		1) F(10,6,0.05)	4.059962794		
21		2) F(6,10,0.95)	0.246307676		
22		3) F(10,6,0.5)	1.047826126		
23		4) F(12,13,0.15)	1.815108945		
28					

예제7.14) 다음의 확률을 엑셀을 이용하여 구하라.

1) $P(F \geq 12.3)$, 분자의 자유도=12, 분모의 자유도=3
2) $P(F < 1.3)$, 분자의 자유도=11, 분모의 자유도=15
3) $P(1.3 < F < 13.6)$, 분자의 자유도=10, 분모의 자유도=5

☞ 풀이

자유도와 $F_{n_2}^{n_1}(\alpha)$점을 주고 그때의 확률 α를 구하는 문제이므로 FDIST()함수를 이용하여 값을 구할 수 있다.

1) $P(F \geq 12.3)$, 분자의 자유도=12, 분모의 자유도=3
  =FDIST(12.3, 12, 3) =0.03106496

2) $P(F < 1.3)$, 분자의 자유도=11, 분모의 자유도=15
  $P(F < 1.3)$ =1-$P(F \geq 1.3)$
  =1-FDIST(1.3, 11, 15) =1-0.31210363 =0.68789637

3) $P(1.3 < F < 13.6)$, 분자의 자유도=10, 분모의 자유도=5
  $P(1.3 < F < 13.6) = P(F > 1.3) - P(F > 13.6)$
  = FDIST(1.3, 10, 5) - FDIST(13.6, 10, 5) =0.40225748

따라서 위에서 구한 확률은 다음과 같이 엑셀화면에서 확인할 수 있다.

D25 f_x =FDIST(12.3, 12, 3)

	A	B	C	D	E
12					
24			자유도	확률	
25		1) P(F≥12.3)	(12,3)	0.031064963	
26		2) P(F<1.3)	(11,15)	0.687896369	
27		3) P(1.3<F<13.6)	(10,5)	0.402257484	
28					

연습문제

[1] 크기 5인 모집단 {3, 7, 11, 13, 16}에 대하여 다음 값을 구하라.

1) 모평균과 모분산
2) 크기 2인 임의표본을 추출할 때 표본평균 $\overline{X}$의 기댓값 $E(\overline{X})$과 분산 $V(\overline{X})$

[2] 모집단 분포가 다음과 같다.

X: 1, 2, 3

1) 모평균과 모분산을 구하라.
2) 복원추출 방법으로 표본의 크기 $n=2$로 했을 때 표본평균의 확률분포 표를 작성하라.
3) 표본분포의 평균과 분산을 구하고 모평균, 모분산과 비교하라.

[3] 100명의 학생 모집단에서 그 모집단의 점수 평균이 60이고, 표준편차가 5라고 한다. 이 모집단으로부터 $n=9$인 표본을 비복원으로 추출했을 때, 표본평균 $\overline{X}$에 대해 다음을 계산하라.

1) 표본평균 $\overline{X}$의 분포
2) 표본평균 $\overline{X}$의 기대값
3) 표본평균 $\overline{X}$의 분산

[4] 성인 여성으로 구성된 모집단으로부터 임의로 $n=36$명의 임의표본을 뽑았다. 모집단의 신장에 대한 표준편차가 3㎝로 알려져 있다. 다음의 경우에 대해 표본평균 $\overline{X}$의 표준오차를 구하라.

1) 모집단의 크기가 $N=1{,}000$ 인 경우
2) 무한 모집단인 경우

[5] $N(77, 5^2)$인 모집단으로부터 $n=16$인 표본을 추출했을 때, 다음의 확률을 엑셀의 통계함수를 이용하여 계산하라.

1) $P(77 \le \overline{X} \le 79.5)$
2) $P(74.2 \le \overline{X} \le 78.4)$

[6] 표본평균 $\overline{X}$가 $N(12, 3^2)$인 정규분포를 할 때 다음의 확률을 엑셀의 통계함수를 이용하여 구하라.

1) $P(6 \leq \overline{X} \leq 18)$ 2) $P(9 \leq \overline{X} \leq 12)$

3) $P(12 \leq \overline{X} \leq 16)$ 4) $P(10 \leq \overline{X} \leq 13)$

[7] 평균이 82이고, 표준편차가 12인 모집단을 고려하자. 이때 다음의 경우에 대한 확률을 엑셀의 통계함수를 이용하여 구하라.

1) $n=64$인 표본을 추출했을 때, $80.8 \leq \overline{X} \leq 83.2$ 일 확률

2) $n=100$인 표본을 추출했을 때, $80.8 \leq \overline{X} \leq 83.2$ 일 확률

[8] 모평균 $\mu=99$이고, 표준편차 $\sigma=8$일 때, 다음의 표본의 크기에 대해 표본평균 $\overline{X}$의 기대값과 분산을 각각 구하라.

1) $n=9$

2) $n=100$

[9] K 택배회사에서 물건을 포장하는데 사용하는 끈의 강도가 평균 40kg, 표준편차가 10kg인 정규분포를 따른다고 한다. 25개의 끈을 표본을 추출하여 끈의 강도를 실험하였다. 이에 대해 다음을 엑셀의 통계함수를 이용하여 계산하라.

1) 평균강도 $\overline{X}$가 38kg과 43kg사이에 있을 확률

2) 평균강도 $\overline{X}$가 45kg 보다 작을 확률

[10] 어느 학교 학생의 평균 신장이 168cm 표준 편차 4cm로서 정규분포를 이루고 있다. 크기 25의 표본을 뽑는 경우 이 표본 평균의 분포에 대한 평균과 표준오차를 계산하라.

[11] 우리나라 농부들의 나이는 평균 50세이고 표준 편차가 8세인 정규분포를 한다. 임의로 250명의 농부를 뽑았을 때 그들의 평균 나이가 49세에서 51세 사이에 들어 있을 확률을 엑셀의 통계함수를 이용하여 구하라.

[12] 당국의 통계에 의하면 학생 1인당 연평균 교육비는 500,000원, 표준편차는 80,000원이라 한다. 64명의 학생을 임의로 뽑았을 때 평균 교육비가 다음과 같은 확률을 엑셀의 통계함수를 이용하여 구하라.

1) 482,000원을 초과하는 확률

2) 480,000원에서 512,000원 사이에 있을 확률

[13] 어떤 전구의 수명이 평균 500시간, 표준편차가 35시간인 확률 분포를 한다. 이 전구에서 49개의 확률 표본의 평균 수명이 488시간에서 505시간 사이에 있을 확률을 엑셀의 통계함수를 이용하여 구하여라.

[14] 어떤 그릇에 들어 있는 식품의 무게는 평균 16g이고 표준편차 0.6g인 확률 분포를 따른다. 그 그릇이 36개씩 상자에 담아진다면 임의로 선택된 상자 안의 내용물의 무게가 585g 을 넘을 확률을 엑셀의 통계함수를 이용하여 구하라.

[15] 50명의 남성과 40명의 여성이 다이어트 프로그램에 참가하여 3개월 후 감소한 몸무게를 측정한 결과가 다음과 같다. 이때 남성과 여성의 모집단 평균과 분산은 다음과 같이 알려져 있다.

	남성	여성
모평균	$\mu_1 = 16.5$	$\mu_2 = 13.2$
모분산	$\sigma_1^2 = 16$	$\sigma_2^2 = 25$

다음의 확률을 엑셀의 통계함수를 이용하여 구하여라.

1) 두 표본평균의 차이가 5kg이상일 확률
2) 두 표본평균의 차이가 3kg이상 7kg이하일 확률

[16] A 회사에서 생산되는 자동차 배터리의 수명은 평균 3.5년, 표준편차 0.4년이라고 한다. B 회사에서 생산된 배터리의 수명은 평균 3.3년, 표준편차 0.3년이라고 한다. A, B 회사로부터 각각 25개, 36개의 배터리를 임의로 추출하였을 때 A 회사의 배터리 평균 수명이 B 회사의 그것보다 0.4년 이상일 확률을 엑셀의 통계함수를 이용하여 구하라.

[17] 유권자의 60%가 현재 대통령의 직무수행을 잘하고 있다고 느낀다면, 임의로 추출한 900명의 표본에 대해 찬성하는 사람들의 비율이 다음과 같을 확률을 엑셀의 통계함수를 이용하여 구하라.

1) 65%이상
2) 56% 미만

[18] S사에서 생산하는 컴퓨터 모니터 중 5%가 불량품이라고 한다. 임의로 100대의 모니터를 표본으로 추출하여 불량여부를 검사했을 때, 다음을 구하라.

1) 표본에서 불량품의 기대비율과 분산
2) 표본비율의 근사적인 분포
3) 표본의 불량률이 10%를 초과할 확률을 엑셀을 이용하여 구하여라.

[19] 모회사의 엔지니어 중 67%가 대졸자이다. 우리가 300명의 엔지니어를 임의로 뽑는다면 그 중 대졸자가 190명 이하일 확률은 얼마인가? 엑셀의 통계함수를 이용하여 구하여라.

[20] 20세 이상의 성인 남성 중 45%가 흡연자이다. 임의로 200명의 성인 남자를 뽑았을 때 그 중 100명 이상이 흡연자일 확률은 얼마인가? 엑셀의 통계함수를 이용하여 구하여라.

[21] 한 주화를 20회 던질 때 표면이 나올 비율이 40%에서 60% 사이에 올 확률을 엑셀의 통계함수를 이용하여 구여라.

[22] A대학 졸업생의 40%가 결혼을 하였다고 한다. 이 대학 졸업생 중의 100명을 임의로 추출하였을 경우 기혼자가 32%~47%가 될 확률을 엑셀의 통계함수를 이용하여 구하여라.

[23] 다음 값을 엑셀의 통계함수를 이용하여 구하여라.

1) $\chi^2(12,0.025)$
2) $\chi^2(15,0.95)$
3) $\chi^2(10,0.975)$
4) $\chi^2(3,0.01)$
5) $\chi^2(12,0.90)$

[24] 확률변수 U가 다음과 같은 자유도(df)를 갖는 χ^2-분포를 따를 때, 엑셀의 통계함수를 이용하여 확률을 구하라.

1) $P(U > 4.404)$, $df = 12$
2) $P(U > 12.592)$, $df = 6$
3) $P(9.542 < U < 36.781)$, $df = 22$
4) $P(0.831 < U < 11.070)$, $df = 5$

[25] 다음 값을 엑셀의 통계함수를 이용하여 구하라.

1) $t(16,0.01)$
2) $t(10,0.05)$
3) $t(11,0.025)$
4) $t(6,0.10)$
5) $t(25,0.025)$

[26] 확률변수 T가 다음과 같은 자유도(df)를 갖는 t-분포를 따를 때, 엑셀의 통계함수를 이용하여 확률을 구하라.

1) $P(T < 2.179)$, $df = 12$
2) $P(T > -1.44)$, $df = 6$

3) $P(-2.508 < T < 2.508)$, $df = 22$

4) $P(T < -2.821)$, $df = 9$

5) $P(-1.345 < T < 2.624)$, $df = 14$

[27] 다음 값을 엑셀의 통계함수를 이용하여 구하라.

1) $F_5^6(0.01)$　　2) $F_{12}^{10}(0.05)$

3) $F_5^6(0.975)$　　4) $F_{11}^{15}(0.90)$

5) $F_1^5(0.025)$

8장 통계적 추정

모집단의 특성을 나타내는 모수로서는 모평균, 모분산, 모비율, 모상관계수 등이 있으며, 일반적으로 이러한 모수들의 값은 알려져 있지 않다. 따라서 모르는 모집단의 특성값들에 대해 모집단으로부터 추출된 표본을 기초로 하여 이들에 관한 정보를 얻는 것을 통계적추론(statistical inference) 이라 하며, 통계적 추론에는 추정(estimation)과 가설검정(testing of hypothesis)이 있다.

일반적으로 추정이라 함은 모집단으로부터 추출된 확률표본을 기초로 하여 계산된 통계량을 이용하여 모집단의 특성 값인 모수를 예측 또는 추측하는 것을 말한다. 이러한 추정의 방법에는 점추정(point estimation) 방법과 구간추정(interval estimation) 방법, 그리고 적률법(method of moment), 최소제곱추정(least square estimation) 방법 등이 있다. 그러나 후자의 두 방법은 본서의 범위를 넘기 때문에 전자의 두 방법에 대해서만 살펴보도록 한다.

먼저 점추정 방법은 표본으로부터 계산된 통계량으로 정확하게 하나의 모수를 추정하는 방법이며, 구간추정 방법은 모수가 특정한 구간에 있다고 추정하는 방법이다.

점추정 방법은 간단히 소개하고, 이에 비해서 구간추정을 보다 자세히 다루도록 하겠다.

8.1 점추정

모수를 추정하는데 사용되는 적절한 통계량을 추정량(estimator)이라 하며, 이 추정량의 값을 추정치(estimate)라 한다. 이때 추정량은 확률변수가 되며, 추정치는 확률변수의 관찰치로서 상수값이다. 이때 모수를 θ로 표기하고, 추정량을 $\hat{\theta}$ 로 표기하자.

그러면, 추정량 $\hat{\theta}$가 모수 θ를 잘 추정하는지 어떤지는 추정량의 표본 분포가 모수 θ의 주위에 어떠한 형태로 분포하는가에 의존한다고 할 수 있다. 즉, 좋은 추정량이 되기 위한 기준으로는 다음과 같은 4가지 성질을 들 수 있다.

1) 비편향성(unbiasedness)
2) 유효성(efficiency)
3) 일치성(consistency)
4) 충분성(sufficiency)

[비편향성(unbiasedness)]

주어진 모집단에서 동일한 크기로 표본을 반복적으로 추출하면, 이론적으로 추정량의 표집분포를 구할 수 있다. 그러면, 모수 θ의 모든 값에 대해 다음을 만족하면, 추정량 $\hat{\theta}$ 는 모수 θ의 비편향 추정량(unbiased estimator)이라 한다.

$$E(\hat{\theta}) = \theta$$

만일 $E(\hat{\theta}) \neq \theta$이면 추정량 $\hat{\theta}$ 를 편향추정량(biased estimator)라 하며, 편향(bias)은 다음과 같이 정의할 수 있다.

$$b(\hat{\theta}) = E(\hat{\theta}) - \theta$$

따라서 비편향 추정량은 편향이 $b(\hat{\theta}) = 0$인 추정량을 말한다.

예로서 앞에서 언급한 표본평균 $\overline{X}$는 모평균 μ의 비편향 추정량이다. 즉, $E(\overline{X}) = \mu$가 성립하기 때문이다. 또한 다음과 같이 정의된 표본분산 S^2은 모분산 σ^2의 비편향 추정량이다.

$$S^2 = \frac{1}{n-1}\sum_{i=1}^{n}(X_i - \overline{X})^2$$

표본분산 식으로부터 분모의 인자로서 n이 아닌 $n-1$로 쓰는 이유는 모분산의 비편향 추정량이 되기 때문이다. 즉, $S'^2 = \frac{1}{n}\sum_{i=1}^{n}(X_i - \overline{X})^2$은 모분산 σ^2의 편향 추정량이다.

만일 두 추정량 $\hat{\theta}_1, \hat{\theta}_2$가 각각 모수 θ의 비편향 추정량과 편향 추정량일 때, 그림을 통해 살펴보면 다음과 같다.

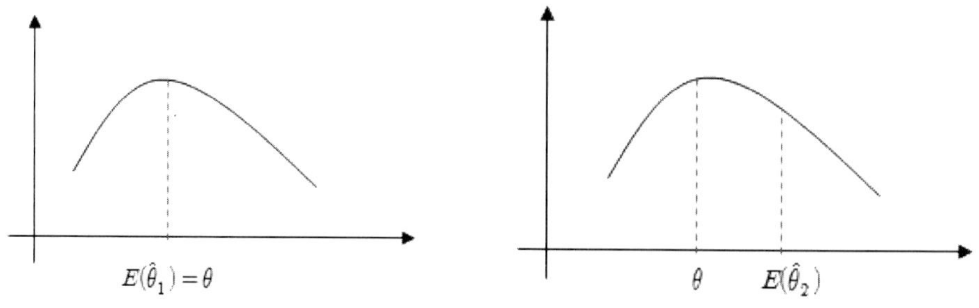

[그림 8-1] 비편향 추정량$\hat{\theta}_1$과 편향 추정량$\hat{\theta}_2$의 비교

[유효성(efficiency)]

모수 θ의 비편향 추정량이 두 개가 존재할 때, 우리는 두 추정량 중 분산이 더 작은 추정량을 선택하는 것이 바람직하다. 즉, 두 비편향 추정량 중에서 더 작은 분산을 갖는 추정량을 유효 추정량(efficient estimator) 이라 한다.

모수 θ의 비편향 추정량 $\hat{\theta}_1, \hat{\theta}_2$의 표본분포가 각각 다음과 같다면, $\hat{\theta}_1$의 분산이 $\hat{\theta}_2$의 분산에 비해 작기 때문에 $\hat{\theta}_1$이 모수 θ의 유효추정량이 된다.

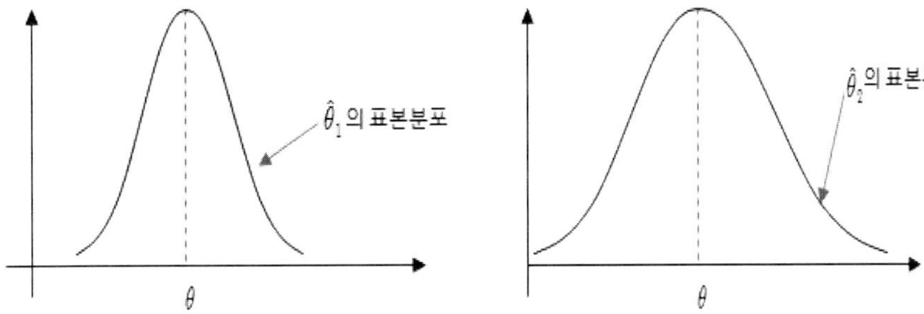

[그림 8-2] 비편향 추정량 $\hat{\theta}_1, \hat{\theta}_2$의 표본분포의 비교

즉, 모수 θ의 비편향 추정량 $\hat{\theta}_1, \hat{\theta}_2$의 분산을 각각 $V(\hat{\theta}_1)$, $V(\hat{\theta}_2)$라 할 때,

$$V(\hat{\theta}_1) < V(\hat{\theta}_2)$$

이면, $\hat{\theta}_1$은 모수 θ의 유효추정량이라 한다. 이때 두 추정량의 분산비를 다음과 같이 정의할 수 있으며, 이를 추정량 $\hat{\theta}_2$에 대한 $\hat{\theta}_1$의 효율(efficiency)이라 한다.

$$Eff(\hat{\theta}_1, \hat{\theta}_2) = \frac{V(\hat{\theta}_1)}{V(\hat{\theta}_2)} \times 100(\%)$$

만일 모수 θ의 비편향 추정량 중 분산이 가장 작은 추정량이 존재한다면, 이러한 추정량을 **최량추정량**(best estimator) 또는 **최소분산 비편향추정량**(minimum variance unbiased estimator: MVUE) 이라 한다.

[일치성(consistency)]

모집단으로부터 추출된 표본의 크기가 매우 클 때, 추정량이 확률 1로서 모수에 가까워지면 좋은 추정량이다. 이러한 성질을 갖는 추정량 $\hat{\theta}$을 모수 θ의 일치 추정량(consistent estimator) 라 한다.

즉, 모수 θ의 추정량을 $\hat{\theta}$라 할 때, 임의의 양수 ϵ에 대해 $\hat{\theta}$가 θ에 확률 수렴할 때, 다음이 성립하면, 추정량 $\hat{\theta}$를 θ의 일치 추정량이라 한다.

$$\lim_{n\to\infty} P(|\hat{\theta}-\theta| < \epsilon) = 1$$

다음으로 충분성에 관한 자세한 내용은 이 책의 범위를 넘기 때문에 간단히 설명하는 것으로 대신한다.

어떤 추정량이 모수 θ의 충분 추정량이라 함은 이 추정량을 이용하면 표본으로 얻을 수 있는 모수 θ에 대한 정보를 모두 얻을 수 있다는 의미가 된다. 즉, θ의 추정량으로서 충분 추정량을 이용하게 되면, 다른 추정량은 θ에 대한 정보를 더 이상 주지 못함으로 이 추정량 하나로 충분하게 된다.

[충분성(sufficiency)]

모수 θ를 갖는 모집단 분포로부터 n개의 임의의 표본 $X_1, X_2, \cdots, X_n$을 추출했을 때, 이로부터 얻은 추정량 $\hat{\theta}$을 고려하자. 그러면, 만일 $\hat{\theta}$가 주어졌을 때, $X_1, X_2, \cdots, X_n$의 조건부 분포가 다음과 같을 때, 추정량 모수 θ와 독립이면, $\hat{\theta}$를 θ의 충분 통계량(sufficient estimator) 이라 한다.

$$f(x_1, x_2, \cdots, x_n | \hat{\theta}) = \frac{f(x_1, x_2, \cdots, x_n, \hat{\theta})}{g(\hat{\theta})}$$

8.2 구간추정

앞에서 다룬 점 추정법의 경우 추정량이 정확히 모수와 일치하는 것을 기대하기란 매우 어려우며, 동일한 모집단으로부터 두 가지의 표본을 추출했을 때, 이들 표본으로부터 계산된 두 추정치가 정확히 같을 수는 없다. 따라서 점 추정 방법은 추정량에 대한 다른 정보가 주어지지 않는 한 구해진 추정치가 얼마나 좋은가를 알 수 없다는 문제가 발생한다.

이러한 점추정 방법의 문제점을 보다 개선한 추정방법이 다음에서 다룰 구간 추정법 이다. 이 방법은 다음 장의 가설 검정에서도 다루게 되므로 꼭 숙지하기를 바란다.

일반적으로 구간추정(interval estimation)은 모집단의 모르는 값으로 모수 θ를 고려 할 때, 미지의 모수 θ의 참값이 속할 것으로 기대되는 구간을 추정하는 방법이다. 이때 모수의 참값이 속할 것으로 기대되는 구간을 신뢰구간(confidence interval)이라 하며, 결과적으로 구간 추정을 한다는 것은 이러한 신뢰구간을 구하는 것과 동일한 의미를 가진다.

[신뢰구간의 정의]

미지 모수 θ의 구간 추정을 위해 표본으로부터 계산된 두 통계량을 각각 $\hat{\theta}_L, \hat{\theta}_U$ 라 하면, 임의의 양수 $\alpha(0<\alpha<1)$에 대해 다음을 만족할 때, 구간$(\hat{\theta}_L, \hat{\theta}_U)$를 모수 θ의 $(1-\alpha)\times 100\%$ 신뢰구간이라 한다.

$$P(\hat{\theta}_L < \theta < \hat{\theta}_U) = 1-\alpha$$

이때 $\hat{\theta}_L$을 모수 θ의 신뢰하한(lower confidence limit), $\hat{\theta}_U$를 모수 θ의 신뢰상한(upper confidence limit)이라 하며, $1-\alpha$를 신뢰도 또는 신뢰계수 (confidence coefficient)라 한다.

8.2.1 모평균 μ에 대한 구간추정

먼저 모집단이 하나인 경우에 모평균 μ에 대한 구간 추정방법에 대해 살펴보도록 하자. 이때 모분산 σ^2을 알 때와 모를 때의 경우로 나눌 수 있으며, 이에 대한 추정방법은 다음과 같이 설명할 수 있다.

1) 모분산 σ^2이 알려진 경우

모집단의 분포가 $N(\mu,\sigma^2)$을 따른다면, 이 모집단으로 크기 n인 표본을 추출했을 때, 표본평균 $\overline{X}$는 $N\left(\mu, \frac{\sigma^2}{n}\right)$인 정규분포를 따르게 된다. 따라서 표준화 확률변수 $Z=\frac{\overline{X}-\mu}{\sigma/\sqrt{n}} \sim N(0,1)$인 표준정규분포를 따르게 된다. 결국 다음과 같은 구간에 있을 확률은 $1-\alpha$가 된다. 즉,

$$P(-z_{\alpha/r2} \le Z \le z_{\alpha/2}) = 1-\alpha$$

가 성립한다. 이식으로부터 다음과 같이 모평균 μ가 포함될 확률 구간을 구할 수 있다.

$$\begin{aligned} P(-z_{\alpha/2} \le Z \le z_{\alpha/2}) &= P\left(-z_{\alpha/2} \le \frac{\overline{X}-\mu}{\sigma/\sqrt{n}} \le z_{\alpha/2}\right) \\ &= P\left(\overline{X}-z_{\alpha/2}\frac{\sigma}{\sqrt{n}} \le \mu \le \overline{X}+z_{\alpha/2}\frac{\sigma}{\sqrt{n}}\right) \\ &= 1-\alpha \end{aligned}$$

이를 그래프로 표현하면 다음과 같다.

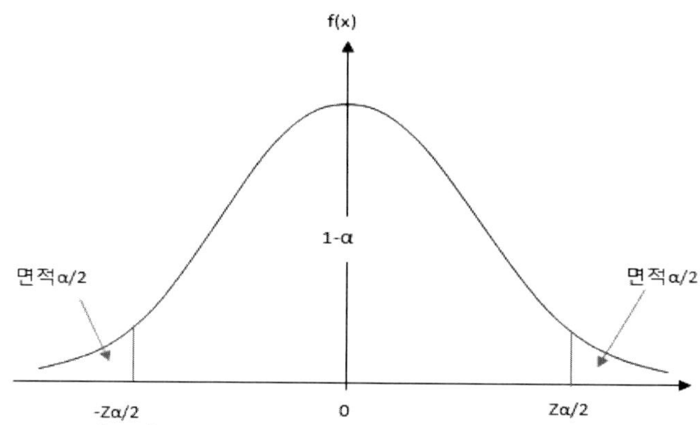

[그림 8-1] 표준정규 분포에서의 $\alpha/2$점

이때 $z_{\alpha/2}$ 는 표준정규 분포$N(0,1)$에서의 $\alpha/2$점이다.

결과적으로 모분산 σ^2이 알려져 있을 때, 모평균 μ의 $(1-\alpha)\times 100\%$ 신뢰구간은 다음과 같다.

$$\left(\overline{x}-z_{\alpha/2}\frac{\sigma}{\sqrt{n}} \le \mu \le \overline{x}+z_{\alpha/2}\frac{\sigma}{\sqrt{n}}\right)$$

특별히, 모평균 μ에 대한 90%, 95%, 99% 신뢰구간은 각각 다음과 같다.

90% 신뢰구간 : $\left(\overline{x}-1.64\frac{\sigma}{\sqrt{n}} \le \mu \le \overline{x}+1.64\frac{\sigma}{\sqrt{n}}\right)$
95% 신뢰구간 : $\left(\overline{x}-1.96\frac{\sigma}{\sqrt{n}} \le \mu \le \overline{x}+1.96\frac{\sigma}{\sqrt{n}}\right)$
99% 신뢰구간 : $\left(\overline{x}-2.58\frac{\sigma}{\sqrt{n}} \le \mu \le \overline{x}+2.58\frac{\sigma}{\sqrt{n}}\right)$

만일 모평균 μ의 95% 신뢰구간을 그림으로 표현하면 다음과 같다.

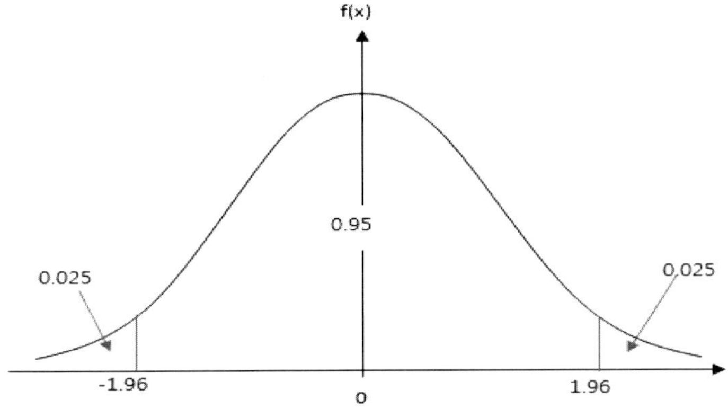

[그림 8-2] 모평균 μ의 95% 신뢰구간

위와 같이 표준정규분포 표를 이용하지 않고, 엑셀을 이용하여 모평균 μ 에 대한$(1-\alpha)\times 100\%$ 신뢰구간을 구하기 위해서 모분산 σ^2이 알려져 있는 경우 CONFIDENCE()함수를 제공한다. CONFIDENCE()함수는 산술적으로 계산하는 신뢰상한과 신뢰하한을 직접적으로 제공하는 것이 아니라, 표본평균을 중심으로 한 신뢰구간의 폭을 계산하여 이를 나타낸다. 즉, 표본평균 ± 신뢰구간의 폭을 나타낸다.

[엑셀을 이용한 모평균 μ에 대한 $(1-\alpha)\times 100\%$ 신뢰구간의 계산]

- 모평균 μ에 대한 $(1-\alpha)\times 100\%$ 신뢰 구간의 폭 계산 :
  =CONFIDENCE(α, 표준편차, 표본의 크기)

여기서 90% 신뢰구간의 경우 : α= 0.1,
95% 신뢰구간의 경우 : α= 0.05,
99% 신뢰구간의 경우 : α= 0.01

예제8.1) 한 유치원에서 유치원생 16명의 확률표본의 평균 체중이 20.8kg이라고 한다. 과거의 조사로부터 체중의 표준편차가 2.8kg으로 알려져 있다고 할 때, 다음의 신뢰계수에 대한 모평균 μ의 신뢰구간을 구하라.

1) 90% 신뢰구간
2) 95% 신뢰구간

☞ 풀이 1 - 산술적인 계산

문제로부터 표본평균 $\bar{x}=20.8$, $\sigma=2.8$, $n=16$이고, 유치원생들의 체중은 정규 분포를 따른다고 할 수 있기 때문에 다음과 같이 신뢰구간을 구할 수 있다.

1) 90% 신뢰구간의 경우 $1-\alpha=0.9$ 이므로 $\alpha=0.1$이 된다. 따라서 $z_{\alpha/2}=z_{0.05}=1.64$가 되어 구하고자 하는 신뢰구간은 다음과 같다.

$$\left(\bar{x}-1.64\frac{\sigma}{\sqrt{n}} \le \mu \le \bar{x}+1.64\frac{\sigma}{\sqrt{n}}\right)$$

$$\Rightarrow 20.8-1.64\times\frac{2.8}{\sqrt{16}} \le \mu \le 20.8+1.64\times\frac{2.8}{\sqrt{16}}$$

$$\Rightarrow 19.65 \le \mu \le 21.95$$

2) 같은 방법으로 95%의 경우 $\alpha=0.5$가 되어 $z_{\alpha/2}=z_{0.025}=1.96$이므로 구하고자 하는 신뢰구간은 다음과 같다.

$$\left(\bar{x}-1.96\frac{\sigma}{\sqrt{n}} \le \mu \le \bar{x}+1.96\frac{\sigma}{\sqrt{n}}\right)$$

$$\Rightarrow 20.8-1.96\times\frac{2.8}{\sqrt{16}} \le \mu \le 20.8+1.96\times\frac{2.8}{\sqrt{16}}$$

$$\Rightarrow 19.43 \le \mu \le 22.17$$

☞ 풀이 2 - 엑셀을 이용한 계산

표준편차가 2.8kg 과 표본크기 16명을 이용하여 다음과 같이 주어진 신뢰도에 대한 신뢰구간을 구할 수 있다.

1) 90% 신뢰구간의 폭

= CONFIDENCE(0.1, 2.8, 16) = 1.151397

즉, 구하고자 하는 신뢰구간은 20.8±1.151397으로서 (19.6486029, 21.9513971)이며, 이는 다음과 같이 간단한 계산을 통해 구할 수 있다.

2) 95% 신뢰구간의 폭

= CONFIDENCE(0.05, 2.8, 16) = 1.37197276

즉, 95% 신뢰구간은 20.8±1.37197276 으로서 (19.4280272 , 22.1719728)이다.

C48 f_x = CONFIDENCE(0.1, 2.8, 16)

	A	B	C	D	E
46					
47			신뢰구간폭		
48		1) 90% 신뢰구간	1.151397539		
49		2) 95% 신뢰구간	1.371974789		
50					

예제8.2) A회사에서 생산되는 가루비누의 무게는 표준편차가 $\sigma=4$kg인 정규분포를 따른다고 알려져 있다. 이 회사에서 생산되는 가루비누 중 표본으로 25개를 추출하여 평균 무게를 측정한 결과 $\overline{x}=97$kg 이었다. 가루비누의 실제 평균 무게에 대한 95% 신뢰구간을 구하여라.

☞ 풀이 1 - 산술적인 계산

모분산 σ^2이 알려져 있는 경우에 대한 신뢰구간을 구하면 된다. $1-\alpha=0.95$ 이므로 $\alpha=0.05$이며, $z_{\alpha/2}=z_{0.025}=1.96$이다. 따라서 모평균 μ의 95% 신뢰구간은 다음과 같이 계산된다.

$$\left(\overline{x}-1.96\frac{\sigma}{\sqrt{n}}\le\mu\le\overline{x}+1.96\frac{\sigma}{\sqrt{n}}\right)$$

$$\Rightarrow 97-1.96\times\frac{4}{5}\le\mu\le 97+1.96\times\frac{4}{5}$$

$$\Rightarrow 95.43\le\mu\le 98.57$$

☞ 풀이 2 - 엑셀을 이용한 계산

표준편차가 $\sigma=4$kg, 표본의 크기 25, 표본평균 $\overline{x}=97$kg로서 95%신뢰구간을 구하는 문제이므로 앞에서와 같이 CONFIDENCE()함수를 이용하여 문제를 해결할 수 있다.

=CONFIDENCE(0.05, 4, 25) =1.56796887

C51 f_x =CONFIDENCE(0.05, 4, 25)

	A	B	C	D	E
46					
47			신뢰구간폭		
51		95% 신뢰구간	1.567971188		
52					

따라서 가루비누의 실제평균에 대한 95%신뢰구간은 (95.4320311, 98.5679689) 이다.

2) 모분산 σ^2을 모르는 경우

일반적으로 모분산 σ^2은 알려져 있지 않기 때문에, 이 경우가 모분산 σ^2은 알려져 있는 경우 보다 실제적이라 할 수 있다. 이때는 모분산을 이용할 수 없기 때문에 다음과 같이 정의되는 표본분산S^2을 이용해야 한다.

$$S^2 = \frac{1}{n-1}\sum_{i=1}^{n}(X_i - \overline{X})^2$$

먼저 모집단에 대해 정규 분포를 따른다고 가정하자. 그러면, 8장에서 다룬 T-통계량을 다음과 같이 정의 할 수 있으며, 통계량 T 는 자유도 $(n-1)$인 t-분포를 따른다.

$$T = \frac{\overline{X} - \mu}{S/\sqrt{n}} \sim t(n-1)$$

그러므로 모평균 μ가 다음과 같은 구간에 있을 확률이 $1-\alpha$가 되며, 이를 정리하면

$$P(-t(n-1,\alpha/2) \le T \le t(n-1,\alpha/2)) = P\left(-t(n-1,\alpha/2) \le \frac{\overline{X}-\mu}{S/\sqrt{n}} \le t(n-1,\alpha/2)\right)$$

$$= P\left(\overline{X} - t(n-1,\alpha/2)\frac{S}{\sqrt{n}} \le \mu \le \overline{X} + t(n-1,\alpha/2)\frac{S}{\sqrt{n}}\right)$$

$$= 1-\alpha$$

가 된다. 이에 대해 t-분포의 그래프로 표현하면 다음과 같다.

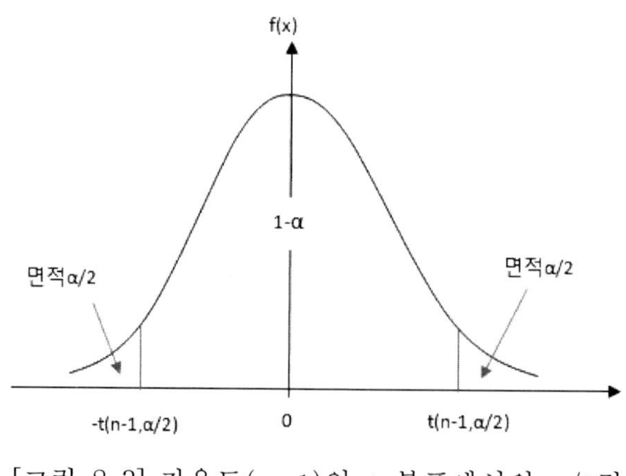

[그림 8-3] 자유도$(n-1)$인 t-분포에서의 $\alpha/2$점

결과적으로 모분산 σ^2을 모를 때, 모평균 μ에 대한 $(1-\alpha)\times 100\%$ 신뢰구간은 다음과 같다.

$$\left(\bar{x}-t(n-1,\alpha/2)\frac{s}{\sqrt{n}}\le \mu \le \bar{x}+t(n-1,\alpha/2)\frac{s}{\sqrt{n}}\right)$$

위와 같이 모분산 σ^2을 모를 때, 모평균 μ에 대한 $(1-\alpha)\times 100\%$ 신뢰구간을 계산하기 위해서는 t-분포 표를 이용하여 $\alpha/2$점을 찾아 신뢰구간 공식에 대입해야한다.

이와 더불어 엑셀을 이용할 경우 이에 대한 함수를 따로 제공되지 않는다. 따라서 직접적으로 함수를 이용할 수 없기 때문에 다음과 같이 간접적인 계산방법으로 이를 해결할 수 있다.

[엑셀을 이용한 모평균 μ에 대한 $(1-\alpha)\times 100\%$ 신뢰구간의 계산]

- 모분산 σ^2을 모를 때 $(1-\alpha)\times 100\%$ 신뢰구간 폭의 계산:

  = TINV(α, 자유도)* STDEV(자료범위)/SQRT(n)

  여기서 자유도는 표본의 크기-1 이다.

  만일 표준편차를 제시하고 있다면, STDEV()함수 대신 그 값을 입력하면 된다.

예제8.3) 국내에서 생산되는 M상표 담배의 니코틴 함량을 알아보기 위해 16개의 담배를 표본으로 추출하여 이들의 니코틴 함량을 측정한 결과 평균이 18.3㎎이고, 표준편차가 1.8㎎으로 나타났다. M상표의 담배 전체의 평균 니코틴 함량 μ의 90% 신뢰구간을 구하여라. (단, 담배의 니코틴 함량은 정규분포를 따른다고 가정하자.)

☞ 풀이 1 - 산술적인 계산

문제로부터 신뢰구간을 구하기 위해 $n=16$이며, $\bar{x}=18.3$, $s=1.8$, $\alpha=0.1$이다. 그런데 모집단 분산이 알려져 있지 않으므로 t-분포를 적용하기 위해, 자유도 $n-1=15$ 일 때 $\alpha/2$ 점을 부록의 t-분포 표로부터 찾으면, $t(n-1,\alpha/2)=t(15,0.05)=1.753$ 임을 알 수 있다. 따라서 모평균 μ에 대한 90%신뢰구간은 다음과 같다.

$$\left(\bar{x}-t(n-1,\alpha/2)\frac{s}{\sqrt{n}} \le \mu \le \bar{x}+t(n-1,\alpha/2)\frac{s}{\sqrt{n}}\right)$$

$$\Rightarrow 18.3-1.753\left(\frac{1.8}{4}\right) \le \mu \le 18.3+1.753\left(\frac{1.8}{4}\right)$$

$$\Rightarrow 17.51 \le \mu \le 19.09$$

☞ 풀이 2 - 엑셀을 이용한 계산

표본크기 $n=16$, 표준편차, $s=1.8$, $\alpha=0.1$ 이므로 다음과 같이 입력하면 신뢰구간의 폭을 구할 수 있다.

=TINV(0.1, 15)* 1.8/SQRT(16) =0.78887297

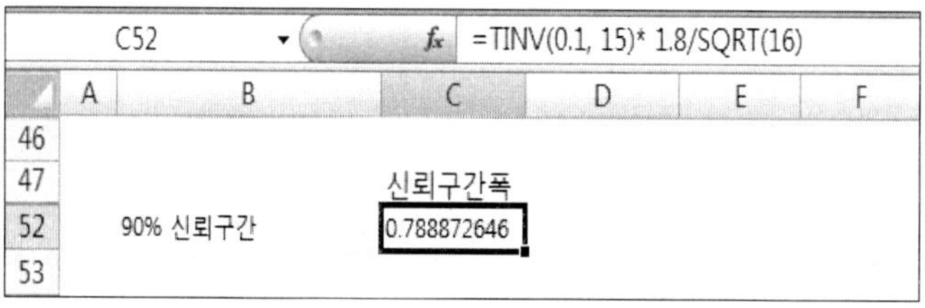

따라서 구하고자 하는 90%신뢰구간은 (17.511127, 19.088873) 이다.

예제8.4) 어느 공장에서 생산되는 시금치 통조림에 포함되어 있는 비타민의 량은 정규 분포를 따른다고 알려져 있으며, 평균과 분산은 모른다고 한다. 이 공장에서 생산되는 시금치의 실제 비타민 량을 알아보기 위해 표본으로 17개의 시금치 통조림을 뽑아 비타민의 량을 조사한 자료가 다음과 같을 때, 전체 생산되는 시금치 통조림에 포함되어 있는 비타민의 평균 μ에 대한 95% 신뢰구간을 구하여라.

16, 22, 21, 20, 23, 21, 19, 15, 13, 13, 17, 20, 29, 18, 22, 16, 15

☞ 풀이 1 - 산술적인 계산

표본평균 : $\bar{x}=\frac{1}{n}\sum_{i=1}^{n}x_i=\frac{1}{17}(16+22+\cdots+15)=18.8$

표본분산 : $s^2=\frac{1}{n-1}\sum_{i}^{n}\left(x_i-\bar{x}\right)^2=\frac{1}{16}\{(16-20)^2+\cdots+(15-20)^2\}=4.11^2$

부록의 t-분포표로부터 자유도 $n-1=16$일 때 $\alpha/2$점을 찾으면, $t(n-1,\alpha/2)=t(16,0.025)=2.12$가 된다. 따라서 μ 에 대한 95% 신뢰구간은 다음과 같다.

$$\left(\bar{x}-t(n-1,\alpha/2)\frac{s}{\sqrt{n}}\le\mu\le\bar{x}+t(n-1,\alpha/2)\frac{s}{\sqrt{n}}\right)$$

$$\Rightarrow 18.8-2.12\left(\frac{4.11}{\sqrt{17}}\right)\le\mu\le 18.8+2.12\left(\frac{4.11}{\sqrt{17}}\right)$$

$$\Rightarrow 16.71\le\mu\le 20.94$$

☞ 풀이 2 - 엑셀을 이용한 계산

이 문제는 자료가 주어지고 이들 자료를 이용하여 통계량들을 계산해야한다.
따라서 먼저 자료를 엑셀에 입력하여 평균은 AVERAGE()함수, 표준편차는 STDEV()함수를 이용하여 평균과 표준편차를 계산하고, 다음으로 신뢰구간의 폭을 계산한다.

=TINV(0.05,16)*4.1149741/SQRT(17) =2.11572449

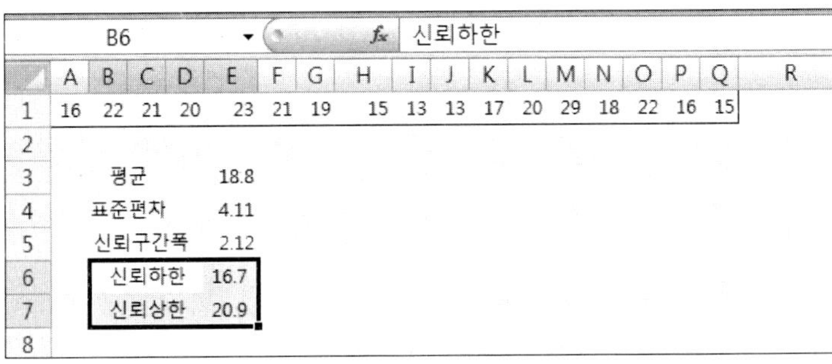

B6 · fx 신뢰하한

	A	B	C	D	E	F	G	H	I	J	K	L	M	N	O	P	Q	R
1	16	22	21	20	23	21	19	15	13	13	17	20	29	18	22	16	15	
2																		
3		평균			18.8													
4		표준편차			4.11													
5		신뢰구간폭			2.12													
6		신뢰하한			16.7													
7		신뢰상한			20.9													
8																		

따라서 구하고자 하는 95%신뢰구간은 (16.7078049, 20.9392539) 이다.

일반적으로 정규 모집단 가정 하에서 모분산 σ^2을 모르는 경우 모평균 μ에 대한 신뢰구간을 구할 때에는 t-분포를 이용하지만, 표본의 크기가 큰 경우($n\ge 25$)에는 t-분포 대신 근사적으로 표준정규분포를 이용해도 무방하다. 즉, t-분포의 $\alpha/2$점 대신 표준 정규분포의 $\alpha/2$점을 적용해도 구하고자 하는 신뢰구간의 길이에는 별 차이가 없다.

따라서, 모분산 σ^2을 모를 때, 표본의 크기가 크면 모평균 μ에 대한 $(1-\alpha)\times 100\%$ 신뢰구간은 다음과 같이 근사적으로 같다.

$$\left(\bar{x}-t(n-1,\alpha/2)\frac{s}{\sqrt{n}}\le\mu\le\bar{x}+t(n-1,\alpha/2)\frac{s}{\sqrt{n}}\right)$$

$$\approx\left(\bar{x}-z_{\alpha/2}\frac{s}{\sqrt{n}}\le\mu\le\bar{x}+z_{\alpha/2}\frac{s}{\sqrt{n}}\right)$$

또한 임의의 모집단에 대해서 모평균 μ에 대한 $(1-\alpha)\times 100\%$ 신뢰 구간 역시 표본의 크기가 충분히 크면 근사적으로 정규분포를 따르므로, 표준정규분포를 이용하여 구하면 될 것이다.

예제8.5) 실험실에서 50개의 달걀을 검사한 결과 콜레스테롤의 평균 함량이 230 ㎎이고, $s=10$이었다. 진짜 평균 콜레스테롤 함량에 대한 근사적인 99% 신뢰 구간과 정확한 99% 신뢰 구간을 각각 엑셀을 이용하여 구하라.

☞ 풀이

표본의 크기가 50이므로 직접적으로 t-분포를 이용하기보다는 근사적으로 정규분포를 이용해도 무방하다. 여기서는 두 가지 경우를 모두 고려하여 구해진 신뢰구간이 얼마나 차이가 있는지를 알아보도록 한다.

- 근사적인 정규분포를 이용한 경우에는 CONFIDENCE()함수를 이용하여 신뢰구간의 폭을 구한다.

=CONFIDENCE(0.01, 10, 50) =3.64278

따라서 구하고자 하는 신뢰구간은 230±3.64278 으로서 (226.3572, 233.64278)이다.

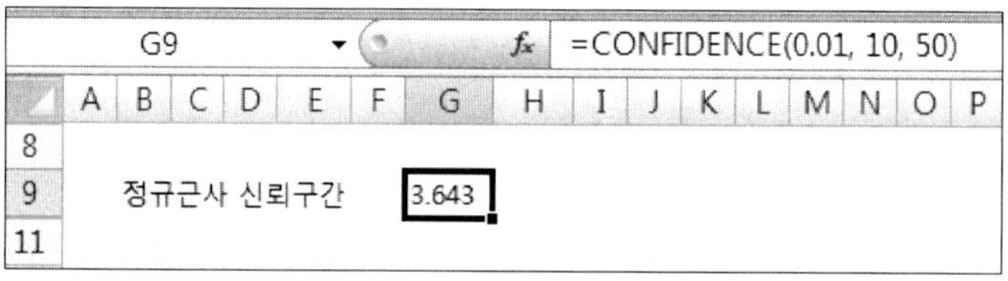

- t-분포를 이용하여 신뢰구간을 구하는 경우에는 다음과 같이 입력하여 신뢰구간의 폭을 구한다.

=TINV(0.01,49)*10/SQRT(50) =3.79002654

따라서 구하고자 하는 신뢰구간은 230±3.79002654 로서 (226.209973, 233.790027)이다.

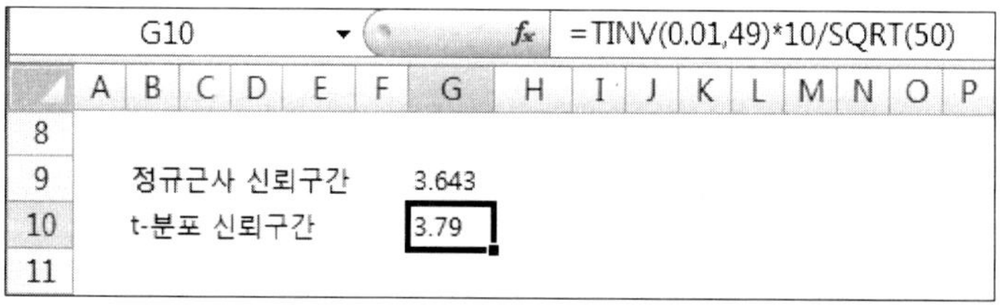

두 결과를 비교하면 근사적인 구간과 정확한 구간 사이의 차이가 거의 없음을 알 수 있다.

8.2.2 모평균 차에 대한 구간추정

1) 두 모집단 분산 σ_1^2, σ_2^2 을 아는 경우

두 정규 모집단 $N(\mu_1, \sigma_1^2)$과 $N(\mu_2, \sigma_2^2)$에서 각각 n_1과 n_2인 독립인 표본을 추출했을 때 두 표본 평균의 차이 $\overline{X}_1 - \overline{X}_2$에 대한 분포는 $N\left(\mu_1 - \mu_2, \frac{\sigma_1^2}{n_1} + \frac{\sigma_2^2}{n_2}\right)$인 정규분포를 따르며, 이를 표준화하면, 다음과 같이 표준정규분포를 따른다.

$$Z = \frac{(\overline{X}_1 - \overline{X}_2) - (\mu_1 - \mu_2)}{\sqrt{\sigma_1^2/n_1 + \sigma_2^2/n_2}} \sim N(0,1)$$

이러한 사실로부터 모평균 차에 대한 확률 $1-\alpha$가 되는 구간은 다음과 같이 정의된다.

$$\begin{aligned}
& P(-z_{\alpha/2} \le Z \le z_{\alpha/2}) \\
&= P\left(-z_{\alpha/2} \le \frac{(\overline{X}_1 - \overline{X}_2) - (\mu_1 - \mu_2)}{\sqrt{\sigma_1^2/n_1 + \sigma_2^2/n_2}} \le z_{\alpha/2}\right) \\
&= P\left((\overline{X}_1 - \overline{X}_2) - z_{\alpha/2}\sqrt{\frac{\sigma_1^2}{n_1} + \frac{\sigma_2^2}{n_2}} \le \mu_1 - \mu_2 \le (\overline{X}_1 - \overline{X}_2) + z_{\alpha/2}\sqrt{\frac{\sigma_1^2}{n_1} + \frac{\sigma_2^2}{n_2}}\right) \\
&= 1 - \alpha
\end{aligned}$$

따라서 모평균차 $\mu_1 - \mu_2$에 대한 $(1-\alpha) \times 100\%$ 신뢰구간은 다음과 같다.

$$(\overline{x}_1 - \overline{x}_2) - z_{\alpha/2}\sqrt{\frac{\sigma_1^2}{n_1} + \frac{\sigma_2^2}{n_2}} \le \mu_1 - \mu_2 \le (\overline{x}_1 - \overline{x}_2) + z_{\alpha/2}\sqrt{\frac{\sigma_1^2}{n_1} + \frac{\sigma_2^2}{n_2}}$$

만일 두 모집단의 분산이 $\sigma_1^2 = \sigma_2^2 = \sigma^2$ 로 동일하다면, 위의 신뢰구간은 다음과 같이 변형될 수 있다.

$$(\overline{x}_1 - \overline{x}_2) - z_{\alpha/2}\sigma\sqrt{\frac{1}{n_1} + \frac{1}{n_2}} \le \mu_1 - \mu_2 \le (\overline{x}_1 - \overline{x}_2) + z_{\alpha/2}\sigma\sqrt{\frac{1}{n_1} + \frac{1}{n_2}}$$

모평균차에 대한 신뢰구간을 구하기 위해서는 위에서와 같이 표준정규분포로부터 구하고자 하는 신뢰 수준에 대한 $\alpha/2$점을 찾아서 이를 신뢰구간 공식에 대입하면 된다.

이와 더불어 엑셀을 이용하여 모평균차에 대한 신뢰구간을 구하기 위한 통계 함수는 따로 존재하지 않는다. 따라서 신뢰구간공식에 포함된 각 원소를 엑셀의 수식을 이용하여 계산한 다음 이를 적용해야한다. 이를 엑셀의 일반적인 수식으로 표현하면 다음과 같다.

[엑셀을 이용한 모평균차 $\mu_1 - \mu_2$에 대한 $(1-\alpha)\times 100\%$ 신뢰구간의 계산]
▪ 두 집단의 모분산 σ_1^2, σ_2^2을 아는 경우의 $(1-\alpha)\times 100\%$ 신뢰구간 폭 :   =NORMINV(1-α/2)*SQRT((분산1 /표본1) +(분산2/표본2))

예제8.6) 구형 기계로 만든 부품에서 크기 20 확률표본을 뽑았더니 평균 수명이 40시간이다. 또, 신형 기계로 만든 부품에서 뽑은 크기 15인 확률표본의 평균 수명은 35시간이다. 각 기계에서 만든 부품의 수명은 각각 정규분포를 따르고, 구형 기계로 만든 부품 수명의 분산은 $\sigma_1^2 = 25$이고, 신형 기계로 만든 부품 수명의 분산은 $\sigma_2^2 = 30$이라 한다. μ_1, μ_2를 각각 구형 기계와 신형 기계로 만든 부품수명의 모평균 이라 할 때 $\mu_1 - \mu_2$의 90% 신뢰구간을 구하라.

☞ 풀이 1 - 산술적인 계산

$\overline{x}_1 = 40$, $n_1 = 20$, $\sigma_1^2 = 25$, $\overline{x}_2 = 35$, $n_2 = 15$, $\sigma_2^2 = 30$ 이므로 이 값들을 이용하여 신뢰구간을 구할 수 있다.

$$(\overline{x}_1 - \overline{x}_2) - z_{\alpha/2}\sqrt{\frac{\sigma_1^2}{n_1} + \frac{\sigma_2^2}{n_2}} \le \mu_1 - \mu_2 \le (\overline{x}_1 - \overline{x}_2) + z_{\alpha/2}\sqrt{\frac{\sigma_1^2}{n_1} + \frac{\sigma_2^2}{n_2}}$$

$$\Rightarrow (40-35) - 1.64\sqrt{\frac{25}{20} + \frac{30}{15}} \le \mu_1 - \mu_2 \le (40-35) + 1.64\sqrt{\frac{25}{20} + \frac{30}{15}}$$

$$\Rightarrow (2.034699, 7.965301)$$

☞ 풀이 2 - 엑셀을 이용한 계산

신뢰구간의 폭을 먼저 계산하면 다음과 같다.

=NORMSINV(0.95)*SQRT((25/20)+(30/15)) =2.96530092

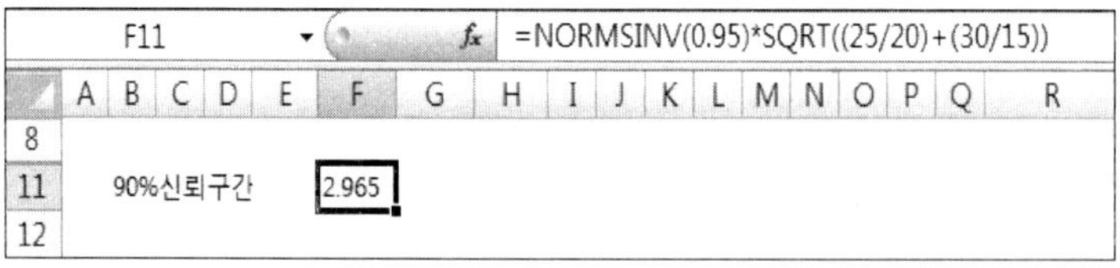

따라서 $\mu_1 - \mu_2$의 90% 신뢰구간을 구하면 다음과 같다.

⇒ (2.03469908, 7.96530092)

2) 두 모집단 분산 σ_1^2, σ_2^2 모르지만 $\sigma_1^2=\sigma_2^2=\sigma^2$인 경우

두 정규 모집단 $N(\mu_1,\sigma_1^2)$과 $N(\mu_2,\sigma_2^2)$에서 각각 n_1과 n_2인 독립인 표본을 추출했을 때 두 표본 평균의 차 $\overline{X}_1-\overline{X}_2$에 대한 분포는 $N\left(\mu_1-\mu_2,\sigma^2\left(\frac{1}{n_1}+\frac{1}{n_2}\right)\right)$인 정규분포를 따르며, 이를 표준화하면, 다음과 같이 표준정규분포를 따른다.

$$Z=\frac{(\overline{X}_1-\overline{X}_2)-(\mu_1-\mu_2)}{\sigma\sqrt{\frac{1}{n_1}+\frac{1}{n_2}}}\sim N(0,1)$$

그러나 두 모집단 분산 σ_1^2, σ_2^2 모르고 단지 $\sigma_1^2=\sigma_2^2=\sigma^2$인 경우에는 σ^2을 추정해야 한다. 따라서 두 모집단 분산이 σ^2으로 같다고 하였기 때문에 σ^2을 추정하기 위해서는 두 표본을 병합하여 다음과 같은 σ^2의 합동추정량(pooled estimator)으로 추정하는 것이 타당할 것이다.

$$S_p^2=\frac{(n_1-1)S_1^2+(n_2-1)S_2^2}{n_1+n_2-2}$$

이때 두 표본의 표본분산은 다음과 같다.

$$S_1^2=\frac{1}{n_1-1}\sum_{i=1}^{n_1}(X_i-\overline{X}_1)^2,\quad S_2^2=\frac{1}{n_2-1}\sum_{i=1}^{n_2}(X_i-\overline{X}_2)^2$$

따라서 다음의 통계량은 자유도가 (n_1+n_2-2)인 t-분포를 따른다.

$$\frac{(\overline{X}_1-\overline{X}_2)-(\mu_1-\mu_2)}{S_p\sqrt{\frac{1}{n_1}+\frac{1}{n_2}}}\sim t(n_1+n_2-2)$$

이러한 사실로부터 모평균 차에 대한 확률 $1-\alpha$가 되는 구간은 다음과 같이 정의된다.

$$P(-t(n_1+n_2-2,\alpha/2)\le T\le t(n_1+n_2-2,\alpha/2))$$

$$=P\left(-t(n_1+n_2-2,\alpha/2)\le\frac{(\overline{X}_1-\overline{X}_2)-(\mu_1-\mu_2)}{S_p\sqrt{\frac{1}{n_1}+\frac{1}{n_2}}}\le t(n_1+n_2-2,\alpha/2)\right)$$

$$= P\left((\overline{X}_1 - \overline{X}_2) - t(n_1+n_2-2, \frac{\alpha}{2})S_p\sqrt{\frac{1}{n_1}+\frac{1}{n_2}} \le \mu_1 - \mu_2 \le (\overline{X}_1 - \overline{X}_2) + t(n_1+n_2-2, \frac{\alpha}{2})S_p\sqrt{\frac{1}{n_1}+\frac{1}{n_2}}\right)$$

$$= 1-\alpha$$

따라서 모평균차 $\mu_1 - \mu_2$에 대한 $(1-\alpha)\times 100\%$ 신뢰구간은 다음과 같다.

$$(\overline{x}_1 - \overline{x}_2) - t(n_1+n_2-2, \frac{\alpha}{2})s_p\sqrt{\frac{1}{n_1}+\frac{1}{n_2}} \le \mu_1 - \mu_2 \le (\overline{x}_1 - \overline{x}_2) + t(n_1+n_2-2, \frac{\alpha}{2})s_p\sqrt{\frac{1}{n_1}+\frac{1}{n_2}}$$

그러나 두 모집단 분산 σ_1^2, σ_2^2 모르고, 또한 등분산 가정이 아닐 때, 표본의 크기가 큰 경우에는 자유도가 (n_1+n_2-2)인 t-분포를 이용하기보다는 다음과 같이 근사적인 정규분포를 이용하는 것이 바람직하다. 즉, 모평균차 $\mu_1 - \mu_2$에 대한 $(1-\alpha)\times 100\%$ 신뢰구간은 다음과 같다.

$$(\overline{x}_1 - \overline{x}_2) - z_{\alpha/2}\sqrt{\frac{s_1^2}{n_1}+\frac{s_2^2}{n_2}} \le \mu_1 - \mu_2 \le (\overline{x}_1 - \overline{x}_2) + z_{\alpha/2}\sqrt{\frac{s_1^2}{n_1}+\frac{s_2^2}{n_2}}$$

앞에서와 마찬가지로 모평균차 $\mu_1 - \mu_2$에 대한 $(1-\alpha)\times 100\%$ 신뢰구간을 구하기 위해서는 각 조건에 따라 t-분포 표를 이용하거나 또는 표준정규분포를 이용해야 한다.

이와 더불어 엑셀을 이용할 경우에는 따로 함수가 존재하지 않기 때문에 다음과 같이 입력하여 신뢰구간을 구할 수 있다.

[엑셀을 이용한 $\mu_1 - \mu_2$에 대한 $(1-\alpha)\times 100\%$ 신뢰구간의 계산]

- 두 집단의 모분산 $\sigma_1^2 = \sigma_2^2 = \sigma^2$을 모르는 경우 신뢰구간 폭의 계산 :

  =TINV(α, 자유도)*s_p * SQRT((1/표본1) +(1/표본2))

  여기서 s_p는 다음과 같다.

  =SQRT(((표본1-1)*STDEV(자료1범위)
  +(표본2-1)*STDEV(자료2 범위))/자유도)

  만일 두 표본의 표준편차가 주어지면, 수식에서 STDEV()함수 대신 그 값을 대입하면 된다.

예제8.7) KT&G에서는 두 가지 담배 T와 M의 니코틴 함량을 비교하려고 한다. T 담배 10개비의 평균 니코틴 함량은 3.1mg, 표준편차는 0.5mg이고, 한편 M담배 8개비의 평균 니코틴 함량은 2.7mg, 표준편차는 0.7mg이다. 이상의 값들이 등분산을 갖는 정규모집단으로부터 추출한 임의표본에서 얻은 값이라면 담배T와 M의 평균 니코틴 함량의 참값에 대한 95% 신뢰구간을 구하라.

☞ 풀이 1 - 산술적인 계산

T담배: $\overline{x}_1 = 3.1,\ s_1 = 0.5,\ n_1 = 10$ 이며,

M담배: $\overline{x}_2 = 2.7,\ s_2 = 0.7,\ n_2 = 8$ 이다. 등분산 가정 하에서 모평균 차의 신뢰구간은 다음과 같다.

$$0.4 - t(16, 0.025)\, s_p \sqrt{\frac{1}{10} + \frac{1}{8}} \le \mu_1 - \mu_2 \le 0.4 + t(16, 0.025)\, s_p \sqrt{\frac{1}{10} + \frac{1}{8}}$$

이다.

여기서 $s_p = \sqrt{\dfrac{(10-1)0.5^2 + (8-1)0.7^2}{10+8-2}} = 0.59$ 이다.

결국 모평균 차이 $\mu_1 - \mu_2$에 대한 95% 신뢰구간은 (-0.12, 0.68) 이다.

☞ 풀이 2 - 엑셀을 이용한 계산

각 통계값을 구하여 신뢰구간의 공식에 대입한 결과 다음과 같이 신뢰구간을 구할 수 있다.

s_p =SQRT((9*0.5^2+7*0.7^2)/16)

신뢰구간의 폭은 다음과 같이 입력하여 계산한다.

=TINV(0.05,16)*B2*SQRT(1/10+1/8)

여기서 셀 주소 B2는 s_p값이 입력된 위치이다.

따라서 구하고자 하는 신뢰구간은 (-0.12, 0.68) 이다.

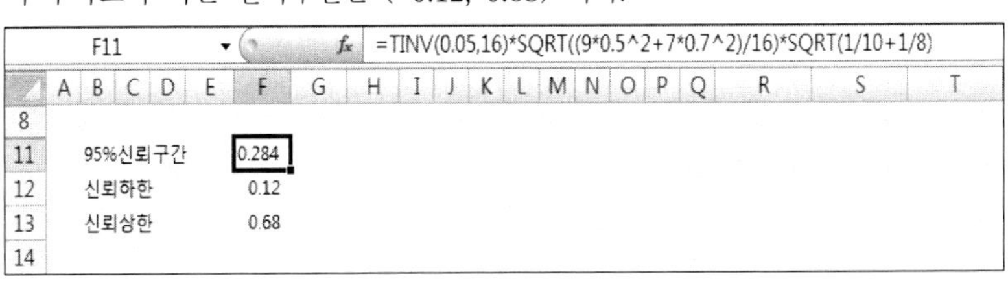

8.2.3 모분산에 대한 구간추정

모분산 σ^2의 신뢰구간을 구하기 위해서는 모집단이 정규분포를 따른다고 가정하고, 앞장에서 다룬 통계량 $U = \dfrac{(n-1)S^2}{\sigma^2}$를 고려하자. 분산에 대한 신뢰구간은 표본분산 S^2을 토대로 한다. 이 통계량은 자유도 $(n-1)$인 χ^2분포를 따른다. 따라서, 확률 $1-\alpha$가 되는 χ^2분포의 구간은 다음과 같이 정의된다.

$$P\left(a \le \frac{(n-1)S^2}{\sigma^2} \le b\right) = 1-\alpha$$

이때 상수 a와 b는 χ^2분포표의 자유도$(n-1)$에 대해 찾으면 된다. 즉,

$$a = \chi^2(n-1, 1-\alpha/2),\ \ b = \chi^2(n-1, \alpha/2)$$

가 된다. 즉, 다음과 같이 표현되는 χ^2분포의 그래프로부터 그래프의 양쪽 꼬리 부분의 확률이 같도록 a와 b를 선택한다.

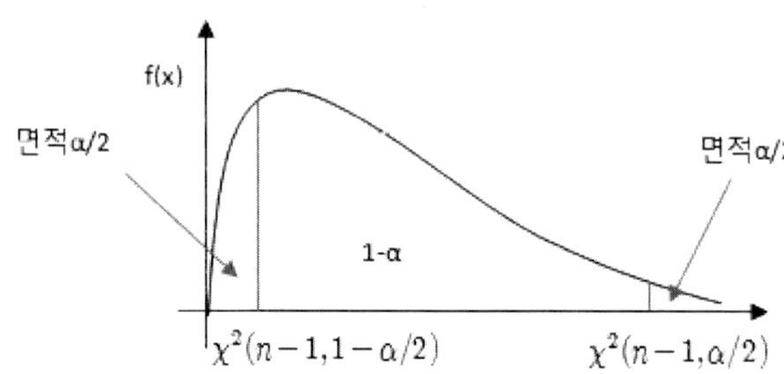

[그림 8-4] 자유도$(n-1)$인 χ^2 분포에서의 $\alpha/2$점

결국 확률이 $1-\alpha$ 가 되도록 하는 신뢰구간은 다음과 같이 얻을 수 있다.

$$1-\alpha = P\left[\chi^2(n-1,1-\alpha/2) \le \frac{(n-1)S^2}{\sigma^2} \le \chi^2(n-1,\alpha/2)\right]$$

$$= P\left[\frac{\chi^2(n-1,1-\alpha/2)}{(n-1)S^2} \le \frac{1}{\sigma^2} \le \frac{\chi^2(n-1,\alpha/2)}{(n-1)S^2}\right]$$

$$= P\left[\frac{(n-1)S^2}{\chi^2(n-1,\alpha/2)} \le \sigma^2 \le \frac{(n-1)S^2}{\chi^2(n-1,1-\alpha/2)}\right]$$

따라서 모분산 σ^2에 대한 $(1-\alpha)\times 100\%$ 신뢰구간은 다음과 같다.

$$\left(\frac{(n-1)s^2}{\chi^2(n-1,\alpha/2)} \le \sigma^2 \le \frac{(n-1)s^2}{\chi^2(n-1,1-\alpha/2)}\right)$$

이때 표본분산 $s^2 = \frac{1}{n-1}\sum_{i=1}^{n}(x_i-\overline{x})^2$이다.

이와 더불어 모표준편차 σ에 대한 $(1-\alpha)\times 100\%$ 신뢰구간은 다음과 같다.

$$\left(\sqrt{\frac{(n-1)s^2}{\chi^2(n-1,\alpha/2)}} \le \sigma \le \sqrt{\frac{(n-1)s^2}{\chi^2(n-1,1-\alpha/2)}}\right.$$

이와 같이 모분산 σ^2에 대한 구간추정을 위해서는 χ^2-분포표로부터 $\alpha/2$점과 $1-\alpha/2$점을 찾아 신뢰구간 공식에 대입하면 된다.

이와 더불어 엑셀을 이용하여 신뢰구간을 구하고자할 때에는 엑셀에서는 모분산 σ^2에 대한 $(1-\alpha)\times 100\%$ 신뢰구간을 구하기 위한 통계함수를 제공하지 않기 때문에 수식을 이용하여 신뢰구간을 구해야 한다. 이에 필요한 기본적인 통계함수로 CHIINV()함수와 VAR()함수이다.

[엑셀을 이용한 모분산 σ^2에 대한 $(1-\alpha)\times 100\%$ 신뢰구간의 계산]

- 모분산 σ^2에 대한 $(1-\alpha)\times 100\%$ 신뢰구간의 계산:
  신뢰구간의 하한 : =(n-1)*VAR(데이터범위))/CHIINV(α/2, 자유도)
  신뢰구간의 상한 : =(n-1)*VAR(데이터범위))/CHIINV(1-α/2, 자유도)
  여기서 표본분산 값을 알고 있으면 VAR()함수 대신, 그 값을 대입한다.

예제8.8) A중학교 3학년 재학생 중에서 10명을 임의로 추출하여 이들의 체중을 측정한 결과가 다음과 같다. 그러면, A중학교 3학년 재학생 전체의 체중에 대한 분산을 95%의 신뢰도로 구간 추정하라. (단, 체중의 분포는 정규분포를 따른다고 하자.)

46.6, 46.1, 45.8, 47.0, 46.1, 45.9, 45.8, 46.9, 45.2, 46.0

☞ 풀이 1 - 산술적인 계산

표본평균 : $\bar{x}=\frac{1}{n}\sum_{i=1}^{n}x_i=\frac{1}{10}(46.4+46.1+\cdots+46.0)=46.12$

표본분산 :

$$s^2=\frac{1}{n-1}\sum_{i}^{n}\{x_i-\bar{x}\}^2$$

$$=\frac{1}{9}\{(46.6-46.12)^2+\cdots+(46.0-46.12)^2\}$$

$$=0.3027$$

$\alpha=0.05$ 이고, 자유도는 $n-1=9$이므로 부록의 χ^2-분포 표로부터 $\chi^2(9,0.025)=19.023$, $\chi^2(9,0.975)=2.70$ 이므로 모분산 σ^2에 대한 95%신뢰구간은 다음과 같다.

$$\left(\frac{(n-1)s^2}{\chi^2(n-1,\alpha/2)} \le \sigma^2 \le \frac{(n-1)s^2}{\chi^2(n-1,1-\alpha/2)}\right)$$

$$\Rightarrow\left(\frac{9\times 0.303}{19.023} \le \sigma^2 \le \frac{9\times 0.303}{2.7}\right)$$

$$\Rightarrow\left(0.1432 \le \sigma^2 \le 1.0089\right)$$

☞ 풀이 2 - 엑셀을 이용한 계산

신뢰구간의 하한: =(9*0.3027)/CHIINV(0.025, 9)

신뢰구간의 상한: =(9*0.3027)/CHIINV(1-0.025, 9)

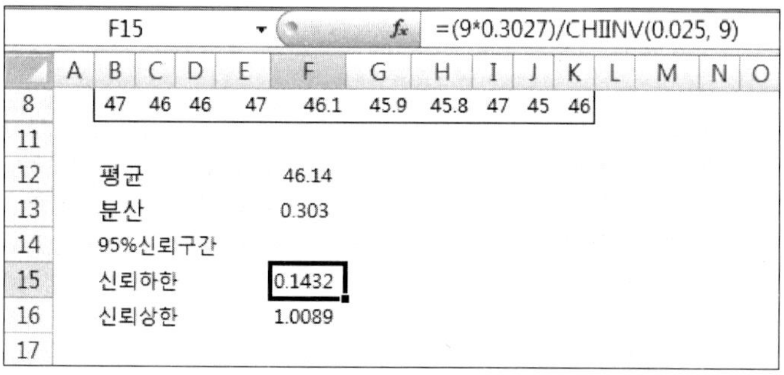

예제8.9) 특정한 종류의 나무가 기준길이 까지 자라는데 걸리는 날짜수가 정규분포를 따른다고 한다. 이 나무 중에서 $n=13$개의 표본을 추출하여 평균 날짜 수를 측정했더니 $\bar{x}=18.97$일이 걸렸다고 한다. 또한,

$$12s^2=\sum_{i=1}^{13}(x_i-\bar{x})^2=128.41$$

이었다고 한다. 그러면, 다음에 대한 신뢰 구간을 구하라.

1) 모분산 σ^2에 대한 90% 신뢰구간
2) 모표준편차 σ에 대한 90% 신뢰구간

☞ 풀이 1 - 산술적인 계산

부록의 χ^2-분포표로부터 $\chi^2(12,0.95)=5.226$, $\chi^2(12,0.05)=21.03$ 이므로, 이를 이용하면 된다.

1) 모분산 σ^2에 대한 90% 신뢰구간은 다음과 같다.

$$\left(\frac{(n-1)s^2}{\chi^2(n-1,\alpha/2)} \le \sigma^2 \le \frac{(n-1)s^2}{\chi^2(n-1,1-\alpha/2)}\right)$$

2) 모표준편차 σ에 대한 90% 신뢰구간은 앞의 문제에서 구한 신뢰구간의 양의 제곱근이므로 다음과 같다.

$$(\sqrt{6.11} \le \sigma \le \sqrt{24.57})$$

$$\Rightarrow (2.47 \le \sigma \le 4.96)$$

☞ 풀이 2 - 엑셀을 이용한 계산

1) 모분산 σ^2에 대한 90% 신뢰구간

신뢰구간의 하한: =(128.41)/CHIINV(0.05, 12)

신뢰구간의 상한: =(128.41)/CHIINV(1-0.05, 12)

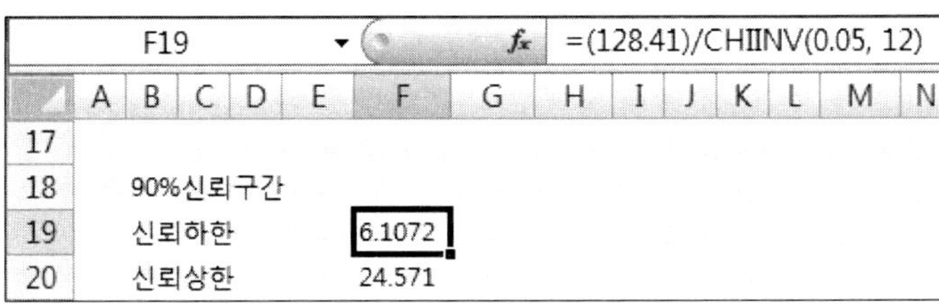

2) 모표준편차 σ에 대한 90% 신뢰구간

신뢰구간의 하한: =SQRT((128.41)/CHIINV(0.05, 12))

신뢰구간의 상한: =SQRT((128.41)/CHIINV(1-0.05, 12))

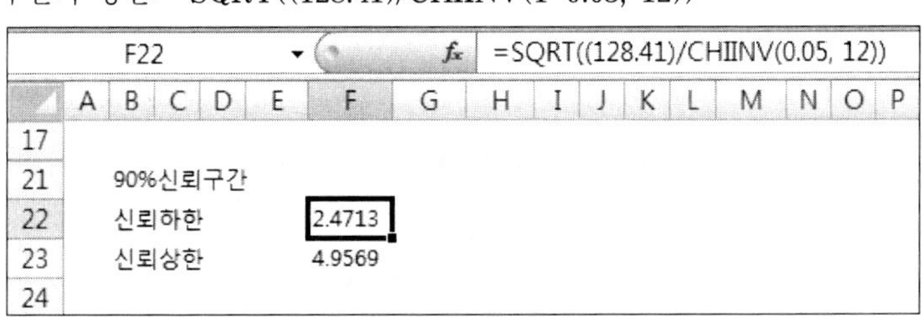

8.2.4 두 모분산 비에 대한 구간추정

모집단이 각각 $N(\mu_1, \sigma_1^2)$, $N(\mu_2, \sigma_2^2)$인 두 개의 모집단에 대해 크기가 각각 n_1, n_2개인 표본을 독립적으로 추출했을 때, 이때 각각의 표본으로부터 계산된 표본분산을 S_1^2과 S_2^2이라 하면, 다음의 확률변수 F는 자유도가 (n_1-1, n_2-1)인 F-분포를 따른다. 즉,

$$F = \frac{S_1^2/\sigma_1^2}{S_2^2/\sigma_2^2} \sim F(n_1-1, n_2-1)$$

이때, 각각의 표본분산은 다음과 같다.

$$S_1^2 = \frac{1}{n_1 - 1}\sum_{i=1}^{n_1}(X_i - \overline{X}_1)^2, \quad S_2^2 = \frac{1}{n_2 - 1}\sum_{i=1}^{n_2}(X_i - \overline{X}_2)^2$$

두 모집단의 분산의 비인 σ_1^2/σ_2^2에 대해 $1-\alpha$가 되는 확률 구간을 F-분포의 그래프로 표현하면 다음과 같다.

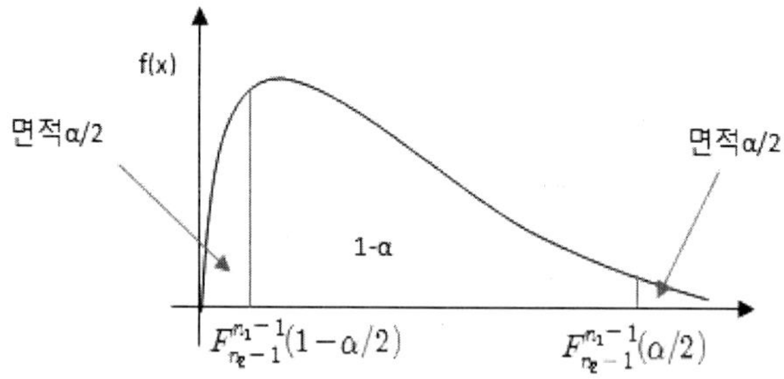

[그림 9-5] 자유도(n_1-1, n_2-1)인 F-분포에서의 $\alpha/2$점

이러한 F-통계량을 이용하여 두 모집단의 분산의 비인 σ_1^2/σ_2^2에 대해 $1-\alpha$가 되는 확률 구간은 다음과 같이 구할 수 있다.

$$1-\alpha = P\left[F_{n_2-1}^{n_1-1}(1-\alpha/2) \le \frac{S_1^2/\sigma_1^2}{S_2^2/\sigma_2^2} \le F_{n_2-1}^{n_1-1}(\alpha/2)\right]$$

$$= P\left[F_{n_2-1}^{n_1-1}(1-\alpha/2)\frac{S_1^2}{S_2^2} \le \frac{\sigma_1^2}{\sigma_2^2} \le F_{n_2-1}^{n_1-1}(\alpha/2)\frac{S_1^2}{S_2^2}\right]$$

$$= P\left[\frac{1}{F_{n_1-1}^{n_2-1}(\alpha/2)}\frac{S_1^2}{S_2^2} \le \frac{\sigma_1^2}{\sigma_2^2} \le F_{n_2-1}^{n_1-1}(\alpha/2)\frac{S_1^2}{S_2^2}\right]$$

따라서 두 모집단의 분산 비인 σ_1^2/σ_2^2에 대한 $(1-\alpha)\times 100\%$ 신뢰구간은 다음과 같다.

$$\left[\frac{1}{F_{n_1-1}^{n_2-1}(\alpha/2)}\frac{S_1^2}{S_2^2} \le \frac{\sigma_1^2}{\sigma_2^2} \le F_{n_2-1}^{n_1-1}(\alpha/2)\frac{S_1^2}{S_2^2}\right]$$

이와 같이 두 모분산 비에 대한 신뢰구간을 구하기 위해서는 F-분포표로부터 $\alpha/2$점과 $1-\alpha/2$을 각각 찾아서 이를 신뢰구간 공식에 대입하면 된다.

이와 더불어 엑셀에서는 이에 대한 함수를 따로 제공하지 않는다. 다만 이에 필요한 통계함수로는 FINV()함수와 VAR()함수이며, 이를 이용하여 분산비에 대한 신뢰구간을 구할 수 있다.

[엑셀을 이용한 모분산비(σ_1^2/σ_2^2)에 대한 신뢰구간의 계산]

- 모분산비(σ_1^2/σ_2^2)에 대한 $(1-\alpha)\times 100\%$ 신뢰구간:

  신뢰구간의 하한 :

  =FINV(1-α/2, 자유도1, 자유도2)*VAR(데이터1 범위)/VAR(데이터2 범위))

  신뢰구간의 상한 :

  =FINV(α/2, 자유도1, 자유도2)*VAR(데이터1 범위)/VAR(데이터2 범위)

  여기서 표본분산 값을 알고 있으면 VAR( )함수 대신 그 값을 대입한다.

[자유도(n_1-1, n_2-1)인 F-분포에서의 $\frac{\alpha}{2}$점과 $1-\frac{\alpha}{2}$간의 관계]

$$F_{n_2-1}^{n_1-1}\left(1-\frac{\alpha}{2}\right)=\frac{1}{F_{n_1-1}^{n_2-1}\left(\frac{\alpha}{2}\right)}$$

예제8.10) 다음과 같은 두 집단의 자료가 있을 때, 두 집단의 모분산 비에 대한 95% 신뢰구간을 추정하라.

A	10, 10.5, 11, 10, 12, 10, 11.5
B	13, 12, 12, 14, 11, 13, 12

☞ 풀이 1 - 산술적인 계산

자료로부터 표본 분산을 구하기 위해 우선 A집단과 B집단의 평균을 각각 구하면 다음과 같다.

$$\bar{x}_A=\frac{1}{7}(10+10.5+11+10+12+10+11.5)=10.71$$

$$\bar{x}_B=\frac{1}{7}(13+12+12+14+11+13+12)=12.43$$

두 집단의 표본분산은 다음과 같다.

$$s_A^2=\frac{1}{6}\left((10-10.71)^2+\cdots+(11.5-10.71)^2\right)=0.655$$

$$s_B^2=\frac{1}{6}\left((13-12.43)^2+\cdots+(12-12.43)^2\right)=0.952$$

따라서 구하고자 하는 모분산 비(σ_1^2/σ_2^2)에 대한 $(1-\alpha)\times 100\%$ 신뢰구간은 다음과 같다.

$$\left[\frac{1}{F_{n_1-1}^{n_2-1}\left(\frac{\alpha}{2}\right)}\frac{S_1^2}{S_2^2} \le \frac{\sigma_1^2}{\sigma_2^2} \le F_{n_2-1}^{n_1-1}\left(\frac{\alpha}{2}\right)\frac{S_1^2}{S_2^2}\right]$$

$$\Rightarrow\left(\frac{0.655}{0.952}\right)\times\frac{1}{F_6^6(0.025)} \le \frac{\sigma_A^2}{\sigma_B^2} \le \left(\frac{0.655}{0.952}\right)\times F_6^6(0.025)$$

$$\Rightarrow(0.118, 4.004)$$

☞ 풀이 2 - 엑셀을 이용한 계산

신뢰하한 : =(VAR(B1:H1)/VAR(B2:H2))*(FINV(0.025,6,6))

=0.0118

신뢰상한 : =(VAR(B1:H1)/VAR(B2:H2))*(1/FINV(0.025,6,6))

=4.004

I31 =E30/E31*(FINV(0.025,6,6))

	A	B	C	D	E	F	G	H	I	J	K	L	M
25													
26		A	10	11	11	10	12	10	12				
27		B	13	12	12	14	11	13	12				
28													
29		평균		분산			신뢰구간						
30		A	10.71	0.65			하한		상한				
31		B	12.43	0.95			0.12		4.00				
32													

즉 모분산 비(σ_A^2/σ_B^2)에 대한 95% 신뢰구간은 (0.0118, 4.004)이다.

이때, 신뢰하한을 계산하기 위해 1/FINV(0.025,6,6) 대신 FINV(0.975,6,6)를 사용해도 결과는 같다.

8.2.5 모비율에 대한 구간추정

p를 임의의 모집단에서의 어떤 특정한 속성에 대한 비율이라고 하고, 이때 모비율 p가 0 또는 1에 가까운 값이 아니며, 모집단에서 추출된 표본의 크기도 충분히 크다고 가정하자.

이러한 가정 하에서 표본비율 X/n는 근사적으로 평균이 p이고, 분산이 $\frac{p(1-p)}{n}$인 정규분포를 따른다. 그러면, 모집단 비율 p의 신뢰구간을 구하기 위해 앞에서 다룬 모평균 μ에 대한 신뢰구간을 이용하면, 다음과 같다.

$$P(-z_{\alpha/2} \le Z \le z_{\alpha/2}) = P\left(-z_{\alpha/2} \le \frac{X/n-p}{\sqrt{\frac{p(1-p)}{n}}} \le z_{\alpha/2}\right)$$

$$= P\left(X/n - z_{\alpha/2}\sqrt{\frac{p(1-p)}{n}} \le p \le X/n + z_{\alpha/2}\sqrt{\frac{p(1-p)}{n}}\right)$$

$$= 1-\alpha$$

그런데, 모르는 값 p를 추정하는데, 신뢰구간에 다시 모르는 값 p가 포함되어 있기 때문에 실제로는 이 값 대신에 표본비율 $\hat{p}=\frac{x}{n}$을 사용해야 한다. 따라서 모비율 p에 대한 $(1-\alpha)\times 100\%$ 신뢰 구간은 다음과 같다.

$$\left(\hat{p} - z_{\alpha/2}\sqrt{\frac{\hat{p}(1-\hat{p})}{n}} \le p \le \hat{p} + z_{\alpha/2}\sqrt{\frac{\hat{p}(1-\hat{p})}{n}}\right)$$

이때 $\hat{p}=\frac{x}{n}$으로서 표본비율의 값이다.

모비율 p에 대한 $(1-\alpha)\times 100\%$ 신뢰구간을 계산하기 위해 엑셀을 이용하는 경우 별도의 함수는 없다. 그러나, 모평균에 대한 신뢰구간 폭을 계산하기 위한 함수인 CONFIDENCE()함수를 이용하거나 수식을 이용하여 신뢰구간을 구할 수 있다. 수식을 이용할 경우에는 통계함수 중 NORMSINV()함수를 알아야 하며, 이는 이미 7장에서 다룬바 있다.

[엑셀을 이용한 모비율 p 에 대한 $(1-\alpha)\times 100\%$ 신뢰구간의 계산]

- 모비율 p에 대한 $(1-\alpha)\times 100\%$ 신뢰 구간의 계산 :
  신뢰하한 : =x/n -NORMSINV(1-α/2)* SQRT((x/n)*(1-x/n)/n)
  신뢰상한 : =x/n +NORMSINV(1-α/2)* SQRT((x/n)*(1-x/n)/n)
- 모비율 p에 대한 $(1-\alpha)\times 100\%$ 신뢰 구간의 폭 계산 :
  = CONFIDENCE(α, SQRT((x/n)*(1-x/n)), n)

예제8.11) 400명의 남성을 표본으로 뽑아 선호하는 운동을 조사했더니 160명이 농구를 좋아한다고 대답하였다. 그러면, 농구를 좋아하는 남성의 참 비율을 95% 신뢰도로 추정하여라.

☞ 풀이 1 - 산술적 계산

특정한 속성을 가진 사람의 비율 즉, 400명중 160명이 농구를 좋아한다고 했기 때문에 농구를 좋아하는 사람의 비율은 $\hat{p}=\dfrac{x}{n}=\dfrac{160}{400}=0.4$가 된다. 또한 $\alpha=0.05$이므로,

$z_{\alpha/2}=z_{0.025}=1.96$가 되어, 모비율 p에 대한 95% 신뢰구간은 다음과 같다.

$$\left(\hat{p}-z_{\alpha/2}\sqrt{\frac{\hat{p}(1-\hat{p})}{n}} \le p \le \hat{p}+z_{\alpha/2}\sqrt{\frac{\hat{p}(1-\hat{p})}{n}}\right)$$

$$\Rightarrow\left(0.4-1.96\sqrt{\frac{0.4(0.6)}{400}} \le p \le 0.4+1.96\sqrt{\frac{0.4(0.6)}{400}}\right)$$

$$\Rightarrow 0.4-1.96(0.0245) \le p \le 0.4+1.96(0.0245)$$

$$\Rightarrow 0.352 \le p \le 0.448$$

☞ 풀이 2 - 엑셀을 이용한 계산

문제로부터 표본비율은 $x/n=160/400=0.4$ 이다.

따라서 모비율 p에 대한 $(1-\alpha)\times 100\%$ 신뢰 구간의 상한과 하한은 다음과 같다.

신뢰하한 : = 0.4-NORMSINV(0.975)* SQRT((0.4*(1-0.4))/400)=0.35199095

신뢰상한 : = 0.4+NORMSINV(0.975)* SQRT((0.4*(1-0.4))/400)=0.44800905

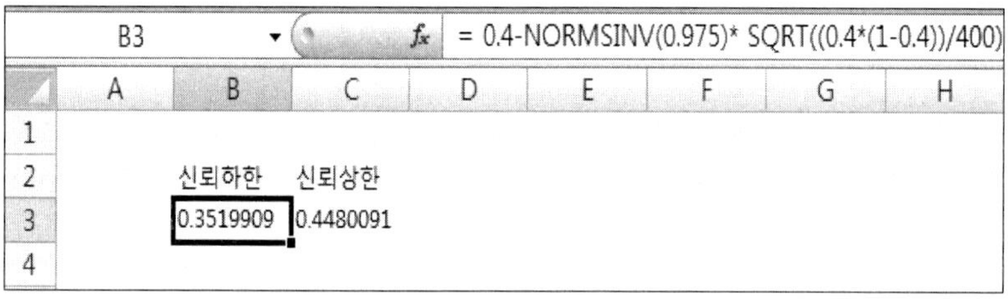

즉, 모비율 p에 대한 95% 신뢰구간은 (0.35199095, 0.44800905) 이다.

이와 더불어 CONFIDENCE()함수를 이용하면 다음과 같다.

=CONFIDENCE(0.05,SQRT(0.4*0.6), 400)=0.048009

따라서 모비율 p에 대한 95% 신뢰구간은 0.4±0.048009 으로서 (0.351991, 0.448009) 이다.

8.2.6 모비율 차에 대한 구간추정

서울과 대전에서의 고용비율, 두 제조과정에 의한 제품의 불 합격률 등 두 이항모집단의 성공률인 p_1과 p_2에 대한 비교를 해야 하는 경우가 종종 발생한다. 이때, p_1-p_2에 대한 신뢰구간에 대해 살펴보고자 한다.

모평균 차이에 대한 구간추정과 다른 점은 표본의 자료가 연속적인 측정값이

아닌 성공회수로 나타난다는 것이다. 즉 모집단1로부터 크기 n_1인 확률표본을 택한 경우의 성공회수를 X라 하고 이와는 독립적으로 모집단2로부터 크기 n_2인 확률표본을 택해 나타나는 성공의 회수를 Y라 하자. 각 모비율에 대해 표본비율이 직관적으로 대응되는 양이므로 $p_1 - p_2$에 대한 추론에는 표본비율의 차 $\hat{p}_1 - \hat{p}_2$를 생각할 수 있다. 이 때 n_1, n_2가 크면 $\hat{p}_1$과 $\hat{p}_2$의 표본분포는 각각 $N\left(p_1, \frac{p_1 q_1}{n_1}\right)$, $N\left(p_2, \frac{p_2 q_2}{n_2}\right)$에 근사하게 되며, 이로부터 $\hat{p}_1 - \hat{p}_2$의 기대값과 분산은 각각 다음과 같다.

$$E(\hat{p}_1 - \hat{p}_2) = p_1 - p_2$$

$$V(\hat{p}_1 - \hat{p}_2) = \frac{p_1 q_1}{n_1} + \frac{p_2 q_2}{n_2}$$

여기서 $q_1 = 1 - p_1$, $q_2 = 1 - p_2$이다.

따라서 $\hat{p}_1 - \hat{p}_2$의 분포는 근사적으로

$$N\left(p_1 - p_2, \frac{p_1 q_1}{n_1} + \frac{p_2 q_2}{n_2}\right)$$

인 정규분포를 따른다. 이러한 사실로부터 표준화 확률변수 Z는 다음과 같이 표준정규분포를 따른다.

$$Z = \frac{(\hat{p}_1 - \hat{p}_2) - (p_1 - p_2)}{\sqrt{\frac{p_1 q_1}{n_1} + \frac{p_2 q_2}{n_2}}} \sim N(0,1)$$

그러면, 모비율 차이 $p_1 - p_2$에 대한 $(1-\alpha) \times 100\%$신뢰구간은 다음과 같이 구할 수 있다.

$$\begin{aligned} & P(-z_{\alpha/2} \le Z \le z_{\alpha/2}) \\ &= P\left(-z_{\alpha/2} \le \frac{(\hat{p}_1 - \hat{p}_2) - (p_1 - p_2)}{\sqrt{\frac{p_1 q_1}{n_1} + \frac{p_2 q_2}{n_2}}} \le z_{\alpha/2}\right) \\ &= P\left((\hat{p}_1 - \hat{p}_2) - z_{\frac{\alpha}{2}} \sqrt{\frac{p_1 q_1}{n_1} + \frac{p_2 q_2}{n_2}} \le p_1 - p_2 \le (\hat{p}_1 - \hat{p}_2) + z_{\frac{\alpha}{2}} \sqrt{\frac{p_1 q_1}{n_1} + \frac{p_2 q_2}{n_2}}\right) \\ &= 1 - \alpha \end{aligned}$$

여기서 $q_1 = 1 - p_1$, $q_2 = 1 - p_2$ 이다.

그러나 신뢰구간에 모르는 값인 p_1과 p_2가 포함되어 있기 때문에 이 값 대신에 각각의 표본비율인 $\hat{p}_1=\frac{x}{n_1}$과 $\hat{p}_2=\frac{y}{n_2}$을 사용해야 한다. 따라서 모비율 차이 p_1-p_2의 $(1-\alpha)\times 100\%$ 신뢰구간은 다음과 같이 구한다.

$$(\hat{p}_1-\hat{p}_2)-z_{\frac{\alpha}{2}}\sqrt{\frac{\hat{p}_1\hat{q}_1}{n_1}+\frac{\hat{p}_2\hat{q}_2}{n_2}}\le p_1-p_2\le(\hat{p}_1-\hat{p}_2)+z_{\frac{\alpha}{2}}\sqrt{\frac{\hat{p}_1\hat{q}_1}{n_1}+\frac{\hat{p}_2\hat{q}_2}{n_2}}$$

여기서 $\hat{q}_1=1-\hat{p}_1$, $\hat{q}_2=1-\hat{p}_2$이다.

앞에서와 같이 모비율 차이 p_1-p_2에 대한 $(1-\alpha)\times 100\%$ 신뢰구간을 엑셀을 이용하여 계산하기 위해서는 수식을 이용하여 신뢰구간을 구해야 하며, 특별히 통계함수 중 NORMSINV()함수를 알아야 한다.

[엑셀을 이용한 모비율 차이 신뢰구간의 계산]

- 모비율 차이 p_1-p_2에 대한 $(1-\alpha)\times 100\%$ 신뢰 구간의 계산 :

  신뢰하한 :

  =(x/n1-y/n2)-NORMSINV(1-α/2)
  SQRT(((x/n1)(1-x/n1)/n1) +((y/n2)*(1-y/n2)/n2))

  신뢰상한 :

  =(x/n1-y/n2)+NORMSINV(1-α/2)
  SQRT(((x/n1)(1-x/n1)/n1) +((y/n2)*(1-y/n2)/n2))

예제8.12) 어떤 제품을 생산하는데 구형 기계에 의하면 1500개의 제품 중 75개가 불량품이고, 최신 기계에 의하면 2000개의 제품 중 80개가 불량품이었다. 구형 기계와 최신 기계 사이에 불량률의 차에 대한 90% 신뢰구간을 구하라.

☞ 풀이 1 - 산술적 계산

각각의 표본비율을 계산하면 다음과 같다.

$$\hat{p}_1=\frac{75}{1500}=0.05,\ \hat{p}_2=\frac{80}{2000}=0.04$$

또한 유의수준 $\alpha=0.1$이므로 $z_{\alpha/2}=z_{0.05}=1.645$이다.

따라서 p_1-p_2의 90%신뢰구간은 다음과 같다.

$$0.01-1.645\sqrt{\frac{0.05\times0.95}{1500}+\frac{0.04\times0.96}{2000}}\le p_1-p_2\le 0.01+1.645\sqrt{\frac{0.05\times0.95}{1500}+\frac{0.04\times0.96}{2000}}$$

$$\Rightarrow -0.0017\leqq p_1-p_2\leqq 0.0217$$

☞ 풀이 2 - 엑셀을 이용한 계산

$p_1 - p_2$의 90% 신뢰구간의 하한과 상한을 구하면 다음과 같다.

신뢰하한 :

=(75/1500-80/2000)-NORMSINV(0.95)

SQRT(((75/1500)(1-75/1500)/1500) +((80/2000)*(1-80/2000)/2000))

= -0.0017312

신뢰상한 :

=(75/1500-80/2000)+NORMSINV(0.95)

SQRT(((75/1500)(1-75/1500)/1500) +((80/2000)*(1-80/2000)/2000))

= 0.02173123

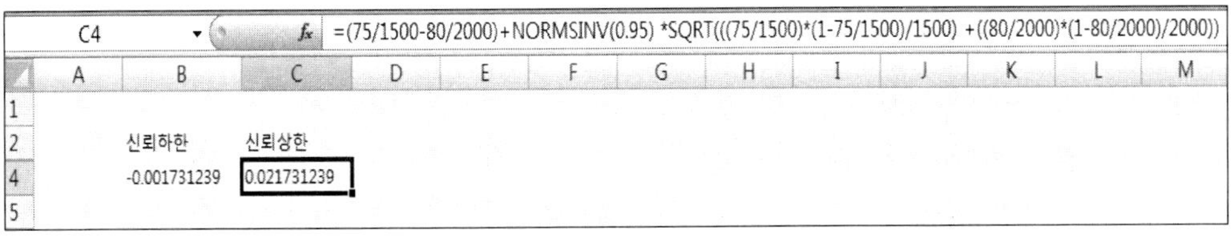

즉, 두집단의 모비율차이 $p_1 - p_2$의 90% 신뢰구간은 (-0.0017312 , 0.02173123) 이다.

8.2.7 신뢰구간의 길이와 표본의 크기

일반적으로 구간추정에 있어서 신뢰구간의 길이는 다음과 같은 값들에 의해 영향을 받는다.

1) 신뢰구간의 길이는 신뢰계수의 값에 비례한다. 즉, $1-\alpha$의 값이 커지면 신뢰구간의 길이는 길어지며, 반대로 작아지면 신뢰구간의 길이 또한 작아진다.

2) 신뢰구간의 길이는 표본의 크기 n에 반비례한다. 즉, 표본의 크기 n이 커질수록 신뢰구간의 길이는 작아진다.

이와 같은 신뢰구간의 길이는 추정량의 정확도와 밀접한 관계가 있다. 정확도를 높이기 위해서는 표본의 크기를 크게 하면 되지만, 표본의 수가 증가하게 되면, 표본을 조사하는데 드는 조사비용이 많이 들게 되며, 반대로 추정오차를 줄이기 위해 신뢰계수를 크게 하면, 추정량의 정확도가 떨어지게 된다.

이러한 문제로 인해 적절한 표본 수와 적절한 신뢰계수를 갖는 구간추정이 이루어져야 하며, 이를 위해 정규모집단의 가정 하에서 $(1-\alpha)\times 100\%$ 신뢰도로서 추정치와 모수간의 차이를 작게 하기 위해 표본의 크기를 얼마로 해야 하는지를 결정하는 문제를 생각할 수 있다.

추정치를 $\bar{x}$ 라하고, 모수를 μ라 할 때, 이들 간의 차이 $\bar{x}-\mu$를 추정오차라 하고, d 를 최대허용오차라 하면, 다음과 같은 관계가 성립한다.

$$d = z_{\frac{\alpha}{2}} \frac{\sigma}{\sqrt{n}}$$

이 식을 n에 대해 정리하면 다음과 같다.

$$n = \left(\frac{z_{\frac{\alpha}{2}} \sigma}{d} \right)^2$$

따라서 정규모집단의 가정 하에 주어진 허용오차의 범위 안에서 신뢰도 $(1-\alpha)\times 100\%$를 유지하려면 표본의 크기를 얼마로 해야 하는지를 알 수 있다. 이 때, 모분산 σ^2은 모르지만, 예비조사 등을 통헤 얻은 추정치를 이용할 수 있나.

예제8.13) 수의사가 특정 품종의 개의 평균 무게를 측정하려고 한다. 이때 개의 무게에 대한 표준편차는 $\sigma=8$kg으로 알고 있다고 가정하고, 정규분포를 가정하자. 그러면, 95%의 신뢰도로 허용오차를 1.5kg로 할 때, 무게를 측정해야 할 개를 몇 마리로 해야하는 가를 결정하라.

☞ 풀이

문제로부터 $z_{\alpha/2}=1.96$, $d=1.5$, $\sigma=8$이므로 구하고자 하는 개의 마리 수는 다음과 같이 계산할 수 있다.

$$n = \left(\frac{\sigma z_{\alpha/2}}{d} \right)^2 = \left(\frac{8 \times 1.96}{1.5} \right)^2 = 109(\text{마리})$$

즉, 95%의 신뢰도로 허용오차를 1.5kg로 할 때, 무게를 측정해야 할 개의 마리 수는 109 마리이다.

이와 유사한 내용으로 모비율 p의 추정치로 $\hat{p}$를 고려하자. 신뢰도 $(1-\alpha)\times 100\%$로 오차의 한계를 허용오차 d보다 작게 하려고 할 때, 필요한 표본 수 n은 다음과 같다.

$$n = \left(\frac{z_{\alpha/2} \sqrt{\hat{p}(1-\hat{p})}}{d} \right)^2$$

만일 표본비율 $\hat{p}$이 주어지지 않을 경우 즉, 예비조사 등으로부터 추정치의 값이 주어지지 않은 경우에는 $\hat{p}=\frac{1}{2}$으로 주어 다음과 같이 표본 수를 결정할 수 있다.

$$n=\left(\frac{z_{\alpha/2}}{2d}\right)^2$$

예제8.14) D 대학 재학생 중 100명을 임의로 뽑아 이들의 근시정도를 측정한 결과 30명이 근시자였다. 다음의 물음에 답하라.

1) 모비율 p를 추정하기 위해 오차의 한계를 2%로 유지하려면, 몇 명을 표본으로 뽑아서 검사를 해야 하는가?

2) 예비조사를 실시하지 않았을 때, 오차의 한계를 2%로 유지하려면, 몇 명을 표본으로 뽑아서 검사를 해야 하는가?

☞ 풀이

1) 100명 중 30명이 근시임으로 $\hat{p}=0.3$이다. 또한 $z_{\alpha/2}=1.96$, $d=0.02$가 되어 구하고자 하는 표본의 크기는 다음과 같다.

$$n=\left(\frac{z_{\alpha/2}\sqrt{\hat{p}(1-\hat{p})}}{d}\right)^2=\left(\frac{1.96\times\sqrt{0.3(0.7)}}{0.02}\right)^2=2016.84$$

결과적으로 약 2017명의 학생들을 조사해야 한다.

2) $\hat{p}$을 모르기 때문에, $\hat{p}=\frac{1}{2}$로 놓고 계산하면 필요한 표본의 크기는 다음과 같다.

$$n=\left(\frac{z_{\alpha/2}}{2d}\right)^2=\left(\frac{1.96}{2\times0.02}\right)^2=2401$$

연습문제

[1] 모분산 $\sigma^2=36$인 정규 분포를 이루는 모집단에서 크기 $n=16$인 확률 표본을 뽑았다. 표본 평균이 $\bar{x}=46$이라면 모평균 μ의 95% 신뢰 구간을 엑셀의 통계 함수를 이용하여 구하여라.

[2] 어떤 장난감 공장에서 생산되는 곰 인형의 무게는 표준편차가 $\sigma=2.5$g인 정규 분포를 한다고 알려져 있다.

1) 25개의 곰 인형을 임의 추출하였을 때 그 평균 무게가 30g이었다. 실제의 평균 무게 μ에 대한 95% 신뢰구간을 엑셀의 통계함수를 이용하여 구하라.
2) 신뢰도 95%로 μ를 추정할 때 오차의 한계를 0.5kg 이하로 하려면 몇 개의 곰 인형을 표본으로 취해야 하겠는가?

[3] 임의로 뽑은 10개의 실험 구획에서 곡식의 평균 생산량이 150kg으로 밝혀졌다. 구획당 생산량은 표준 편차가 $\sigma=20$kg인 정규분포라 가정할 때, 구획당 진짜 평균 생산량에 대한 95% 신뢰구간을 엑셀의 통계함수를 이용하여 구하라.

[4] 어느 통조림 회사에서는 16온스 용량의 꽁치 통조림을 생산하고 있다. 실제 무게가 그러한가를 알아보기 위해 표본을 뽑으려 한다. 모집단 평균 무게의 추정치의 오차가 0.2온스 이상이 되지 않을 것을 원하며, 이 결과가 99%의 신뢰도를 갖기를 바란다. 지금까지의 경험으로 $\sigma=1.34$라는 것을 알고 있을 때, 이러한 요구를 충족시키기 위해 표본의 크기를 얼마로 하면 되는가?

[5] 어느 씨앗의 파종기간은 16일이 채 안 걸린다고 한다. 이를 확인하기 위해 다음과 같은 시험자료를 얻었다.

18	18	11	17	11	14	15	19	15	20
12	18	16	18	12	15	15	20	13	15

1) 표본평균 $\overline{X}$의 표준오차를 계산하라.
2) 모평균 μ의 95% 신뢰구간을 엑셀의 통계함수를 이용하여 구하라.

[6] D대학 학생 100명을 임의로 추출하여 지능지수(IQ)를 검사하였더니 표본평균과 표준편차가 각각 $\bar{x}=112$, $s=10$이었다. 이 학교 학생의 평균 지능지수를 다음의 신뢰도 하에서 엑셀의 통계함수를 이용하여 구간 추정하라.

1) 신뢰도 95%

2) 신뢰도 99%

[7] 실험상에서 36개의 달걀을 검사한 결과 콜레스테롤의 평균 함량이 230㎎이고, $s=20$이었다. 진짜 평균 콜레스테롤 함량에 대한 95% 신뢰 구간을 엑셀의 통계함수를 이용하여 구하라.

[8] 자전거를 생산하는 S산업에서 하루 평균 자전거 생산량을 조사하려 한다. 과거 121일간의 하루 생산량의 평균과 표준편차를 계산하였더니 $\bar{x}=500$대, $s=110$대 였다. 평균 생산량 μ에 대하여 95% 신뢰구간을 엑셀의 통계함수를 이용하여 구하라.

[9] D중학교 학생 2,000명의 평균통학거리를 알아보려고 한다. 모든 학생을 대상으로 조사하는 것은 매우 어렵기 때문에, 16명을 임의로 뽑아 조사해 본 결과 그들의 평균통학거리는 1.64㎞ 이며, 표본에서 계산된 표준편차는 2㎞였다. 통학거리의 분포가 정규분포라고 가정한다면, 이 학교 전체 학생들의 평균통학거리를 신뢰도 95%로 엑셀의 통계함수를 이용하여 구간 추정하라.

[10] A, B 두 공장에서 생산하는 전구 중에서 100개씩 표본을 임의로 추출하여 수명을 조사한 결과 다음과 같다.

A공장 : 평균 2035(시간), 표준편차 64(시간)
B공장 : 평균 1920(시간), 표준편차 84(시간)

A, B 두 공장 의 평균 품질의 실제 차는 얼마인가를 95% 신뢰도로 엑셀의 통계함수를 이용하여 추정하라.

[11] 다음의 자료는 남성과 여성의 사춘기 연령을 조사한 결과이다. 두 집단의 사춘기연령의 평균 차이 $\mu_1-\mu_2$에 대한 95% 신뢰구간을 엑셀의 통계함수를 이용하여 구하라.

	남성	여성
표본평균	$\bar{x}_1 = 14.5$	$\bar{x}_2 = 13.4$
모분산	$\sigma_1^2 = 16$	$\sigma_2^2 = 25$
모분산	$n_1 = 100$	$n_2 = 100$

[12] 옛날 기계로 만든 전구에서 크기 15의 확률표본을 뽑았더니 평균 수명이 40시간이다. 또, 새로운 기계로 만든 전구에서 뽑은 크기 10인 확률 표본의 평균 수명은 45시간이다. 각 기계에서 만든 전구의 수명은 각각 정규분포를 이루고, 옛날 기계로 만든 전구 수명의 분산은 $\sigma_1^2 = 25$이고, 새 기계로 만든 전구 수명의 분산은 $\sigma_2^2 = 30$이라 한다. μ_1, μ_2 를 각각 옛날 기계와 새 기계로 만든 전구의 모평균이라 할 때 $\mu_1 - \mu_2$의 90% 신뢰구간을 엑셀의 통계함수를 이용하여 구하라.

[13] 아스팔트와 시멘트 노면의 파손량을 조사한 결과가 다음과 같다. 실제 두 도로의 평균 파손량의 차이에 대한 95% 신뢰구간을 엑셀의 통계함수를 이용하여 구하라.

	아스팔트	시멘트
표본평균	$\bar{x}_1 = 36500$	$\bar{x}_2 = 23800$
표본분산	$s_1^2 = 2200$	$s_2^2 = 1500$
지역 수	$n_1 = 40$	$n_2 = 36$

[14] 두 가지 담배 T와 M의 니코틴 함량을 비교한다고 하자. T 담배 15개비의 평균 니코틴 함량은 3.5㎎ , 표준편차는 0.5㎎이고, 한편 M담배 10개비의 평균 니코틴 함량은 3.0㎎, 표준편차는 0.7㎎이다. 이상의 값들이 등분산을 갖는 정규모집단으로부터 추출한 임의표본에서 얻은 값이라면 담배T와 M의 평균 니코틴 함량의 참값에 대한 90% 신뢰구간을 엑셀의 통계함수를 이용하여 구하라.

[15] 인산 비료를 5개의 구획에 주고, 질소 비료를 6개의 구획에 주었을 때, 각 구획에서의 밀의 생산량은 다음과 같다. $\mu_1 - \mu_2$의 99% 신뢰구간을 엑셀의 통계함수를 이용하여 구하라. 단, μ_1은 모든 가능한 구획에 인산 비료를 주었을 때의 평균이고, μ_2는 질소 비료를 주었을 때의 평균이다. 또한 두 구획의 밀 평균 생산량에 대한 분산은 동일하다고 한다.

인산 비료	질소 비료
40	50
49	41
38	53
48	39
40	40
	47

[16] A 회사의 전구 150개를 표본으로 뽑아 수명을 조사하였더니 평균은 1400시간, 표준편차는 120시간이었다. 또한 B 회사의 전구 200개를 표본으로 뽑아 조사한 결과 평균은 1200시간, 표준편차 80시간이었다. 두 회사의 전체 전구의 평균수명의 차에 대하여 99% 신뢰구간을 엑셀의 통계함수를 이용하여 구하라.

[17] 어떤 실험실에서 합성 반응 실험을 12회 하였을 때, 원료 100kg당 수율이 다음과 같다. 이 수율에 관해서 모분산 σ^2을 신뢰도 95%로 엑셀의 통계함수를 이용하여 구간 추정하라.

38.0,	37.9,	35.1,	38.3,	36.3,	37.8
36.8,	35.9,	37.7,	38.2,	35.7,	38.6

[18] 25개의 표본 농가의 단위 면적 당 쌀 생산량의 표준편차를 조사하여 $s=65$ kg을 얻었다. 쌀 생산량의 모표준편차 σ에 대해 95%의 신뢰도로 엑셀의 통계함수를 이용하여 구간 추정하라.

[19] 다음은 어떤 농장에서 10일 동안 $n=10$마리의 젖소에서 생산한 우유의 양을 결과이다.

118,	110,	110,	121,	131
116,	119,	121,	126,	135

모 표준편차 σ에 대해 95%의 신뢰도로 엑셀의 통계함수를 이용하여 구간 추정하라.

[20] D중학교 3학년 학생 21명과 H 중학교 3학년 학생 16명의 몸무게를 조사하였더니 표본분산이 각각 $s_D^2=6$, $s_H^2=4$ 였다. 모분산의 비 σ_D^2/σ_H^2 의 95%

신뢰구간을 엑셀의 통계함수를 이용하여 구하라.

[21] 정부의 어떤 시책에 대하여 임의 추출된 100명 가운데 55명이 지지를 하였다.

1) 정책의 지지율 p에 대한 95% 신뢰구간을 엑셀의 통계함수를 이용하여 구하여라.
2) 신뢰도 95%로 p를 추정할 때 오차의 한계를 5% 이하로 하려면 몇 명을 표본으로 조사하여야 되는가?

[22] 100명이 백신 주사를 맞은 결과 80명이 어떤 병에 대한 면역을 갖게 되었다. 면역을 갖게 된 사람의 모비율에 대한 99% 신뢰 구간을 엑셀의 통계함수를 이용하여 구하라.

[23] 200가구를 조사한 결과 85%가구가 컬러 TV를 갖고 있는 것으로 나타났다. 컬러 TV를 가진 가구의 모비율에 대한 95% 신뢰 구간을 엑셀의 통계함수를 이용하여 구하라.

[24] 국내의 전체 유권자중 표본으로 추출된 500명중 180명이 대통령 후보로 K후보를 지지하였다. 전체 유권자의 비율을 신뢰도 95%로 엑셀의 통계함수를 이용하여 구간 추정하라.

[25] 국내의 전체 10대 청소년들이 인터넷을 통해 성인 사이트에 하루에 3회이상 접속하는 비율을 p라 하자. 1000명의 10대 청소년들을 조사했더니 820명이 성인 사이트에 3회이상 접속했다고 응답하였다. 다음의 물음에 답하라.

1) p의 95% 신뢰구간을 엑셀의 통계함수를 이용하여 구하라.
2) p의 99% 신뢰구간을 엑셀의 통계함수를 이용하여 구하라.

[26] 어떤 공장에서 생산된 전구 수명의 표준편차는 15시간이라고 알려져 있다. 25개 표본의 평균수명이 1800시간 일 때 어떤 공장에서 생산된 전구의 평균수명을 신뢰도 95%로 추정할 때 다음을 구하라.

1) 오차의 한계
2) 신뢰구간의 길이

[27] 조사 결과 어느 대학에서 150명의 교수 중 48명이 담배를 피우고, 300명의 학생 중 114명이 담배를 피운다고 한다. p_1을 모든 교수 중에서 담배 피우는

사람의 비율이라 하고, p_2를 모든 학생들 중에서 담배 피우는 비율이라고 할 때 $p_1 - p_2$에 대한 95% 근사적인 신뢰구간을 엑셀의 통계함수를 이용하여 구하라.

[28] 똑같은 종류의 제품을 만드는 기계 A, B가 있다. 이 기계들은 각각 다른 공장에서 만들어졌는데, 어느 기계가 더 우수한지를 알아보기 위해 기계A가 생산해 낸 제품과 기계B가 생산해 낸 제품에서 각각 100개를 뽑아 불량품의 개수를 조사하였다. 그 결과 기계 A로 만든 제품에서는 10%, 기계 B로 만든 제품에서는 7%의 불량품이 나왔다. 두 기계가 만든 제품 전체의 불량품 비율의 차에 대해 95% 신뢰구간을 엑셀의 통계함수를 이용하여 구하라.

[29] 기계가 주당 평균 몇 시간이나 쉬는가를 알기 위해, 경영자는 공장에 있는 기계들에서 표본을 뽑아 조사하기로 하였다(기계의 총 수는 상당히 많은 것으로 가정한다). 95% 신뢰도를 가지고 쉬는 시간의 모평균과 추정치와의 차이가 1.12 이내가 되도록 하려면 표본의 크기를 얼마로 해야 하는가? 과거의 경험에 의하면 기계의 쉬는 시간은 표준 편차가 4시간인 정규 분포를 가정함이 안전하다.

[30] 국회의원 선거에서 특정지역의 후보를 지지하는 유권자의 비율을 p라고 할 때, p의 추정치에 대한 허용오차가 다음과 같을 때, 표본의 크기를 얼마로 해야 하는 지를 결정하라.

1) 95% 신뢰도 하에서 허용오차 0.03
2) 95% 신뢰도 하에서 허용오차 0.02
3) 90% 신뢰도 하에서 허용오차 0.01
4) 99% 신뢰도 하에서 허용오차 0.03

9장 통계적 가설검정

9.1 통계적 가설검정

모집단의 모수에 대한 추론에 대해 중요한 이론으로서 하나는 8장에서 다룬 추정이론과 이장에서 다룰 통계적 가설검정이다. 이때 가설(hypothesis)이란 모집단에 대한 가상적인 기술이며, 이러한 가설의 옳고 그름을 판정하는 것을 가설검정(testing hypothesis)이라 한다.

9.1.1 가설검정의 정의

이와 같이 모집단으로부터 추출된 표본을 이용하여 모집단에 관한 의사결정을 내리는 것을 통계적 결정(statistical decision)이라 하며, 이러한 통계적 의사결정을 하려면, 우선 모집단에 대한 가설을 세워야 한다. 그러나 이렇게 설정된 가설은 참(truth)이거나 거짓(falsity)일 수 있으며, 가설을 받아들이지 않는 것을 가설을 기각(reject)한다고 하며, 설정된 가설을 받아들이는 것을 채택(accept)한다고 한다.

일반적으로 가설은 반증적인 방법으로 증명하기 위해 기각될 것을 바라면서 가설을 설정하게 되는데, 이러한 가설을 귀무가설(null hypothesis) 또는 영가설이라 하며, H_0으로 표기한다. 귀무가설과 대립되거나 이를 부정하는 가설을 대립가설(alternative hypothesis) 또는 연구가설이라 하며, H_1으로 표기한다.

가설의 설정과 관련된 예를 몇 가지 들어보자.

1) "어떤 동전은 고르지 않다." 라는 주장에 대해 그 동전을 한번 던질 때 앞면이 나올 확률을 p라 하면, $p \neq \frac{1}{2}$라는 가설을 세운다. 이때 귀무가설과 대립가설은 다음과 같이 세우면 된다.

$$H_0: p = \frac{1}{2}, \ H_1: p \neq \frac{1}{2}$$

2) 새로운 엔진오일을 개발한 사람이 "이 오일의 평균 수명이 10,000㎞이상이다."라고 주장한다면, $\mu > 10{,}000$라는 가설을 세우면 된다. 이때 귀무가설과 대립가설은 다음과 같이 세우면 된다.

$$H_0: \mu \leq 10{,}000, \ H_1: \mu > 10{,}000$$

3) "올해 서울의 실업률은 3%이상이다." 라는 주장에 대해, 가설은 $p > 0.03$으로 설정하면 된다. 이에 대해 귀무가설과 대립가설은 다음과 같이 세우면 된다.

$$H_0: p \le 0.03,\ H_1: p > 0.03$$

이와 같이 연구의 관심 대상이 되는 어떤 주장을 대립가설로 설정하고, 그에 반대되는 주장을 귀무가설로 설정하면 된다.

앞에서 예를 든 귀무가설의 형태에 따라 단순가설(simple hypothesis)과 복합가설(composite hypothesis)로 분류할 수 있다. 즉 단순가설은 다음과 같이 귀무가설이 어떤 특정한 하나의 값이라고 주장하는 형태의 가설을 말한다.

$$H_0: p = \frac{1}{2},\ H_1: p \ne \frac{1}{2}$$

이와는 대조적으로 복합가설은 다음과 같이 특정한 하나의 값이라고 주장하기보다는 "~보다 크다" 또는 "~보다 작다"고 주장하는 형태의 가설을 말한다.

$$H_0: \mu \le 10{,}000,\ H_1: \mu > 10{,}000$$

이렇게 설정된 가설은 표본으로부터 얻어진 통계량을 근거로 가설의 참 또는 거짓을 판단하게 된다. 이때 주의해야 할 것은 귀무가설을 기각했을 때, 설정된 귀무가설이 거짓이라는 것을 의미하는 게 아니라, 단지 모집단으로부터 추출된 표본이 귀무가설을 받아들일 만한 충분한 증거를 가지고 있지 못함으로 인해 귀무가설을 채택하지 못한다는 의미이다.

가설의 채택여부를 판정하는 기준이 되는 통계량을 검정통계량(test statistic)이라 하며, 이 검정통계량은 표본의 관찰값들로부터 귀무가설이 옳다는 가정 하에서 계산되며, 만일 검정통계량의 값이 특정한 기준 값의 범위에 들지 않으면, 귀무가설을 받아들이지 못하게 된다. 이때 특정한 기준값을 기각치(rejection value) 또는 임계치(critical value)라 하고, c로 표기한다.

또한 검정통계량의 값에 따라 귀무가설이나 대립가설의 채택여부가 결정되며, 귀무가설 H_0가 기각되는 검정통계량 값의 영역을 기각역(rejection region) 또는 임계영역(critical region)이라 하며, 반대로 채택하게 되는 검정통계량 값의 영역을 채택역(acceptance region) 이라 한다.

이러한 가설의 기각역 또는 채택역은 유의수준을 어떻게 정하느냐에 따라 다르게 나타난다.

예제9.1) 다음의 주장에 대해 귀무가설과 대립가설을 설정하라.

1) 시판되는 주사위는 공정하지 못하다.
2) 남아의 출생률은 0.3 이다.
3) 서울 인구의 평균 수명은 76세 이다.
4) 민주당의 지지율은 40% 이상이다.
5) 어떤 야구 선수의 평균 타율은 0.31 이다.

☞ 풀이

주된 연구의 대상이 되는 주장을 대립가설로 설정하고, 그와 반대되는 주장을 귀무가설로 설정하면 된다.

1) $H_0: p = \frac{1}{6}$, $H_1: p \neq \frac{1}{6}$ (또는 $H_1: p > \frac{1}{6}$ 이거나 $H_1: p < \frac{1}{6}$)

2) $H_0: p = 0.3$, $H_1: p \neq 0.3$ (또는 $H_1: p > 0.3$ 이거나 $H_1: p < 0.3$)

3) $H_0: \mu = 76$, $H_1: \mu \neq 76$ (또는 $H_1: \mu > 76$ 이거나 $H_1: \mu < 76$)

4) $H_0: p \leq 0.4$, $H_1: p > 0.4$

5) $H_0: p = 0.31$, $H_1: p \neq 0.31$ (또는 $H_1: p > 0.31$ 이거나 $H_1: p < 0.31$)

예제9.2) 어느 여론 조사원이 "공화당 지지율 p_1이 민주당 지지율 p_2보다 클 것이다" 라고 주장하고 있다. 이 주장에 대한 귀무가설과 대립가설을 설정하라.

☞ 풀이

여론조사원이 주장하는 바를 대립가설로 설정하고, 그와 반대되는 주장을 귀무가설로 설정하면 다음과 같다.

$$H_0: p_1 \leq p_2, \; H_1: p_1 > p_2$$

9.1.2 가설검정의 오류

가설검정에서 귀무가설을 채택하는 경우 대립가설을 기각하게 되며, 반대로 귀무가설을 기각하는 경우 대립가설을 채택하게 되는 경우가 발생한다. 이때, 귀무가설이 참임에도 불구하고, 귀무가설을 기각하고, 대립가설을 채택하는 오류를 범할 가능성이 있으며, 반대로 대립가설이 참임에도 불구하고, 대립가설을 기각하고 귀무가설을 채택하는 오류를 범할 가능성이 있다. 이와 같이 가설검정에서 발생 가능한 오류를 각각 가설검정의 제1종 오류(type I error)와 제2종오류(type

II error)라 하며, α와 β로 표기하며, 특히 제1종 오류를 유의수준(significance level)이라 하고, 다음과 같이 정의할 수 있다.

[표9-1] 제1종 오류 와 제2종 오류

	H_0를 채택	H_0를 기각
H_0가 참일 경우	옳은 결정$(1-\alpha)$	제1종 오류(α)
H_0가 거짓일 경우	제2종 오류(β)	옳은 결정$(1-\beta)$

이와 같이 정의되는 두 가지 오류에 대해 바람직한 검정 방법은 제1종 오류와 제2종 오류를 모두 작게 하는 것인데, 고정된 표본의 크기에 대해 1종 오류를 줄이면, 2종 오류가 커지는 성질이 있다. 따라서 두 가지 오류를 모두 줄이기 위해서는 표본의 크기를 크게 하면 되는데, 이 또한 조사비용의 증가를 초래하게 된다.

따라서 통상적으로 가설검정에서는 고정된 표본의 크기 하에서 1종 오류를 정해놓고, 2종 오류를 줄이는 방법을 사용한다. 다음은 1종 오류와 2종 오류간의 관계를 그래프로 나타낸 것이다.

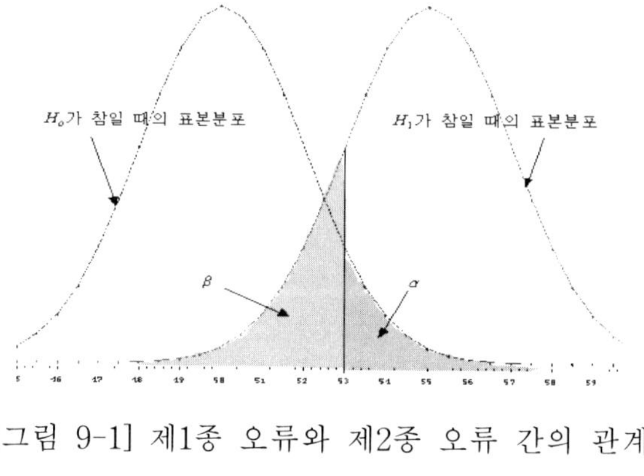

[그림 9-1] 제1종 오류와 제2종 오류 간의 관계

대립가설 H_1이 참일 때, H_0을 채택할 확률인 제2종 오류 β를 구하는 대신에 귀무가설 H_0을 기각하는 확률 K를 계산할 수 있다. 즉, β나 $K=1-\beta$나 같은 정보를 제공한다. 이때, K를 그 가설의 검정력 함수(power function) 이라 하며, 특정한 값에 대해 검정력 함수의 값을 그 점에서의 검정력(power)이라 한다. 검정력 함수 K는 다음과 같이 정의된다.

$$K(\theta) = P(\hat{\theta} \geq c)$$

따라서 바람직한 검정력 함수는 귀무가설 H_0가 참일 때, 작은 값을 취하며, 반대의 경우에는 큰 값을 갖게된다.

예제9.3) 모표준편차(σ)가 60일 때, 다음의 가설을 검정하시오.

$$H_0: \mu = 450, \quad H_1: \mu = 500$$

1) $n=9$인 경우 유의수준 $\alpha = 0.05$로 검정할 때, 제2종 오류 β를 계산하시오.
2) $n=25$인 경우 제1종 오류 α와 제2종 오류 β를 계산하시오.

☞ 풀이

1) 먼저 제1종 오류 α는 H_0가 참임에도 불구하고, H_0를 기각할 확률이므로, 귀무가설 하에서 다음과 같다.

$$P(\overline{X} \geq c) = P\left(\frac{\overline{X} - 450}{60/\sqrt{9}} \geq \frac{c-450}{60/\sqrt{9}}\right)$$

$$= P\left(Z \geq \frac{c-450}{20}\right)$$

$$= 0.05$$

이러한 관계로부터 기준값인 임계값은 $\frac{c-450}{20} = 1.64$로부터 $c = 482.8$ 가 된다.

즉, 표본으로부터 구한 표본 평균$\overline{x} \geq 482.8$이면, 귀무가설 H_0를 기각한다. 반대로 $\overline{x} < 482.8$ 이면 H_0를 채택한다.

다음으로 귀무가설 H_0가 거짓임에도 불구하고, H_0를 채택할 확률인 제2종 오류 β를 구해보면 다음과 같다.

$$\beta = P(\overline{X} < 482.8) = P\left(\frac{\overline{X} - 500}{60/\sqrt{9}} < \frac{482.8-500}{60/\sqrt{9}}\right)$$

$$= P\left(Z < \frac{482.8-500}{20}\right)$$

$$= P(Z < -0.86)$$

따라서 표준정규분포표로부터 $\beta = 0.195$가 된다.

2) 위의 계산식으로부터 $n=9$대신 $n=25$를 대입하여 α와 β를 구하면 각각 다음과 같다.

$$\alpha = P(\overline{X} \geq c) = P\left(\frac{\overline{X}-450}{60/\sqrt{25}} \geq \frac{482.8-450}{60/\sqrt{25}}\right)$$

$$= P\left(Z \geq \frac{482.8-450}{12}\right)$$

$$= P(Z \geq 2.73)$$

$$= 0.0032$$

$$\beta = P(\overline{X} < 482.8) = P\left(\frac{\overline{X}-500}{60/\sqrt{25}} < \frac{482.8-500}{60/\sqrt{25}}\right)$$

$$= P\left(Z < \frac{482.8-500}{12}\right)$$

$$= P(Z < -1.43)$$

$$= 0.0764$$

결과적으로 표본의 수가 증가하면, 제1종 오류α 와 제2종 오류β가 동시에 감소함을 알 수 있다.

예제9.4) 모표준편차(σ)가 10일 때, $\alpha = 0.05$, $n = 25$에 대해 다음의 가설을 검정하려고 한다. 물음에 답하시오.

$$H_0 : \mu = 60, \ \ H_1 : \mu > 60$$

1) 검정력 함수K를 구하시오.
2) $\mu = 65$일 때 검정력 $K(65)$를 구하시오.

☞ 풀이

1) 먼저 임계치 c를 구하면 다음과 같다.

$$P(\overline{X} \geq c) = P\left(\frac{\overline{X}-60}{10/\sqrt{25}} \geq \frac{c-60}{10/\sqrt{25}}\right)$$

$$= P\left(Z \geq \frac{c-60}{2}\right)$$

$$= 0.05$$

따라서 임계값은 $\frac{c-60}{2} = 1.64$로부터 $c = 63.28$이 된다. 결국 표본 평균$\overline{x} \geq 63.28$이면, 귀무가설 H_0를 기각한다. 반대로 $\overline{x} < 63.28$ 이면 H_0를 채택한다.
이러한 계산으로부터 구하고자 하는 검정력 함수는 다음과 같다.

$$K(\mu) = P\left(\frac{\overline{X}-\mu}{2} \geq \frac{63.28-\mu}{2}\right)$$

$$= P\left(Z \geq \frac{63.28-\mu}{2}\right)$$

이때, 표준정규 분포의 분포함수를 $\Phi(z)$로 나타내면, 검정력함수는 다음과 같다.

$$K(\mu) = 1-\Phi\left(\frac{63.28-\mu}{2}\right), \quad \mu \geq 60$$

2) $\mu=65$일 때의 검정력 $K(65)$은 다음과 같다.

$$K(65) = 1-\Phi\left(\frac{63.28-65}{2}\right)$$

$$= 1-\Phi(-0.86)$$

$$= 1-0.195 = 0.805$$

[참고 : p-값]

통계적 가설검정과 관련하여 엑셀과 대부분의 통계 프로그램(SAS 또는 SPSS)으로부터 출력되는 p-값(p-value)이라는 것이 있다. 이때 p-값은 귀무가설 H_0가 참일 때, 표본으로부터 구한 검정통계량 값이 H_0를 기각시킬 수 있는 유의확률을 말하며, 꼬리확률(tailed probability)라고도 한다.

기각역을 미리 정하여 가설 검정을 하는 대신에 p-값를 산출하여, 설정한 유의 수준α와 비교함으로서 가설의 기각 또는 채택여부를 판정할 수 있도록 한다. 이 p-값이 작을수록 귀무가설에 대한 신뢰성은 떨어지게 된다.

예제9.5) 프로농구에서 A팀의 한 시즌 득점의 평균이 $\mu=90$, $\sigma^2=3^2$이라고 한다. 다른 시즌에 비해 이번 시즌의 평균 득점이 낮아 졌다고 확신하고, 다음을 검정하기로 한다.

$$H_0: \mu=90, \quad H_1: \mu<90$$

한 시즌 당 16경기를 치른다고 가정하고, 한 시즌을 마치고 표본평균을 계산하였다고 한다. 다음의 값들을 계산하라.

1) 임계치를 $c=88.5$라고 가정할 때, 검정력 함수 $K(\mu)$를 구하라.
2) 유의수준 α를 구하라.
3) 관찰된 표본평균이 $\overline{x}=88.25$라 할 때, p-값을 구하라.

☞ 풀이

1) 임계치를 $c=88.5$라고 가정하였기 때문에 $\bar{x}\le 88.5$이면 H_0을 기각하고, H_1을 채택하게 된다. 따라서 구하고자 하는 검정력 함수는 다음과 같다.

$$K(\mu)=P(\bar{X}\le 88.5)=P\left(\frac{\bar{X}-\mu}{3/4}\le\frac{88.5-\mu}{3/4}\right)$$

$$=P\left(Z\le\frac{88.5-\mu}{3/4}\right)$$

$$=\Phi\left(\frac{88.5-\mu}{3/4}\right)$$

2) 유의수준 α는 참인 H_0을 기각할 확률임으로 $\mu=90$일 때의 검정력과 같다.

$$K(\mu)=\Phi\left(\frac{88.5-\mu}{3/4}\right)$$

$$=\Phi\left(\frac{88.5-90}{3/4}\right)$$

$$=\Phi(-2)$$

$$=1-0.9772$$

$$=0.0228$$

3) $\bar{x}=88.25$라 할 때,p-값은 다음과 같다.

$$p=P(\bar{X}\le 88.25)=\Phi\left(\frac{88.25-90}{3/4}\right)=\Phi\left(-\frac{7}{3}\right)=0.0098$$

9.1.3 가설검정의 종류와 절차

1) 가설검정의 종류

일반적으로 미지의 관심 모수 θ에 대한 가설은 θ_0이 θ의 특정한 값이라 할 때, 다음과 같이 설정할 수 있다.

(1) $H_0: \theta=\theta_0,\ H_1: \theta>\theta_0$
(2) $H_0: \theta=\theta_0,\ H_1: \theta<\theta_0$
(3) $H_0: \theta=\theta_0,\ H_1: \theta\ne\theta_0$

이때 대립가설이 $H_1: \theta > \theta_0$ 또는 $H_1: \theta < \theta_0$ 로 주어질 때, 단측검정(one-tailed test)을 실시하게 되며, 특별히 대립가설이 $H_1: \theta > \theta_0$인 경우에는 우단측검정, $H_1: \theta < \theta_0$일 때에는 좌단측검정을 실시하게 된다. 또한 대립가설이 $H_1: \theta \neq \theta_0$인 경우 양측검정(two-tailed test)을 실시하게 된다.

즉, 주어진 대립가설의 형태에 따라 그 가설을 검정하는 방법이 조금씩 다르게 된다. 다음은 위에서 정의된 3가지 가설에 대한 검정을 그래프로 나타낸 것이다.

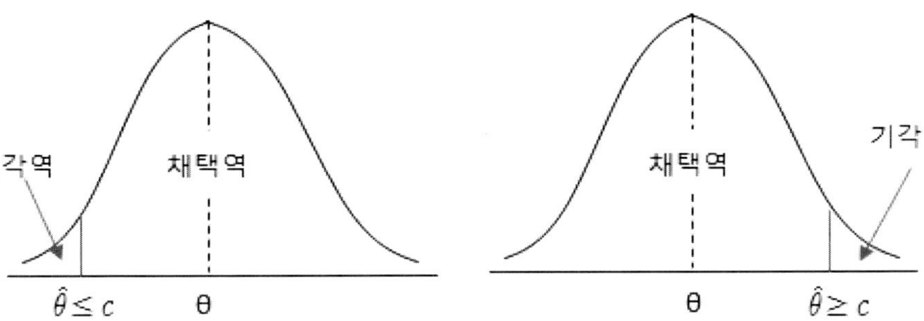

[그림 9-2] 우단측 검정과 좌단측검정

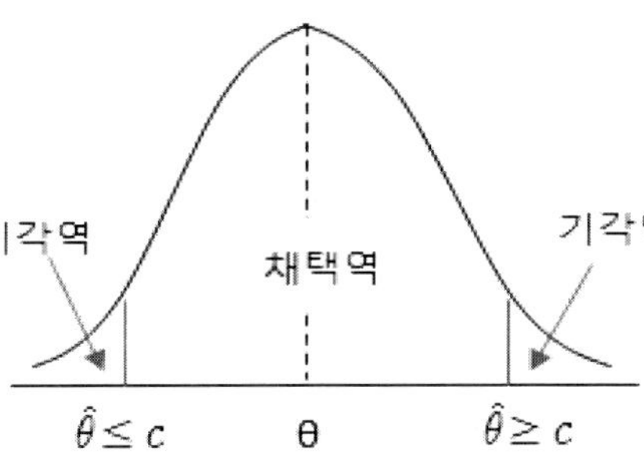

[그림 9-3] 양측검정

2) 가설검정의 절차

일반적으로 가설을 검정하기 위한 절차를 요약해보면 다음과 같다.

[가설 검정의 절차]

1) 검정하고자 하는 가설을 설정한다.(귀무가설 :H_0, 대립가설:H_1)
2) 유의수준 α를 결정한다.
3) 귀무가설이 참이라는 가정 하에서 검정통계량 값을 계산한다.
4) 검정 통계량값과 α-값과 비교하여 귀무가설의 기각여부를 판정한다.

이때, 검정통계량은 귀무가설이 참이라는 가정 하에서 표본을 통해 구해진 값이며, 이 값이 유의수준 α하에서 구한 임계값보다 크거나 작게 될 때, 귀무가설의 채택 또는 기각 여부를 판정하게 된다.

9.2 모평균에 대한 가설검정

모집단이 $N(\mu,\sigma^2)$인 정규분포를 따른다는 가정하에서 모평균 μ에 대한 가설검정에 대해 알아보도록 한다. 이때, 모분산 σ^2을 아는 경우와 모르는 경우로 나누어 설명하도록 한다.

1) σ^2을 알고 있는 경우

정규모집단 $N(\mu,\sigma^2)$으로부터 크기 n인 확률 표본으로 $X_1,X_2,\cdots X_n$을 추출했을 때, 유의 수준 α에서 검정해야할 가설이 다음과 같다고 하자.

$$H_0: \mu = \mu_0$$

이 경우 검정통계량으로 모평균 μ의 추정량인 표본평균 $\overline{X}$의 분포를 이용하게 되며, 이때 $\overline{X}$는 $N\left(\mu, \frac{\sigma^2}{n}\right)$인 정규분포를 따르므로 귀무가설 H_0가 참이라는 가정하에서 다음과 같이 검정통계량을 구할 수 있다.

$$Z_0 = \frac{\overline{X} - \mu_0}{\sigma/\sqrt{n}}$$

따라서 귀무가설 $H_0: \mu = \mu_0$에 대한 검정 기준은 다음과 같은 대립가설에 대해 요약할 수 있다.

대립가설	기각역
좌단측 검정 $H_1: \mu < \mu_0$	$Z_0 < -z_\alpha$이면 H_0 기각
우단측 검정 $H_1: \mu > \mu_0$	$Z_0 > z_\alpha$이면 H_0 기각
양측검정 $H_1: \mu \neq \mu_0$	$Z_0 > z_{\alpha/2}$ 또는 $Z_0 < -z_{\alpha/2}$ 이면 H_0 기각

이러한 각각의 검정에 대한 기각역을 그래프로 표현하면 다음과 같다.

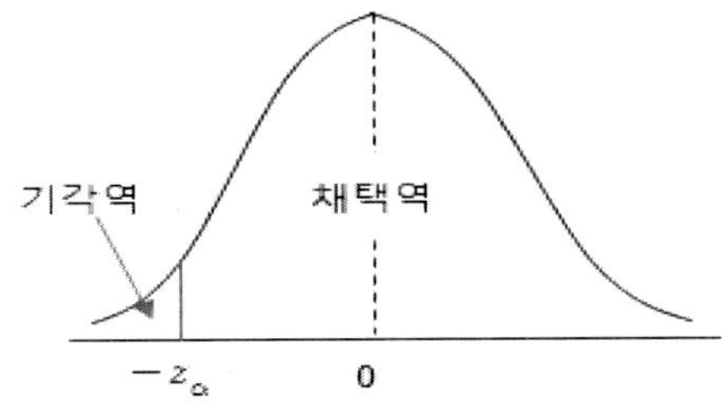

[그림 9-4] $H_1: \mu < \mu_0$에 대한 기각역z_α

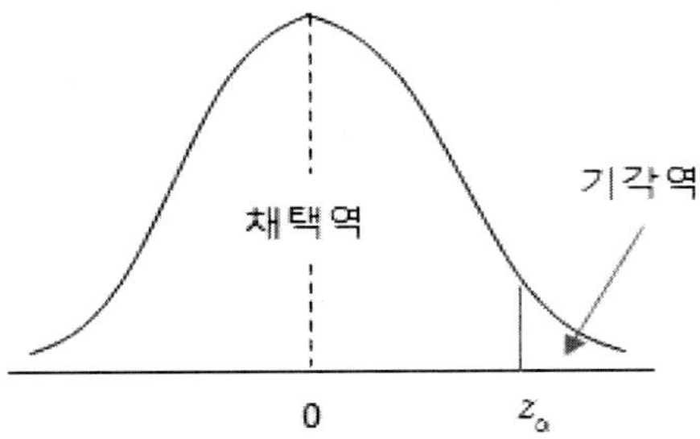

[그림 9-5] $H_1: \mu > \mu_0$ 에 대한 기각역

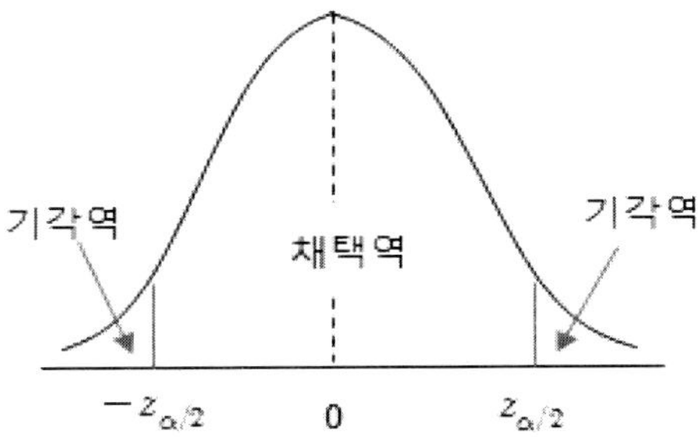

[그림 9-6] $H_1: \mu \neq \mu_0$에 대한 기각역

예제9.6) 통조림 회사에서 수출용과일을 생산하는데, 그 통조림의 무게가 16온스이며, 통조림의 무게는 정규분포를 따른다고 한다. 그러나 해외에서는 통조림의 무게가 16온스가 아니라는 항의가 들어오고 있다. 회사측에서는 이를 확인하기 위해 생산된 통조림 중 25개를 표본으로 추출하여 평균 무게를 조사한 결과 $\bar{x}=15.5$온스였다. 생산된 전체 통조림 무게의 표준편차가 1.5온스라고 알려져 있다면, 유의수준 $\alpha=0.05$로 통조림 무게가 16온스라고 할 수 있는지를 검정하라.

☞ 풀이

가설 검정의 절차에 따라 다음과 같은 순서로 검정할 수 있다.

i) 가설을 세운다.

$H_0: \mu = 16$, $H_1: \mu \neq 16$

ii) 유의수준 $\alpha = 0.05$

iii) 검정통계량을 구한다.

$$Z_0 = \frac{\bar{x} - \mu_0}{\sigma/\sqrt{n}} = \frac{15.5 - 16}{1.5/\sqrt{25}} = -1.67$$

iv) 판정한다.

유의수준 $\alpha = 0.05$ 하에서 양측검정의 경우이므로 $z_{\alpha/2} = z_{0.025} = 1.96$보다 크거나 $-z_{\alpha/2} = -z_{0.025} = -1.96$보다 작으면, 귀무가설을 기각하게 된다.

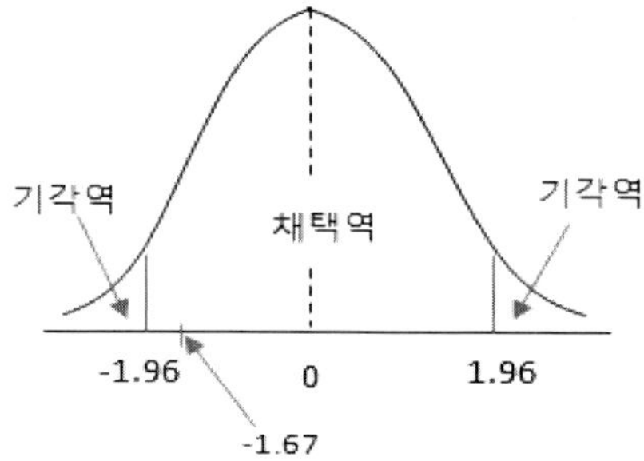

따라서 검정통계량 값 $Z_0 = -1.67$이 기각치인 $-z_{0.025} = -1.96$ 보다 크므로, 귀무가설을 채택한다. 즉, $Z_0 = -1.67 > -z_{0.025} = -1.96$ 이므로 채택역 안에 들어감으로 귀무가설을 기각할 수 없게 된다. 결과적으로 통조림의 평균 무게가 16온스라는 주장을 받아들여 회사측의 주장이 옳다고 판정한다.

엑셀을 이용한 모평균 μ에 대한 가설 검정을 위해 통계함수 중 NORMDIST()함수를 이용할 수 있다. 이때 NORMDIST()함수 값은 앞에서 언급한 p-값을 구한 것이며, 이 함수를 이용하여 가설을 검정할 때에는 단측검정과 양측검정의 유의확률이 다르므로 특별히 유의해야한다.

이와 더불어 또 하나의 통계함수로는 ZTEST()함수이다. ZTEST()함수는 데이터가 주어진 경우 양측검정의 p-값을 구한다. 따라서 양측검정을 실시할 때에는 함수값에 2배를 하여 그 값을 p-값으로 이용한다.

[엑셀을 이용한 모평균 μ에 대한 가설 검정]

- NORMDIST()함수를 이용한 경우

  여기서 NORMDIST()함수의 입력 형식은 다음과 같다.

  =NORMDIST(표본평균, 귀무가설, 표준편차, 1)

  ① 우단측검정 : =1-NORMDIST()함수 값 < 유의수준 α 이면, H_o기각

  ② 좌단측검정 : =NORMDIST()함수 값 < 유의수준 α 이면, H_o기각

  ③ 양측검정 : =2*NORMDIST()함수 값 < 유의수준 α 이면, H_o기각

  만일 표본평균 > 귀무가설 이면, 다음과 같이 바꾸어 입력한다.

  =2*NORMDIST(귀무가설, 표본평균, 표준편차, 1)

- ZTEST()함수

  여기서 ZTEST()함수의 입력형식은 다음과 같고, x는 귀무가설값을 입력한다.

  =ZTEST(배열 또는 범위, x, 표준편차)

  ① 단측검정 : =ZTEST()함수 값 < 유의수준 α 이면, H_o기각

  ② 양측검정 : =2*ZTEST()함수 값 < 유의수준 α 이면, H_o기각

예제9.7) 앞의 예제 9.6을 엑셀의 NORMDIST()함수를 이용하여 검정하라.

☞ 풀이

$\bar{x} = 15.5$, 표준편차가 1.5일 때, 귀무가설 $H_0: \mu = 16$, 을 유의수준 $\alpha = 0.05$로 검정한다.

=2*NORMDIST(15.5, 16, 1.5/SQRT(25), 1) = 0.09558066 > 0.05 귀무가설 채택.

B3 | fx =2*NORMDIST(15.5, 16, 1.5/SQRT(25), 1)

	A	B	C	D	E	F	G	H
1								
2		p-값	판정					
3		0.095580705	H0채택					
4								

예제9.8) 9명의 학생에게 지능지수 검사를 한 결과 평균 95로 나타났다. 전체 학생들의 지능지수의 분산이 144로 알려져 있다고 할 때, 학생들의 평균 지능지수가 100보다 작다는 주장에 대해 유의수준 $\alpha = 0.05$로 주장을 검정하라.

☞ 풀이 1 - 산술적 계산에 의한 검정

가설 검정 절차에 따라 다음과 같은 순서로 검정할 수 있다.

i) 가설을 세운다.

$H_0: \mu = 100$, $H_1: \mu < 100$

ii) 유의수준 $\alpha = 0.05$

iii) 검정통계량을 구한다.

$$Z_0 = \frac{\bar{x}-\mu_0}{\sigma/\sqrt{n}} = \frac{95-100}{12/\sqrt{9}} = -1.25$$

iv) 판정한다.

유의수준 $\alpha = 0.05$ 하에서 좌단측검정의 경우이므로 $-z_\alpha = -z_{0.05} = -1.64$가 되어 검정통계량의 값 $Z_0 = -1.25$이 기각치인 $-z_{0.05} = -1.64$ 보다 크므로, 귀무가설을 채택한다. 즉, $Z_0 = -1.25 > -z_{0.05} = -1.64$ 이므로 채택역 안에 들어감으로 귀무가설을 기각할 수 없게 된다. 이것을 그래프로 표현하면 다음과 같다.

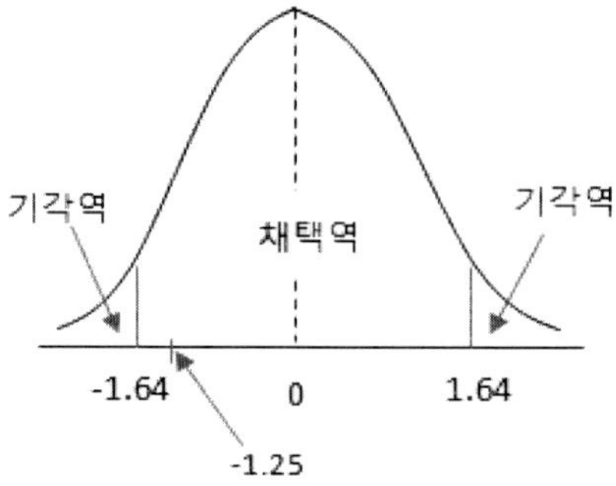

가설 검정의 결과 전체 학생들의 평균 지능지수가 100보다 작다는 주장을 받아들일 수 없다.

☞ 풀이 2 - 엑셀을 이용한 검정

9명의 표본평균 95, 분산이 144일 때, 가설 $H_0: \mu = 100$, $H_1: \mu < 100$ 를 유의수준 $\alpha = 0.05$로 검정한다. 이때 판정기준은 단측검정이므로 $\alpha = 0.05$ 를 이용한다.

=NORMDIST(95, 100, SQRT(144/9), 1) = 0.1056 > 0.05 귀무가설 채택.

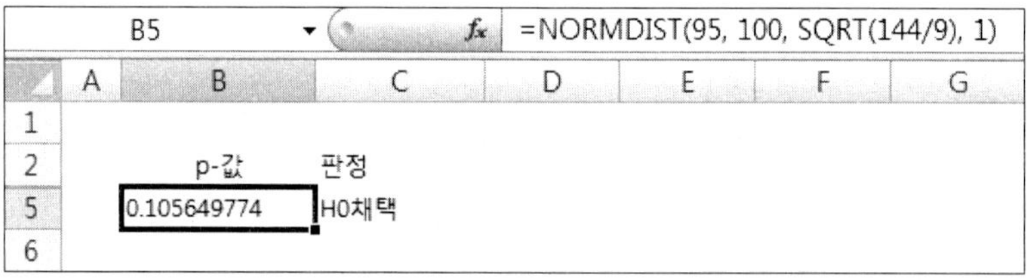

예제9.9) 어떤 영업사원이 보충교육 후에 임의로 선택된 9일 동안의 매출액이 다음과 같다고 한다.(단위: 만원)

1280, 1250, 990, 1100, 880, 1300, 1100, 950, 1050

이 영업사원의 평균 매출액이 1000만원을 초과하면, 보충교육의 효과가 있는 것

으로 간주할 때, 보충교육에 효과가 있는 지를 유의수준 $\alpha=0.05$로 검정하라. 단, 이 영업사원의 전체 매출액에 대한 표준편차가 $\sigma=100$으로 알려져 있다고 가정한다.

☞ 풀이

가설 검정의 절차에 따라 다음과 같은 순서로 검정할 수 있다.

i) 가설을 세운다.

$$H_0 : \mu=1000\ ,\ H_1 : \mu>1000$$

ii) 유의수준 $\alpha=0.05$

iii) 검정통계량을 구한다.

자료로부터 평균을 구하면, $\bar{x}=1100$이 되어 검정통계량의 값은 다음과 같다.

$$Z_0=\frac{\bar{x}-\mu_0}{\sigma/\sqrt{n}}=\frac{1100-1000}{100/\sqrt{9}}=3$$

iv) 판정한다.

유의수준 $\alpha=0.05$ 하에서 우단측검정의 경우이므로 $z_\alpha=z_{0.05}=1.64$가 되어 검정 통계량의 값 $Z_0=3$이 기각치인 $z_{0.05}=1.64$ 보다 크므로, 기각역 안에 놓이게 된다. 즉, $Z_0=3>z_{0.05}=1.64$ 이므로 귀무가설을 기각한다. 이것을 그래프로 표현하면 다음과 같다.

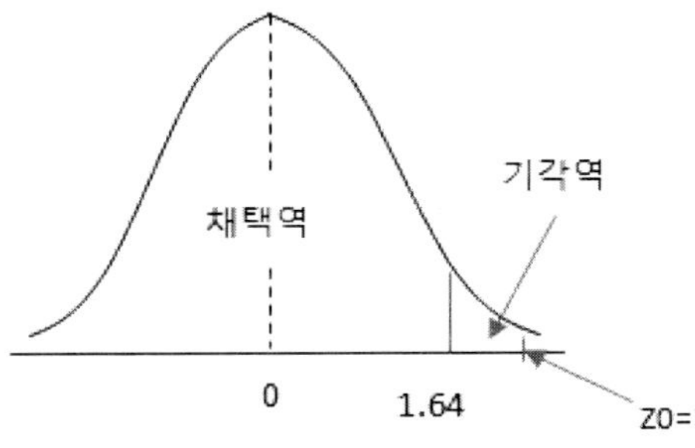

가설검정의 결과 영업사원은 보충교육 후 매출액이 증가했다고 할 수 있으며, 보충교육의 효과가 인정된다고 할 수 있다.

예제9.10) 예제9.9를 엑셀의 통계함수 중 ZTEST() 함수를 이용하여 검정하라.

☞ 풀이 2 - 엑셀의 함수에 의한 검정

이 문제는 표본의 통계량으로 제시된 것이 아니라 관찰치로 주어진 값이므로 ZTEST() 함수를 이용하여 구할 수 있다. 이와 더불어 자료의 평균을 구하여 NORMDIST() 함수에 대입하여 검정을 실시할 수도 있다. 이때, ZTEST() 함수를 이용하여 양측검정을 실시할 경우에는 ZTEST() 함수값에 2를 곱하여 검정을 실시해야 한다.

= ZTEST(B1:J1, 1000, 100) = 0.0013 < 0.05 귀무가설 기각.

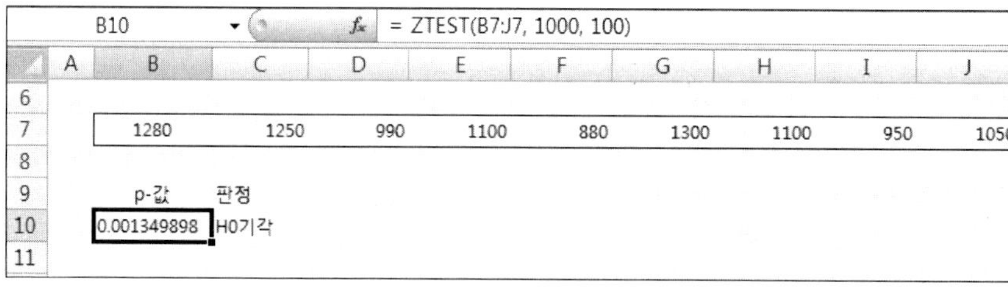

만일 양측검정을 실시한다면 다음과 같다.

= ZTEST(B1:J1, 1000, 100)*2 = 0.0027 < 0.05 귀무가설 기각.

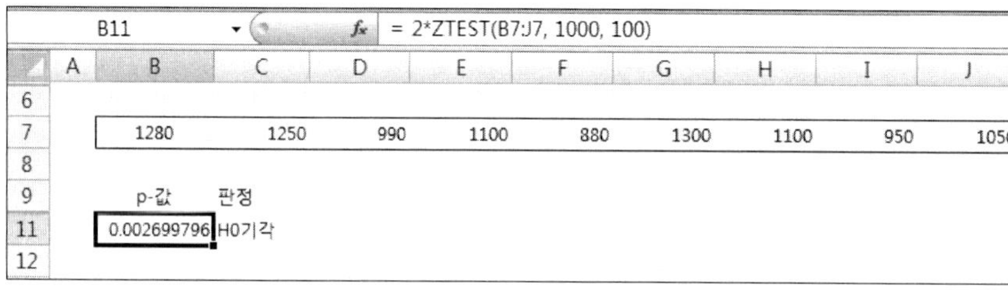

2) σ^2을 모르는 경우

정규모집단 $N(\mu,\sigma^2)$으로부터 크기 n인 확률표본으로 $X_1, X_2, \cdots X_n$을 추출했을 때, 유의수준 α에서 검정해야할 가설이 다음과 같다고 하자.

$$H_0: \mu = \mu_0$$

이 경우 검정통계량으로 모평균 μ의 추정량인 표본평균 $\overline{X}$의 분포를 이용하게 되며, 이때 $\overline{X}$는 $N\left(\mu, \frac{\sigma^2}{n}\right)$인 정규분포를 따른다. 그러면, 귀무가설 H_0가 참이라는 가정하에서 모분산 σ^2을 모르기 때문에 7장의 표본분포 중에서 t-분포를 이용하여 다음과 같이 검정통계량을 구할 수 있다.

$$t_0 = \frac{\overline{X} - \mu_0}{S/\sqrt{n}} \sim t(n-1)$$

따라서 $H_0: \mu = \mu_0$에 대한 검정 기준은 다음과 같은 대립가설에 대해 요약할 수 있다.

대립가설	기각역
좌단측 검정 $H_1: \mu < \mu_0$	$t_0 < -t(n-1, \alpha)$ 이면 H_0 기각
우단측 검정 $H_1: \mu > \mu_0$	$t_0 > t(n-1, \alpha)$ 이면 H_0 기각
양측검정 $H_1: \mu \neq \mu_0$	$t_0 < -t(n-1, \frac{\alpha}{2})$ 또는 $t_0 > t(n-1, \frac{\alpha}{2})$ 이면 H_0 기각

이러한 기각역을 그래프로 표현하면 다음과 같다.

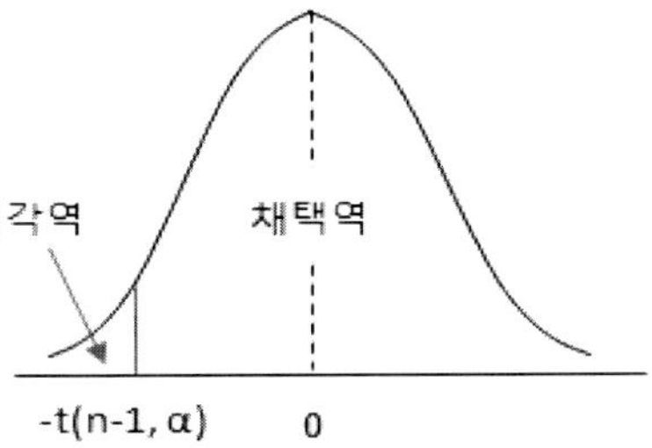

[그림 9-7] $H_1: \mu < \mu_0$에 대한 기각역

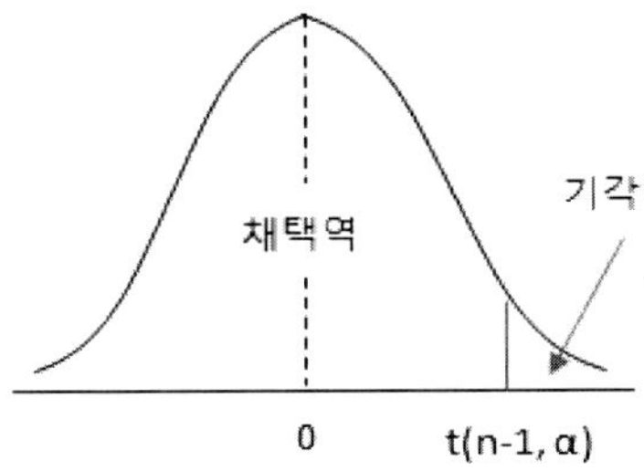

[그림 9-8] $H_1: \mu < \mu_0$에 대한 기각역

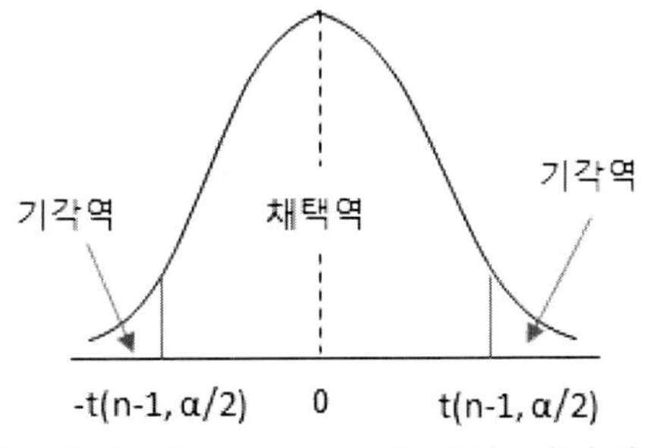

[그림 9-9] $H_1: \mu \neq \mu_0$에 대한 기각역

σ^2을 모르는 경우 모평균 μ에 대한 가설검정은 우선 귀무가설이 참이라는 가정하에서 검정통계량을 계산하고, 이 값을 유의수준 α하에서 단측검정 또는 양측검정에 따라 t-분포표로부터 α-값을 찾아 비교함으로서 귀무가설의 기각 또는 채택여부를 판정할 수 있다.

이와 더불어 엑셀을 이용할 경우에는 TDIST()함수를 사용한다. 즉, TDIST()함수는 단측검정일 때의 p-값과 양측검정일 때의 p-값을 제공하기 때문에 이 값을 유의수준과 비교하여 귀무가설의 기각 여부를 판정할 수 있다. 이때, 유의할

점은 TDIST()함수에서 x값은 $t_0 = \frac{\bar{x}-\mu_0}{s/\sqrt{n}}$ 으로 대치하고 계산이 불편하면, 수식을 직접 입력하면 된다.

[엑셀을 이용한 모평균μ 에 대한 가설검정]-σ^2을 모르는 경우

- TDIST()함수를 이용한 모평균μ 의 가설검정 :
  ① 단측검정 : =TDIST(x, 자유도, 1) < 유의수준 α 이면 귀무가설 H_o 기각.
  ② 양측검정 : =TDIST(x, 자유도, 2) < 유의수준 α 이면 귀무가설 H_o 기각.

※참고 - ZTET()함수와 TDIST()함수의 양측과 단측 p-값의 차이점

	ZTET() 함수	TDIST() 함수
단측 p-값	한쪽 꼬리확률을 구한다. =ZTET() < α, H_o 기각	한쪽 꼬리확률을 구한다. =TDIST(x,자유도,1) < α, H_o 기각
양측 p-값	양쪽 꼬리확률의 합을 구한다. =2*ZTET() <α,H_o 기각	양쪽 꼬리확률의 합을 구한다. =TDIST(x,자유도,2) < α, H_o 기각

예제9.11) 철분의 함유량이 8㎎로 알려진 광산에서 9개의 표본광석을 선택하여 철분함유량을 측정한 결과 평균이 8.5㎎, 표준편차가 1.5㎎로 나타났다. 이 광석은 종래의 광석과 다르다고 할수 있는지를 유의수준 0.05하에서 검정하라.(단 광석의 철분함유량은 정규분포를 따른다고 가정하자.)

☞ 풀이 1 - 산술적 계산을 이용한 가설검정

가설검정의 절차에 따라 다음과 같은 순서로 검정한다.

i) 가설을 세운다.

$H_0: \mu = 8\text{mg}$, $H_1: \mu \neq 8\text{mg}$

ii) 유의수준 $\alpha = 0.05$

iii) 검정통계량을 구한다.

9개의 표본광석의 철분함유량의 평균이 $\bar{x} = 8.5\text{mg}$이며, 표준편차가 $s = 1.5\text{mg}$이므로 검정통계량은 자유도 $n-1 = 9-1 = 8$인 t-분포를 이용하며, 이때 검정통계량 값은 다음과 같이 계산된다.

$$t_0 = \frac{\bar{x}-\mu_0}{s/\sqrt{n}} = \frac{8.5-8}{1.5/\sqrt{9}} = 1$$

iv) 판정한다.

유의수준 $\alpha = 0.05$ 하에서 양측검정의 경우이므로 $t(n-1,\alpha/2) = t(8,0.025) = 2.306$가

되어 검정 통계량의 값 $t_0 = 1$이 기각치인 $t(8, 0.025) = 2.306$ 보다 작으므로, 채택역 안에 놓이게 된다. 즉, $t_0 = 1 < t(8, 0.025) = 2.306$ 이므로 귀무가설을 채택한다. 이것을 그래프로 표현하면 다음과 같다.

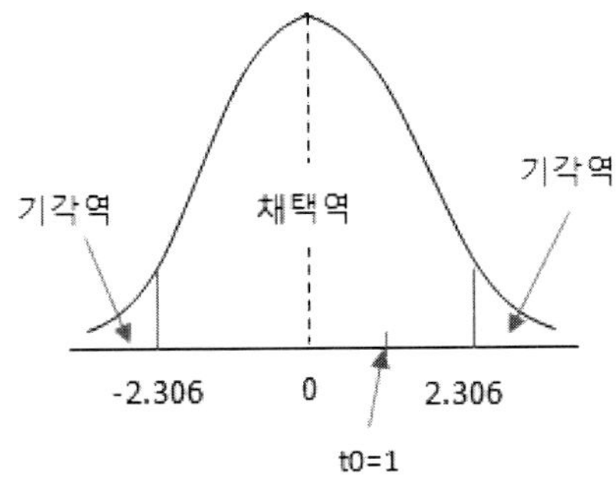

☞ 풀이 2 - 엑셀을 이용한 가설검정

$\bar{x} = 8.5$㎎이며, 표준편차가 $s = 1.5$㎎이므로 검정통계량은 자유도 $n-1 = 9-1 = 8$인 t-분포를 이용하며, 유의수준 $\alpha = 0.05$ 하에서 양측검정의 경우이므로 귀무가설 H_0: $\mu = 8$㎎에 대해 다음과 같이 TDIST()함수에 입력하면 된다.

=TDIST((8.5-8)/(1.5/SQRT(9)), 8, 2) =0.34659351 > 0.05 귀무가설 채택.

B13 | f_x =TDIST((8.5-8)/(1.5/SQRT(9)), 8, 2)

	A	B	C	D	E	F	G
9		p-값	판정				
13		0.346593507	H0채택				
14							

만일 단측검정의 경우에는 다음과 같이 p-값이 달라지며 유의수준 0.05하에서 p-값이 0.05보다 크면 귀무가설을 채택하고, 그렇지 않으면 귀무가설을 채택한다.

=TDIST((8.5-8)/(1.5/SQRT(9)), 8, 1) =0.17329675 > 0.05 귀무가설 채택.

B14 | f_x =TDIST((8.5-8)/(1.5/SQRT(9)), 8, 1)

	A	B	C	D	E	F	G
9		p-값	판정				
14		0.173296754	H0채택				
15							

예제9.12) 자동차 영업사원이 S 차량에 대해 가솔린 1리터 당 주행거리(연비)가 20㎞를 초과한다고 주장하고 있다. 그의 주장을 검정하기 위해 10대의 동일한 S 차량에 1리터의 가솔린을 주입하여 주행거리를 측정한 결과가 다음과 같다.

23, 18, 22, 19, 19, 23, 22, 18, 18, 24, 24

영업사원의 주장이 옳은 지를 유의수준 0.05 하에서 검정하라.(단, 자동차의 연비는 정규분포를 따른다고 가정한다.)

☞ 풀이 1 - 산술적 계산에 의한 가설검정

i) 가설을 세운다.

$H_0: \mu = 20$, $H_1: \mu > 20$

ii) 유의수준 $\alpha = 0.05$

iii) 검정통계량을 구한다.

자료로부터 10대의 차량에 대해 평균 $\overline{x}$ 과 표준편차 s를 구하면 다음과 같다.

$$\overline{x} = \frac{1}{10}(23 + 18 + \cdots + 24 + 24) = 20.9,$$

$$s = \sqrt{\frac{1}{10-1}\{(23-20.9)^2 + \cdots + (24-20.9)^2\}} = 2.508$$

따라서 검정통계량은 자유도 $n-1 = 10-1 = 9$인 t-분포를 이용하며, 이때 검정통계량 값은 다음과 같이 계산된다.

$$t_0 = \frac{\overline{x} - \mu_0}{s/\sqrt{n}} = \frac{20.9 - 20}{2.508/\sqrt{10}} = 1.146$$

iv) 판정한다.

유의수준 $\alpha = 0.05$ 하에서 우단측 검정의 경우이므로 부록의 t-분포표로부터 $t(9, 0.05) = 1.833$가 되어 검정통계량의 값 $t_0 = 1.146$ 이 기각치인 1.833 보다 작으므로, 채택역 안에 놓이게 된다. 즉, $t_0 = 1.146 < t(9, 0.05) = 1.833$ 이므로 귀무가설을 채택한다. 이것을 그래프로 표현하면 다음과 같다.

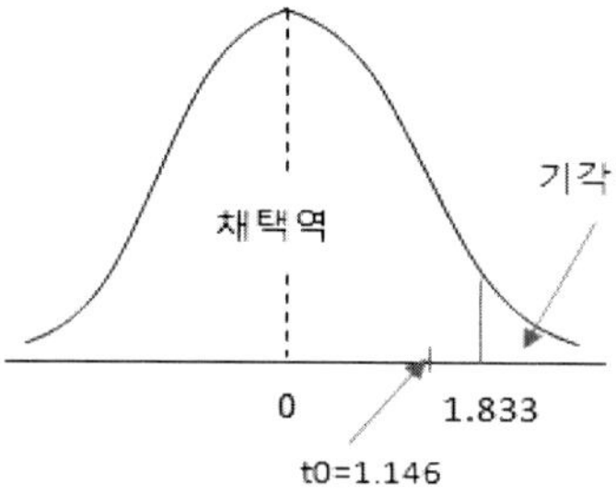

결과적으로 S 차량의 연비가 20㎞를 초과한다는 영업사원의 주장은 받아들일 수 없다.

☞ 풀이 2 - 엑셀에 의한 가설검정

귀무가설 $H_0: \mu = 20$ 과 대립가설 $H_1: \mu > 20$에 대해 유의수준 $\alpha = 0.05$하에서 TDIST()함

수를 이용한 가설검정은 단측검정이므로 다음과 같다.

=TDIST(1.14617, 9, 1) =0.14064 > 0.05 귀무가설 채택.

C22 | =TDIST(C21, 9, 1)

	A	B	C	D	E	F	G	H	I	J	K	L
15												
16		23	18	22	19	19	23	22	18	18	24	24
17												
18		평균	20.91									
19		분산	6.291									
20		표준편차	2.508									
21		t-값	1.146									
22		p-값	0.141									
23		판정	H0채택									

만일 귀무가설 $H_0: \mu = 20$ 에 대해 대립가설 $H_1: \mu \neq 20$을 설정하였다면 양측검정이므로 다음과 같이 가설검정이 이루어진다.

=TDIST(1.14617, 9, 2) = 0.28128 > 0.05 귀무가설 채택.

C22 | =TDIST(C21, 9, 2)

	A	B	C	D	E	F	G	H	I	J	K	L
15												
16		23	18	22	19	19	23	22	18	18	24	24
17												
18		평균	20.91									
19		분산	6.291									
20		표준편차	2.508									
21		t-값	1.146									
22		p-값	0.281									
23		판정	H0채택									

예제9.13) 어떤 공장에서 생산되는 종래의 실의 인장강도는 평균 6.7kg인 정규분포를 따른다고 한다. 제조공정을 교체한 후 임의로 9개의 실 묶음을 표본으로 추출하여 인장강도를 측정한 결과 평균이 6.2kg 표준편차가 1kg로 나타났다. 이러한 사실로부터 제조공정을 교체한 것이 제품의 인장 강도를 떨어뜨렸는지를 유의수준 0.05하에서 검정하라.

☞ 풀이 1 - 산술적 계산에 의한 가설검정

i) 가설을 세운다.

$H_0: \mu = 6.7$, $H_1: \mu < 6.7$

ii) 유의수준 $\alpha = 0.05$

iii) 검정통계량을 구한다.

검정통계량은 자유도 $n-1 = 9-1 = 8$인 t-분포를 이용하며, 이때 검정통계량 값은 다음과 같이 계산된다.

$$t_0 = \frac{\bar{x} - \mu_0}{s/\sqrt{n}} = \frac{6.2 - 6.7}{1/\sqrt{9}} = -1.5$$

ⅳ) 판정한다.

유의수준 $\alpha = 0.05$ 하에서 좌단측검정의 경우이므로 부록의 t-분포 표로부터 $t(8,0.05) = -1.86$이 되므로 검정 통계량의 값은 $t_0 = -1.5$이므로 기각치인 -1.86 보다 크다. 따라서 검정통계량의 값이 채택역 안에 놓이게 된다.

즉, $t_0 = -1.5 > t(8,0.05) = -1.86$ 이므로 귀무가설을 채택한다. 이것을 그래프로 표현하면 다음과 같다.

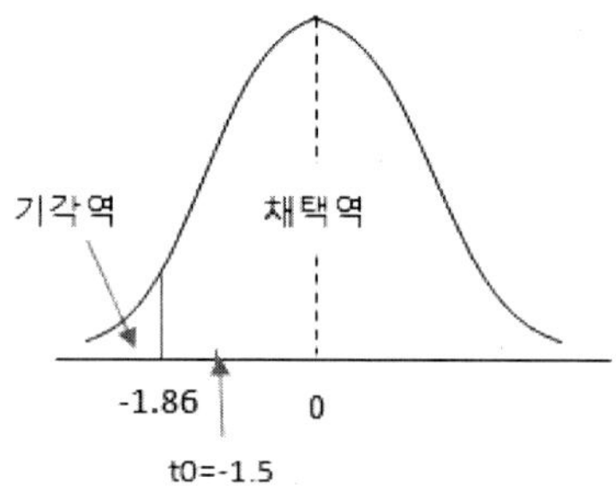

결과적으로 새로운 제조공정이 실의 강도를 떨어뜨린다는 주장을 받아들이지 못한다.

☞ 풀이 2 - 엑셀을 이용한 가설검정

귀무가설 $H_0: \mu = 6.7$과 대립가설 $H_1: \mu < 6.7$ 을 검정하기 위한 통계량을 엑셀을 이용하여 계산하고, 이를 TDIST()함수에 대입하면 다음과 같다.

그런데 귀무가설 하에서 구한 검정통계량의 값이 음수이므로, 이를 TDIST() 수에 대입하면 #NUM 과 같은 오류가 발생한다. 이는 TDIST()함수에 입력하는 x값의 범위가 잘못되었기 때문인데 이러한 오류를 막기 위해, 즉 음수가 되는 x값을 양수로 바꾸기 위해 ABS()함수를 이용하여 계산하면 다음과 같은 t-통계량 값을 얻을 수 있다.

$|t_0|$=ABS((6.2-6.7)/(1/SQRT(9))) = 1.5

따라서 다음과 같이 p-값을 구할 수 있다.

= TDIST(1.5, 9, 1) = 0.08600165 > 0.05 귀무가설 채택.

C26 = TDIST(C25, 9, 1)

	A	B	C	D	E	F	G	H	I	J
24										
25		|t0|	1.5							
26		p-값	0.084							
27		판정	H0채택							

9.3 모평균 차에 대한 가설검정

1) 두 모집단 분산 σ_1^2, σ_2^2을 알고 있는 경우

두 정규 모집단 $N(\mu_1, \sigma_1^2)$과 $N(\mu_2, \sigma_2^2)$에서 각각 n_1과 n_2인 독립인 표본을 추출했을 때 두 표본평균의 차이 $\overline{X}_1 - \overline{X}_2$에 대한 분포는 $N\left(\mu_1 - \mu_2, \frac{\sigma_1^2}{n_1} + \frac{\sigma_2^2}{n_2}\right)$인 정규분포를 따르며, 이를 표준화하면, 다음과 같이 표준정규분포를 따른다.

$$Z = \frac{(\overline{X}_1 - \overline{X}_2) - (\mu_1 - \mu_2)}{\sqrt{\sigma_1^2/n_1 + \sigma_2^2/n_2}} \sim N(0,1)$$

따라서 검정할 가설은 다음과 같다.

$$H_0: \mu_1 = \mu_2 \text{ 또는 } H_0: \mu_1 - \mu_2 = 0$$

결국 위에서 정의된 통계량으로부터 귀무가설이 참이라는 가정하에서 검정통계량은 다음과 같이 정의된다.

$$Z_0 = \frac{(\overline{X}_1 - \overline{X}_2)}{\sqrt{\sigma_1^2/n_1 + \sigma_2^2/n_2}}$$

$H_0: \mu_1 - \mu_2 = 0$에 대한 검정 기준은 다음과 같은 대립가설에 대해 요약할 수 있다.

대립가설	기각역
좌단측 검정 $H_1: \mu_1 - \mu_2 < 0$	$Z_0 < -z_\alpha$이면 H_0 기각
우단측 검정 $H_1: \mu_1 - \mu_2 > 0$	$Z_0 > z_\alpha$이면 H_0 기각
양측검정 $H_1: \mu_1 - \mu_2 \neq 0$	$Z_0 > z_{\alpha/2}$ 또는 $Z_0 < -z_{\alpha/2}$ 이면 H_0 기각

엑셀을 이용한 두 모평균 차이 $\mu_1 - \mu_2$에 대한 가설 검정을 위해 통계함수 중 NORMDIST()함수를 이용할 수 있다. 이때 NORMDIST()함수 값은 앞에서 언급한 p-값을 구한 것이며, 이 값이 주어진 유의 수준 α보다 작으면 귀무가설을 기각하고, 반대로 유의 수준 α보다 크면, 귀무가설을 채택한다. 함수를 이용하여 가설을 검정할 때에는 단측검정과 양측검정의 유의확률이 다르기 때문에 특별히 유의해야한다. 만일 양측검정을 실시할 경우에는 NORMDIST()함수 값의 두 배

와 α를 비교하여 다음과 같으면 H_o를 기각하거나 채택한다.

이와 더불어 또 하나의 통계함수로는 ZTEST()함수이다. ZTEST()함수는 데이터가 주어진 경우 양측검정의 p-값을 구한다. 따라서 양측검정을 실시할 때에는 함수 값에 2배를 하여 그 값을 p-값으로 이용한다.

[엑셀을 이용한 두 모평균 차에 대한 가설 검정]

- NORMDIST()함수
  - ① 단측검정
    - -우단측검정 : =1-NORMDIST()함수 값 < 유의수준 α 이면, H_o기각
    - -좌단측검정 : =NORMDIST()함수 값 < 유의수준 α 이면, H_o기각
  - ② 양측검정 : =2*NORMDIST()함수 값 < 유의수준 α 이면, H_o기각

  만일 표본평균> 귀무가설 이면, NORMDIST() 함수에서 순서를 바꾸어 입력한다.
- ZTEST() 함수
  - ① 단측검정 : =ZTEST()함수 값 < 유의수준 α 이면, H_o기각
  - ② 양측검정 : =2*ZTEST()함수 값 < 유의수준 α 이면, H_o기각

  여기서 ZTEST()함수의 입력형식은 다음과 같다. 이때, x는 귀무가설 값을 입력한다.

  =ZTEST(배열 또는 범위, x, 표준편차)

예제9.14) 어느 회사에서 직업훈련을 10명에게 실시하였다. 그들이 훈련을 받은 후 제품A를 생산하는데 평균 12.1시간 걸렸으며, 훈련을 받지 않은 사람 16명을 대상으로 제품A를 생산하는데 걸리는 시간을 측정한 결과 14.2시간 걸렸다. 이 결과로부터 직업훈련의 효과가 있다고 할 수 있는지를 유의 수준 0.05 하에서 검정하라. 각 집단의 표준편차는 각각 4시간으로 동일하다고 가정하자.

☞ 풀이 1 - 산술적 계산에 의한 가설 검정

i) 가설을 세운다.

$$H_0: \mu_1 - \mu_2 = 0 \ , \ H_1: \mu_1 - \mu_2 \neq 0$$

ii) 유의수준 $\alpha = 0.05$

iii) 검정통계량을 구한다.

귀무가설이 참이라는 가정하에서 검정통계량 값은 다음과 같다.

$$Z_0 = \frac{(\bar{x}_1 - \bar{x}_2)}{\sqrt{\sigma_1^2/n_1 + \sigma_2^2/n_2}} = \frac{12.1 - 14.2}{\sqrt{4^2/10 + 4^2/16}} = -1.30$$

ⅳ) 판정한다.

유의수준 $\alpha = 0.05$ 하에서 양측검정의 경우이므로, $z_{\alpha/2} = z_{0.025} = 1.96$가 되어 검정통계량의 값이 $-z_{0.025} = -1.96$보다 작거나, $z_{0.025} = 1.96$보다 크면, 귀무가설을 기각한다. 따라서, $Z_0 = -1.30 > -z_{0.025} = -1.96$이므로 채택역 안에 놓이게 되며, 귀무가설을 기각할 수 없다. 이를 그래프로 표현하면 다음과 같다.

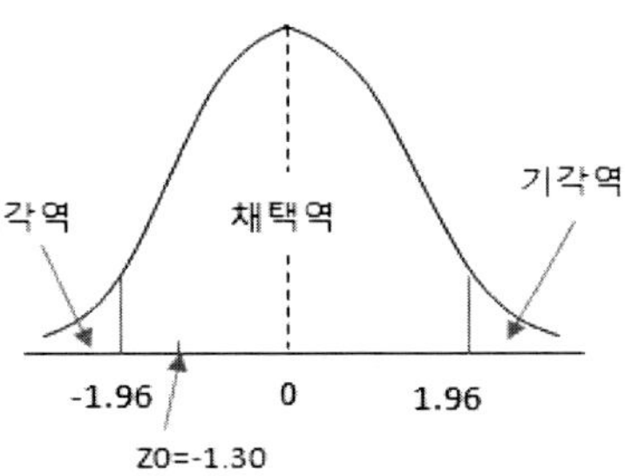

결과적으로 직업훈련의 효과가 있다고 볼 수 없다.

☞ 풀이 2 - 엑셀에 의한 가설 검정

귀무가설 $H_0: \mu_1 - \mu_2 = 0$ 과 대립가설 $H_1: \mu_1 - \mu_2 \neq 0$ 에 대해 양측검정이므로 NORMDIST()함수 값에 두 배하여 p-값을 구한 후 유의 수준과 비교하여 귀무가설의 기각 여부를 판정한다.

= 2*NORMDIST(12.1-14.2,0,SQRT((4^2 /10) +(4^2/16)),1)

= 0.19279187 > 0.05 귀무가설 채택.

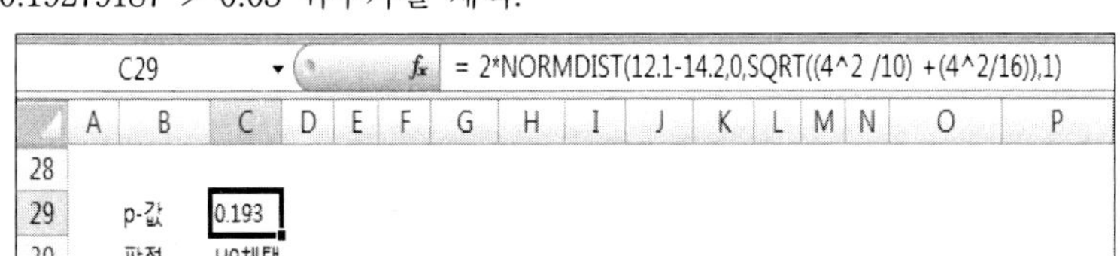

C29 = 2*NORMDIST(12.1-14.2,0,SQRT((4^2 /10) +(4^2/16)),1)

	A	B	C	D
28				
29		p-값	0.193	
30		판정	H0채택	

이와 더불어 NORMSDIST()함수를 이용해서 p-값을 구해도 된다.

이를 위해 먼저 검정통계량 값을 계산하면 다음과 같다.

Z_0 =(12.1-14.2)/SQRT((4^2 /10) +(4^2/16)) = -1.3023647

이 값을 NORMSDIST() 함수에 대입한다.

= NORMSDIST(-1.3023647)*2 = 0.19279187 > 0.05 귀무가설 채택.

2) 두 모집단 분산 σ_1^2, σ_2^2 모르지만 $\sigma_1^2=\sigma_2^2=\sigma^2$인 경우

두 정규 모집단 $N(\mu_1,\sigma_1^2)$과 $N(\mu_2,\sigma_2^2)$에서 각각 n_1과 n_2인 독립인 표본을 추출했을 때 두 표본평균의 차이 $\overline{X}_1-\overline{X}_2$에 대한 분포는 $N\left(\mu_1-\mu_2, \sigma^2\left(\frac{1}{n_1}+\frac{1}{n_2}\right)\right)$인 정규분포를 따르며, 이를 표준화하면, 다음과 같이 표준정규분포를 따른다.

$$Z=\frac{(\overline{X}_1-\overline{X}_2)-(\mu_1-\mu_2)}{\sigma\sqrt{\frac{1}{n_1}+\frac{1}{n_2}}} \sim N(0,1)$$

그러나 두 모집단 분산 σ_1^2, σ_2^2 모르고 단지 $\sigma_1^2=\sigma_2^2=\sigma^2$인 경우에는 σ^2을 추정해야 한다. 따라서 두 모집단 분산이 σ^2으로 같다고 하였기 때문에 σ^2을 추정하기 위해서는 두 표본을 병합하여 다음과 같은 σ^2의 합동추정량(pooled estimator)으로 추정하는 것이 타당할 것이다.

$$S_p^2=\frac{(n_1-1)S_1^2+(n_2-1)S_2^2}{n_1+n_2-2}$$

이때 두 표본의 표본분산은 다음과 같다.

$$S_1^2=\frac{1}{n_1-1}\sum_{i=1}^{n_1}(X_{1i}-\overline{X}_1)^2, \quad S_2^2=\frac{1}{n_2-1}\sum_{i=1}^{n_2}(X_{2i}-\overline{X}_2)^2$$

따라서 다음의 통계량은 자유도가 (n_1+n_2-2)인 t-분포를 따른다.

$$\frac{(\overline{X}_1-\overline{X}_2)-(\mu_1-\mu_2)}{S_p\sqrt{\frac{1}{n_1}+\frac{1}{n_2}}} \sim t(n_1+n_2-2)$$

이에 대해 검정할 가설은 다음과 같다.

$$H_0: \mu_1=\mu_2 \text{ 또는 } H_0: \mu_1-\mu_2=0$$

결국 위에서 정의된 통계량으로부터 귀무가설이 참이라는 가정 하에서 검정통계량은 다음과 같이 정의된다.

$$t_0=\frac{\overline{X}_1-\overline{X}_2}{S_p\sqrt{\frac{1}{n_1}+\frac{1}{n_2}}}$$

따라서 $H_0: \mu=\mu_0$에 대한 검정 기준은 다음과 같은 대립가설에 대해 요약할 수 있다.

대립가설	기각역
좌단측 검정 $H_1: \mu_1 - \mu_2 < 0$	$t_0 < -t(n_1 + n_2 - 2, \alpha)$ 이면 H_0 기각
우단측 검정 $H_1: \mu_1 - \mu_2 > 0$	$t_0 > t(n_1 + n_2 - 2, \alpha)$ 이면 H_0 기각
양측검정 $H_1: \mu_1 - \mu_2 \neq 0$	$t_0 < -t(n_1 + n_2 - 2, \frac{\alpha}{2})$ 또는 $t_0 > t(n_1 + n_2 - 2, \frac{\alpha}{2})$ 이면 H_0 기각

σ_1^2, σ_2^2을 모르는 경우 엑셀을 이용한 두 모평균 차 $\mu_1 - \mu_2$의 가설검정은 등분산이라는 가정 하에서는 TDIST()함수를 이용하여 p-값을 구한 후, 이 값과 유의수준과를 비교하여 가설의 채택여부를 판정한다. TDIST()함수를 이용한 가설검정의 절차는 다음과 같다.

또한 두 모평균 차이 $\mu_1 - \mu_2$에 대한 가설 검정을 실시하는 경우 관찰된 두 표본의 통계량이 아닌 관찰치로 주어진 경우 일일이 통계량을 계산하기보다는 간단히 TTEST()함수를 이용하여 가설검정을 수행할 수 있다.

[엑셀을 이용한 두 모평균 차에 대한 가설 검정-등분산 가정]

- TDIST()함수를 이용 가설검정-통계량 값들이 주어진 경우:
  ① 단측검정 : =TDIST(x, 자유도, 1) < 유의수준 α 이면 귀무가설 H_o 기각.
  ② 양측검정 : =TDIST(x, 자유도, 2) < 유의수준 α 이면 귀무가설 H_o 기각.

- TTEST()함수를 이용한 가설검정 -관찰치 들이 주어진 경우:
  = TTEST(표본1의 범위, 표본2의 범위, 가설종류, 형태)
  여기서 가설의 종류 : 1이면 단측검정, 2이면 양측검정.
  형태 : 1이면, 쌍으로 된 표본
  2이면 , 등분산 표본
  3이면, 분산이 다른 표본을 나타낸다.

여기서는 등분산 가정이므로 "형태: 2" 값을 입력하여 가설검정을 실시한다.

예제9.15) 10개의 A구획에 대해 질소비료를 주었더니 어떤 곡식의 평균생산량이 $\bar{x}_1 = 82.5$kg이고, 표준편차가 $s_1 = 10$kg이었다. 또 다른 15개의 B구획에 인산비료를 주었더니 그 곡식의 평균생산량이 $\bar{x}_1 = 90.5$kg이고, 표준편차가 $s_2 = 20$kg으로 나타났다. 유의수준 0.05 하에서 해당 곡식에 대해 비료의 차이가 있다고 할 수 있는지를 검정하라.

☞ 풀이 1 - 산술적 계산에 의한 가설검정

i) 가설을 세운다.

$$H_0: \mu_1 - \mu_2 = 0 \ , \ H_1: \mu_1 - \mu_2 \neq 0$$

ii) 유의수준 $\alpha = 0.05$

iii) 검정통계량을 구한다.

검정통계량을 구하기 위해 우선 합동분산 s_p^2 을 구해야 한다.

$$s_p^2 = \frac{(n_1-1)s_1^2 + (n_2-1)s_2^2}{n_1+n_2-2} = \frac{9\times 10^2 + 14\times 20^2}{10+15-2} = 282.6$$

따라서, 귀무가설이 참이라는 가정하에서 검정통계량 값은 다음과 같이 구해진다.

$$t_0 = \frac{\overline{x}_1 - \overline{x}_2}{s_p\sqrt{\frac{1}{n_1}+\frac{1}{n_2}}} = \frac{82.5-90.5}{16.8\sqrt{\frac{1}{10}+\frac{1}{15}}} = -1.16$$

iv) 판정한다.

유의수준 $\alpha = 0.05$ 하에서 양측검정의 경우이므로 부록의 t-분포표로부터 $t(23, 0.025) = 2.069$ 이므로, -2.069보다 작거나 2.069 보다 큰 경우 귀무가설을 기각하게 된다. 따라서, 검정통계량의 값이 $t_0 = -1.16$이므로 기각치인 $-t(23, 0.025) = -2.069$ 보다 크므로 검정통계량의 값이 채택역 안에 놓이게 된다.

즉, $t_0 = -1.16 > t(23, 0.025) = -2.069$ 이므로 귀무가설을 채택한다.

이것을 그래프로 표현하면 다음과 같다.

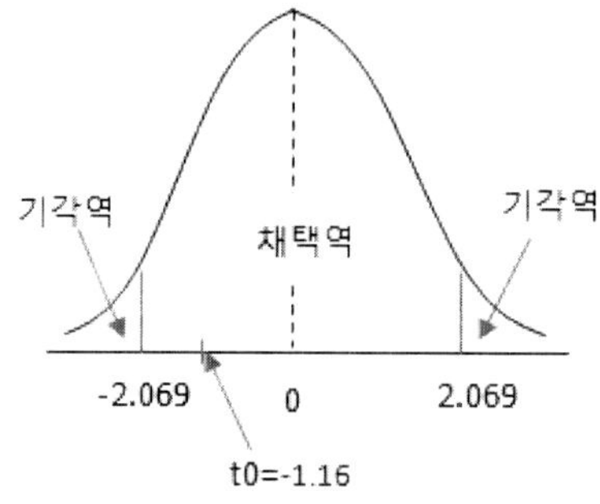

즉, 해당곡식의 생산량에 대해 비료의 차이는 없다고 할 수 있다.

☞ 풀이 2 - 엑셀에 의한 가설검정

귀무가설 $H_0: \mu_1 - \mu_2 = 0$ 과 대립가설 $H_1: \mu_1 - \mu_2 \neq 0$에 대해 직접 TDIST()함수를 적용할 수 있지만, 수식이 복잡함으로 다음과 같은 순서로 검정을 진행하자.

검정통계량 값을 계산하기 위해 먼저 합동분산을 구하면 다음과 같다.

s_p^2 = (9*10^2 + 14*20^2)/(10+15-2) = 282.6087

t_0 = (82.5-90.5)/(SQRT(B1)*SQRT(1/10 + 1/15)) = -1.16566

그런데 TDIST()함수를 이용할 때, x값은 항상 양수이므로 검정통계량 값을 양수로 바꿔야 한다. 이를 위해 ABS()함수를 이용하면 된다.
결과적으로 가설검정을 위한 p-값은 다음과 같다.

=TDIST(ABS(B2), 23, 2) = 0.255697 > 0.05 귀무가설 채택.

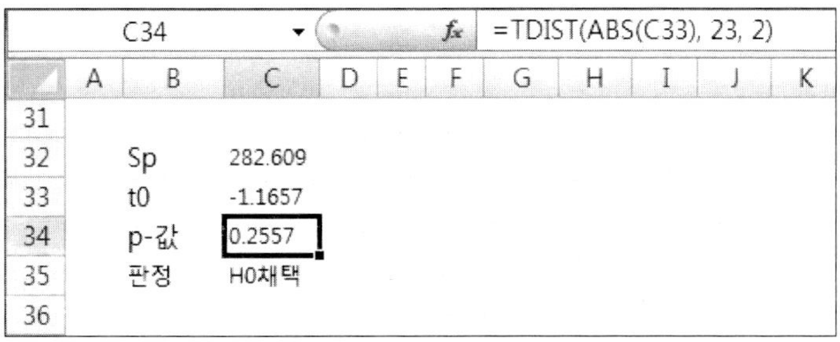

만일 대립가설 $H_1: \mu_1 - \mu_2 < 0$ 에 대해 가설 검정을 실시한다면,

=TDIST(ABS(B2), 23, 1) =0.12784869 > 0.05 귀무가설 채택.

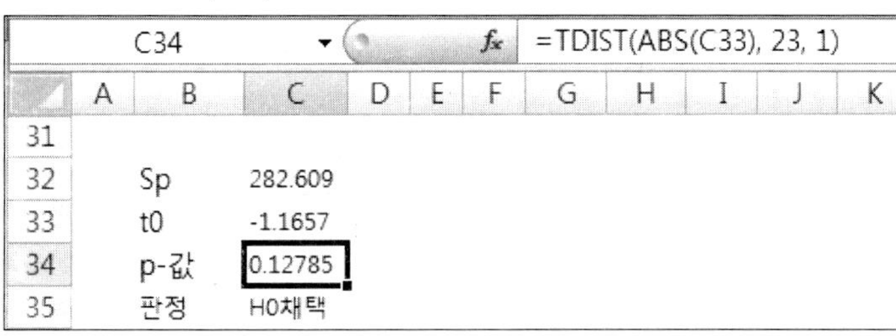

예제9.16) D 대학 1학년 재학생 중 S학과 재학생 12명과 C학과 재학생 15명을 임의로 추출하여 통계학 성적을 조사한 결과가 다음과 같다. S학과 재학생이 C학과 재학생에 비해 통계학 성적이 우수한지를 유의수준 0.05 하에서 검정하시오. 이때, 통계학 성적은 정규분포를 따른다고 한다.

학과 \ 통계량	표본의 크기	통계학 평균 성적	표준편차
S 학과	12	78	6
C 학과	15	74	8

☞ 풀이 1 - 산술적 계산에 의한 가설검정

i) 가설을 세운다.

$H_0: \mu_1 - \mu_2 = 0$, $H_1: \mu_1 - \mu_2 > 0$

ii) 유의수준 $\alpha = 0.05$

iii) 검정통계량을 구한다.

검정통계량을 구하기 위해 우선 합동분산s_p^2 을 구해야 한다.

$$s_p^2 = \frac{(n_1-1)s_1^2+(n_2-1)s_2^2}{n_1+n_2-2} = \frac{11\times 6^2+14\times 8^2}{12+15-2} = 51.68$$

따라서, 귀무가설이 참이라는 가정하에서 검정통계량 값은 다음과 같이 구할 수 있다.

$$t_0 = \frac{\overline{x}_1-\overline{x}_2}{s_p\sqrt{\dfrac{1}{n_1}+\dfrac{1}{n_2}}} = \frac{78-74}{7.189\sqrt{\dfrac{1}{12}+\dfrac{1}{15}}} = 1.437$$

ⅳ) 판정한다.

유의수준 $\alpha=0.05$ 하에서 우단측검정의 경우이므로 부록의 t-분포표로부터 $t(25,0.05)=1.708$ 이므로, 검정통계량의 값이 1.708 보다 클 경우 귀무가설을 기각하게 된다. 따라서, $t_0=1.437>t(25,0.05)=1.708$이므로 귀무가설을 기각할 수 없게 된다. 이를 그래프로 표현하면 다음과 같다.

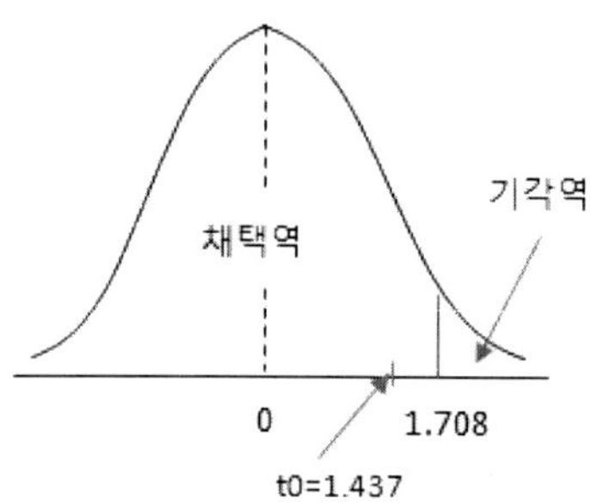

즉, 두 학과의 통계학 성적에는 차이가 없다.

☞ 풀이 2 - 엑셀에 의한 가설검정

먼저 합동 분산을 구하고, 검정통계량을 구한다.

s_p^2 = (11*6^2 + 14*8^2)/(12+15-2) = 51.68

t_0 = (78-74)/(SQRT(B1)*SQRT(1/12 + 1/15)) =1.43665705

따라서 p-값은 다음과 같다.

=TDIST(B2, 23, 1) =0.08160649 > 0.05 귀무가설 채택.

C39 =TDIST(C38, 23, 1)

	A	B	C	D	E	F	G	H	I	J
31										
37		Sp	51.68							
38		t0	1.43666							
39		p-값	0.08214							
40		판정	H0채택							
41										

예제9.17) 서울시에 거주하는 300세대와 경기도에 거주하는 200세대를 임의로 추출하여 12월 한 달간의 물 소비량을 측정한 결과 서울시에 거주하는 세대의 평균

물 소비량은 7리터, 표준편차는 2리터인 반면, 경기도에 거주하는 세대의 평균 물 소비량은 5리터, 표준편차는 1.5리터로 조사되었다. 이를 근거로 서울시에 거주하는 세대와 경기도에 거주하는 세대간의 12월 한 달간의 물 소비량에 차이가 있다고 할 수 있는 지를 유의수준 5%로 검정하라.

☞ 풀이 1 - 산술적 계산에 의한 가설검정

표본의 수가 크기 때문에 t-분포를 이용하기보다는 근사적인 정규분포를 이용하는 것이 바람직 할 것이다.

ⅰ) 가설을 세운다.

$$H_0: \mu_1 - \mu_2 = 0 \ , \ H_1: \mu_1 - \mu_2 \neq 0$$

ⅱ) 유의수준 $\alpha = 0.05$

ⅲ) 검정통계량을 구한다.

귀무가설이 참이라는 가정하에서 검정통계량 값은 다음과 같다.

$$t_0 = \frac{(\overline{x}_1 - \overline{x}_2)}{\sqrt{s_1^2/n_1 + s_2^2/n_2}} = \frac{7-5}{\sqrt{2^2/300 + 1.5^2/200}} = 12.7 \approx Z_0$$

ⅳ) 판정한다.

유의수준 $\alpha = 0.05$ 하에서 양측검정의 경우이므로, $z_{\alpha/2} = z_{0.025} = 1.96$가 되어 검정통계량의 값이 $-z_{0.025} = -1.96$보다 작거나, $z_{0.025} = 1.96$보다 크면, 귀무가설을 기각한다. 따라서, $Z_0 = 12.7 > z_{0.025} = 1.96$이므로 기각역 안에 놓이게 되며, 귀무가설을 기각하게 된다. 이를 그래프로 표현하면 다음과 같다.

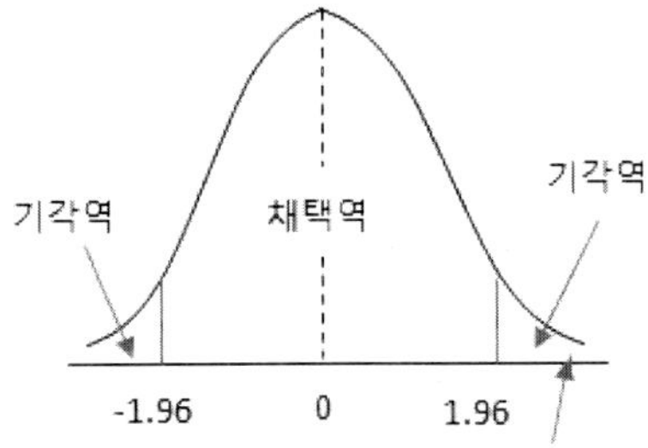

결과적으로 서울시에 거주하는 세대와 경기도에 거주하는 세대간의 12월 한달 간의 물 평균 소비량에는 차이가 있다고 할 수 있다.

☞ 풀이 2 - 엑셀에 의한 가설검정

두 집단의 모분산이 서로 다르기 때문에 합동분산으로 계산해서는 않된다. 따라서 검정통계량을 구하면 다음과 같다.

t_0 = (7-5)/(SQRT(2^2/300 + 1.5^2/200))=12.7558561

따라서 양측검정이므로 양측 p-값을 구하면 다음과 같다.

=TDIST(ABS(B1), 500-2, 2) =1.91371E-32 =0 < 0.05 귀무가설 기각.

C43 f_x =TDIST(ABS(C42), 500-2, 2)

	A	B	C	D	E	F	G	H	I	J	K
41											
42		t0	12.7559								
43		p-값	1.9E-32								
44		판정	H0기각								

하지만 자유도가 498로서 t-분포를 이용하기보다는 정규분포를 이용하는 것이 타당할 것으로 판단되므로 정규분포에 대한 함수를 이용하여 다시 한번 검정을 수행하면 다음과 같다.
즉, 검정통계량 t_0 = 12.7558561 $=z_0$로 이용하여 NORMSDIST()함수에 대입한다.

= 1-NORMSDIST(12.7558561) =0 < 0.05 귀무가설 기각.

3) 두 표본이 독립이 아닌 경우-쌍체 검정

하나의 모집단으로부터 추출된 표본에 대해 관찰을 2회에 걸쳐 실시한 후 이들 간의 평균의 차이를 검정하는 방법으로 앞에서 언급했던 2개의 모집단의 경우에서 다룬 독립표본의 가정을 만족하지 못하기 때문에 그와는 다른 방법으로 가설 검정을 실시해야 한다. 이러한 경우의 가설 검정을 **쌍체검정**(pairwise test)한다.

이에 대한 예로서 어느 회사에서 직업훈련이 근로자의 작업능률의 향상에 효과가 있는지를 알고 싶을 때, 해당 근로자에 대해 직업훈련 전과 후로 관찰하여 검정을 실시하게 된다. 이때, 서로 다른 근로자 집단이 아니라, 동일한 근로자에 대해 직업훈련전과 후로 구분하여 관찰하게 되므로 독립이라는 가정이 더 이상 성립하지 않는다. 따라서 다음과 같은 절차에 의해 가설검정을 실시하게 된다.

하나의 모집단으로부터 임의로 크기 n인 표본을 추출하여

$$(X_1, Y_1), (X_2, Y_2), \cdots, (X_n, Y_n)$$

로 관찰하였다고 하자. 이때, $D_i = X_i - Y_i$ 라하고, $D_1, D_2, \cdots, D_n$을 $N(\mu_1 - \mu_2, \sigma_D^2)$인 모집단으로부터 추출된 확률표본이라 하면, 이들의 평균인 $\overline{D} = \frac{1}{n}\sum_{i=1}^{n} D_i$는 $N\left(\mu_1 - \mu_2, \frac{\sigma_D^2}{n}\right)$인 정규분포를 따른다.

이때, σ_D^2을 모르기 때문에 다음과 같은 표본분산을 이용하게 된다.

$$S_D^2 = \frac{1}{n-1}\sum_{i=1}^{n}(D_i - \overline{D})^2$$

결과적으로 모평균 차의 검정에서 모분산을 모를 때 t-분포를 이용한 경우와 유사하게 t-분포를 적용하면, 다음의 T통계량은 자유도 $(n-1)$인 t-분포를 따른다.

$$T = \frac{\overline{D} - (\mu_1 - \mu_2)}{S_D / \sqrt{n}} \sim t(n-1)$$

이러한 사실을 바탕으로 검정해야할 가설은 다음과 같다.

$$H_0 : \mu_1 = \mu_2 \text{ 또는 } H_0 : \mu_1 - \mu_2 = 0$$

결국 위에서 정의된 T통계량으로부터 귀무가설이 참이라는 가정 하에서 검정통계량은 다음과 같이 정의된다.

$$t_0 = \frac{\overline{D}}{S_D / \sqrt{n}}$$

$H_0 : \mu_1 - \mu_2 = 0$에 대한 검정 기준은 다음과 같은 대립가설에 대해 요약할 수 있다.

대립가설	기각역
좌단측 검정 $H_1 : \mu_1 - \mu_2 < 0$	$t_0 < -t(n-1, \alpha)$이면 H_0 기각
우단측 검정 $H_1 : \mu_1 - \mu_2 > 0$	$t_0 > t(n-1, \alpha)$이면 H_0 기각
양측검정 $H_1 : \mu_1 - \mu_2 \neq 0$	$t_0 > t(n-1, \alpha/2)$ 또는 $t_0 < -t(n-1, \alpha/2)$이면 H_0 기각

두 모평균 차이 $\mu_1 - \mu_2$에 대한 가설 검정을 실시하는 경우 관찰치로 주어진 경우 일일이 통계량을 계산하기보다는 간단히 TTEST()함수를 이용하여 가설검정을 수행할 수 있다.

또한 관찰치로 주어진 경우 독립이 아닌 두 모집단 평균 차이에 대한 가설검정을 위해 메뉴의 "도구 - 데이터분석 - t-검정: 쌍체비교"를 선택하여 t-검정 대화상자에서 가설검정을 수행할 수 있다.

[엑셀을 이용한 모집단 평균 차에 대한 가설검정]-쌍체검정

- TTEST()함수를 이용한 가설검정 - 관찰치 들이 주어진 경우:

  = TTEST(표본1의 범위, 표본2의 범위, 가설종류, 형태)

  여기서 가설의 종류 : 1이면 단측검정, 2이면 양측검정.

  형태 : 1이면, 쌍으로 된 표본

  2이면 , 등분산 표본

  3이면, 분산이 다른 표본을 나타낸다.

- 도구 - 데이터분석 - t-검정: 쌍체비교

예제9.18) 어느 의사가 개발한 식이요법을 따르면, 체중이 줄 것이라고 주장한다. 다음의 자료는 5명의 지원자에의 식이요법 전과 후의 체중을 측정한 자료이다. 이 자료를 이용하여 5% 유의수준으로 검정하시오.

	1	2	3	4	5
식이요법 후	170	169	133	132	143
식이요법 전	175	168	140	130	150

☞ 풀이 1 - 산술적 계산에 의한 쌍체검정

5명의 동일한 사람들에 대해 식이요법 전과 후의 체중을 관찰하였기 때문에 쌍체 검정을 실시해야 한다. 따라서 식이요법전과 후의 체중의 차이를 계산하면 다음과 같다.

	1	2	3	4	5
식이요법 전	175	168	140	130	150
식이요법 후	170	169	133	132	143
전/후 차이 d_i	5	-1	7	-2	7

결과적으로 차이에 대한 평균과 분산을 계산하면 다음과 같다.

$$\bar{d}=\frac{1}{5}(5-1+7-2+7)=\frac{16}{5}=3.2$$

$$s_D^2=\frac{1}{5-1}\sum_{i=1}^{n}\{(5-3.2)^2+(-1-3.2)^2+(7-3.2)^2+(-2-3.2)^2+(7-3.2)^2\}$$

$$=4.38^2$$

따라서 가설 검정의 절차에 따라 다음과 같이 검정한다.

i) 가설을 세운다.

$H_0: \mu_1-\mu_2=0$, $H_1: \mu_1-\mu_2>0$

ii) 유의수준 $\alpha = 0.05$

iii) 검정통계량을 구한다.

귀무가설이 참이라는 가정하에서 검정통계량은 다음과 같다.

$$t_0 = \frac{\bar{d}}{s_D/\sqrt{n}} = \frac{3.2}{4.38/\sqrt{5}} = 1.63$$

iv) 판정한다.

유의수준 $\alpha = 0.05$ 하에서 우단측검정의 경우이므로, $t(n-1,\alpha) = t(4,0.05) = 2.132$가 되어 검정통계량의 값이$t(4,0.05) = 2.132$보다 크면, 귀무가설을 기각한다.

따라서, $t_0 = 1.63 < t(4,0.05) = 2.132$이므로 채택역안에 놓이게 되며, 귀무가설을 채택하게 된다. 즉, 식이요법이 효과가 있다는 주장을 받아들이지 못하게 된다.

☞ 풀이 2 - 엑셀에 의한 쌍체검정

1) TDIST()함수를 이용한 경우

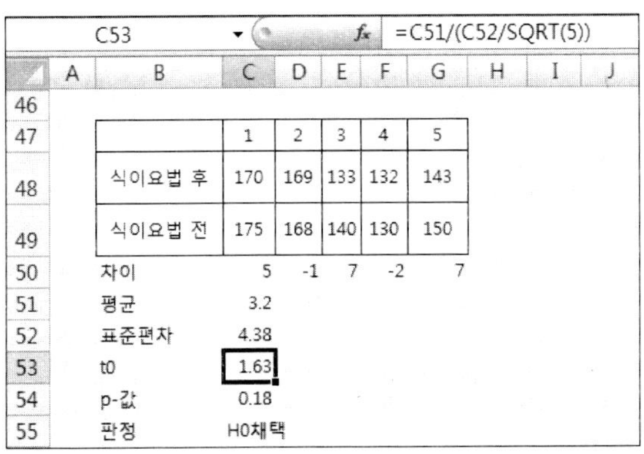

	1	2	3	4	5
식이요법 후	170	169	133	132	143
식이요법 전	175	168	140	130	150
차이	5	-1	7	-2	7
평균	3.2				
표준편차	4.38				
t0	1.63				
p-값	0.18				
판정	H0채택				

2) 도구 - 데이터분석 - t-검정: 쌍체비교

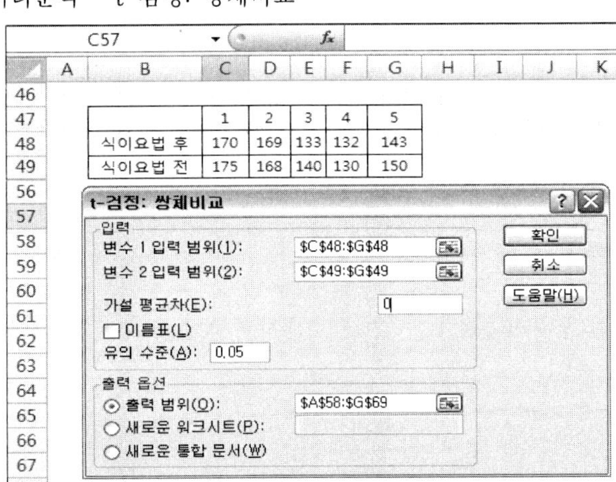

	1	2	3	4	5
식이요법 후	170	169	133	132	143
식이요법 전	175	168	140	130	150

쌍체비교 대화상자에서 변수1의 범위와 변수2의 범위를 입력한다. 다음으로 가설평균차 : 0을 입력하고, 유의수준 : 0.05를 입력한다. 그 다음 출력범위를 입력한 후 확인 단추를 누른다.

출력된 결과를 다음과 같이 확인 할 수 있으며, 양측검정의 경우 "P(T≤t) 양측 검정"의 확률과 유의수준 0.05와 비교하여 이 값이 0.05보다 크면 귀무가설을 채택한다.

B70 f_x 0.177807806458401

	1	2	3	4	5
식이요법 후	170	169	133	132	143
식이요법 전	175	168	140	130	150

t-검정: 쌍체 비교

	변수 1	변수 2
평균	149.4	152.6
분산	355.3	353.8
관측수	5	5
피어슨 상관 계수	0.972925601	
가설 평균차	0	
자유도	4	
t 통계량	-1.632993162	
P(T<=t) 단측 검정	0.088903903	
t 기각치 단측 검정	2.131846782	
P(T<=t) 양측 검정	0.177807806	
t 기각치 양측 검정	2.776445105	

9.4 모분산에 대한 가설검정

모분산 σ^2에 대한 가설검정을 위해 모집단이 정규분포를 따른다고 가정하고, 7장에서 다룬 통계량 $U=\dfrac{(n-1)S^2}{\sigma^2}$를 고려하자. 분산에 대한 가설검정 역시 표본분산 S^2을 토대로 한다. 이 통계량 U는 자유도 $(n-1)$인 χ^2-분포를 따른다. 이때 검정할 가설은 다음과 같다.

$$H_0: \sigma^2 = \sigma_0^2$$

그러면 귀무가설이 참이라는 가정하에서 검정통계량은 다음과 같다.

$$U_0 = \frac{(n-1)S^2}{\sigma_0^2}$$

$H_0: \sigma^2 = \sigma_0^2$에 대한 검정 기준은 다음과 같은 대립가설에 대해 요약할 수 있다.

대립가설	기각역
좌단측 검정 $H_1: \sigma^2 < \sigma_0^2$	$U_0 < \chi^2(n-1, 1-\alpha)$이면 H_0 기각
우단측 검정 $H_1: \sigma^2 > \sigma_0^2$	$U_0 > \chi^2(n-1, \alpha)$이면 H_0 기각
양측검정 $H_1: \sigma^2 \neq \sigma_0^2$	$U_0 < \chi^2(n-1, 1-\alpha/2)$ 또는 $U_0 > \chi^2(n-1, \alpha/2)$ 이면 H_0 기각

이를 그래프로 표현하면 다음과 같다.

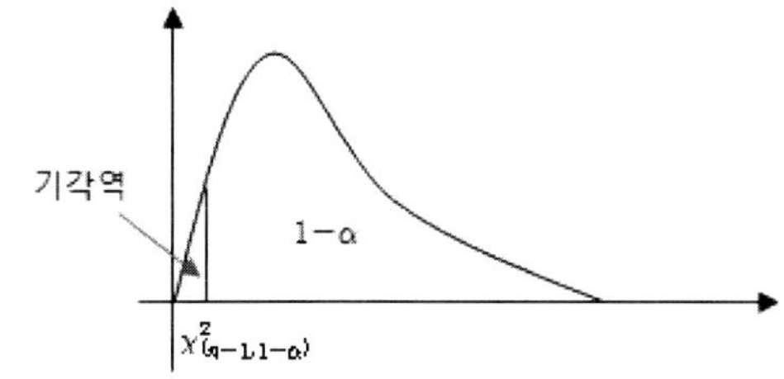

[그림 9-10] $H_1: \sigma^2 < \sigma_0^2$에 대한 기각역

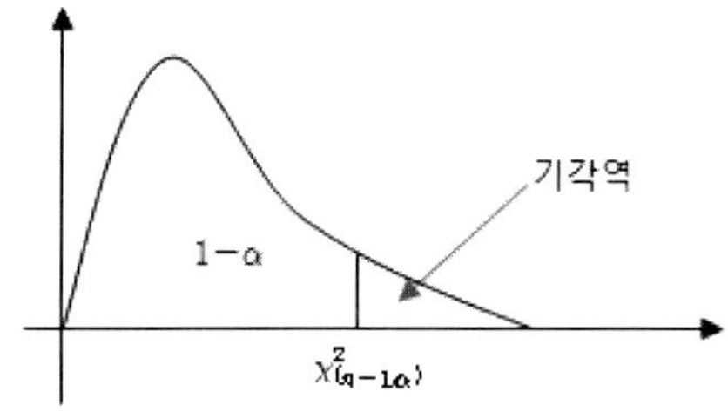

[그림 9-11] $H_1: \sigma^2 < \sigma_0^2$에 대한 기각역

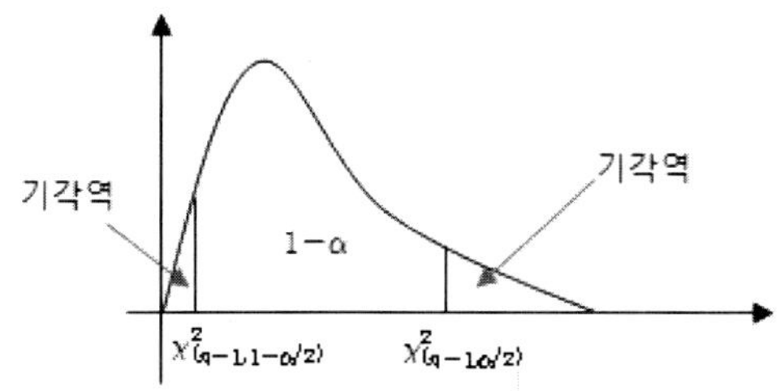

[그림 9-12] $H_1: \sigma^2 \neq \sigma_0^2$에 대한 기각역

모분산 σ^2에 대한 가설검정은 귀무가설이 참이라는 가정하에서 계산한 검정통계량과 단측 또는 양측 검정에 따라 유의수준α에 대한 χ^2-분포표의 α값을 찾아

이와 비교하여 귀무가설의 검정여부를 판단한다.

이와 더불어 엑셀을 이용한 모분산 σ^2에 대한 가설 검정은 CHIDIST()함수를 사용한다. 이는 가설 검정에서 단측 p-값을 제공한다. CHIDIST= $P(U>x)$의 의미이다.

[엑셀을 이용한 모분산 σ^2에 대한 가설검정]

- CHIDIST()함수를 이용한 가설 검정:

  이때 x 값은 검정통계량 값을 입력한다.

  ① 단측 검정 : = CHIDIST(x,자유도) 함수값 < 유의수준 α 이면 H_0 기각.

  ② 양측검정 : = 2*CHIDIST(x,자유도) 함수값 < 유의수준 α 이면 H_0 기각.

  단 "표본분산 < 귀무가설" 이면

  = 2*(1-CHIDIST(x,자유도)) 함수값 을 이용한다.

예제9.19) 전국 고등학교 3학년 남학생들의 모집단으로부터 12명을 임의로 추출하여 신장의 표본분산을 구한 결과 16.48로 나타났다. 전체 3학년 남학생들의 모집단 분산은 $\sigma^2=36$이라고 한다. 그러면, 이들 고등학교 3학년 남학생들의 신장의 분산을 $\sigma^2=36$ 라고 할 수 있는지를 유의수준 5%로 검정하라.

☞ 풀이 1 - 산술적 계산에 의한 가설검정

i) 가설을 세운다.

$$H_0: \sigma^2 = 36 \ , \ H_1: \sigma^2 \neq 36$$

ii) 유의수준 $\alpha = 0.05$

iii) 검정통계량을 구한다.

귀무가설이 참이라는 가정 하에서 검정통계량 값은 다음과 같다.

$$U_0 = \frac{(n-1)s^2}{\sigma_0^2} = \frac{(12-1)16.48}{36} = 5.036$$

iv) 판정한다.

유의수준 $\alpha = 0.05$ 하에서 양측검정이므로 임계치는 $\chi^2_{(11,0.975)} = 3.82$ 와 $\chi^2_{(11,0.025)} = 21.92$으로 검정통계량 값이 3.82 보다 작거나, 21.92 보다 크면 귀무가설을 기각한다.

따라서 $U_0 = 5.036$으로서 3.82보다 크며, 21.92 보다는 작으므로 채택역 안에 놓이게 된다. 결국 귀무가설을 채택하게 된다.

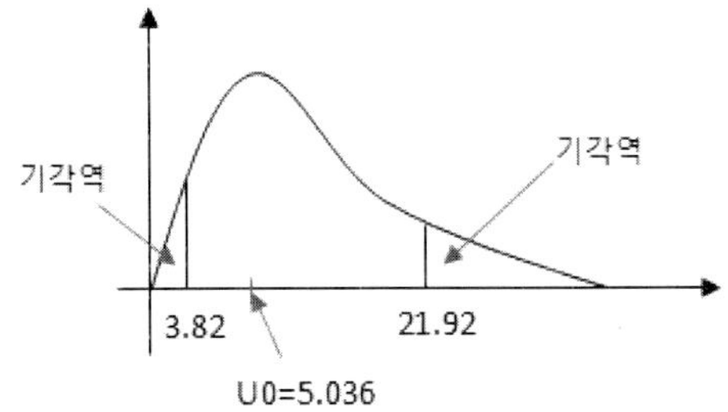

☞ 풀이 2 - 엑셀에 의한 가설검정

양측 검정이므로 가설검정의 결과는 다음과 같다. 단, 표본분산<귀무가설 이므로, 다음과 같이 입력한다.

=(1-CHIDIST((11*16.48)/36, 11))*2 =0.1411351 > 0.05 귀무가설 채택.

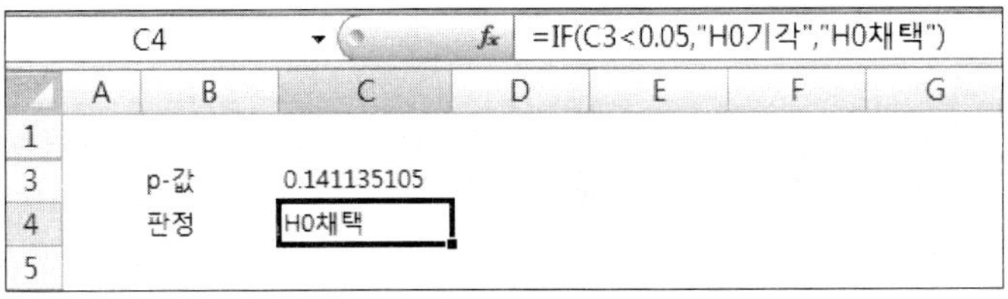

즉 양쪽 꼬리 확률이 0.1411351 으로서 유의수준 0.05보다 크므로 채택역 안에 들어간다.

예제9.20) 다음의 측정치들은 실험실에서 임의로 6마리의 실험용 쥐들을 선택하여 무게를 측정한 결과이다. 쥐의 무게의 분산이 2.25보다 크다는 주장에 대해 유의수준 5%로 가설검정을 실시하라.

12, 8, 7, 12, 14, 13

☞ 풀이 1 - 산술 계산에 의한 가설검정

i) 가설을 세운다.

$H_0: \sigma^2 = 2.25$, $H_1: \sigma^2 > 2.25$

ii) 유의수준 $\alpha = 0.05$

iii) 검정통계량을 구한다.

검정 통계량을 구하기 위해 관찰치들의 평균과 분산을 구하면 다음과 같다.

$$\bar{x} = \frac{1}{6}\{12+8+7+12+14+13\} = 11$$

$$(n-1)s^2 = \{(12-11)^2 + (8-11)^2 + \cdots + (13-12)^2\} = 40$$

따라서 귀무가설이 참이라는 가정하에서 검정통계량은 다음과 같다.

$$U_0 = \frac{(n-1)s^2}{\sigma_0^2} = \frac{40}{2.25} = 17.8$$

ⅳ) 판정한다.

유의수준 $\alpha = 0.05$ 하에서 우단측검정이므로 임계치는 $\chi^2(5,0.05) = 11.07$으로서 검정통계량 값이 11.07 보다 크면 귀무가설을 기각한다. 따라서 $U_0 = 17.8$으로서 11.07 보다 크며, 기각역 안에 놓이게 된다. 결국 귀무가설을 기각하게 된다.

☞ 풀이 2 - 엑셀에 의한 가설검정

단측검정이므로 다음과 같이 p-값을 구할 수 있다.

=CHIDIST(B3,4) =0.00136 < 0.05 귀무가설 기각.

C6 fx =CHIDIST(C5,4)

	A	B	C	D	E	F	G	H	I	J
1										
2				12	8	7	12	14	13	
3		평균	11.00							
4		분산	8.00							
5		U0	17.77778							
6		p-값	0.001364							
7		판정	H0기각							

9.5 두 모분산 비에 대한 가설검정

모집단이 각각 $N(\mu_1,\sigma_1^2)$, $N(\mu_2,\sigma_2^2)$인 두 개의 모집단에 대해 크기가 각각 n_1, n_2 개인 표본을 독립적으로 추출했을 때, 이때 각각의 표본으로부터 계산된 표본분산을 S_1^2과 S_2^2이라 하면, 다음의 확률변수 F는 자유도가 (n_1-1,n_2-1)인 F-분포를 따른다.

$$F = \frac{S_1^2/\sigma_1^2}{S_2^2/\sigma_2^2} \sim F(n_1-1,n_2-1)$$

이때 검정할 가설은 다음과 같다.

$$H_0:\ \sigma_1^2 = \sigma_2^2 \quad \text{또는} \quad H_0:\ \frac{\sigma_1^2}{\sigma_2^2} = 1$$

그러면 귀무가설이 참이라는 가정하에서 검정통계량은 다음과 같다.

$$F_0 = \frac{S_1^2}{S_2^2}$$

H_0: $\sigma_1^2 = \sigma_2^2$에 대한 검정 기준은 다음과 같은 대립가설에 대해 요약할 수 있다.

대립가설	기각역
좌단측 검정 $H_1: \sigma_1^2 < \sigma_2^2$	$F_0 < F_{n_2-1}^{n_1-1}(1-\alpha)$ 이면 H_0 기각
우단측 검정 $H_1: \sigma_1^2 > \sigma_2^2$	$F_0 > F_{n_2-1}^{n_1-1}(\alpha)$ 이면 H_0 기각
양측 검정 $H_1: \sigma_1^2 \neq \sigma_2^2$	$F_0 < F_{n_2-1}^{n_1-1}\left(1-\frac{\alpha}{2}\right)$ 또는 $F_0 < F_{n_2-1}^{n_1-1}\left(\frac{\alpha}{2}\right)$ 이면 H_0 기각

이를 그래프로 표현하면 다음과 같다. $F_{n_2-1}^{n_1-1}\left(1-\frac{\alpha}{2}\right) F_{n_2-1}^{n_1-1}\left(\frac{\alpha}{2}\right)$

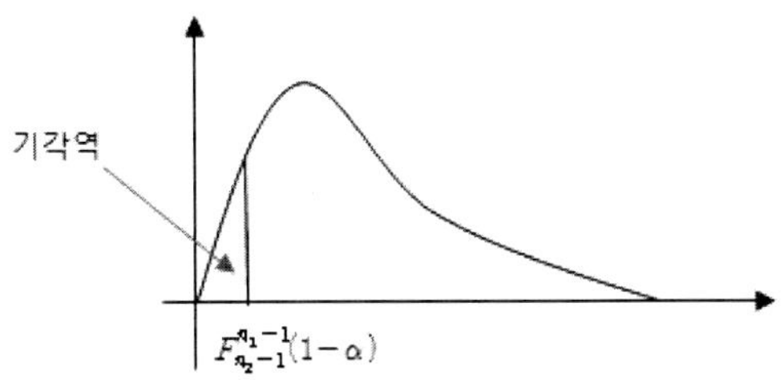

[그림 9-13] $H_1: \sigma_1^2 < \sigma_2^2$에 대한 기각역

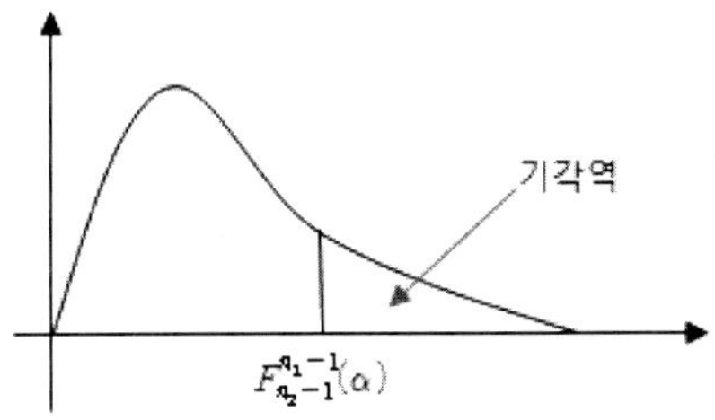

[그림 9-14] $H_1: \sigma_1^2 > \sigma_2^2$에 대한 기각역

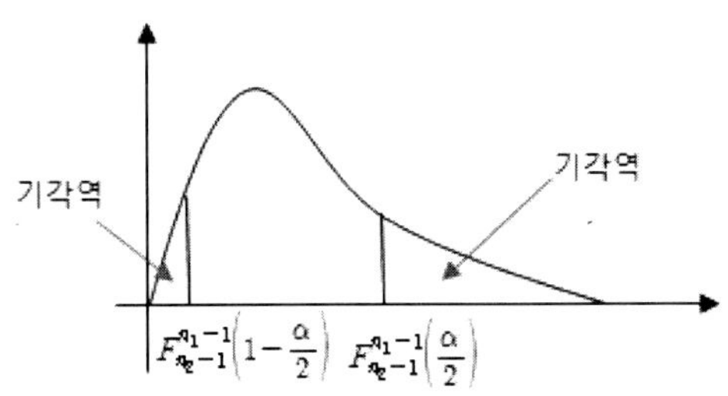

[그림 9-15] $H_1: \sigma_1^2 \neq \sigma_2^2$에 대한 기각역

엑셀을 이용한 두 모집단 분산비의 검정은 FDIST()함수와 FTEST()함수를 이용하여 수행할 수 있다. FDIST()함수의 의미는 $P(F<x)$으로서 CHIDIST()함수

와는 반대의 의미를 지닌다.

[엑셀을 이용한 두 모집단 분산 비$\left(\sigma_1^2/\sigma_2^2\right)$의 가설 검정]

- FDIST()함수를 이용한 분산비에 대한 가설 검정:
  ① 단측검정 : =1-FDIST(x, 자유도1, 자유도2) < α 이면 H_0 기각.
  ② 양측검정 : =2*FDIST(x, 자유도1, 자유도2) < α 이면 H_0 기각.
  여기서 x값은 검정통계량 값이다.

- FTEST()함수를 이용한 분산비에 대한 가설 검정:
  =FTEST(x범위, y 범위) <α 이면 H_0 기각.

예제9.21) 두 명의 실험자가 각각 5회에 걸쳐 같은 꽃에 비료를 주어 꽃의 무게를 측정했더니 표본분산이 각각 $s_1^2 = 0.975$와 $s_2^2 = 0.423$으로 나타났다. 비료를 줄 때, 두 사람 중 한사람의 비료량의 변동에 차이가 있다고 할 수 있는 지를 유의수준 0.05 하에서 검정하라.

☞ 풀이 1 - 산술적 계산에 의한 가설 검정

i) 가설을 세운다.

$$H_0 : \sigma_1^2 = \sigma_2^2 \ , \ H_1 : \sigma_1^2 \neq \sigma_2^2$$

ii) 유의수준 $\alpha = 0.05$

iii) 검정통계량을 구한다.

귀무가설이 참이라는 가정 하에서 검정통계량은 다음과 같다.

$$F_0 = \frac{s_1^2}{s_2^2} = \frac{0.975}{0.423} = 2.30$$

iv) 판정한다.

유의수준 $\alpha = 0.05$하에서 양측검정이므로 임계치는 $F_4^4(0.025) = 9.60$와 $F_4^4(0.975) = \frac{1}{9.60} = 0.104$이다. 따라서 $F_0 = 2.30$은 9.60과 0.104 사이에 있으므로 채택역 안에 놓이게 되어 귀무가설을 채택하게 된다.

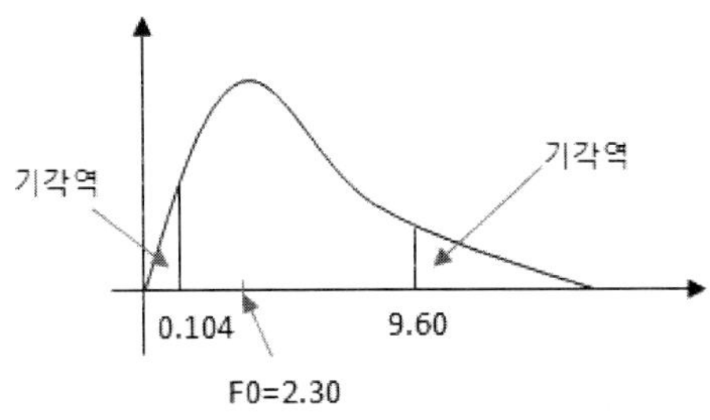

☞ 풀이 2 - 엑셀에 의한 가설 검정

양측검정이므로 다음과 같이 입력하여 가설 검정을 실시한다. 이때 검정 통계량값은 직접 FDIST()함수에 입력해도 된다.

=FDIST(0.975/0.432,4,4)*2=0.44498488 >0.05 귀무가설 채택

만일 단측검정이면 다음과 같다.

=FDIST(0.975/0.432,4,4)=0.224924 >0.05 귀무가설 채택

C3 | =FDIST(0.975/0.432,4,4)*2

	양측검정	단측검정
p값	0.4498488	0.22492439
판정	H0채택	H0채택

9.6 모비율에 대한 가설검정

p를 모집단에서의 어떤 특정한 속성에 대한 비율이라고 하고, 이때 모비율 p가 0 또는 1에 가까운 값이 아니며, 모집단에서 추출된 표본의 크기도 충분히 크다고 가정하자. 이때, 표본비율 $\frac{X}{n}$는 근사적으로 평균이 p이고, 분산이 $\frac{p(1-p)}{n}$인 정규분포를 따른다.

그러면, 모집단 비율 p의 가설검정을 위해 다음과 같은 가설을 설정한다.

$$H_0 : p = p_0$$

이 경우 검정통계량으로는 귀무가설이 참이라는 가정 하에서 다음과 같이 근사적으로 표준정규 분포를 따르는 통계량을 이용할 수 있다.

$$Z_0 = \frac{X/n - p_0}{\sqrt{\frac{p_0(1-p_0)}{n}}}$$

따라서 $H_0: p = p_0$ 에 대한 검정기준은 다음과 같은 대립가설에 대해 요약할 수 있다.

대립가설	기각역
좌단측 검정 $H_1: p < p_0$	$Z_0 < -z_\alpha$ 이면 H_0 기각
우단측 검정 $H_1: p > p_0$	$Z_0 > z_\alpha$ 이면 H_0 기각
양측검정 $H_1: p \neq p_0$	$Z_0 > z_{\alpha/2}$ 또는 $Z_0 < -z_{\alpha/2}$ 이면 H_0 기각

[엑셀을 이용한 모비율 p에 대한 가설 검정]

엑셀을 이용한 모비율 p에 대한 가설 검정은 모평균에 대한 가설검정에서 이용한 NORMDIST()함수를 이용할 수 있다.

예제9.22) 어느 공장에서 생산되는 제품의 불량률이 8%라고 한다. 어느 날 생산되는 제품을 조사한 결과 양품이 105개 불량품이 13개로 조사되었다. 그러면, 그 날에 생산되는 생산공정에 이상이 없다고 할 수 있는지를 유의수준 0.05 하에서 검정하라.

☞ 풀이 1 - 산술적 계산에 의한 가설검정

가설 검정의 절차에 따라 다음과 같은 순서로 검정할 수 있다.

i) 가설을 세운다.

$H_0: p = 0.08$, $H_1: p \neq 0.08$

ii) 유의수준 $\alpha = 0.05$

iii) 검정통계량을 구한다.

$$Z_0 = \frac{x/n - p_0}{\sqrt{\frac{p_0(1-p_0)}{n}}} = \frac{13/118 - 0.08}{\sqrt{\frac{0.08(1-0.08)}{118}}} = 1.20$$

iv) 판정한다.

유의수준 $\alpha = 0.05$ 하에서 $z_{\alpha/2} = z_{0.025} = 1.96$가 되어 양측검정의 경우이므로 검정통계량의 값 $Z_0 = 1.20$이 기각치인 $z_{\alpha/2} = z_{0.025} = 1.96$ 보다 크거나

$-z_{\alpha/2} = -z_{0.025} = -1.96$보다 작으면, 기각역 안에 놓이게 된다. 따라서, $Z_0 = 1.20$는 1.96보다 작고, -1.96 보다 크므로 채택역 안에 놓이게 되므로 귀무가설을 채택한다. 즉, 검사 당일의 불량률은 8%라고 할 수 있으며, 생산공정에 이상이 없다 라고 판정한다.

☞ 풀이 2 - 엑셀에 의한 가설검정

양측검정이고, "표본비율>귀무가설" 이므로 다음과 같이 입력한다.

= 2*NORMDIST(0.08, 13/118, SQRT((0.08*(1-0.08))/118), 1)

= 0.227044 >0.05 귀무가설 채택.

만일 우단측검정이면 다음과 같다. ($H_o : \mu > 0.08$)

= 1-NORMDIST(13/118, 0.08, SQRT((0.08*(1-0.08))/118), 1)

= 0.11352201>0.05 귀무가설 채택.

C6 = 2*NORMDIST(0.08, 13/118, SQRT((0.08*(1-0.08))/118), 1)

	양측검정	단측검정
p값	0.2270439	0.11352194
판정	H0채택	H0채택

예제9.23) S제약회사에서 소화제의 약효가 90%이상이라고 주장한다. 이 약을 200명의 소화불량 환자에게 투여한 결과 165명이 효과를 본 것으로 조사되었다. 이 회사의 주장에 진위 여부를 유의수준 0.05 하에서 검정하라.

☞ 풀이 1 - 산술적 계산에 의한 가설검정

가설 검정의 절차에 따라 다음과 같은 순서로 검정할 수 있다.

i) 가설을 세운다.

$H_0 : p = 0.9$, $H_1 : p < 0.9$

ii) 유의수준 $\alpha = 0.05$

iii) 검정통계량을 구한다.

$$Z_0 = \frac{x/n - p_0}{\sqrt{\frac{p_0(1-p_0)}{n}}} = \frac{165/200 - 0.9}{\sqrt{\frac{0.9(1-0.9)}{200}}} = -3.57$$

iv) 판정한다.

유의수준 $\alpha = 0.05$ 하에서 $z_\alpha = z_{0.05} = 1.64$가 되어 좌 단측검정의 경우이므로 검정 통계량의 값 $Z_0 = -3.57$이 기각치인 -1.64 보다 작으면, 기각역 안에 놓이게 된다. 따라서, $Z_0 = -3.57 < -z_{0.05} = -1.64$ 이므로 기각역 안에 놓이게 되므로 귀무가설을 기각한다. 즉, 약효가 90%이상이라는 제약회사의 주장을 받아들일 수 없다.

☞ 풀이 2 - 엑셀에 의한 가설검정

좌단측검정이므로 다음과 같다.

=NORMDIST(165/200, 0.9, SQRT((0.9*(1-0.9))/200), 1)
=0.000204< 0.05 귀무가설 기각.

C9 | fx =NORMDIST(165/200, 0.9, SQRT((0.9*(1-0.9))/200), 1)

	A	B	C	D	E	F	G	H	I
1									
9		p값	0.0002035						
10		판정	H0기각						
11									

예제9.24) 동전을 200회 던졌을 때, 앞면이 120회로 나타났다. 그러면, 그 동전은 앞면이 뒷면보다 더 잘 나온다고 할 수 있는가? 유의수준 0.05로 검정하라.

☞ 풀이 1 - 산술적 계산에 의한 가설검정

가설 검정의 절차에 따라 다음과 같은 순서로 검정할 수 있다.

i) 가설을 세운다.

$H_0: p = 0.5$, $H_1: p > 0.5$

ii) 유의수준 $\alpha = 0.05$

iii) 검정통계량을 구한다.

$$Z_0 = \frac{x/n - p_0}{\sqrt{\frac{p_0(1-p_0)}{n}}} = \frac{120/200 - 0.5}{\sqrt{\frac{0.5(1-0.5)}{200}}} = 2.83$$

iv) 판정한다.

유의수준 $\alpha = 0.05$ 하에서 $z_\alpha = z_{0.05} = 1.64$가 되어 우단측검정의 경우이므로 검정 통계량의 값 $Z_0 = 2.83$이 기각치인 1.64 보다 크면, 기각역 안에 놓이게 된다. 따라서 $Z_0 = 2.83 > z_{0.05} = 1.64$ 이므로 기각역 안에 놓이게 되어 귀무가설을 기각한다. 즉, 실험에 사용한 동전은 앞면이 더 잘나온다고 할 수 있다.

☞ 풀이 2 - 엑셀에 의한 가설검정

귀무가설 $H_0: p = 0.5$ 과 대립가설 $H_1: p > 0.5$에 대해 우단측 검정이므로 구하고자 하는 p-값은 다음과 같다.

= 1-NORMDIST(120/200, 0.5, SQRT((0.5*(1-0.5))/200), 1)
= 0.00233893 < 0.05 귀무가설 기각.

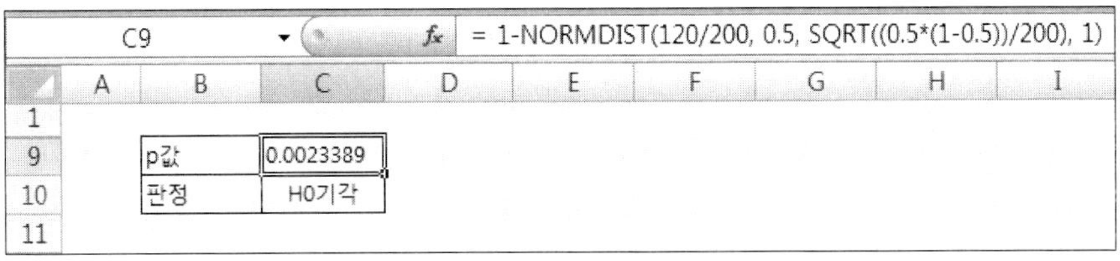

9.7 모비율 차에 대한 가설검정

모집단1로부터 크기 n_1인 확률표본을 택한 경우의 성공회수를 X라하고 이와는 독립적으로 모집단2로부터 크기 n_2인 확률표본을 택해 나타나는 성공의 회수를 Y라 하자. 각 모비율에 대해 표본비율이 직관적으로 대응되는 양이므로 $p_1 - p_2$에 대해 표본비율의 차 $\hat{p}_1 - \hat{p}_2$의 분포는 근사적으로

$$N\left(p_1 - p_2, \frac{p_1(1-p_1)}{n_1} + \frac{p_2(1-p_2)}{n_2}\right)$$

인 정규분포를 따른다. 이러한 사실로부터 표준화 확률변수 Z는 다음과 같이 표준정규분포를 따른다.

$$Z = \frac{(\hat{p}_1 - \hat{p}_2) - (p_1 - p_2)}{\sqrt{\frac{p_1(1-p_1)}{n_1} + \frac{p_2(1-p_2)}{n_2}}} \sim N(0,1)$$

검정할 가설은 다음과 같다.

$$H_0 : p_1 = p_2 \quad \text{또는} \quad H_0 : p_1 - p_2 = 0$$

결국 위에서 정의된 통계량으로부터 귀무가설이 참이면, 두 모집단이 공통된 모비율 $p_1 = p_2 = p$ 를 가지고 있다는 뜻이므로 H_0 하에서 검정통계량은 다음과 같이 정의된다.

$$Z_0 = \frac{\hat{p}_1 - \hat{p}_2}{\sqrt{p(1-p)\left(\frac{1}{n_1} + \frac{1}{n_2}\right)}}$$

이때, 공통의 모비율 p는 모르는 값이므로 다음과 같이 정의된 p의 합동추정치을 이용한다.

$$\hat{p} = \frac{x+y}{n_1 + n_2}$$

따라서 합동추정치를 검정통계량의 식에 대입하여 다음과 같은 검정통계량을 이용하면 된다.

$$Z_0 = \frac{\hat{p}_1 - \hat{p}_2}{\sqrt{\hat{p}(1-\hat{p})\left(\frac{1}{n_1} + \frac{1}{n_2}\right)}}$$

귀무가설 $H_0: p_1 = p_2$에 대한 검정 기준은 다음과 같은 대립가설에 대해 요약할 수 있다.

대립가설	기각역
좌단측 검정 $H_1: p_1 - p_2 < 0$	$Z_0 < -z_\alpha$이면 H_0 기각
우단측 검정 $H_1: p_1 - p_2 > 0$	$Z_0 > z_\alpha$이면 H_0 기각
양측검정 $H_1: p_1 - p_2 \neq 0$	$Z_0 > z_{\alpha/2}$ 또는 $Z_0 < -z_{\alpha/2}$ 이면 H_0 기각

엑셀을 이용한 모비율 차이 $p_1 - p_2$에 대한 가설 검정은 모평균에 대한 가설검정에서 이용한 NORMDIST()함수를 이용할 수 있다.

예제9.25) A,B 두 지역에 있어서 각각 80가구 및 70가구를 표본 추출하여 트랙터의 소유상황을 조사하였더니 A지역은 10가구, B지역은 5가구가 각각 트랙터를 소유하고 있었다. A지역과 B지역과의 트랙터 소유율에 차가 있는지 유의수준 5%에서 검정하라.

☞ 풀이 1 - 산술적 계산에 의한 가설검정

가설 검정의 절차에 따라 다음과 같은 순서로 검정할 수 있다.

i) 가설을 세운다.

$H_0: p_A = p_B$, $H_1: p_A > p_B$

ii) 유의수준 $\alpha = 0.05$

iii) 검정통계량을 구한다.

각각의 표본비율과 합동비율을 계산하면 다음과 같다.

$$\hat{p}_1 = \frac{x}{n_1} = \frac{10}{80} = 0.125, \hat{p}_2 = \frac{y}{n_2} = \frac{5}{70} = 0.071 ,$$

$$\hat{p} = \frac{x+y}{n_1+n_2} = \frac{10+5}{80+70} = 0.1$$

따라서 검정통계량 값은 다음과 같이 계산된다

$$Z_0 = \frac{\hat{p}_1 - \hat{p}_2}{\sqrt{\hat{p}(1-\hat{p})\left(\frac{1}{n_1} + \frac{1}{n_2}\right)}} = \frac{0.125 - 0.071}{\sqrt{0.1 \times 0.9 \times \left(\frac{1}{80} + \frac{1}{70}\right)}} = 1.102$$

ⅳ) 판정한다.

유의수준 $\alpha = 0.05$ 하에서 우단측검정의 경우이므로 $z_{\alpha} = z_{0.05} = 1.64$이 되어 검정 통계량의 값 $Z_0 = 1.102$가 기각치인 1.64 보다 작으면 채택역 안에 놓이게 된다. 따라서 $Z_0 = 1.102 < 1.64$ 이므로 채택역 안에 놓이게 되어 귀무가설을 채택한다. 즉, 유의수준 5%하에서는 두 지역의 트랙터 소유율에 차가 있다고 말할 수 없다.

☞ 풀이 2 - 엑셀에 의한 가설검정

대립가설H_1: $p_A > p_B$에 대해 우단측 검정이므로 구하고자 하는 p-값은 다음과 같다.

= 1-NORMDIST((0.125-0.071), 0, SQRT((0.1*(0.9))/(1/80+1/70)), 1)

= 0.488249 > 0.05 귀무가설 채택

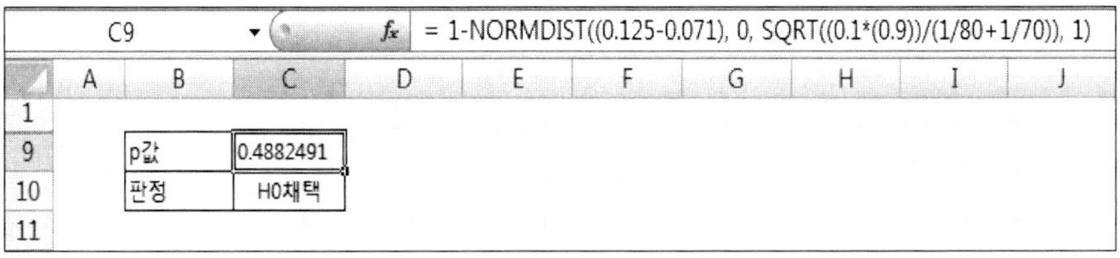
C9 = 1-NORMDIST((0.125-0.071), 0, SQRT((0.1*(0.9))/(1/80+1/70)), 1)

	A	B	C	D	E	F	G	H	I	J
1										
9		p값	0.4882491							
10		판정	H0채택							
11										

연습문제

[1] 어떤 방직공장에서 현재까지의 데이터로 보아 종래의 제조공정에서는 어떤 실의 강도 평균 48.6g, 표준편차 6.25g의 정규분포를 따라 분포한다. 그런데 새 방법을 도입한 후 실의 강도는 품질관리의 결과 정규분포를 이루고, 표준편차는 같다는 것을 알았다. 실의 강도를 조사하기 위해 크기 50인 표본을 추출하여 강도의 평균을 조사하니 그 값은 50.5g이었다. 새 방법으로 실의 강도가 달라졌다고 볼 수 있는가? 엑셀을 이용하여 유의수준 5%로 검정하라.

[2] 어느 고교 입학 점수는 평균 275점, 표준편차는 22.5점인 정규분포를 따른다고 한다. A 중학으로부터 지원자는 9명인데, 그 9명의 평균 점수는 253점이다. A 중학으로부터의 지원자는 전 지원자에 대하여 질이 떨어진다고 간주할 수 있는가를 엑셀을 이용하여 유의수준 0.01로 판정하라.

[3] 어떤 지능검사에서 만 15세 이상의 아동 평균지능은 124, 표준편차는 24라 한다. 만 14세의 아동 36명을 임의로 추출하여 지능검사를 한 결과 평균이 112였다. 이 사실로서 만 14세의 평균지능이 15세의 평균지능보다 낮다고 볼 수 있는가? 엑셀을 이용하여 유의수준 0.01로 검정하라. (단 모집단은 정규분포를 한다.)

[4] 어떤 종류의 쥐 집단의 체중 증가는 낳은지 3개월간에 평균 체중이 65g인 정규분포를 이룬다는 것이 알려져 있다. 10마리의 쥐를 낳은지 3개월간에 어떤 특별한 사료로 기른 뒤에 그 체중을 측정한 결과 다음과 같았다. 이 사료는 쥐의 체중에 영향을 미쳤다고 볼 수 있는가? 엑셀을 이용하여 유의수준 0.05로 검정하라.

61, 60, 56, 63, 59, 56, 44, 61, 56, 63

[5] 어느 대학의 적성검사는 평균이 115였다. 금년도 신입생에서 49명을 임의로 선출하여 적성을 검사하니 평균이 118, 표준편차가 20이었다. 금년도 신입생이 예년의 학생과 같은 수준인지를 엑셀을 이용하여 유의수준 0.05로 검정하라.

[6] 어느 판매원이 자기 회사에서 만드는 볼트의 반경은 표준편차가 0.1보다 작다고 주장한다. 11개 볼트의 확률표본에서 표준편차 σ의 추정치 s가 0.07로 계산되었다. 그 판매원의 주장이 타당한가를 엑셀을 이용하여 유의수준 0.05로 검정하라.

[7] 어느 회사에서 만드는 통조림의 무게의 표준편차가 작을수록 그 회사 제품은 동질성이 있으며, 품질관리가 잘 되어 있음을 나타낸다고 볼 수 있다. A 회사의 생산 부서에서는 통조림의 분산이 16g 정도라고 주장하고 있다. 품질관리반에서는 생산 부서의 주장을 확인하기 위하여, $n=28$인 표본을 임의로 선택하여 분산 s^2을 계산하여 본 결과 25라는 것을 알았다. 생산 부서의 주장과는 달리 실제로는 모집단의 분산이 16g보다 크다고 볼 수 있을 것인가? 통조림의 무게는 정규분포를 이룬다고 가정하고 엑셀을 이용하여 유의수준 0.05로 검정하라.

[8] 어느 연구소에서 발표한 바에 의하면 우리 나라 중소기업의 종업원 임금은 어느 정도 안정되어 있어 임금의 표준편차 σ가 500원이라 한다. 그러나 많은 종업원들은 임금격차가 너무 심하기 때문에 표준편차가 이 보다 훨씬 크다고 생각하며, 또 어떤 사람은 전국의 중소기업의 임금수준은 대동소이하여 표준편차가 더 작을 것이라 생각하고 있다. 이를 검정하기 위해 51명을 무작위로 뽑아 그들의 임금을 조사하여 본 결과 표준편차가 700원이었다. 종업원 임금은 정규분포를 이룬다고 가정하고 연구소의 발표를 엑셀을 이용하여 유의수준 0.01에서 검정하라.

[9] 유럽에서 15명의 성인을 임의로 뽑아 몸무게를 잰 결과 평균이 $\bar{x}_1=154$파운드이고, 미국에서 임의로 뽑은 18명의 성인의 평균 몸무게는 $\bar{x}_2=162$파운드이었다. 과거 조사에 의하면 유럽 성인의 몸무게의 분산은 $\sigma_1^2=100$이고 미국인 성인의 몸무게의 분산은 $\sigma_2^2=169$이다. 이 두 곳의 성인의 몸무게는 차이가 있다고 할 수 있을까? $\alpha=0.05$로 하고 몸무게들은 각각 정규분포를 이룬다고 가정한다.

[10] 두 가지 종류의 암기법이 서로 차이가 있는지를 알아보기 위하여, 두 집단의 어린아이에게 각각의 방법으로 외국어 단어를 가르친 다음, 암기하고 있는 단어가 몇 개인가 알아보았더니 다음과 같았다.

암기법 A	5	2	4	7	4	4	8	3	7	6	$n_1 = 10$
암기법 B	6	5	4	9	4	6	8	5	6	7	$n_2 = 10$

위의 자료를 기초로 하여 두 암기법이 서로 차이가 있는지를 유의수준 1%에서 엑셀을 이용하여 검정하라. 두 모집단의 분포는 정규분포이고, 두 모분산은 같다고 가정한다.

[11] H초등학교 학생 16명, T초등학교 학생 14명을 임의로 추출하여 IQ 검사를 한 결과 다음과 같았다. 유의수준 0.01과 0.05에서 이 두 초등학교 학생들의 IQ에 차이가 있는지 엑셀을 이용하여 검정하라. 단 H와 T초등학교 학생들의 IQ는 각각 정규분포를 하고 모분산은 같다고 가정한다.

학교	표본의 크기	평균 IQ	표준편차
H	16	107	10
T	14	112	8

[12] 두 품질의 담배 한라산과 솔의 니코틴 함량을 비교하기 위해 한라산 담배에서 크기 49인 표본을, 솔 담배에서 크기 25인 표본을 검사하였더니 그 결과가 다음과 같았다. 5% 유의수준에서 볼 때 두 담배의 니코틴 함량은 차이가 있다고 할 수 있는가? 엑셀을 이용하여 검정하라.

	표본평균	표본분산
한라산	15.4	3
솔	16.8	4

[13] 지금까지의 경험으로 보아 A 회사에서 만드는 전구의 평균수명은 B 회사에서 만드는 것보다 200시간 길다고 한다. A 전구회사에서 169개의 표본을 뽑아 평균 수명을 조사했더니 1400시간이었고 표준편차는 130시간이었다. B 회사에서는 144개를 뽑았는데 표본의 평균 수명은 1300시간이었고 표준편차는 120시간이었다. A 회사의 전체 전구의 평균 수명이 B 회사 전구보다 200시간 길다는 것을 엑셀을 이용하여 유의수준 5%에서 검정하라.

[14] 10명의 환자에게 A, B 두 종류의 수면제를 투약한 후 수면시간의 연장을 측정하여 다음과 같은 결과를 얻었다. 이 경우 A, B의 결과가 같은지를 1% 유의수준에서 엑셀을 이용하여 검정하라.

환자	1	2	3	4	5	6	7	8	9	10
A	0.7	−1.6	−0.2	−1.2	−0.1	3.4	3.7	0.8	0	2.0
B	1.9	0.8	1.1	0.1	−0.1	4.4	5.5	1.6	4.6	3.4

[15] 어느 회사에서 직업 훈련이 근로자의 능률 향상에 효과가 있는지를 알고 싶다고 하자. 이를 위해 16명의 근로자를 뽑아서 직업 훈련을 하기 전과 후의 작업능률 점수를 알아보았더니 다음과 같았다. 이 조사 결과로써 훈련 전과 후의 능률이 같다고 할 수 있을까? 유의수준 1%에서 엑셀을 이용하여 검정하라.

번호	1	2	3	4	5	6	7	8	9	10	11	12	13	14	15	16
후	80	90	92	75	86	90	81	70	89	88	82	79	91	90	78	89
전	75	83	96	77	81	90	82	67	94	85	78	82	96	80	87	81

[16] 전체의 반수가 찬성을 한다고 예상되는 안건을 임의추출로 찬성여부를 조사하니 피조사자 49명 가운데 27명이 찬성하였다. 예상이 옳은지 아닌지를 엑셀을 이용하여 유의수준 0.05로 검정하라.

[17] 임의 추출한 400명의 대표자들에게 찬성과 반대에 대한 대답을 구하였더니 250인이 찬성 150인이 반대였다. 모집단 전체는 찬성 쪽에 쏠리고 있다고 볼 수 있는가를 엑셀을 이용하여 유의수준 5%로 검정하라.

[18] 조미료 A와 B가 경쟁이 치열하다. A를 생산하는 회사에서는 B를 사용하였던 사람 중에 40% 이하가 B를 계속 사용하며, 60% 이상이 자기회사 제품으로 바꾼다는 주장을 하고 있다. 이러한 A 회사의 주장을 실증적으로 조사하기 위하여 B 회사는 B 제품을 사용하여 본 500명을 대상으로 조사하여 본 결과, 215명이 계속 이용하고 있다. 이러한 사실은 A 회사의 주장을 반박하기에 충분한 것인가? 유의수준 0.01에서 A 회사의 주장을 검정하라.

[19] 어떤 기계는 30%의 불량품을 생산했다. 기계를 수선한 후에 100개를 생산했더니 22개의 불량품이 나왔다. 수선한 후에 불량률이 감소되었는가? 엑셀을 이용하여 $\alpha = 0.01$로 검정하여라.

참고문헌

[1] 강위창, 김정일, 이은구, 임남규, 채성산, 2002, 엑셀을 이용한 통계학의 이해, 교우사.

[2] 구자홍, 김진경, 이재준, 전홍석, 최지훈, 1999, 통계학-원리와 방법, 자유아카데미.

[3] 김명철, 정기문, 한성실, 2000, 정보통계학, 영진서관.

[4] 김우철, 송문섭, 김재주, 이영조, 박병욱, 전종우, 박성현, 조신섭, 2000, 일반통계학, 영지문화사.

[5] 김종호, 1999, 통계학 개론, 교학사.

[6] 김종호, 김주환, 이기성, 1999, 확률론입문.

[7] 김제영, 배현웅, 윤병창, 2002, EXCEL을 이용한 통계학의 기초와 이해, 교우사.

[8] 류제복, 이관제, 김주환, 이기성, 1999, 생활과 통계, 자유아카데미.

[9] 성삼경, 1995, 통계학 개론, 무역경영사.

[10] 안윤기, 김절응, 박상언, 하은호, 엄종석, 백장선, 이성석, 서한손, 최일수, 곽민정, 1998, EXCEL 97 데이터처리, 자유아카데미.

[11] 윤상운, 이태섭, 2001, EXCEL을 이용한 실용통계학 입문, 자유아카데미.

[12] 이기성, 안승철, 1999, 통계학입문, 자유아카데미.

[13] 이기훈, 2002, EXCEL을 이용한 통계학 3판, 이기훈, 자유아카데미.

[14] 염준근. 2000. 선형회귀분석 개정판, 자유아카데미.

[15] 전종우, 김우철, 1989, 확률론입문, 영지문화사.

[16] 정훈조, 손창균, 홍기학, 김윤경, 최화섭, 2001, 실용통계학, OK 출판사

[17] 정훈조, 손창균, 심조익, 1999, 엑셀 2000, 영진서관.

[18] 최종석, 이낙영, 박석윤, 박래현, 1989, 통계학 개론, 정익사.

[19] 한국통계학회, 1998, 통계학 용어집, 자유아카데미.

[20] 한상태, 강현철, 2002, EXCEL을 이용한 통계자료분석, 자유아카데미.

[21] SAS를 이용한 선형회귀분석, 2001, 김종덕, 자유아카데미.

[22] Hogg, R.V., and Craig, E. A., 1995, Introduction to Mathematical Statistics, 5th Ed.,Prentice Hall International, Inc.

[23] Hogg, R.V., and Tanis, E. A., 2002, Probability and Statistical Inference, Prentice Hall International, Inc.

[24] Johnson, R. A., and Bhattacharyya, G. K., 1992, Statistics - Principles and Methods. John Weily and Sons.

부록 A. 엑셀함수

A.1 수학함수

A.2 통계함수

A.1 수학함수

수학 연산에서 사용되는 함수들로 수학함수와 삼각함수가 있으며 여기서는 연산에 필요한 수학함수 중 일부를 설명하고, 나머지는 표에서 다루기로 한다.

(1) ABS( )
[설명] 수의 절대값을 나타낸다.
[형식] =ABS(수치)
[사용예] =ABS(-10)=10

(2) CEILING( )
[설명] 수치를 지정한 수의 배수가 되도록 올림한다.
[형식] =CEILING(수치, 배수)
[사용예] =CEILING(11,6)=12 : 11을 6의 배수가 되도록 올림하여 12가 된다.

(3) COMBIN( )
[설명] 주어진 개체수로 만들 수 있는 조합경우의 수를 구한다.
[형식] =COMBIN(개체수,조합수)
[사용예] =COMBIN(10,2)=45 :10개중 2개를 뽑는 조합수가 45가지이다.

(4) EVEN( )
[설명] 입력된 수를 가장 가까운 짝수로 올림한다.
[형식] =EVEN(수치)
[사용예] =EVEN(18.6)=20

(5) FACT( )
[설명] 입력한 수의 계승(factorial: n!)을 구한다.
[형식] =FACT(수치)
[사용예] =FACT(10)=3628800 : 10!=10×9×8×7×6×5×4×3×2×1 이다.

(6) FLOOR( )
[설명] 수치를 지정한 수의 배수가 되도록 내림한다. CEILING 함수와는 반대이다.
[형식] =FLOOR(수치,배수)
[사용예] =FLOOR(15,2)=14

(7) GCD( )
[설명] 일련의 수치들의 최대공약수를 구한다.
[형식] =GCD(수치1,수치2,…, 수치n) 또는 =GCD(범위)
[사용예] =GCD(3,6,12)=3

(8) LCM( )
[설명] 일련의 수치들의 최소공배수를 구한다.
[형식] =LCM(수치1,수치2,…, 수치n) 또는 =GCD(범위)
[사용예] =LCM(3,6,12)=3

(9) INT( )
[설명] 소수점을 버리고 가장 가까운 정수로 내림한다.
[형식] =INT(수치)
[사용예] =INT(12.8)=12

(10) MOD( )
[설명] 두 수를 나눈 나머지를 구한다.
[형식] =MOD(나눠지는 수, 나누는 수)
[사용예] =MOD(10,2)=0

(11) ODD( )
[설명] 수치를 가까운 홀수로 올림한다.
[형식] =ODD(수치)
[사용예] =ODD(12) =13

(12) PI( )
[설명] 원주율 π값을 구한다.
[형식] =PI( )
[사용예] =PI( )=3.14159265358979

(13) POWER( )
[설명] 수치의 급수를 구한다.
[형식] = POWER(밑수,지수)
[사용예] =POWER(3,4)=81=3^4

(14) ROUND( )
[설명] 지정한 수를 반올림한다.
[형식] =ROUND(수치,자리수)
[사용예] =ROUND(10.235,2)=10.24 :10.235를 소수점 2자리에서 반올림

(15) ROUNDDOWN( )
[설명] 지정한 자리수로 내림한다.
[형식] =ROUNDDOWN(수치,자리수)
[사용예] =ROUNDDOWN(3.4333,2)=3.43

(16) ROUNDUP( )
[설명] 지정한 자리수로 올림한다.
[형식] =ROUNDUP(수치,자리수)
[사용예] =ROUNDUP(3.4333,2)=3.44

(17) SQRT( )
[설명] 수의 양의 제곱근을 구한다.
[형식] =SQRT(수치)
[사용예] =SQRT(9)=3 : $\sqrt{9}=3$

(18) SUM( )
[설명] 수치들의 합을 구한다.
[형식] =SUM(참조영역) 또는 =SUM(수치1, 수치2, …수치n)
[사용예] =SUM(B1:B3)=9 : B1:2, B2:3, B3:4를 입력하고 이들의 합을 구함.

(19) SUMIF( )
[설명] 조건에 맞는 합을 구한다.
[형식] =SUMIF(조건범위,조건, 합을구할범위)
[사용예] =SUMIF($D$3,"한국",A1:A5) : 한국 상품만의 합계를 구함.

(20) SUMX2MY2( )
[설명] 두 배열의 제곱의 차이의 합을 구한다.($\sum_{i=1}^{n}(x_i^2-y_i^2)$)
[형식] =SUMX2MY2(배열1, 배열2)

[사용예] =SUMX2MY2(B2:B3, C2:C3) : $(10^2-30^2)+(20^2-40^2)=-2000$

(21) SUMX2PY2( )

[설명] 두 배열의 제곱의 합의 합을 구한다.($\sum_{i=1}^{n}(x_i^2+y_i^2)$)

[형식] =SUMX2PY2(배열1,배열2)

[사용예] =SUMX2PY2(B2:B3, C2:C3) : $(10^2+30^2)+(20^2+40^2)=3000$

(22) SUMXMY2( )

[설명] 두 배열의 차이의 제곱합을 구한다.($\sum_{i=1}^{n}(x_i-y_i)^2$)

[형식] =SUMXMY2(배열1,배열2)

[사용예] =SUMXMY2(B2:B3, C2:C3) : $(10-30)^2+(20-40)^2=800$

(23) TRUNC( )

[설명] 지정한 자리수만 소수점 아래에 남기고 나머지는 버림

[형식] =TRUNC(수치, 자리수)

[사용예] =TRUNC(3.456,2)=3.45

[그 밖의 수학/삼각 함수들]

함수명	설명/형식	사용예
ACOS	-0과 π의 범위에서 라디안의 아크코사인값.(-1～1) =ACOS(수치)	=ACOS(1)=0
ACSOH	-역하이퍼볼릭코사인값(> 1 인 실수 값) =ACSOH(수치)	=ACOSH(2)=1.3169
ASIN	- -π/2부터π/2까지의 범위에서 아크사인의 값. (-1에서 1사이) =ASIN(수치)	=ASIN(0.5)=0.523598
ASINH	-역하이퍼볼릭사인값(> 1인 값) =ASINH(수치)	=ASINH(2)=1.4436
ATAN	-π/2부터 π/2까지의 범위에서 아크탄젠트의 값 =ATAN(수치)	=ATAN(90)=1.559
ATAN2	- -π에서 π까지의 라디안에서 지정된 x,y좌표의 아크탄젠트값 =ATAN2(x좌표,y좌표)	=ATAN2(1,2)=1.107
ATANH	-역하이퍼볼릭탄젠트값(-1～1) =ATANH(수치)	=ATANH(0.5)=0.5493
COS	-코사인 값 =COS(수치)	=COS(PI()/2)=6.12547E-17=0 :cos(π/2)=0
CSOH	-하이퍼볼릭코사인 값 =COSH(수치)	=COSH(0.2)=1.020006
DEGREES	-라디안 형태의 각도를 도로 변환 =DEGREES(라디안)	=DEGREES(PI()/2) =90 :π/2는 90도 이다.
EXP	- 입력한 수를 지수로하는 e의 누승 =EXP(수치)	=EXP(2)=7.3890 : e^2=7.3890 이다.
LN	-자연로그값 =LN(수치)	=LN(1)=0 : $\log_e 1 = 0$이다.
LOG	-대수의 밑과 수를 지정하여 대수를 구함 =LOG(수치,밑수)	=LOG(10,10)=1 :$\log_{10}10=1$을 의미한다.
LOG10	-상용로그값을 구함 =LOG10(수치)	=LOG10(10)=1 :$\log_{10}10=1$이다.
MDETERM	-배열의 행렬식.;행과열의 수가 같은 정방행렬만 가능 =MDETERM(배열범위)	=MDETERM(A1:B2)=-14 ;행렬식 $\begin{vmatrix} 2 & 4 \\ 5 & 3 \end{vmatrix}$= -14.
MINVERSE	-역행렬을 구한다. 정방행렬만 가능 =MINVERSE(배열범위)	MINVERSE(A1:B2) =$\begin{pmatrix} 1 & 2 \\ 3 & 4 \end{pmatrix}^{-1} = \begin{pmatrix} -2 & 1 \\ 1.5 & -0.5 \end{pmatrix}$
MMULT	-두행렬의 곱을 구한다. =MMULT(배열범위, 배열범위)	=MULT(A1:B2,A1:B2) =$\begin{pmatrix} 1 & 2 \\ 3 & 4 \end{pmatrix} \times \begin{pmatrix} 1 & 2 \\ 3 & 4 \end{pmatrix} = \begin{pmatrix} 7 & 10 \\ 15 & 22 \end{pmatrix}$

함수명	설명/형식	사용예
MROUND	-원하는 수로 반올림된 배수를 구함 =MROUND(수치,배수)	=MROUND(15,2)=16 :2의 배수로 15를 16으로 올림
MULTINOMIAL	-수치들의 합의 계승값을 각 수치들의 계승값의 곱으로 나눈값을 구함 =MULTINORMIAL(수치1,수치2,…)	=Multinomial(4,2)=15 =6!/(4!×2!)=15
PRODUCT	-인수들의 곱을 구한다. =PRODUCT(수치1,수치2,…수치6)	=PRODUCT(2,3,4,5,6) =2×3×4×5×6=720
QUOTIEN	-나눗셈의 몫 =Quotient(나눠지는 수, 나누는 수)	=Quotient(10,3)=3 :10을 3으로 나눈 몫은 3이다.
RADIANS	-각도의 래디안 값 =RADIANS(각도)	=DADIANS(90)=1.57 ;π/2=1.57 이다.
RAND	-0과 1사이의 난수를 발생 =RAND()	=RAND() 임의의 수치가 발생된다.
RANDbetween	- 두수 사이의 난수를 발생 =RANDbetween(최소값, 최대값)	=RANDbetween(2,10) :2와 10사이의 닌수가 발생
ROMAN	-아라비아 숫자를 텍스트 로마수자로 변경. =ROMAN(아라비아숫자)	=ROMAN(10)=X :아라비아수 10의 로마수자는 X
SIGN	-수치의 부호값 양수:+1 음수 :-1 0:0을 나타낸다. =SIGN(수치)	=SIGN(10)=1 =SIGN(-10)=-1
SIN	-각도의 사인 값 =SIGN(각도 또는 라디안)	=SIN(PI()/2)=1 ;sine(π/2)=1 이다.
SINH	-하이퍼볼릭 사인값 =SINH(각도)	=SINH(0.1)=0.1006
SQRTPI	-수치*π의 양의 제곱근 =SQRTPI(수치)	=SQRTPI(2)=2.5066 ; $\sqrt{2\times\pi}$ =2.5066이다.
SUBTOTAL	-목록이나 데이터베이스의 부분합 =SUBTOTAL(함수번호,참조영역) 1:AVERAGE /2:COUNT 3:COUNTA/4:MAX /5:MIN 6:PRODUCT /7:STDEV /8:STDEVP 9:SUM /10:VAR /11:VARP	=SUBTOTAL(9,A1:A3) =9 : A1:2, A2:3, A3:4를 입력하고 이들의 합을 구함.
SUMPRODUCT	-배열에 대응되는 값끼리 곱하여 이들의 합 =SUMPRODUCT(배열) ($\sum_{i=1}^{n} X_i Y_i$)	=SUMPRODUCT(A1:A3, B1:B3) ;A1*B1+A2*B2+A3*B3 의 값
SUMSQ	-인수의 제곱의 합 =SUMSQ(인수)($\sum_{i=1}^{n} X_i^2$)	=SUMSQ(2,3,4) $=2^2+3^2+4^2$ =29
TAN	-각도의 탄젠트 값 =TAN(각도)	=TAN(90)=-1.9
TANH	-하이퍼볼릭탄젠트 값 =TANH(각도)	=TANH(90)=-1.9

A.2 통계함수

통계함수는 통계학에서 사용되는 확률분포에 관한 함수와 통계량에 관한 함수로 구별할 수 있으며, 여기서는 중요하게 사용되는 통계량의 계산에 필요한 함수들을 다루고, 확률분포와 관련된 함수는 표에서 다루었다.

(1) AVEDEV( )
[설명] 수치들의 절대편차의 평균을 구한다. (평균편차)
[형식] =AVEDEV(수치1, 수치2, …수치n) 또는 =AVEDEV(데이터범위)
[의미] $\frac{1}{n}\sum_{i=1}^{n}|x_i-\overline{x}|=\frac{1}{n}\left(|x_1-\overline{x}|+|x_2-\overline{x}|+\cdots+|x_n-\overline{x}|\right)$

(2) AVERAGE( )
[설명] 수치들의 평균을 구한다.
[형식] =AVERAGE(수치1, 수치2, …수치n) 또는 =AVERAGE(데이터범위)
[의미] $\overline{x}=\frac{1}{n}\sum_{i=1}^{n}x_i=\frac{1}{n}(x_1+x_2+\cdots+x_n)$

(3) AVERAGEA( )
[설명] 인수들의 평균을 돌려준다.
[형식] =AVERAGEA(인수값1, …인수값n)

(4) CHITEST( )
[설명] 독립검정 확률을 구한다.
[형식] =CHITEST(실제 범위, 기대범위)
[의미] $\chi^2=\sum\sum\frac{(n_{ij}-e_{ij})^2}{e_{ij}},\ e_{ij}=\frac{n_{i\cdot}n_{\cdot j}}{n}$

(5) CONFIDENCE( )
[설명] 모평균의 신뢰구간을 구한다.
[형식] =CONFIDENCE(ALPHA, STAND_DEV, SIZE)
ALPHA = 유의수준, STAND_DEV = 표준편차, SIZE = 표본의 크기
[의미] $\overline{x}-z_{\alpha/2}\frac{s}{\sqrt{n}}\le\mu\le\overline{x}+z_{\alpha/2}\frac{s}{\sqrt{n}}$

(6) CORREL( )

[설명] 두 데이터 집단의 상관계수를 구한다.

[형식] =CORREL(X, Y)

[의미] $r(x,y) = \dfrac{\sum(x_i - \overline{x})(y_i - \overline{y})}{\sqrt{\sum(x_i - \overline{x})^2 \sum(y_i - \overline{y})^2}}$

(7) COUNT( )

[설명] 인수 목록에 들어있는 숫자의 개수를 구한다.

[형식] =COUNT(인수1, 인수2,…, 인수 n) 또는 =COUNT(범위)

(8) COUNTA( )

[설명] 인수 목록안에 값이 있거나 비어있지 않은 셀의 개수를 구한다.

[형식] =COUNTA(인수1, 인수2,…인수 n) 또는 =COUNTA(데이터 범위)

(9) COUNTBLANK( )

[설명] 인수 목록에서 비어있는 셀의 개수를 구한다.

[형식] =COUNTBLANK(인수목록) 또는 =COUNTBLANK(데이터범위)

(10) COUNTIF( )

[설명] 지정한 범위에서 조건에 맞는 셀의 개수를 구한다.

[형식] =COUNTIF(조건범위, 조건)

(11) COVAR( )

[설명] 두 데이터 집단의 공분산을 구한다.

[형식] =COVAR(X,Y)

[의미] $Cov(x,y) = \dfrac{1}{n}\sum_i \sum_j (x_i - \overline{x})(y_j - \overline{y})$

(12) DEVSQ( )

[설명] 편차의 제곱합을 구한다.

[형식] =DEVSQ(데이터 범위)

[의미] $\sum_i^n d_i^2 = \sum_i^n (x_i - \overline{x})^2$

(13) FORCAST( )

[설명] 두 변량 사이의 선형 추세에 따라 특정한 값을 예측한다.

[형식] =FORCAST(x, y범위, x범위)

[의미] $\hat{y}=a+bx,\quad a=\bar{y}-b\bar{x},\ b=\dfrac{\sum(x_i-\bar{x})(y_i-\bar{y})}{\sum(x_i-\bar{x})^2}$

(14) FREQUENCY( )

[설명] 데이터들의 도수를 구한다.

[형식] =FREQUNENCY(데이터 범위, 그룹화 범위)

(15) FTEST( )

[설명] 두 집단의 분산비의 동일성 검정을 위한 유의확률을 구한다.

[형식] =FTEST(첫 번째 데이터 범위, 두 번째 데이터범위)

[의미] "H0: 두집단의 분산이 동일하다."인 가설을 유의수준 0.05하에서 검정하며, 0.05보다 크면 H0를 기각한다.

(16) GEOMEAN( )

[설명] 데이터들의 기하평균을 구한다.

[형식] =GEOMEAN(데이터 범위) 또는 =GEOMEAN(수치1, 수치2, …, 수치n)

[의미] $\bar{x}_{기하}=\sqrt[n]{x_1\times x_2\times\ldots\times x_n}$

(17) GROWTH( )

[설명] 기존의 데이터로 예측되는 지수성장을 구할 수 있으며, 기존의 x 값과 y 값을 사용하여 지정한 일련의 새로운 x 값에 대한 y 값을 구한다. GROWTH 워크시트를 사용하여 기존의 x 값과 y 값의 지수곡선을 구할 수 있다.

[형식] =GROWTH(y데이터, x데이터, 새로운 x, 상수)

(18) HARMEAN( )

[설명] 데이터들의 조화평균을 구한다. 산술평균의 역수이다.

[형식] =HARMEAN(데이터범위) 또는 =HARMEAN(수치1, 수치2, …,수치n)

[의미] $H=\dfrac{n}{\sum_{i=1}^{n}\frac{1}{x}}$

(19) INTERCEPT( )

[설명] 선형회귀직선에서 y의 절편값을 구한다.

[형식] =INTERCEPT(y값, x값)

[의미] $\hat{y}=a+bx$ 에서 a의 값을 추정한다.

(19) KURT( )

[설명] 데이터들의 첨도(뾰쪽한 정도)를 구한다. 양의 값은 뾰쪽한 형태를 나타내며, 음의 값은 납작한 형태를 나타낸다.

[형식] =KURT(데이터 범위) 또는 =KURT(수치1, …, 수치n)

[의미]

$$\alpha_4 = \frac{\sum_{i=1}^{n}(x_i-\overline{x})^4}{\sigma^4} -3$$ 의 값으로 계산하여 구한다.

일반적으로 $\alpha_4=3$이면 정규분포형,

$\alpha_4>3$ 이면 정규분포보다 뾰쪽한 형태

$\alpha_4<3$ 이면 정규분포보다 납작한 형태를 나타낸다.

(20) LARGE( )

[설명] 데이터들 중에서 k번째 큰 값을 구한다.

[형식] =LARGE(데이터 범위, k)

(21) LINEST( )

[설명] 데이터에 가장 적합한 직선을 구하는 "최소제곱법"을 사용하여 직선식을 계산하고 선에 대한 배열을 구한다.

[형식] LINEST(y데이터,x데이터,논리값, 통계량)

$y=mx+b$ 일 때, 논리값을 TRUE이거나, 0이면, b값을 구하며, FALSE이거나, 1이면, b값을 생략하고, 절편이 없는 직선의 방정식으로 구한다. 또한 통계량의 경우 추가적인 통계량을 구할 지 여부를 결정한다. 통계량이 생략되거나 FALSE 이면 m과 b값만 구한다.

□ 통계량 : se1, se2, …, sen : 표준오차 | Seb: 추정량 b의 표준오차
r2 : 결정계수 | sey : $\hat{y}$의 표준오차
F : F통계량 | df : 자유도
ssreg : 회귀제곱합 | ssresid : 잔차제곱합

(21) LOGEST( )

[설명] 회귀분석에서 데이터에 맞는 지수곡선을 계산하여 그 곡선을 설명하는 배열을 구한다.

[형식] LINEST(y데이터,x데이터,논리값, 통계량)

[의미]$y = bm^x$ 일 때, 논리값을 TRUE이거나, 0이면, b값을 구하며, FALSE이면, b값을 1로하여 계산한다. $\ln y = \ln b + x \ln m$ 인 선형회귀에 기초한다. 통계량들은 LINEST( )의 배열과 같다.

(22) MAX( ) 와 MAXA( )

[설명] 인수 목록으로부터 최대값을 구한다. MAX( )는 논리값이나 텍스트값을 포함하지 않으며, MAXA( ) 는 이들을 모두 포함한다.

[형식] =MAX(인수목록) 또는 =MAX(데이터 범위)
=MAXA(인수목록) 또는 =MAXA(데이터 범위)

(23) MEDIAN( )

[설명] 주어진 데이터들의 중앙에 위치한 값을 구한다. 데이터의 수가 짝수개 일 경우 중앙의 두 값을 평균한 값이며, 홀수개 인 경우 정 중앙의 값이 중앙값이 된다.

[형식] =MEDIAN(인수목록) 또는 =MEDIAN(데이터범위)

(24) MIN( ) 와 MINA( )

[설명] 인수 목록으로부터 최소값을 구한다. MIN( )는 논리값이나 텍스트값을 포함하지 않으며, MINA( ) 는 이들을 모두 포함한다.

[형식] =MIN(인수목록) 또는 =MIN(데이터 범위)
=MINA(인수목록) 또는 =MINA(데이터 범위)

(25) MODE( )

[설명] 데이터들 중 가장 출현회수가 많은 값, 최빈수를 구한다.

[형식] =MODE(인수목록) 또는 =MODE(데이터범위)

(26) PEARSON( )

[설명] 두 데이터 계열간의 피어슨의 상관계수를 구한다.

[형식] =PEARSON(X범위, Y범위) 또는 =PEARSON({X수치},{Y수치})

[의미] 피어슨의 상관계수

$$r(x,y) = \frac{\sum(x_i - \overline{x})(y_i - \overline{y})}{\sqrt{\sum(x_i - \overline{x})^2}\sqrt{\sum(y_i - \overline{y})^2}}$$

(27) PERCENTILE( )
[설명] 데이터들의 백분위수를 구한다.
[형식] =PERCENTILE(데이터 범위,K)
K는 0과 1사이의 값으로 0.2 이면 20%백분위수를 나타낸다.
[사용예] =PERCENTILE(B2:B5,0.1) : 10% 백분위수를 구한다.

(28) PERCENTRANK( )
[설명] 데이터 집합에서 백분율 순위를 구한다.
[형식] =PERCENTRANK(범위, X)
[사용예] =PERCENTRANK(B2:B5,3)

(29) PERMUT( )
[설명] 순열을 구한다.
[형식] =PERMUT(개체수, 순열수)
[사용예] =PERMUT(5,3) =60

(30) PROB( )
[설명] 이산확률분포표로부터 X가 특정한 값 사이에 있을 확률을 구한다.
[형식] =PROB(데이터범위, 확률범위, 하한, 상한)
[사용예] =PROB({1,2,3,4},{0.2,0.3,0.15,0.35},3) = 0.15, 즉, $P(X=3)=0.15$,
=PROB({1,2,3,4},{0.2,0.3,0.15,0.35},1,3) = 0.65, 즉, $P(1 \le X \le 3)=0.65$

(31) QUARTILE( )
[설명] 데이터들의 사분위수를 구한다.
[형식] =QUARTILE(데이터 범위, 사분위값), 사분위 값은 0-4까지의 정수이다.
[사용예] =QUARTILE(B2, 1)=1.75 : 제1사분위수를 구한다.

(32) RANK( )
[설명] 데이터 들의 순위를 구한다.
[형식] =RANK(수치셀주소, 참조영역, 순위)
[사용예] = RANK(B2, $B$2:$B$5,0)=4

(33) RSQ( )

[설명] 피어슨 상관계수의 제곱을 구한다. 이를 결정계수라 한다.

[형식] =RSQ(y범위, x범위)

[사용예] =RSQ(B2:B5,C2:C5)

(34) SKEW( )

[설명] 분포의 기울어짐의 정도를 나타내는 왜도값을 구한다. 이 값이 0보다 크면 오른쪽으로 기울어진 분포를 나타내며, 음수이면 왼쪽으로 기울어진 분포를 나타낸다. 만일 0이면 좌우대칭인 분포를 나타낸다.

[형식] =SKEW(데이터 범위)

[사용예] =SKEW(3,4,5,2,3,4,5,6,4,7)= 0.359543

[의미] $\alpha_3 = \dfrac{\sum(x_i - \overline{x})^3}{\sigma^3}$

(35) SLOPE( )

[설명] 두 데이터 계열에 대한 회귀직선의 기울기를 구한다.

[형식] =SLOPE(y범위,x범위)

[사용예] =SLOPE(B2:B6,C2:C6)=0.795455

(36) SMALL( )

[설명] 데이터 중 k 번째 작은 값을 구한다.

[형식] =SMALL(데이터 범위, k)

[사용예] =SMALL(B2:B6,3)=4

(37) STANDARDIZE( )

[설명] 일반적인 변량의 값을 평균으로 빼고, 표준편차로 나누어 표준화된 변량으로 변환한다.

[형식] =STANDARDIZE(변량, 평균, 표준편차)

[사용예] =STANDARDIZE(B2,3,2)=-1

[의미] $Z = \dfrac{x-\mu}{\sigma}$ 으로 각 변량의 값을 표준화한다.

(38) STDEV( ) 와 STDEVA( )

[설명] 데이터들의 표본표준편차를 구한다. 이 값은 분산의 양의 제곱근이며, n-1로 나눈다. 특히 STDEVA( ) 는 텍스트나 논리값을 포함하여 표준편차를 구한다.

[형식] =STDEV(데이터범위) / =STDEVA(데이터범위)
또는 =STDEV(데이터) / =STDEVA(데이터)

[사용예] =STDEV(B2:B6)=2.236068

[의미] $S=\sqrt{\frac{1}{n-1}\sum(x_i-\bar{x})^2}$

(39) STDEVP( ) 와 STDEVPA( )

[설명] 데이터들의 모표준편차를 구한다. 이 값은 분산의 양의 제곱근이며, n으로 나눈다. 특히 STDEVA( ) 는 텍스트나 논리값을 포함하여 표준편차를 구한다.

[형식] =STDEVP(데이터범위) / =STDEVPA(데이터 범위)
또는 =STDEVP(데이터) / =STDEVPA(데이터)

[사용예] =STDEVP(B2:B6)=2

[의미] $\sigma=\sqrt{\frac{1}{n}\sum(x_i-\bar{x})^2}$

(40) STEYX( )

[설명] 회귀분석에서 각각의 x에 대하여 예측한 y 값의 표준 오차를 구한다. 표준 오차는 각각의 x 값에 대한 y 예측값의 오차량을 나타낸다.

[형식] =STEYX(y데이터,x데이터)

[사용예] =STEYX(B2:B6,C2:C6) =2.193309386

[의미] $Stderr=\sqrt{\frac{1}{n(n-2)}\left(n\sum y^2-(\sum y)^2-\frac{[n\sum xy-(\sum x)(\sum y)]^2}{n\sum x^2-(\sum x)^2}\right)}$

(41) TREND( )

[설명] 데이터를 이용해 구한 회귀 직선에 따라 새로운 x 값에 대해 예측된 y 값을 구한다. 배열형식으로 구하기 때문에 index 함수를 이용해야 예측된 y 값들을 나타낼 수 있다.

[형식] =TREND(y데이터, x데이터, 새로운 x데이터, 상수)

[사용예] =TREND(B2:B4,C2:C4,E2:E4)
새로운 X 값에 대한 y값이 3개이므로 각각을 나타내기 위해서 index함수를 사용한다.

(42) TRIMMEAN( )

[설명] 데이터들 중 양끝의 데이터를 적절한 비율로 절단한 후 나머지 데이터들

을 이용하여 평균을 구한다.
[형식] =TRIMMEAN(데이터 범위, 비율)
[사용예] =TRIMMEAN(B2:B7, 0.1)=4.5

(43) VAR( ) 과 VARA( )
[설명] 데이터들의 분산을 구한다. 이 값은 n-1로 나눈다. 특히 VARA( ) 는 텍스트나 논리값을 포함하여 분산을 구한다.
[형식] =VAR(데이터범위) / =VARA(데이터범위)
또는 =VAR(데이터) / =VARA(데이터)
[의미] $S^2 = \frac{1}{n-1}\sum(x_i - \overline{x})^2$

(44) VARP( ) 과 VARPA( )
[설명] 데이터들의 모분산을 구한다. 이 값은 n으로 나눈다.
특히 VARPA( ) 는 텍스트나 논리값을 포함하여 모분산을 구한다.
[형식] =VARP(데이터범위) / =VARPA(데이터 범위)
또는 =VARP(데이터) / =VARPA(데이터)
[사용예] =VARP(B2:B6)=2
[의미] $\sigma^2 = \frac{1}{n}\sum(x_i - \overline{x})^2$

(45) TTEST( )
[설명] 소표본분포 t-검정과 관련된 확률값을 구한다. TTEST 함수를 사용하여 두 개의 표본이 같은 평균값을 갖는 두 개의 같은 모집단에서 추출한 것인지를 판단할 수 있다.
[형식] =TTEST(배열범위1,배열범위2,꼬리,타입)
꼬리값=1 이면 단측 검정,
=2 이면 양측검정을 실시한다.
타입=1 이면 쌍체검정,
=2 이면 등분산하에서 T검정,
=3 이면 이분산 하에서 T검정을 한다.
[사용예] 가설 (H0): x의 평균과 y의 평균이 같다.
검정결과 : 양측검정(등분산 가정) =두 집단의 평균은 같다.
단측검정(등분산 가정) =두 집단의 평균은 같다.

(46) ZTEST( )

[설명] z-검정의 양측 p-값을 구한다. z-검정은 데이터 집합과 배열에 대한 x의 표준 점수를 계산하여 정규 분포의 양측 확률을 구한다. 이 함수를 사용하여 특정 관측값이 특정 모집단에서 추출된 것인지를 평가할 수 있다.

[형식] =ZTEST(배열,X,표준편차)

[사용예] 가설(H0): 평균은 10이다.

검정결과(양측검정): 평균이 10이다.

[의미] $Z-test = 1 - \Phi\left(\dfrac{X-\mu}{\sigma/\sqrt{n}}\right)$

[그 밖의 통계함수들 - 확률분포]

함수명	설명/형식	사용예
BETADIST	-누적베타확률밀도함수값. =BETADIST(X,ALPHA,BETA,A,B) $P(A \leq X \leq B) = \int_A^B \frac{x^{(\alpha-1)}(1-x)^{(\beta-1)}}{B(\alpha,\beta)} dx$	=BETADIST(2.5,2,3,1,3)=0.949 $= \int_2^{2.5} \frac{x^{(2-1)}(1-x)^{(3-1)}}{B(2,3)} dx$
BETAINV	-베타분포의 특정확률의 x값 =BETAINV(확률,ALPHA,BETA,A,B)	=BETAINV(0.949,2,3,1,3) =2.5
BINOMDIST	-이항분포의 누적확률 또는 x값의 확률 =BINOMDIST(성공회수,시행회수,성공확률, 논리값) 논리값이 TRUE 이면, 누적확률, FALSE이 면 개별확률 $P(X=x) = \binom{n}{x} p^x (1-p)^{(N-x)}$	=BINOMDIST(3,10,0.4,FALSE) =0.214991=P(X=3) =BINOMDIST(3,10,0.4,true) =0.38228=P(X≤3) : X=3까지의 누적확률
CHIDIST	-카이제곱 분포의 단측검정확률 =CHIDIST(x,자유도) $f(x) = \frac{x^{r/2-1}e^{-x/2}}{\Gamma(r/2)2^{r/2}}$	=CHISDIST(2,3)=0.5724
CHIINV	-카이제곱 분포에서 특정확률에 대한 x값 =CHIINV(확률,자유도)	=CHIINV(0.5724,3)=2
CRTIBINOM	-누적이항분포가 기준치 이상이 되는 값들 중 최소값 =CRTIBINOM(시행횟수,성공확률,alpha)	=CRTIBINOM(10,0.5,0.05)=2
EXPDIST	-지수분포의 누적확률 =EXPDIST(x,lambda,논리값) 논리값이 TRUE이면 누적확률, FALSE 이면 개별확률 $f(x) = \lambda e^{-\lambda x}, F(x) = 1 - e^{-\lambda x}$	=EXPDIST(10,0.05,TRUE)=0.393 =EXPDIST(10,0.05,FALSE)=0.030327
FDIST	-F-분포의 확률값 =FDIST(x,자유도1, 자유도2)	=FDIST(5,10,12)=0.005
FINV	-F-분포의 역확률값 =FINV(확률,자유도1, 자유도2)	=FINV(0.005,10, 12)=5.0854
FISHER	-피셔의 변환 값 =FISHER(x) -1과 1사이의 값 $z' = \frac{1}{2} ln\left(\frac{1+x}{1-x}\right)$	=FISHER(0.75)=0.97295
FISHERINV	-피셔의 역변환 값 =FISHERINV(y) $x = \frac{e^{2y}-1}{e^{2y}+1}$	=FISHERINV(0.97295)=0.75

함수명	설명/형식	사용예
GAMMADIST	-감마분포값 =GAMMADIST(x,alpha,beta,논리값) $f(x)=\frac{x^{\alpha-1}e^{-x/\beta}}{\Gamma(\alpha)\beta^{\alpha}}$	=GAMMADIST(2,2,3,FALSE) =0.114093
GAMMAINV	-감마분포의 특정 값 =GAMMAINV(확률,alpha,beta)	=GAMMAINV(0.114093,2,3) =1.7287
GAMMALN	-감마함수의 자연로그 값을 구한다. =GAMMALN(x) ; LN(Γ(x)) $\Gamma(\alpha)=\int_0^{\infty} e^{-u}u^{x-1}dx$	=GAMMALN(4)=1.791759
HYPGEOMDIST	-초기하분포의 확률을 구한다. =HYPGEOMDIST(x,n,M,N) $P(X=x)=\frac{\binom{M}{x}\binom{N-M}{n-x}}{\binom{N}{n}}$ x; 표본에 있는 특성을 가진 개체수 n; 표본수 M;특성을 가진 모집단 개체의 수 N;모집단의 수	HYPGEOMDIST(1,4,8,20) = 0.363261
LOGINV	-로그정규분포의 역함수 값을 구한다. =LOGINV(확률,평균,표준편차)	=LOGINV(0.05,0,1)=0.193041
LOGNORMDIST	-로그정규 누적확률 값을 구한다. =LOGNORMDIST(x,평균,표준편차)	=LOGNORMDIST(0.193041,0,1) =0.05
NEGBINDIST	-음이항 분포의확률값을 구한다. =NEGBINDIST(실패수,성공회수, 성공확률) $P(X=x)=\binom{x+r-1}{r-1}p^{r}(1-p)^{x}$ x: 실패회수, r:성공회수, p:성공확률	P(x=10) =NEGBINDIST(10,5,0.25)=0.055
NORMDIST	-정규분포의 누적확률값 =NORMDIST(x,평균,표준편차,논리값) 논리값이 참이거나 생략하면 누적확률, False이면 개별확률 $P(a\le X\le b)=\int_a^b \frac{1}{\sigma\sqrt{2\pi}}exp\left(\frac{(x-\mu)^2}{2\sigma^2}\right)dx$	=NORMDIST(2,0,1,FALSE) =0.053991 =NORMDIST(2,0,1,TRUE) =0.97725
NORMINV	-정규 누적확률분포의 역함수 값 =NORMINV(확률,평균,표준편차)	=NORMINV(0.97750,1) =2.0046
POISSON	-포아송 확률분포의 확률 =POISSON(x,λ,논리값), 논리값이 True이면 누적확률, False이면 밀도확률 $P(X=x)=\frac{e^{-\lambda}\lambda^{x}}{x!}$, 누적확률은 $P(X\le x)=\sum_{k=0}^{x}\frac{e^{-\lambda}\lambda^{k}}{k!}$ 이다.	=POISSON(2,3,FALSE) =0.224042 =POISSON(2,3,TRUE) =0.42319

함수명	설명/형식	사용예
TDIST	-스튜던트 t 분포의 확률 값. =TDIST(x값,자유도,1또는 2) 단측확률:1, 양측확률:2	=TDIST(2,10,2)=0.07338
TINV	-스튜던트 t 분포의 역함수 값을 양측확률을 적용하여 구함 =TINV(확률,자유도)	=TINV(0.07338,10)=2.00006
WEIBULL	-와이블 분포의 확률값 =WEIBULL(x,alpha,beta,누적) $f(x)=\frac{\alpha}{\beta^{\alpha}}x^{(\alpha-1)}e^{(-x/\beta)^{\alpha}}$	=WEIBULL(3,5,3,)=0.613

부록 B. 확률분포표

표1. 난수표

표2. 이항분포표

표3. 포아송분포표

표4. 표준정규분포표

표5. t -분포표

표6. 카이제곱분포표

표7. F -분포표

<표 1> 난수표

92630	78240	19267	95457	53497	23894	37708	79862	76471	66418
79445	78735	71549	44843	26104	67318	701	34986	66751	99723
59654	71966	27386	50004	5358	94031	29281	18544	52429	6080
31524	49587	76612	39789	13537	48086	59483	60680	84675	53014
6348	76938	90379	51392	55887	71015	9209	79157	24440	30244
28703	51709	94456	48396	73780	6436	86641	69239	57662	80181
68108	89266	94730	95761	75023	48464	65544	96583	18911	16391
99938	90704	93621	66330	33393	95261	95349	51769	91616	33238
91543	73196	34449	63513	83834	99411	58826	40456	69268	48562
42103	2781	73920	56297	72678	12249	25270	36678	21313	75767
17138	27584	25296	28387	51350	61664	37893	5363	44143	42677
28297	14280	54524	21618	95320	38174	60579	8089	94999	78460
9331	56712	51333	6289	75345	8811	82711	57392	25252	30333
31295	4204	93712	51287	5754	79396	87399	51773	33075	97061
36146	15560	27592	42089	99281	59640	15221	96079	9961	5371
29553	18432	13630	5529	2791	81017	49027	79031	50912	9399
23501	22642	63081	8191	89420	67800	55137	54707	32945	64522
57888	85846	67967	7835	11314	1545	48535	17142	8552	67457
55336	71264	88472	4334	63919	36394	11196	92470	70543	29776
10087	10072	55980	64688	68239	20461	89381	93809	796	95945
34101	81277	66090	88872	37818	72142	67140	50785	21380	16703
53362	44940	60430	22834	14130	96593	23298	56203	92671	15925
82975	66158	84731	19436	55790	69229	28661	13675	99318	76873
54827	84673	22898	8094	14326	87038	42892	21127	30712	48489
25464	59098	27436	89421	80754	89924	19097	67737	80368	8795
67609	60214	41475	84950	40133	2546	9570	45682	50165	15609
44921	70924	61295	51137	47596	86735	35561	76649	18217	63446
33170	30972	98130	95828	49786	13301	36081	80761	33985	68621
84687	85445	6208	17654	51333	2878	35010	67578	61574	20749
71886	56450	36567	9395	96951	35507	17555	35212	69106	1679
475	2224	74722	14721	40215	21351	8596	45625	83981	63748
25993	38881	68361	59560	41274	69742	40703	37993	3435	18873
92882	53178	99195	93803	56985	53089	15305	50522	55900	43026
25138	26810	7093	15677	60688	4410	24505	37890	67186	62829
84631	71882	12991	83028	82484	90339	91950	74579	3539	90122
34003	92326	12793	61453	48121	74271	28363	66561	75220	35908
53775	45749	5734	86169	42762	70175	97310	73894	88606	19994
59316	97885	72807	54966	60859	11932	35265	71601	55577	67715
20479	66557	50705	26999	9854	52591	14063	30214	19890	19292
86180	84931	25455	26044	2227	52015	21820	50599	51671	65411
21451	68001	72710	40261	61281	13172	63819	48970	51732	54113
98062	68375	80089	24135	72355	95428	11808	29740	81644	86610
1788	64429	14430	94575	75153	94576	61393	96192	3227	32258
62465	4841	43272	68702	1274	5437	22953	18946	99053	41690
94324	31089	84159	92933	99989	89500	91586	2802	69471	68274
5797	43984	21575	9908	70221	19791	51578	36432	33494	79888
10395	14289	52185	9721	25789	38562	54794	4897	59012	89251
35177	56986	25549	59730	64718	52630	31100	62384	49483	11409
25633	89619	75882	98256	2126	72099	57183	55887	9320	73463
16464	48280	94254	45777	45150	68865	11382	11782	22695	41988

<표 2> 이항분포표

$$P(X=x)=\binom{n}{x}p^{x}(1-p)^{n-x}$$

		p																			
n	x	.01	.05	.10	.15	.20	.25	.30	.35	.40	.45	.50	.55	.60	.65	.70	.75	.80	.85	.90	.95
2	0	.980	.903	.810	.723	.640	.563	.490	.423	.360	.303	.250	.203	.160	.123	.090	.063	.040	.023	.010	.003
	1	.020	.095	.180	.255	.320	.375	.420	.455	.480	.495	.500	.495	.480	.455	.420	.375	.320	.255	.180	.095
	2	.000	.003	.010	.023	.040	.063	.090	.123	.160	.203	.250	.303	.360	.423	.490	.563	.640	.723	.810	.903
3	0	.970	.857	.729	.614	.512	.422	.343	.275	.216	.166	.125	.091	.064	.043	.027	.016	.008	.003	.001	.000
	1	.029	.135	.243	.325	.384	.422	.441	.444	.432	.408	.375	.334	.288	.239	.189	.141	.096	.057	.027	.007
	2	.000	.007	.027	.057	.096	.141	.189	.239	.288	.334	.375	.408	.432	.444	.441	.422	.384	.325	.243	.135
	3	.000	.000	.001	.003	.008	.016	.027	.043	.064	.091	.125	.166	.216	.275	.343	.422	.512	.614	.729	.857
4	0	.961	.815	.656	.522	.410	.316	.240	.179	.130	.092	.063	.041	.026	.015	.008	.004	.002	.001	.000	.000
	1	.039	.171	.292	.368	.410	.422	.412	.384	.346	.299	.250	.200	.154	.111	.076	.047	.026	.011	.004	.000
	2	.001	.014	.049	.098	.154	.211	.265	.311	.346	.368	.375	.368	.346	.311	.265	.211	.154	.098	.049	.014
	3	.000	.000	.004	.011	.026	.047	.076	.111	.154	.200	.250	.299	.346	.384	.412	.422	.410	.368	.292	.171
	4	.000	.000	.000	.001	.002	.004	.008	.015	.026	.041	.063	.092	.130	.179	.240	.316	.410	.522	.656	.815
5	0	.951	.774	.590	.444	.328	.237	.168	.116	.078	.050	.031	.018	.010	.005	.002	.001	.000	.000	.000	.000
	1	.048	.204	.328	.392	.410	.396	.360	.312	.259	.206	.156	.113	.077	.049	.028	.015	.006	.002	.000	.000
	2	.001	.021	.073	.138	.205	.264	.309	.336	.346	.337	.313	.276	.230	.181	.132	.088	.051	.024	.008	.001
	3	.000	.001	.008	.024	.051	.088	.132	.181	.230	.276	.313	.337	.346	.336	.309	.264	.205	.138	.073	.021
	4	.000	.000	.000	.002	.006	.015	.028	.049	.077	.113	.156	.206	.259	.312	.360	.396	.410	.392	.328	.204
	5	.000	.000	.000	.000	.000	.001	.002	.005	.010	.018	.031	.050	.078	.116	.168	.237	.328	.444	.590	.774
6	0	.941	.735	.531	.377	.262	.178	.118	.075	.047	.028	.016	.008	.004	.002	.001	.000	.000	.000	.000	.000
	1	.057	.232	.354	.399	.393	.356	.303	.244	.187	.136	.094	.061	.037	.020	.010	.004	.002	.000	.000	.000
	2	.001	.031	.098	.176	.246	.297	.324	.328	.311	.278	.234	.186	.138	.095	.060	.033	.015	.005	.001	.000
	3	.000	.002	.015	.041	.082	.132	.185	.235	.276	.303	.313	.303	.276	.235	.185	.132	.082	.041	.015	.002
	4	.000	.000	.001	.005	.015	.033	.060	.095	.138	.186	.234	.278	.311	.328	.324	.297	.246	.176	.098	.031
	5	.000	.000	.000	.000	.002	.004	.010	.020	.037	.061	.094	.136	.187	.244	.303	.356	.393	.399	.354	.232
	6	.000	.000	.000	.000	.000	.000	.001	.002	.004	.008	.016	.028	.047	.075	.118	.178	.262	.377	.531	.735
7	0	.932	.698	.478	.321	.210	.133	.082	.049	.028	.015	.008	.004	.002	.001	.000	.000	.000	.000	.000	.000
	1	.066	.257	.372	.396	.367	.311	.247	.185	.131	.087	.055	.032	.017	.008	.004	.001	.000	.000	.000	.000
	2	.002	.041	.124	.210	.275	.311	.318	.298	.261	.214	.164	.117	.077	.047	.025	.012	.004	.001	.000	.000
	3	.000	.004	.023	.062	.115	.173	.227	.268	.290	.292	.273	.239	.194	.144	.097	.058	.029	.011	.003	.000
	4	.000	.000	.003	.011	.029	.058	.097	.144	.194	.239	.273	.292	.290	.268	.227	.173	.115	.062	.023	.004
	5	.000	.000	.000	.001	.004	.012	.025	.047	.077	.117	.164	.214	.261	.298	.318	.311	.275	.210	.124	.041
	6	.000	.000	.000	.000	.000	.001	.004	.008	.017	.032	.055	.087	.131	.185	.247	.311	.367	.396	.372	.257
	7	.000	.000	.000	.000	.000	.000	.000	.001	.002	.004	.008	.015	.028	.049	.082	.133	.210	.321	.478	.698

<표 2> 이항분포표(계속)

		p																			
n	x	.01	.05	.10	.15	.20	.25	.30	.35	.40	.45	.50	.55	.60	.65	.70	.75	.80	.85	.90	.95
8	0	.923	.663	.430	.272	.168	.100	.058	.032	.017	.008	.004	.002	.001	.000	.000	.000	.000	.000	.000	.000
	1	.075	.279	.383	.385	.336	.267	.198	.137	.090	.055	.031	.016	.008	.003	.001	.000	.000	.000	.000	.000
	2	.003	.051	.149	.238	.294	.311	.296	.259	.209	.157	.109	.070	.041	.022	.010	.004	.001	.000	.000	.000
	3	.000	.005	.033	.084	.147	.208	.254	.279	.279	.257	.219	.172	.124	.081	.047	.023	.009	.003	.000	.000
	4	.000	.000	.005	.018	.046	.087	.136	.188	.232	.263	.273	.263	.232	.188	.136	.087	.046	.018	.005	.000
	5	.000	.000	.000	.003	.009	.023	.047	.081	.124	.172	.219	.257	.279	.279	.254	.208	.147	.084	.033	.005
	6	.000	.000	.000	.000	.001	.004	.010	.022	.041	.070	.109	.157	.209	.259	.296	.311	.294	.238	.149	.051
	7	.000	.000	.000	.000	.000	.000	.001	.003	.008	.016	.031	.055	.090	.137	.198	.267	.336	.385	.383	.279
	8	.000	.000	.000	.000	.000	.000	.000	.000	.001	.002	.004	.008	.017	.032	.058	.100	.168	.272	.430	.663
9	0	.914	.630	.387	.232	.134	.075	.040	.021	.010	.005	.002	.001	.000	.000	.000	.000	.000	.000	.000	.000
	1	.083	.299	.387	.368	.302	.225	.156	.100	.060	.034	.018	.008	.004	.001	.000	.000	.000	.000	.000	.000
	2	.003	.063	.172	.260	.302	.300	.267	.216	.161	.111	.070	.041	.021	.010	.004	.001	.000	.000	.000	.000
	3	.000	.008	.045	.107	.176	.234	.267	.272	.251	.212	.164	.116	.074	.042	.021	.009	.003	.001	.000	.000
	4	.000	.001	.007	.028	.066	.117	.172	.219	.251	.260	.246	.213	.167	.118	.074	.039	.017	.005	.001	.000
	5	.000	.000	.001	.005	.017	.039	.074	.118	.167	.213	.246	.260	.251	.219	.172	.117	.066	.028	.007	.001
	6	.000	.000	.000	.001	.003	.009	.021	.042	.074	.116	.164	.212	.251	.272	.267	.234	.176	.107	.045	.008
	7	.000	.000	.000	.000	.000	.001	.004	.010	.021	.041	.070	.111	.161	.216	.267	.300	.302	.260	.172	.063
	8	.000	.000	.000	.000	.000	.000	.000	.001	.004	.008	.018	.034	.060	.100	.156	.225	.302	.368	.387	.299
	9	.000	.000	.000	.000	.000	.000	.000	.000	.000	.001	.002	.005	.010	.021	.040	.075	.134	.232	.387	.630
10	0	.904	.599	.349	.197	.107	.056	.028	.013	.006	.003	.001	.000	.000	.000	.000	.000	.000	.000	.000	.000
	1	.091	.315	.387	.347	.268	.188	.121	.072	.040	.021	.010	.004	.002	.001	.000	.000	.000	.000	.000	.000
	2	.004	.075	.194	.276	.302	.282	.233	.176	.121	.076	.044	.023	.011	.004	.001	.000	.000	.000	.000	.000
	3	.000	.010	.057	.130	.201	.250	.267	.252	.215	.166	.117	.075	.042	.021	.009	.003	.001	.000	.000	.000
	4	.000	.001	.011	.040	.088	.146	.200	.238	.251	.238	.205	.160	.111	.069	.037	.016	.006	.001	.000	.000
	5	.000	.000	.001	.008	.026	.058	.103	.154	.201	.234	.246	.234	.201	.154	.103	.058	.026	.008	.001	.000
	6	.000	.000	.000	.001	.006	.016	.037	.069	.111	.160	.205	.238	.251	.238	.200	.146	.088	.040	.011	.001
	7	.000	.000	.000	.000	.001	.003	.009	.021	.042	.075	.117	.166	.215	.252	.267	.250	.201	.130	.057	.010
	8	.000	.000	.000	.000	.000	.000	.001	.004	.011	.023	.044	.076	.121	.176	.233	.282	.302	.276	.194	.075
	9	.000	.000	.000	.000	.000	.000	.000	.001	.002	.004	.010	.021	.040	.072	.121	.188	.268	.347	.387	.315
	10	.000	.000	.000	.000	.000	.000	.000	.000	.000	.001	.003	.006	.013	.028	.056	.107	.197	.349	.599	
11	0	.895	.569	.314	.167	.086	.042	.020	.009	.004	.001	.000	.000	.000	.000	.000	.000	.000	.000	.000	.000
	1	.099	.329	.384	.325	.236	.155	.093	.052	.027	.013	.005	.002	.001	.000	.000	.000	.000	.000	.000	.000
	2	.005	.087	.213	.287	.295	.258	.200	.140	.089	.051	.027	.013	.005	.002	.001	.000	.000	.000	.000	.000
	3	.000	.014	.071	.152	.221	.258	.257	.225	.177	.126	.081	.046	.023	.010	.004	.001	.000	.000	.000	.000
	4	.000	.001	.016	.054	.111	.172	.220	.243	.236	.206	.161	.113	.070	.038	.017	.006	.002	.000	.000	.000
	5	.000	.000	.002	.013	.039	.080	.132	.183	.221	.236	.226	.193	.147	.099	.057	.027	.010	.002	.000	.000
	6	.000	.000	.000	.002	.010	.027	.057	.099	.147	.193	.226	.236	.221	.183	.132	.080	.039	.013	.002	.000
	7	.000	.000	.000	.000	.002	.006	.017	.038	.070	.113	.161	.206	.236	.243	.220	.172	.111	.054	.016	.001
	8	.000	.000	.000	.000	.000	.001	.004	.010	.023	.046	.081	.126	.177	.225	.257	.258	.221	.152	.071	.014
	9	.000	.000	.000	.000	.000	.000	.001	.002	.005	.013	.027	.051	.089	.140	.200	.258	.295	.287	.213	.087
	10	.000	.000	.000	.000	.000	.000	.000	.001	.002	.005	.013	.027	.052	.093	.155	.236	.325	.384	.329	
	11	.000	.000	.000	.000	.000	.000	.000	.000	.000	.000	.000	.001	.004	.009	.020	.042	.086	.167	.314	.569

<표 2> 이항분포표(계속)

		p																			
n	x	.01	.05	.10	.15	.20	.25	.30	.35	.40	.45	.50	.55	.60	.65	.70	.75	.80	.85	.90	.95
12	0	.886	.540	.282	.142	.069	.032	.014	.006	.002	.001	.000	.000	.000	.000	.000	.000	.000	.000	.000	.000
	1	.107	.341	.377	.301	.206	.127	.071	.037	.017	.008	.003	.001	.000	.000	.000	.000	.000	.000	.000	.000
	2	.006	.099	.230	.292	.283	.232	.168	.109	.064	.034	.016	.007	.002	.001	.000	.000	.000	.000	.000	.000
	3	.000	.017	.085	.172	.236	.258	.240	.195	.142	.092	.054	.028	.012	.005	.001	.000	.000	.000	.000	.000
	4	.000	.002	.021	.068	.133	.194	.231	.237	.213	.170	.121	.076	.042	.020	.008	.002	.001	.000	.000	.000
	5	.000	.000	.004	.019	.053	.103	.158	.204	.227	.222	.193	.149	.101	.059	.029	.011	.003	.001	.000	.000
	6	.000	.000	.000	.004	.016	.040	.079	.128	.177	.212	.226	.212	.177	.128	.079	.040	.016	.004	.000	.000
	7	.000	.000	.000	.001	.003	.011	.029	.059	.101	.149	.193	.222	.227	.204	.158	.103	.053	.019	.004	.000
	8	.000	.000	.000	.000	.001	.002	.008	.020	.042	.076	.121	.170	.213	.237	.231	.194	.133	.068	.021	.002
	9	.000	.000	.000	.000	.000	.000	.001	.005	.012	.028	.054	.092	.142	.195	.240	.258	.236	.172	.085	.017
	10	.000	.000	.000	.000	.000	.000	.000	.001	.002	.007	.016	.034	.064	.109	.168	.232	.283	.292	.230	.099
	11	.000	.000	.000	.000	.000	.000	.000	.000	.000	.001	.003	.008	.017	.037	.071	.127	.206	.301	.377	.341
	12	.000	.000	.000	.000	.000	.000	.000	.000	.000	.000	.000	.001	.002	.006	.014	.032	.069	.142	.282	.540
15	0	.860	.463	.206	.087	.035	.013	.005	.002	.000	.000	.000	.000	.000	.000	.000	.000	.000	.000	.000	.000
	1	.130	.366	.343	.231	.132	.067	.031	.013	.005	.002	.000	.000	.000	.000	.000	.000	.000	.000	.000	.000
	2	.009	.135	.267	.286	.231	.156	.092	.048	.022	.009	.003	.001	.000	.000	.000	.000	.000	.000	.000	.000
	3	.000	.031	.129	.218	.250	.225	.170	.111	.063	.032	.014	.005	.002	.000	.000	.000	.000	.000	.000	.000
	4	.000	.005	.043	.116	.188	.225	.219	.179	.127	.078	.042	.019	.007	.002	.001	.000	.000	.000	.000	.000
	5	.000	.001	.010	.045	.103	.165	.206	.212	.186	.140	.092	.051	.024	.010	.003	.001	.000	.000	.000	.000
	6	.000	.000	.002	.013	.043	.092	.147	.191	.207	.191	.153	.105	.061	.030	.012	.003	.001	.000	.000	.000
	7	.000	.000	.000	.003	.014	.039	.081	.132	.177	.201	.196	.165	.118	.071	.035	.013	.003	.001	.000	.000
	8	.000	.000	.000	.001	.003	.013	.035	.071	.118	.165	.196	.201	.177	.132	.081	.039	.014	.003	.000	.000
	9	.000	.000	.000	.000	.001	.003	.012	.030	.061	.105	.153	.191	.207	.191	.147	.092	.043	.013	.002	.000
	10	.000	.000	.000	.000	.000	.001	.003	.010	.024	.051	.092	.140	.186	.212	.206	.165	.103	.045	.010	.001
	11	.000	.000	.000	.000	.000	.000	.001	.002	.007	.019	.042	.078	.127	.179	.219	.225	.188	.116	.043	.005
	12	.000	.000	.000	.000	.000	.000	.000	.000	.002	.005	.014	.032	.063	.111	.170	.225	.250	.218	.129	.031
	13	.000	.000	.000	.000	.000	.000	.000	.000	.000	.001	.003	.009	.022	.048	.092	.156	.231	.286	.267	.135
	14	.000	.000	.000	.000	.000	.000	.000	.000	.000	.000	.000	.002	.005	.013	.031	.067	.132	.231	.343	.366
	15	.000	.000	.000	.000	.000	.000	.000	.000	.000	.000	.000	.000	.000	.002	.005	.013	.035	.087	.206	.463

<표 2> 이항분포표(계속)

n	x	.01	.05	.10	.15	.20	.25	.30	.35	.40	.45	.50	.55	.60	.65	.70	.75	.80	.85	.90	.95
16	0	.851	.440	.185	.074	.028	.010	.003	.001	.000	.000	.000	.000	.000	.000	.000	.000	.000	.000	.000	.000
	1	.138	.371	.329	.210	.113	.053	.023	.009	.003	.001	.000	.000	.000	.000	.000	.000	.000	.000	.000	.000
	2	.010	.146	.275	.277	.211	.134	.073	.035	.015	.006	.002	.001	.000	.000	.000	.000	.000	.000	.000	.000
	3	.000	.036	.142	.229	.246	.208	.146	.089	.047	.022	.009	.003	.001	.000	.000	.000	.000	.000	.000	.000
	4	.000	.006	.051	.131	.200	.225	.204	.155	.101	.057	.028	.011	.004	.001	.000	.000	.000	.000	.000	.000
	5	.000	.001	.014	.056	.120	.180	.210	.201	.162	.112	.067	.034	.014	.005	.001	.000	.000	.000	.000	.000
	6	.000	.000	.003	.018	.055	.110	.165	.198	.198	.168	.122	.075	.039	.017	.006	.001	.000	.000	.000	.000
	7	.000	.000	.000	.005	.020	.052	.101	.152	.189	.197	.175	.132	.084	.044	.019	.006	.001	.000	.000	.000
	8	.000	.000	.000	.001	.006	.020	.049	.092	.142	.181	.196	.181	.142	.092	.049	.020	.006	.001	.000	.000
	9	.000	.000	.000	.000	.001	.006	.019	.044	.084	.132	.175	.197	.189	.152	.101	.052	.020	.005	.000	.000
	10	.000	.000	.000	.000	.000	.001	.006	.017	.039	.075	.122	.168	.198	.198	.165	.110	.055	.018	.003	.000
	11	.000	.000	.000	.000	.000	.000	.001	.005	.014	.034	.067	.112	.162	.201	.210	.180	.120	.056	.014	.001
	12	.000	.000	.000	.000	.000	.000	.000	.001	.004	.011	.028	.057	.101	.155	.204	.225	.200	.131	.051	.006
	13	.000	.000	.000	.000	.000	.000	.000	.000	.001	.003	.009	.022	.047	.089	.146	.208	.246	.229	.142	.036
	14	.000	.000	.000	.000	.000	.000	.000	.000	.000	.001	.002	.006	.015	.035	.073	.134	.211	.277	.275	.146
	15	.000	.000	.000	.000	.000	.000	.000	.000	.000	.000	.000	.001	.003	.009	.023	.053	.113	.210	.329	.371
	16	.000	.000	.000	.000	.000	.000	.000	.000	.000	.000	.000	.000	.000	.001	.003	.010	.028	.074	.185	.440
20	0	.818	.358	.122	.039	.012	.003	.001	.000	.000	.000	.000	.000	.000	.000	.000	.000	.000	.000	.000	.000
	1	.165	.377	.270	.137	.058	.021	.007	.002	.000	.000	.000	.000	.000	.000	.000	.000	.000	.000	.000	.000
	2	.016	.189	.285	.229	.137	.067	.028	.010	.003	.001	.000	.000	.000	.000	.000	.000	.000	.000	.000	.000
	3	.001	.060	.190	.243	.205	.134	.072	.032	.012	.004	.001	.000	.000	.000	.000	.000	.000	.000	.000	.000
	4	.000	.013	.090	.182	.218	.190	.130	.074	.035	.014	.005	.001	.000	.000	.000	.000	.000	.000	.000	.000
	5	.000	.002	.032	.103	.175	.202	.179	.127	.075	.036	.015	.005	.001	.000	.000	.000	.000	.000	.000	.000
	6	.000	.000	.009	.045	.109	.169	.192	.171	.124	.075	.037	.015	.005	.001	.000	.000	.000	.000	.000	.000
	7	.000	.000	.002	.016	.055	.112	.164	.184	.166	.122	.074	.037	.015	.004	.001	.000	.000	.000	.000	.000
	8	.000	.000	.000	.005	.022	.061	.114	.161	.180	.162	.120	.073	.035	.014	.004	.001	.000	.000	.000	.000
	9	.000	.000	.000	.001	.007	.027	.065	.116	.160	.177	.160	.119	.071	.034	.012	.003	.000	.000	.000	.000
	10	.000	.000	.000	.000	.002	.010	.031	.069	.117	.159	.176	.159	.117	.069	.031	.010	.002	.000	.000	.000
	11	.000	.000	.000	.000	.000	.003	.012	.034	.071	.119	.160	.177	.160	.116	.065	.027	.007	.001	.000	.000
	12	.000	.000	.000	.000	.000	.001	.004	.014	.035	.073	.120	.162	.180	.161	.114	.061	.022	.005	.000	.000
	13	.000	.000	.000	.000	.000	.000	.001	.004	.015	.037	.074	.122	.166	.184	.164	.112	.055	.016	.002	.000
	14	.000	.000	.000	.000	.000	.000	.000	.001	.005	.015	.037	.075	.124	.171	.192	.169	.109	.045	.009	.000
	15	.000	.000	.000	.000	.000	.000	.000	.000	.001	.005	.015	.036	.075	.127	.179	.202	.175	.103	.032	.002
	16	.000	.000	.000	.000	.000	.000	.000	.000	.000	.001	.005	.014	.035	.074	.130	.190	.218	.182	.090	.013
	17	.000	.000	.000	.000	.000	.000	.000	.000	.000	.000	.001	.004	.012	.032	.072	.134	.205	.243	.190	.060
	18	.000	.000	.000	.000	.000	.000	.000	.000	.000	.000	.000	.001	.003	.010	.028	.067	.137	.229	.285	.189
	19	.000	.000	.000	.000	.000	.000	.000	.000	.000	.000	.000	.000	.000	.002	.007	.021	.058	.137	.270	.377
	20	.000	.000	.000	.000	.000	.000	.000	.000	.000	.000	.000	.000	.000	.000	.001	.003	.012	.039	.122	.358

<표 3> 포아송분포표

$$P(X=x)=\frac{e^{-\lambda}\lambda^{x}}{x!}$$

	λ									
x	0.1	0.2	0.3	0.4	0.5	0.6	0.7	0.8	0.9	1.0
0	.9048	.8187	.7408	.6703	.6065	.5488	.4966	.4493	.4066	.3679
1	.0905	.1637	.2222	.2681	.3033	.3293	.3476	.3595	.3659	.3679
2	.0045	.0164	.0333	.0536	.0758	.0988	.1217	.1438	.1647	.1839
3	.0002	.0011	.0033	.0072	.0126	.0198	.0284	.0383	.0494	.0613
4	.0000	.0001	.0003	.0007	.0016	.0030	.0050	.0077	.0111	.0153
5	.0000	.0000	.0000	.0001	.0002	.0004	.0007	.0012	.0020	.0031
6	.0000	.0000	.0000	.0000	.0000	.0000	.0001	.0002	.0003	.0005
7	.0000	.0000	.0000	.0000	.0000	.0000	.0000	.0000	.0000	.0001

	λ									
x	1.1	1.2	1.3	1.4	1.5	1.6	1.7	1.8	1.9	2.0
0	.3329	.3012	.2725	.2466	.2231	.2019	.1827	.1653	.1496	.1353
1	.3662	.3614	.3543	.3452	.3347	.3230	.3106	.2975	.2842	.2707
2	.2014	.2169	.2303	.2417	.2510	.2584	.2640	.2678	.2700	.2707
3	.0738	.0867	.0998	.1128	.1255	.1378	.1496	.1607	.1710	.1804
4	.0203	.0260	.0324	.0395	.0471	.0551	.0636	.0723	.0812	.0902
5	.0045	.0062	.0084	.0111	.0141	.0176	.0216	.0260	.0309	.0361
6	.0008	.0012	.0018	.0026	.0035	.0047	.0061	.0078	.0098	.0120
7	.0001	.0002	.0003	.0005	.0008	.0011	.0015	.0020	.0027	.0034
8	.0000	.0000	.0001	.0001	.0001	.0002	.0003	.0005	.0006	.0009
9	.0000	.0000	.0000	.0000	.0000	.0000	.0001	.0001	.0001	.0002

	λ									
x	2.1	2.2	2.3	2.4	2.5	2.6	2.7	2.8	2.9	3.0
0	.1225	.1108	.1003	.0907	.0821	.0743	.0672	.0608	.0550	.0498
1	.2572	.2438	.2306	.2177	.2052	.1931	.1815	.1703	.1596	.1494
2	.2700	.2681	.2652	.2613	.2565	.2510	.2450	.2384	.2314	.2240
3	.1890	.1966	.2033	.2090	.2138	.2176	.2205	.2225	.2237	.2240
4	.0992	.1082	.1169	.1254	.1336	.1414	.1488	.1557	.1622	.1680
5	.0417	.0476	.0538	.0602	.0668	.0735	.0804	.0872	.0940	.1008
6	.0146	.0174	.0206	.0241	.0278	.0319	.0362	.0407	.0455	.0504
7	.0044	.0055	.0068	.0083	.0099	.0118	.0139	.0163	.0188	.0216
8	.0011	.0015	.0019	.0025	.0031	.0038	.0047	.0057	.0068	.0081
9	.0003	.0004	.0005	.0007	.0009	.0011	.0014	.0018	.0022	.0027
10	.0001	.0001	.0001	.0002	.0002	.0003	.0004	.0005	.0006	.0008
11	.0000	.0000	.0000	.0000	.0000	.0001	.0001	.0001	.0002	.0002
12	.0000	.0000	.0000	.0000	.0000	.0000	.0000	.0000	.0000	.0001

<표 3> 포아송분포표(계속)

	λ									
x	3.1	3.2	3.3	3.4	3.5	3.6	3.7	3.8	3.9	4.0
0	.0450	.0408	.0369	.0334	.0302	.0273	.0247	.0224	.0202	.0183
1	.1397	.1304	.1217	.1135	.1057	.0984	.0915	.0850	.0789	.0733
2	.2165	.2087	.2008	.1929	.1850	.1771	.1692	.1615	.1539	.1465
3	.2237	.2226	.2209	.2186	.2158	.2125	.2087	.2046	.2001	.1954
4	.1733	.1781	.1823	.1858	.1888	.1912	.1931	.1944	.1951	.1954
5	.1075	.1140	.1203	.1264	.1322	.1377	.1429	.1477	.1522	.1563
6	.0555	.0608	.0662	.0716	.0771	.0826	.0881	.0936	.0989	.1042
7	.0246	.0278	.0312	.0348	.0385	.0425	.0466	.0508	.0551	.0595
8	.0095	.0111	.0129	.0148	.0169	.0191	.0215	.0241	.0269	.0298
9	.0033	.0040	.0047	.0056	.0066	.0076	.0089	.0102	.0116	.0132
10	.0010	.0013	.0016	.0019	.0023	.0028	.0033	.0039	.0045	.0053
11	.0003	.0004	.0005	.0006	.0007	.0009	.0011	.0013	.0016	.0019
12	.0001	.0001	.0001	.0002	.0002	.0003	.0003	.0004	.0005	.0006
13	.0000	.0000	.0000	.0000	.0001	.0001	.0001	.0001	.0002	.0002
14	.0000	.0000	.0000	.0000	.0000	.0000	.0000	.0000	.0000	.0001

	λ									
x	4.1	4.2	4.3	4.4	4.5	4.6	4.7	4.8	4.9	5.0
0	.0166	.0150	.0136	.0123	.0111	.0101	.0091	.0082	.0074	.0067
1	.0679	.0630	.0583	.0540	.0500	.0462	.0427	.0395	.0365	.0337
2	.1393	.1323	.1254	.1188	.1125	.1063	.1005	.0948	.0894	.0842
3	.1904	.1852	.1798	.1743	.1687	.1631	.1574	.1517	.1460	.1404
4	.1951	.1944	.1933	.1917	.1898	.1875	.1849	.1820	.1789	.1755
5	.1600	.1633	.1662	.1687	.1708	.1725	.1738	.1747	.1753	.1755
6	.1093	.1143	.1191	.1237	.1281	.1323	.1362	.1398	.1432	.1462
7	.0640	.0686	.0732	.0778	.0824	.0869	.0914	.0959	.1002	.1044
8	.0328	.0360	.0393	.0428	.0463	.0500	.0537	.0575	.0614	.0653
9	.0150	.0168	.0188	.0209	.0232	.0255	.0281	.0307	.0334	.0363
10	.0061	.0071	.0081	.0092	.0104	.0118	.0132	.0147	.0164	.0181
11	.0023	.0027	.0032	.0037	.0043	.0049	.0056	.0064	.0073	.0082
12	.0008	.0009	.0011	.0013	.0016	.0019	.0022	.0026	.0030	.0034
13	.0002	.0003	.0004	.0005	.0006	.0007	.0008	.0009	.0011	.0013
14	.0001	.0001	.0001	.0001	.0002	.0002	.0003	.0003	.0004	.0005
15	.0000	.0000	.0000	.0000	.0001	.0001	.0001	.0001	.0001	.0002

<표 3> 포아송분포표(계속)

	λ									
x	5.1	5.2	5.3	5.4	5.5	5.6	5.7	5.8	5.9	6.0
0	.0061	.0055	.0050	.0045	.0041	.0037	.0033	.0030	.0027	.0025
1	.0311	.0287	.0265	.0244	.0225	.0207	.0191	.0176	.0162	.0149
2	.0793	.0746	.0701	.0659	.0618	.0580	.0544	.0509	.0477	.0446
3	.1348	.1293	.1239	.1185	.1133	.1082	.1033	.0985	.0938	.0892
4	.1719	.1681	.1641	.1600	.1558	.1515	.1472	.1428	.1383	.1339
5	.1753	.1748	.1740	.1728	.1714	.1697	.1678	.1656	.1632	.1606
6	.1490	.1515	.1537	.1555	.1571	.1584	.1594	.1601	.1605	.1606
7	.1086	.1125	.1163	.1200	.1234	.1267	.1298	.1326	.1353	.1377
8	.0692	.0731	.0771	.0810	.0849	.0887	.0925	.0962	.0998	.1033
9	.0392	.0423	.0454	.0486	.0519	.0552	.0586	.0620	.0654	.0688
10	.0200	.0220	.0241	.0262	.0285	.0309	.0334	.0359	.0386	.0413
11	.0093	.0104	.0116	.0129	.0143	.0157	.0173	.0190	.0207	.0225
12	.0039	.0045	.0051	.0058	.0065	.0073	.0082	.0092	.0102	.0113
13	.0015	.0018	.0021	.0024	.0028	.0032	.0036	.0041	.0046	.0052
14	.0006	.0007	.0008	.0009	.0011	.0013	.0015	.0017	.0019	.0022
15	.0002	.0002	.0003	.0003	.0004	.0005	.0006	.0007	.0008	.0009
16	.0001	.0001	.0001	.0001	.0001	.0002	.0002	.0002	.0003	.0003
17	.0000	.0000	.0000	.0000	.0000	.0001	.0001	.0001	.0001	.0001

	λ									
x	6.1	6.2	6.3	6.4	6.5	6.6	6.7	6.8	6.9	7.0
0	.0022	.0020	.0018	.0017	.0015	.0014	.0012	.0011	.0010	.0009
1	.0137	.0126	.0116	.0106	.0098	.0090	.0082	.0076	.0070	.0064
2	.0417	.0390	.0364	.0340	.0318	.0296	.0276	.0258	.0240	.0223
3	.0848	.0806	.0765	.0726	.0688	.0652	.0617	.0584	.0552	.0521
4	.1294	.1249	.1205	.1162	.1118	.1076	.1034	.0992	.0952	.0912
5	.1579	.1549	.1519	.1487	.1454	.1420	.1385	.1349	.1314	.1277
6	.1605	.1601	.1595	.1586	.1575	.1562	.1546	.1529	.1511	.1490
7	.1399	.1418	.1435	.1450	.1462	.1472	.1480	.1486	.1489	.1490
8	.1066	.1099	.1130	.1160	.1188	.1215	.1240	.1263	.1284	.1304
9	.0723	.0757	.0791	.0825	.0858	.0891	.0923	.0954	.0985	.1014
10	.0441	.0469	.0498	.0528	.0558	.0588	.0618	.0649	.0679	.0710
11	.0244	.0265	.0285	.0307	.0330	.0353	.0377	.0401	.0426	.0452
12	.0124	.0137	.0150	.0164	.0179	.0194	.0210	.0227	.0245	.0263
13	.0058	.0065	.0073	.0081	.0089	.0099	.0108	.0119	.0130	.0142
14	.0025	.0029	.0033	.0037	.0041	.0046	.0052	.0058	.0064	.0071
15	.0010	.0012	.0014	.0016	.0018	.0020	.0023	.0026	.0029	.0033
16	.0004	.0005	.0005	.0006	.0007	.0008	.0010	.0011	.0013	.0014
17	.0001	.0002	.0002	.0002	.0003	.0003	.0004	.0004	.0005	.0006
18	.0000	.0001	.0001	.0001	.0001	.0001	.0001	.0002	.0002	.0002
19	.0000	.0000	.0000	.0000	.0000	.0000	.0001	.0001	.0001	.0001

<표 3> 포아송분포표(계속)

	λ									
x	7.1	7.2	7.3	7.4	7.5	7.6	7.7	7.8	7.9	8.0
0	.0008	.0007	.0007	.0006	.0006	.0005	.0005	.0004	.0004	.0003
1	.0059	.0054	.0049	.0045	.0041	.0038	.0035	.0032	.0029	.0027
2	.0208	.0194	.0180	.0167	.0156	.0145	.0134	.0125	.0116	.0107
3	.0492	.0464	.0438	.0413	.0389	.0366	.0345	.0324	.0305	.0286
4	.0874	.0836	.0799	.0764	.0729	.0696	.0663	.0632	.0602	.0573
5	.1241	.1204	.1167	.1130	.1094	.1057	.1021	.0986	.0951	.0916
6	.1468	.1445	.1420	.1394	.1367	.1339	.1311	.1282	.1252	.1221
7	.1489	.1486	.1481	.1474	.1465	.1454	.1442	.1428	.1413	.1396
8	.1321	.1337	.1351	.1363	.1373	.1381	.1388	.1392	.1395	.1396
9	.1042	.1070	.1096	.1121	.1144	.1167	.1187	.1207	.1224	.1241
10	.0740	.0770	.0800	.0829	.0858	.0887	.0914	.0941	.0967	.0993
11	.0478	.0504	.0531	.0558	.0585	.0613	.0640	.0667	.0695	.0722
12	.0283	.0303	.0323	.0344	.0366	.0388	.0411	.0434	.0457	.0481
13	.0154	.0168	.0181	.0196	.0211	.0227	.0243	.0260	.0278	.0296
14	.0078	.0086	.0095	.0104	.0113	.0123	.0134	.0145	.0157	.0169
15	.0037	.0041	.0046	.0051	.0057	.0062	.0069	.0075	.0083	.0090
16	.0016	.0019	.0021	.0024	.0026	.0030	.0033	.0037	.0041	.0045
17	.0007	.0008	.0009	.0010	.0012	.0013	.0015	.0017	.0019	.0021
18	.0003	.0003	.0004	.0004	.0005	.0006	.0006	.0007	.0008	.0009
19	.0001	.0001	.0001	.0002	.0002	.0002	.0003	.0003	.0003	.0004
20	.0000	.0000	.0001	.0001	.0001	.0001	.0001	.0001	.0001	.0002
21	.0000	.0000	.0000	.0000	.0000	.0000	.0000	.0000	.0001	.0001

<표 3> 포아송분포표(계속)

	λ									
x	8.1	8.2	8.3	8.4	8.5	8.6	8.7	8.8	8.9	9.0
0	.0003	.0003	.0002	.0002	.0002	.0002	.0002	.0002	.0001	.0001
1	.0025	.0023	.0021	.0019	.0017	.0016	.0014	.0013	.0012	.0011
2	.0100	.0092	.0086	.0079	.0074	.0068	.0063	.0058	.0054	.0050
3	.0269	.0252	.0237	.0222	.0208	.0195	.0183	.0171	.0160	.0150
4	.0544	.0517	.0491	.0466	.0443	.0420	.0398	.0377	.0357	.0337
5	.0882	.0849	.0816	.0784	.0752	.0722	.0692	.0663	.0635	.0607
6	.1191	.1160	.1128	.1097	.1066	.1034	.1003	.0972	.0941	.0911
7	.1378	.1358	.1338	.1317	.1294	.1271	.1247	.1222	.1197	.1171
8	.1395	.1392	.1388	.1382	.1375	.1366	.1356	.1344	.1332	.1318
9	.1256	.1269	.1280	.1290	.1299	.1306	.1311	.1315	.1317	.1318
10	.1017	.1040	.1063	.1084	.1104	.1123	.1140	.1157	.1172	.1186
11	.0749	.0776	.0802	.0828	.0853	.0878	.0902	.0925	.0948	.0970
12	.0505	.0530	.0555	.0579	.0604	.0629	.0654	.0679	.0703	.0728
13	.0315	.0334	.0354	.0374	.0395	.0416	.0438	.0459	.0481	.0504
14	.0182	.0196	.0210	.0225	.0240	.0256	.0272	.0289	.0306	.0324
15	.0098	.0107	.0116	.0126	.0136	.0147	.0158	.0169	.0182	.0194
16	.0050	.0055	.0060	.0066	.0072	.0079	.0086	.0093	.0101	.0109
17	.0024	.0026	.0029	.0033	.0036	.0040	.0044	.0048	.0053	.0058
18	.0011	.0012	.0014	.0015	.0017	.0019	.0021	.0024	.0026	.0029
19	.0005	.0005	.0006	.0007	.0008	.0009	.0010	.0011	.0012	.0014
20	.0002	.0002	.0002	.0003	.0003	.0004	.0004	.0005	.0005	.0006
21	.0001	.0001	.0001	.0001	.0001	.0002	.0002	.0002	.0002	.0003
22	.0000	.0000	.0000	.0000	.0001	.0001	.0001	.0001	.0001	.0001

<표 3> 포아송분포표(계속)

	λ									
x	9.1	9.2	9.3	9.4	9.5	9.6	9.7	9.8	9.9	10.0
0	.0001	.0001	.0001	.0001	.0001	.0001	.0001	.0001	.0001	.0000
1	.0010	.0009	.0009	.0008	.0007	.0007	.0006	.0005	.0005	.0005
2	.0046	.0043	.0040	.0037	.0034	.0031	.0029	.0027	.0025	.0023
3	.0140	.0131	.0123	.0115	.0107	.0100	.0093	.0087	.0081	.0076
4	.0319	.0302	.0285	.0269	.0254	.0240	.0226	.0213	.0201	.0189
5	.0581	.0555	.0530	.0506	.0483	.0460	.0439	.0418	.0398	.0378
6	.0881	.0851	.0822	.0793	.0764	.0736	.0709	.0682	.0656	.0631
7	.1145	.1118	.1091	.1064	.1037	.1010	.0982	.0955	.0928	.0901
8	.1302	.1286	.1269	.1251	.1232	.1212	.1191	.1170	.1148	.1126
9	.1317	.1315	.1311	.1306	.1300	.1293	.1284	.1274	.1263	.1251
10	.1198	.1210	.1219	.1228	.1235	.1241	.1245	.1249	.1250	.1251
11	.0991	.1012	.1031	.1049	.1067	.1083	.1098	.1112	.1125	.1137
12	.0752	.0776	.0799	.0822	.0844	.0866	.0888	.0908	.0928	.0948
13	.0526	.0549	.0572	.0594	.0617	.0640	.0662	.0685	.0707	.0729
14	.0342	.0361	.0380	.0399	.0419	.0439	.0459	.0479	.0500	.0521
15	.0208	.0221	.0235	.0250	.0265	.0281	.0297	.0313	.0330	.0347
16	.0118	.0127	.0137	.0147	.0157	.0168	.0180	.0192	.0204	.0217
17	.0063	.0069	.0075	.0081	.0088	.0095	.0103	.0111	.0119	.0128
18	.0032	.0035	.0039	.0042	.0046	.0051	.0055	.0060	.0065	.0071
19	.0015	.0017	.0019	.0021	.0023	.0026	.0028	.0031	.0034	.0037
20	.0007	.0008	.0009	.0010	.0011	.0012	.0014	.0015	.0017	.0019
21	.0003	.0003	.0004	.0004	.0005	.0006	.0006	.0007	.0008	.0009
22	.0001	.0001	.0002	.0002	.0002	.0002	.0003	.0003	.0004	.0004
23	.0000	.0001	.0001	.0001	.0001	.0001	.0001	.0001	.0002	.0002
24	.0000	.0000	.0000	.0000	.0000	.0000	.0000	.0001	.0001	.0001

<표 3> 포아송분포표(계속)

	λ									
x	11	12	13	14	15	16	17	18	19	20
0	.0000	.0000	.0000	.0000	.0000	.0000	.0000	.0000	.0000	.0000
1	.0002	.0001	.0000	.0000	.0000	.0000	.0000	.0000	.0000	.0000
2	.0010	.0004	.0002	.0001	.0000	.0000	.0000	.0000	.0000	.0000
3	.0037	.0018	.0008	.0004	.0002	.0001	.0000	.0000	.0000	.0000
4	.0102	.0053	.0027	.0013	.0006	.0003	.0001	.0001	.0000	.0000
5	.0224	.0127	.0070	.0037	.0019	.0010	.0005	.0002	.0001	.0001
6	.0411	.0255	.0152	.0087	.0048	.0026	.0014	.0007	.0004	.0002
7	.0646	.0437	.0281	.0174	.0104	.0060	.0034	.0019	.0010	.0005
8	.0888	.0655	.0457	.0304	.0194	.0120	.0072	.0042	.0024	.0013
9	.1085	.0874	.0661	.0473	.0324	.0213	.0135	.0083	.0050	.0029
10	.1194	.1048	.0859	.0663	.0486	.0341	.0230	.0150	.0095	.0058
11	.1194	.1144	.1015	.0844	.0663	.0496	.0355	.0245	.0164	.0106
12	.1094	.1144	.1099	.0984	.0829	.0661	.0504	.0368	.0259	.0176
13	.0926	.1056	.1099	.1060	.0956	.0814	.0658	.0509	.0378	.0271
14	.0728	.0905	.1021	.1060	.1024	.0930	.0800	.0655	.0514	.0387
15	.0534	.0724	.0885	.0989	.1024	.0992	.0906	.0786	.0650	.0516
16	.0367	.0543	.0719	.0866	.0960	.0992	.0963	.0884	.0772	.0646
17	.0237	.0383	.0550	.0713	.0847	.0934	.0963	.0936	.0863	.0760
18	.0145	.0255	.0397	.0554	.0706	.0830	.0909	.0936	.0911	.0844
19	.0084	.0161	.0272	.0409	.0557	.0699	.0814	.0887	.0911	.0888
20	.0046	.0097	.0177	.0286	.0418	.0559	.0692	.0798	.0866	.0888
21	.0024	.0055	.0109	.0191	.0299	.0426	.0560	.0684	.0783	.0846
22	.0012	.0030	.0065	.0121	.0204	.0310	.0433	.0560	.0676	.0769
23	.0006	.0016	.0037	.0074	.0133	.0216	.0320	.0438	.0559	.0669
24	.0003	.0008	.0020	.0043	.0083	.0144	.0226	.0328	.0442	.0557
25	.0001	.0004	.0010	.0024	.0050	.0092	.0154	.0237	.0336	.0446
26	.0000	.0002	.0005	.0013	.0029	.0057	.0101	.0164	.0246	.0343
27	.0000	.0001	.0002	.0007	.0016	.0034	.0063	.0109	.0173	.0254
28	.0000	.0000	.0001	.0003	.0009	.0019	.0038	.0070	.0117	.0181
29	.0000	.0000	.0001	.0002	.0004	.0011	.0023	.0044	.0077	.0125
30	.0000	.0000	.0000	.0001	.0002	.0006	.0013	.0026	.0049	.0083
31	.0000	.0000	.0000	.0000	.0001	.0003	.0007	.0015	.0030	.0054
32	.0000	.0000	.0000	.0000	.0001	.0001	.0004	.0009	.0018	.0034
33	.0000	.0000	.0000	.0000	.0000	.0001	.0002	.0005	.0010	.0020
34	.0000	.0000	.0000	.0000	.0000	.0000	.0001	.0002	.0006	.0012
35	.0000	.0000	.0000	.0000	.0000	.0000	.0000	.0001	.0003	.0007
36	.0000	.0000	.0000	.0000	.0000	.0000	.0000	.0001	.0002	.0004
37	.0000	.0000	.0000	.0000	.0000	.0000	.0000	.0000	.0001	.0002
38	.0000	.0000	.0000	.0000	.0000	.0000	.0000	.0000	.0000	.0001
39	.0000	.0000	.0000	.0000	.0000	.0000	.0000	.0000	.0000	.0001

<표 4> 표준정규분포표

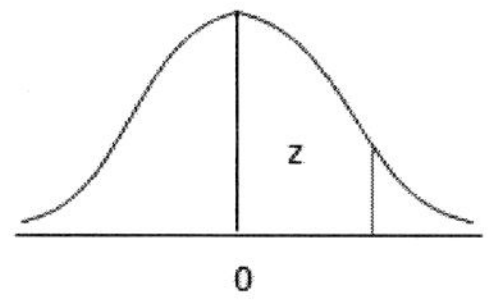

z	0.00	0.01	0.02	0.03	0.04	0.05	0.06	0.07	0.08	0.09
0.0	0.0000	0.0040	0.0080	0.0120	0.0160	0.0199	0.0239	0.0279	0.0319	0.0359
0.1	0.0398	0.0438	0.0478	0.0517	0.0557	0.0596	0.0636	0.0675	0.0714	0.0753
0.2	0.0793	0.0832	0.0871	0.0910	0.0948	0.0987	0.1026	0.1064	0.1103	0.1141
0.3	0.1179	0.1217	0.1255	0.1293	0.1331	0.1368	0.1406	0.1443	0.1480	0.1517
0.4	0.1554	0.1591	0.1628	0.1664	0.1700	0.1736	0.1772	0.1808	0.1844	0.1879
0.5	0.1915	0.1950	0.1985	0.2019	0.2054	0.2088	0.2123	0.2157	0.2190	0.2224
0.6	0.2257	0.2291	0.2324	0.2357	0.2389	0.2422	0.2454	0.2486	0.2517	0.2549
0.7	0.2580	0.2611	0.2642	0.2673	0.2703	0.2734	0.2764	0.2794	0.2823	0.2852
0.8	0.2881	0.2910	0.2939	0.2967	0.2995	0.3023	0.3051	0.3078	0.3106	0.3133
0.9	0.3159	0.3186	0.3212	0.3238	0.3264	0.3289	0.3315	0.3340	0.3365	0.3389
1.0	0.3413	0.3438	0.3461	0.3485	0.3508	0.3531	0.3554	0.3577	0.3599	0.3621
1.1	0.3643	0.3665	0.3686	0.3708	0.3729	0.3749	0.3770	0.3790	0.3810	0.3830
1.2	0.3849	0.3869	0.3888	0.3907	0.3925	0.3944	0.3962	0.3980	0.3997	0.4015
1.3	0.4032	0.4049	0.4066	0.4082	0.4099	0.4115	0.4131	0.4147	0.4162	0.4177
1.4	0.4192	0.4207	0.4222	0.4236	0.4251	0.4265	0.4279	0.4292	0.4306	0.4319
1.5	0.4332	0.4345	0.4357	0.4370	0.4382	0.4394	0.4406	0.4418	0.4429	0.4441
1.6	0.4452	0.4463	0.4474	0.4484	0.4495	0.4505	0.4515	0.4525	0.4535	0.4545
1.7	0.4554	0.4564	0.4573	0.4582	0.4591	0.4599	0.4608	0.4616	0.4625	0.4633
1.8	0.4641	0.4649	0.4656	0.4664	0.4671	0.4678	0.4686	0.4693	0.4699	0.4706
1.9	0.4713	0.4719	0.4726	0.4732	0.4738	0.4744	0.4750	0.4756	0.4761	0.4767
2.0	0.4772	0.4778	0.4783	0.4788	0.4793	0.4798	0.4803	0.4808	0.4812	0.4817
2.1	0.4821	0.4826	0.4830	0.4834	0.4838	0.4842	0.4846	0.4850	0.4854	0.4857
2.2	0.4861	0.4864	0.4868	0.4871	0.4875	0.4878	0.4881	0.4884	0.4887	0.4890
2.3	0.4893	0.4896	0.4898	0.4901	0.4904	0.4906	0.4909	0.4911	0.4913	0.4916
2.4	0.4918	0.4920	0.4922	0.4925	0.4927	0.4929	0.4931	0.4932	0.4934	0.4936
2.5	0.4938	0.4940	0.4941	0.4943	0.4945	0.4946	0.4948	0.4949	0.4951	0.4952
2.6	0.4953	0.4955	0.4956	0.4957	0.4959	0.4960	0.4961	0.4962	0.4963	0.4964
2.7	0.4965	0.4966	0.4967	0.4968	0.4969	0.4970	0.4971	0.4972	0.4973	0.4974
2.8	0.4974	0.4975	0.4976	0.4977	0.4977	0.4978	0.4979	0.4979	0.4980	0.4981
2.9	0.4981	0.4982	0.4982	0.4983	0.4984	0.4984	0.4985	0.4985	0.4986	0.4986
3.0	0.4987	0.4987	0.4987	0.4988	0.4988	0.4989	0.4989	0.4989	0.4990	0.4990

<표 5> t-분포의 상위 α 의 확률을 주는 값

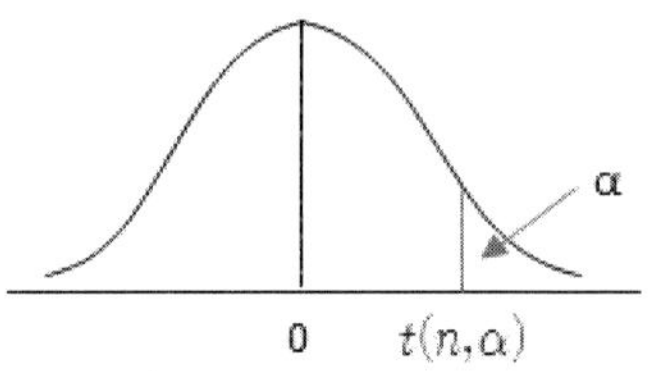

자유도	α					
	0.25	0.10	0.05	0.025	0.01	0.005
1	1.000	3.078	6.314	12.706	31.821	63.656
2	0.816	1.886	2.920	4.303	6.965	9.925
3	0.765	1.638	2.353	3.182	4.541	5.841
4	0.741	1.533	2.132	2.776	3.747	4.604
5	0.727	1.476	2.015	2.571	3.365	4.032
6	0.718	1.440	1.943	2.447	3.143	3.707
7	0.711	1.415	1.895	2.365	2.998	3.499
8	0.706	1.397	1.860	2.306	2.896	3.355
9	0.703	1.383	1.833	2.262	2.821	3.250
10	0.700	1.372	1.812	2.228	2.764	3.169
11	0.697	1.363	1.796	2.201	2.718	3.106
12	0.695	1.356	1.782	2.179	2.681	3.055
13	0.694	1.350	1.771	2.160	2.650	3.012
14	0.692	1.345	1.761	2.145	2.624	2.977
15	0.691	1.341	1.753	2.131	2.602	2.947
16	0.690	1.337	1.746	2.120	2.583	2.921
17	0.689	1.333	1.740	2.110	2.567	2.898
18	0.688	1.330	1.734	2.101	2.552	2.878
19	0.688	1.328	1.729	2.093	2.539	2.861
20	0.687	1.325	1.725	2.086	2.528	2.845
21	0.686	1.323	1.721	2.080	2.518	2.831
22	0.686	1.321	1.717	2.074	2.508	2.819
23	0.685	1.319	1.714	2.069	2.500	2.807
24	0.685	1.318	1.711	2.064	2.492	2.797
25	0.684	1.316	1.708	2.060	2.485	2.787
26	0.684	1.315	1.706	2.056	2.479	2.779
27	0.684	1.314	1.703	2.052	2.473	2.771
28	0.683	1.313	1.701	2.048	2.467	2.763
29	0.683	1.311	1.699	2.045	2.462	2.756
∞	0.674	1.282	1.645	1.960	2.326	2.576

<표 6> χ^2-분포의 상위 α 를 주는 값

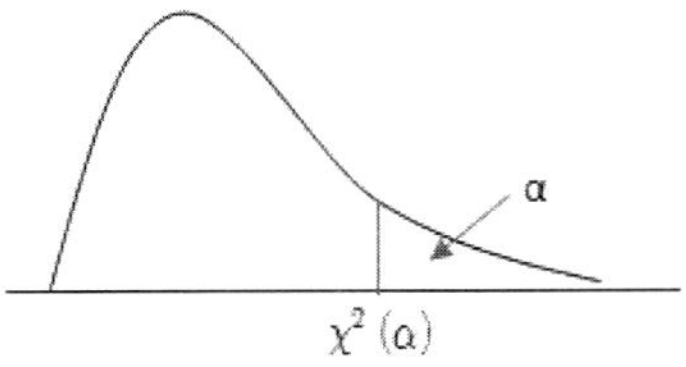

자유도	α									
	0.995	0.99	0.975	0.95	0.90	0.10	0.05	0.025	0.01	0.005
1	—	—	0.001	0.004	0.016	2.706	3.841	5.024	6.635	7.879
2	0.010	0.020	0.051	0.103	0.211	4.605	5.991	7.378	9.210	10.597
3	0.072	0.115	0.216	0.352	0.584	6.251	7.815	9.348	11.345	12.838
4	0.207	0.297	0.484	0.711	1.064	7.779	9.488	11.143	13.277	14.860
5	0.412	0.554	0.831	1.145	1.610	9.236	11.070	12.832	15.086	16.750
6	0.676	0.872	1.237	1.635	2.204	10.645	12.592	14.449	16.812	18.548
7	0.989	1.239	1.690	2.167	2.833	12.017	14.067	16.013	18.475	20.278
8	1.344	1.647	2.180	2.733	3.490	13.362	15.507	17.535	20.090	21.955
9	1.735	2.088	2.700	3.325	4.168	14.684	16.919	19.023	21.666	23.589
10	2.156	2.558	3.247	3.940	4.865	15.987	18.307	20.483	23.209	25.188
11	2.603	3.053	3.816	4.575	5.578	17.275	19.675	21.920	24.725	26.757
12	3.074	3.571	4.404	5.226	6.304	18.549	21.026	23.337	26.217	28.300
13	3.565	4.107	5.009	5.892	7.041	19.812	22.362	24.736	27.688	29.819
14	4.075	4.660	5.629	6.571	7.790	21.064	23.685	26.119	29.141	31.319
15	4.601	5.229	6.262	7.261	8.547	22.307	24.996	27.488	30.578	32.801
16	5.142	5.812	6.908	7.962	9.312	23.542	26.296	28.845	32.000	34.267
17	5.697	6.408	7.564	8.672	10.085	24.769	27.587	30.191	33.409	35.718
18	6.265	7.015	8.231	9.390	10.865	25.989	28.869	31.526	34.805	37.156
19	6.844	7.633	8.907	10.117	11.651	27.204	30.144	32.852	36.191	38.582
20	7.434	8.260	9.591	10.851	12.443	28.412	31.410	34.170	37.566	39.997
21	8.034	8.897	10.283	11.591	13.240	29.615	32.671	35.479	38.932	41.401
22	8.643	9.542	10.982	12.338	14.041	30.813	33.924	36.781	40.289	42.796
23	9.260	10.196	11.689	13.091	14.848	32.007	35.172	38.076	41.638	44.181
24	9.886	10.856	12.401	13.848	15.659	33.196	36.415	39.364	42.980	45.558
25	10.520	11.524	13.120	14.611	16.473	34.382	37.652	40.646	44.314	46.928
26	11.160	12.198	13.844	15.379	17.292	35.563	38.885	41.923	45.642	48.290
27	11.808	12.878	14.573	16.151	18.114	36.741	40.113	43.195	46.963	49.645
28	12.461	13.565	15.308	16.928	18.939	37.916	41.337	44.461	48.278	50.994
29	13.121	14.256	16.047	17.708	19.768	39.087	42.557	45.722	49.588	52.335
30	13.787	14.953	16.791	18.493	20.599	40.256	43.773	46.979	50.892	53.672
40	20.707	22.164	24.433	26.509	29.051	51.805	55.758	59.342	63.691	66.766
50	27.991	29.707	32.357	34.764	37.689	63.167	67.505	71.420	76.154	79.490
60	35.534	37.485	40.482	43.188	46.459	74.397	79.082	83.298	88.379	91.952
70	43.275	45.442	48.758	51.739	55.329	85.527	90.531	95.023	100.425	104.215
80	51.172	53.540	57.153	60.391	64.278	96.578	101.879	106.629	112.329	116.321
90	59.196	61.754	65.647	69.126	73.291	107.565	113.145	118.136	124.116	128.299
100	67.328	70.065	74.222	77.929	82.358	118.498	124.342	129.561	135.807	140.170

<표 7> F-분포의 상위 α의 확률을 주는 값

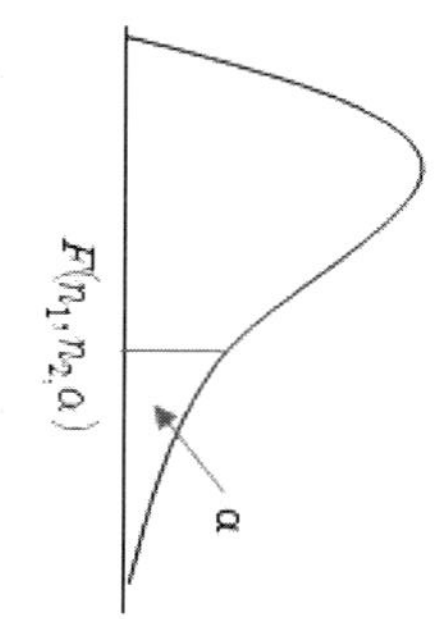

$\alpha = 0.10$

ν_2 \ ν_1	1	2	3	4	5	6	7	8	9	10	12	15	20	25	30	40	60
1	39.86	49.50	53.59	55.83	57.24	58.20	58.91	59.44	59.86	60.19	60.71	61.22	61.74	62.05	62.26	62.53	62.79
2	8.53	9.00	9.16	9.24	9.29	9.33	9.35	9.37	9.38	9.39	9.41	9.42	9.44	9.45	9.46	9.47	9.47
3	5.54	5.46	5.39	5.34	5.31	5.28	5.27	5.25	5.24	5.23	5.22	5.20	5.18	5.17	5.17	5.16	5.15
4	4.54	4.32	4.19	4.11	4.05	4.01	3.98	3.95	3.94	3.92	3.90	3.87	3.84	3.83	3.82	3.80	3.79
5	4.06	3.78	3.62	3.52	3.45	3.40	3.37	3.34	3.32	3.30	3.27	3.24	3.21	3.19	3.17	3.16	3.14
6	3.78	3.46	3.29	3.18	3.11	3.05	3.01	2.98	2.96	2.94	2.90	2.87	2.84	2.81	2.80	2.78	2.76
7	3.59	3.26	3.07	2.96	2.88	2.83	2.78	2.75	2.72	2.70	2.67	2.63	2.59	2.57	2.56	2.54	2.51
8	3.46	3.11	2.92	2.81	2.73	2.67	2.62	2.59	2.56	2.54	2.50	2.46	2.42	2.40	2.38	2.36	2.34
9	3.36	3.01	2.81	2.69	2.61	2.55	2.51	2.47	2.44	2.42	2.38	2.34	2.30	2.27	2.25	2.23	2.21
10	3.29	2.92	2.73	2.61	2.52	2.46	2.41	2.38	2.35	2.32	2.28	2.24	2.20	2.17	2.16	2.13	2.11
11	3.23	2.86	2.66	2.54	2.45	2.39	2.34	2.30	2.27	2.25	2.21	2.17	2.12	2.10	2.08	2.05	2.03
12	3.18	2.81	2.61	2.48	2.39	2.33	2.28	2.24	2.21	2.19	2.15	2.10	2.06	2.03	2.01	1.99	1.96
13	3.14	2.76	2.56	2.43	2.35	2.28	2.23	2.20	2.16	2.14	2.10	2.05	2.01	1.98	1.96	1.93	1.90
14	3.10	2.73	2.52	2.39	2.31	2.24	2.19	2.15	2.12	2.10	2.05	2.01	1.96	1.93	1.91	1.89	1.86
15	3.07	2.70	2.49	2.36	2.27	2.21	2.16	2.12	2.09	2.06	2.02	1.97	1.92	1.89	1.87	1.85	1.82
16	3.05	2.67	2.46	2.33	2.24	2.18	2.13	2.09	2.06	2.03	1.99	1.94	1.89	1.86	1.84	1.81	1.78
17	3.03	2.64	2.44	2.31	2.22	2.15	2.10	2.06	2.03	2.00	1.96	1.91	1.86	1.83	1.81	1.78	1.75
18	3.01	2.62	2.42	2.29	2.20	2.13	2.08	2.04	2.00	1.98	1.93	1.89	1.84	1.80	1.78	1.75	1.72
19	2.99	2.61	2.40	2.27	2.18	2.11	2.06	2.02	1.98	1.96	1.91	1.86	1.81	1.78	1.76	1.73	1.70
20	2.97	2.59	2.38	2.25	2.16	2.09	2.04	2.00	1.96	1.94	1.89	1.84	1.79	1.76	1.74	1.71	1.68
21	2.96	2.57	2.36	2.23	2.14	2.08	2.02	1.98	1.95	1.92	1.87	1.83	1.78	1.74	1.72	1.69	1.66
22	2.95	2.56	2.35	2.22	2.13	2.06	2.01	1.97	1.93	1.90	1.86	1.81	1.76	1.73	1.70	1.67	1.64
23	2.94	2.55	2.34	2.21	2.11	2.05	1.99	1.95	1.92	1.89	1.84	1.80	1.74	1.71	1.69	1.66	1.62
24	2.93	2.54	2.33	2.19	2.10	2.04	1.98	1.94	1.91	1.88	1.83	1.78	1.73	1.70	1.67	1.64	1.61
25	2.92	2.53	2.32	2.18	2.09	2.02	1.97	1.93	1.89	1.87	1.82	1.77	1.72	1.68	1.66	1.63	1.59
26	2.91	2.52	2.31	2.17	2.08	2.01	1.96	1.92	1.88	1.86	1.81	1.76	1.71	1.67	1.65	1.61	1.58
27	2.90	2.51	2.30	2.17	2.07	2.00	1.95	1.91	1.87	1.85	1.80	1.75	1.70	1.66	1.64	1.60	1.57
28	2.89	2.50	2.29	2.16	2.06	2.00	1.94	1.90	1.87	1.84	1.79	1.74	1.69	1.65	1.63	1.59	1.56
29	2.89	2.50	2.28	2.15	2.06	1.99	1.93	1.89	1.86	1.83	1.78	1.73	1.68	1.64	1.62	1.58	1.55
30	2.88	2.49	2.28	2.14	2.05	1.98	1.93	1.88	1.85	1.82	1.77	1.72	1.67	1.63	1.61	1.57	1.54
40	2.84	2.44	2.23	2.09	2.00	1.93	1.87	1.83	1.79	1.76	1.71	1.66	1.61	1.57	1.54	1.51	1.47
60	2.79	2.39	2.18	2.04	1.95	1.87	1.82	1.77	1.74	1.71	1.66	1.60	1.54	1.50	1.48	1.44	1.40
120	2.75	2.35	2.13	1.99	1.90	1.82	1.77	1.72	1.68	1.65	1.60	1.55	1.48	1.45	1.41	1.37	1.32
∞	2.71	2.30	2.08	1.94	1.85	1.77	1.72	1.67	1.63	1.60	1.55	1.49	1.42	1.38	1.34	1.30	1.24

<표 7> F분포의 상위 α의 확률을 주는 값(계속)

$\alpha = 0.05$

ν_2 \ ν_1	1	2	3	4	5	6	7	8	9	10	12	15	20	25	30	40	60
1	161.5	199.5	215.7	224.6	230.2	234.0	236.8	238.9	240.5	241.9	243.9	246.0	248.0	249.3	250.1	251.1	252.2
2	18.51	19.00	19.16	19.25	19.30	19.33	19.35	19.37	19.38	19.40	19.41	19.43	19.45	19.46	19.46	19.47	19.48
3	10.13	9.55	9.28	9.12	9.01	8.94	8.89	8.85	8.81	8.79	8.74	8.70	8.66	8.63	8.62	8.59	8.57
4	7.71	6.94	6.59	6.39	6.26	6.16	6.09	6.04	6.00	5.96	5.91	5.86	5.80	5.77	5.75	5.72	5.69
5	6.61	5.79	5.41	5.19	5.05	4.95	4.88	4.82	4.77	4.74	4.68	4.62	4.56	4.52	4.50	4.46	4.43
6	5.99	5.14	4.76	4.53	4.39	4.28	4.21	4.15	4.10	4.06	4.00	3.94	3.87	3.83	3.81	3.77	3.74
7	5.59	4.74	4.35	4.12	3.97	3.87	3.79	3.73	3.68	3.64	3.57	3.51	3.44	3.40	3.38	3.34	3.30
8	5.32	4.46	4.07	3.84	3.69	3.58	3.50	3.44	3.39	3.35	3.28	3.22	3.15	3.11	3.08	3.04	3.01
9	5.12	4.26	3.86	3.63	3.48	3.37	3.29	3.23	3.18	3.14	3.07	3.01	2.94	2.89	2.86	2.83	2.79
10	4.96	4.10	3.71	3.48	3.33	3.22	3.14	3.07	3.02	2.98	2.91	2.85	2.77	2.73	2.70	2.66	2.62
11	4.84	3.98	3.59	3.36	3.20	3.09	3.01	2.95	2.90	2.85	2.79	2.72	2.65	2.60	2.57	2.53	2.49
12	4.75	3.89	3.49	3.26	3.11	3.00	2.91	2.85	2.80	2.75	2.69	2.62	2.54	2.50	2.47	2.43	2.38
13	4.67	3.81	3.41	3.18	3.03	2.92	2.83	2.77	2.71	2.67	2.60	2.53	2.46	2.41	2.38	2.34	2.30
14	4.60	3.74	3.34	3.11	2.96	2.85	2.76	2.70	2.65	2.60	2.53	2.46	2.39	2.34	2.31	2.27	2.22
15	4.54	3.68	3.29	3.06	2.90	2.79	2.71	2.64	2.59	2.54	2.48	2.40	2.33	2.28	2.25	2.20	2.16
16	4.49	3.63	3.24	3.01	2.85	2.74	2.66	2.59	2.54	2.49	2.42	2.35	2.28	2.23	2.19	2.15	2.11
17	4.45	3.59	3.20	2.96	2.81	2.70	2.61	2.55	2.49	2.45	2.38	2.31	2.23	2.18	2.15	2.10	2.06
18	4.41	3.55	3.16	2.93	2.77	2.66	2.58	2.51	2.46	2.41	2.34	2.27	2.19	2.14	2.11	2.06	2.02
19	4.38	3.52	3.13	2.90	2.74	2.63	2.54	2.48	2.42	2.38	2.31	2.23	2.16	2.11	2.07	2.03	1.98
20	4.35	3.49	3.10	2.87	2.71	2.60	2.51	2.45	2.39	2.35	2.28	2.20	2.12	2.07	2.04	1.99	1.95
21	4.32	3.47	3.07	2.84	2.68	2.57	2.49	2.42	2.37	2.32	2.25	2.18	2.10	2.05	2.01	1.96	1.92
22	4.30	3.44	3.05	2.82	2.66	2.55	2.46	2.40	2.34	2.30	2.23	2.15	2.07	2.02	1.98	1.94	1.89
23	4.28	3.42	3.03	2.80	2.64	2.53	2.44	2.37	2.32	2.27	2.20	2.13	2.05	2.00	1.96	1.91	1.86
24	4.26	3.40	3.01	2.78	2.62	2.51	2.42	2.36	2.30	2.25	2.18	2.11	2.03	1.97	1.94	1.89	1.84
25	4.24	3.39	2.99	2.76	2.60	2.49	2.40	2.34	2.28	2.24	2.16	2.09	2.01	1.96	1.92	1.87	1.82
26	4.23	3.37	2.98	2.74	2.59	2.47	2.39	2.32	2.27	2.22	2.15	2.07	1.99	1.94	1.90	1.85	1.80
27	4.21	3.35	2.96	2.73	2.57	2.46	2.37	2.31	2.25	2.20	2.13	2.06	1.97	1.92	1.88	1.84	1.79
28	4.20	3.34	2.95	2.71	2.56	2.45	2.36	2.29	2.24	2.19	2.12	2.04	1.96	1.91	1.87	1.82	1.77
29	4.18	3.33	2.93	2.70	2.55	2.43	2.35	2.28	2.22	2.18	2.10	2.03	1.94	1.89	1.85	1.81	1.75
30	4.17	3.32	2.92	2.69	2.53	2.42	2.33	2.27	2.21	2.16	2.09	2.01	1.93	1.88	1.84	1.79	1.74
40	4.08	3.23	2.84	2.61	2.45	2.34	2.25	2.18	2.12	2.08	2.00	1.92	1.84	1.78	1.74	1.69	1.64
60	4.00	3.15	2.76	2.53	2.37	2.25	2.17	2.10	2.04	1.99	1.92	1.84	1.75	1.69	1.65	1.59	1.53
120	3.92	3.07	2.68	2.45	2.29	2.18	2.09	2.02	1.96	1.91	1.83	1.75	1.66	1.60	1.55	1.50	1.43
∞	3.84	3.00	2.61	2.37	2.21	2.10	2.01	1.94	1.88	1.83	1.75	1.67	1.57	1.51	1.46	1.39	1.32

부록 C. 연습문제 풀이

1장 연습문제 해답

문제1]

계 급	①계급의 중앙값	②구간경계선 하한	②구간경계선 상한	③계급의 폭
6~10	8	5.5	10.5	5
11~15	13	10.5	15.5	5
16~20	18	15.5	20.5	5
21~25	23	20.5	25.5	5
26~30	28	25.5	30.5	5
31~35	33	30.5	35.5	5

문제3]

계 급	도 수	계급의 폭	계급의 구간경계선		계급값	상대도수	누적도수	상대 누적도수
			하한	상한				
60~69	85	10	59.5	69.5	64.5	0.2125	85	0.2125
70~79	77	10	69.5	79.5	74.5	0.1925	162	0.405
80~89	124	10	79.5	89.5	84.5	0.31	286	0.715
90~99	78	10	89.5	99.5	94.5	0.195	364	0.91
100~109	36	10	99.5	109.5	104.5	0.09	400	1
계	400					1		
		①	②	②	③	④	④	④

⑤ 히스토그램, 도수다각형

<히스토그램>

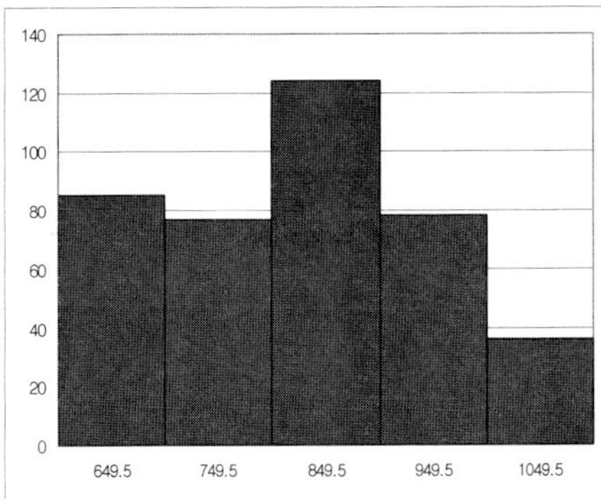

<도수다각형>

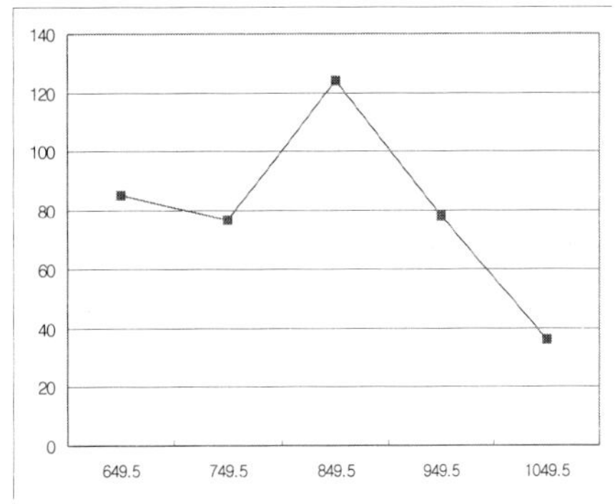

문제5] 각 계급의 도수와 모든 계급의 총도수

문제7]

1) 도수분포표 작성

문제6]번과 같은 방법으로 도수분포표를 작성할 수 있다. 단, 계급의 구간경계선상한값을 계급값으로 이용한다.

완성된 도수분포표

계급	계급값	도수
40~49	44.5	1
50~59	54.5	8
60~69	64.5	3
70~79	74.5	6
80~89	84.5	13
90~99	94.5	4
	계	35

2) 히스토그램

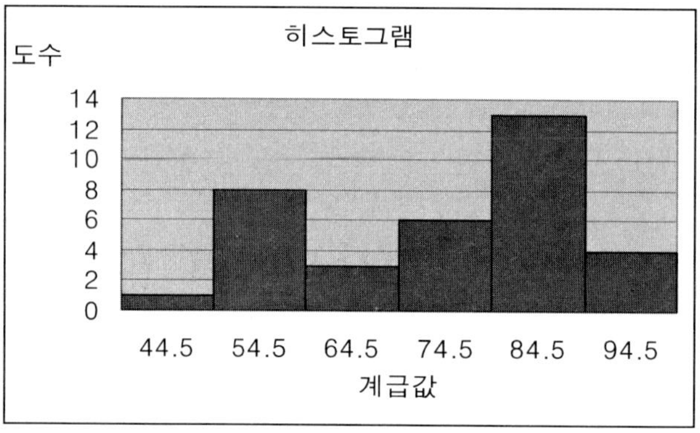

3) 줄기 잎 그림

4 | 2
5 | 1 1 4 5 5 7 8 9
6 | 3 3 6
7 | 1 3 3 6 7 9
8 | 0 0 1 2 2 3 4 5 6 7 8 9 9
9 | 0 0 4 8

4) 상대도수 다각형

- 도수분포표로부터 각 계급의 상대도수를 구하여 다음과 같이 상대도수다각형을 꺾은선 형 차트를 이용하여 작성할 수 있다.

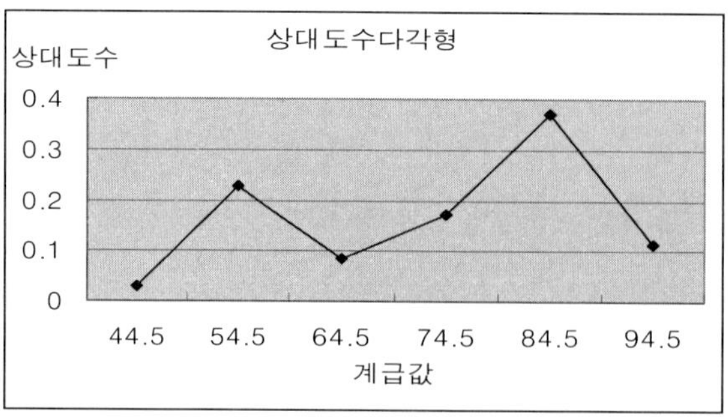

2장 연습문제 해답

문제1] $\bar{x}=(52+68+76+55+84)/5=67$

엑셀의 통계함수 중 AVERAGE()함수를 이용하여 평균을 구할 수 있다. AVERAGE()함수에 수를 직접 입력하거나 B1셀부터 B5셀 까지 데이터를 입력하여 데이터 범위를 지정해도 된다.

=AVERAGE(52,68,76,55,84)=67 또는 =AVERAGE(B1:B5)=67

문제3] $(x+y+z)/3=81,\ (w+u+x+y+z)/5=85$

$x+y+z=243,\ w+u+x+y+z=425,\ w+u=182$

따라서 두 시험 성적의 평균 91점을 받아야 한다.

문제5]

① $\bar{x}=(64.5\times85+74.5\times77+84.5\times124+94.5\times78+104.5\times36)/400=82.075$

② Me= 83.04 ③ Mo= 85.03

④ Q_1= 71.95, Q_3= 91.13 ⑤ $\tilde{\pi}_{30}$ = 74.55, $\tilde{\pi}_{80}$ = 92.74

문제7] 중위수는 통계함수중 MEDIAN()함수를 이용하여 구할 수 있다.

Me =MEDIAN(455, 150, 327, 169, 321, 2568, 398, 1352, 387)=387

문제9] 최빈수는 통계함수 중 MODE()함수를 이용하여 구할 수 있다. 엑셀에서는 유일하게 존재하는 최빈수 만을 구한다.

① Mo = 14 =MODE(H2:H9)
② Mo = -4 =MODE(I2:I7)
③ Mo =-4 =MODE(J2:J10)

문제11] Range=10,500-(-400)=10,900

문제13] 평균 = 334/40=8.35

음극선관의 수명	도수	계급값	계급값*도수	도수*계급값^2
6~6.9	8	6.45	51.6	388.5175
7~7.9	7	7.45	52.15	332.82
8~8.9	12	8.45	101.4	856.83
9~9.9	7	9.45	66.15	625.1175
10~10.9	6	10.45	62.7	655.215
계	40		334	2858.5

① 분산 =2858.5/40 -8.35^2 =1.74
② 표준편차 = SQRT(1.74)=1.32
③ 변동계수 =(1.32/8.35)*100 =15.8 %

문제15] 평균=4.1 분산=65.19 평균편차=2.02

표준편차=8.0740324 　　　　　　변동계수=196.92762%

문제17] 40대 여성의 변동계수와 20대 여성의 변동계수를 구하면 다음과 같다.

	평균무게	표준편차	변동계수
40대	51	5	9.80%
20대	26.5	3.7	13.96%

40대 여성의 변동계수는 9.80%이고, 20대 여성의 변동계수는 13.96% 이므로 20대 여성의 몸무게의 변동이 더 심하다.

3장 연습문제 해답

문제1]

1) $S=\{0,1,2,3,4,5,6,7,8,9,10\}$
2) $S=\{0,1,2,...,99,100\}$
3) $S=\{0,1,2,3,4,5\}$

문제3]

1) $P(\{1\})+P(\{2\})+P(\{3\})+P(\{4\})+P(\{5)+P(\{6\})$
   $=1/3+1/4+1/12+1/12+1/6+1/12=1$
   따라서 확률의 정의에 맞는다.
2) $P(\{3\})+P(\{6\})=1/6$
   $P(\{2\})+P(\{4\})+P(\{6\})=1/4+1/12+1/12=5/12$
   $P(\{2\})+P(\{3\})+P(\{4\})+P(\{6\})=1/4+1/12+1/12+1/12=1/2$

문제5] $P(\{w_1\})=p_1, P(\{w_2\})=p_2, P(\{w_3\})=p_3, P(\{w_4\})=p_4$ 라 하면,
$p_1=3p_2, p_3=p_2, p_4=4p_2$ 로서 $p_1+p_2+p_3+p_4=1$ 이므로 다음의 확률을 구할 수 있다.

1) $p_1=3/11, p_2=1/11, p_3=3/11, p_4=4/11$
2) $P(A)=p_1+p_3+p_4=10/11$

문제7] 조합을 계산하는 COMBIN()함수를 이용하여 다음을 계산할 수 있다.

1) 8!/(4!×4!) =70 =COMBIN(8,4) =70
2) 7!/(7!×0!) =1 =COMBIN(7,0) =1
3) 10!/(3!×7!)=120 =COMBIN(10,3) =120
4) 5!/(5!×0!) =1 =COMBIN(5,5) =1

문제9] 8개의 계란에서 3개를 뽑는 경우의 수 : $\binom{8}{3}$

뽑힌 3개의 계란중에서 유정란이 하나인 경우의 수 : $\binom{3}{1}\binom{5}{2}$

뽑힌 3개의 계란중에서 유정란이 두개인 경우의 수 : $\binom{3}{2}\binom{5}{1}$

뽑힌 3개의 계란중에서 유정란이 3개인 경우의 수 : $\binom{3}{3}\binom{5}{0}$

1) P(2개가 유정란인 사상) = $\dfrac{\binom{3}{2}\binom{5}{1}}{\binom{8}{3}}$

2) P(3개가 유정란인 사상) = $\dfrac{\binom{3}{3}\binom{5}{0}}{\binom{8}{3}}$

3) P(3개가 유정란이 아닐 사상) = $\dfrac{\binom{3}{0}\binom{5}{3}}{\binom{8}{3}}$

4) P(적어도 한 개는 유정란인 사상)
= P(1개 이상 유정란인 사상)
=1-P(하나도 유정란이 아닌 사상)
= $1-\dfrac{\binom{3}{0}\binom{5}{3}}{\binom{8}{3}}$

문제11]
1) $P(B_1)=5{,}000/1{,}000{,}000$
2) $P(A_1)=78{,}515/1{,}000{,}000$
3) $P(A_1|B_2)=P(A_1\cap B_2)/P(B_2)=73{,}630/995{,}600$
4) $P(B_1|A_1)=P(A_1\cap B_1)/P(B_1)=4{,}885/5{,}000$

문제13] M={중간고사 통과}, F={기말고사 통과},
$P(M)=0.6,\ P(M^c)=0.4,\ P(F|M^c)=0.8$
$P(F\cap M^c)=P(M^c)P(F|M^c)=0.4\times 0.8=0.32$

문제15] A={미국생산}, S={소형차}, U={유럽생산}, J={일본생산}
$P(A)=0.5, P(S|A)=0.15, P(U)=0.3, P(S|U)=0.4, P(J)=0.2, P(S|J)=0.6$
1) $P(S)=P(A)P(S|A)+P(U)P(S|U)+P(J)P(S|J)$
$=0.5\times 0.15+0.3\times 0.4+0.2\times 0.6=0.315$
2) $P(U|S)=P(U\cap S)/P(S)=P(U)P(S|U)/P(S)$
$=0.12/0.315=0.38$

문제17] A={승진할 사상}, B={휴가를 갈 사상}
$P(A)=5/8, P(B|A)=5/6, P(B|A^c)=1/3$
1) $P(B)=P(A)P(B|A)+P(A^c)P(B|A^c)=5/8\times 5/6+3/8\times 1/3=31/48$
2) $P(A|B)=P(A)P(B|A)/P(B)=(25/48)/(31/48)=25/31$

문제19] S={서울에 눈이올 사상}, M={모스크바에 눈이올 사상}
1) $P(S\cap M)=P(S)P(M)=0.4\times 0.7=0.28$
2) $P(S^c\cap M)=P(S^c)P(M)=0.6\times 0.7=0.42$
3) $P(S^c\cap M^c)=P(S^c)P(M^c)=0.6\times 0.3=0.18$
4) $P(S\cup M)=P(S)+P(M)-P(S)P(M)=0.4+0.7-0.28=0.82$

문제21] 1) $P(A)=1/6$ 2) $P(B)=1/6$

문제23] $P(A)=1/2, P(B)=1/2, P(100|A)=3/8, P(100|B)=7/10$

1) $P(100) = P(A)P(100|A) + P(B)P(100|B) = 1/2 \times 3/8 + 1/2 \times 7/10 = 0.5375$
2) $P(B|100) = P(B)P(100|B)/P(100) = 0.6511$

문제25]
1) $P(A \cup B) = P(A) + P(B) - P(A \cap B) = 0.6$
$= 0.4 + P(B) - 0.4P(B) = 0.6$
$0.6P(B) = 0.2$
$\therefore\ P(B) = 1/3$
2) $P(A \cup B) = P(A) + P(B) - P(A \cap B) = 0.6$
$= 0.4 + P(B) = 0.6$
$\therefore\ P(B) = 0.2$

문제27] A={아메리칸 익스프레스 카드}, B={비자카드}
$P(A \cup B) = P(A) + P(B) - P(A \cap B) = 0.24 + 0.61 - 0.11 = 0.74$

4장 연습문제 해답

문제1] 표본공간

$S = \{ (1,1),(1,2),(1,3),(1,4),(1,5),(1,6),$
$(2,1),(2,2),(2,3),(2,4),(2,5),(2,6),$
$(3,1),(3,2),(3,3),(3,4),(3,5),(3,6),$
$(4,1),(4,2),(4,3),(4,4),(4,5),(4,6),$
$(5,1),(5,2),(5,3),(5,4),(5,5),(5,6),$
$(6,1),(6,2),(6,3),(6,4),(6,5),(6,6) \}$

1) $X = \{1,2,3,4,5,6\}$

$X=x$	1	2	3	4	5	6	합계
$P(X=x)$	1/36	3/36	5/36	7/36	9/36	11/36	1

2) $X = \{1,2,3,4,5,6\}$

$X=x$	1	2	3	4	5	6	합계
$P(X-x)$	11/36	9/36	7/36	5/36	3/36	1/36	1

3) $X = \{2,3,4,5,6,7,8,9,10,11,12\}$

$X=x$	2	3	4	5	6	7	8	9	10	11	12	합계
$P(X=x)$	1/36	2/36	3/36	4/36	5/36	6/36	5/36	4/36	3/36	2/36	1/36	1

4) $X = \{-5,-4,-3,-2,-1,0,1,2,3,4,5\}$

$X=x$	-5	-4	-3	-2	-1	0	1	2	3	4	5	합계
$P(X=x)$	1/36	2/36	3/36	4/36	5/36	6/36	5/36	4/36	3/36	2/36	1/36	1

문제3] 확률분포 표를 입력하고, 평균과 분산의 공식을 적용하여 다음과 같이 각 셀에 대한 연산을 통해 구할 수 있다.

1) $\mu = E(X) = \sum xp(x) = 1 \times 0.4 + 2 \times 0.3 + 3 \times 0.15 + 4 \times 0.1 + 5 \times 0.05 = 2.1$

2) $\sigma^2 = V(X)$

$= \sum x^2 p(x) - \mu^2 = \{1^2 \times 0.4 + 2^2 \times 0.3 + 3^2 \times 0.15 + 4^2 \times 0.1 + 5^2 \times 0.05\} - 4.41$

$= 1.39$

문제5] 확률변수 X를 3개중 불량전구의 수라 하면, $X = \{0,1,2,3\}$으로서 다음과 같은 확률분포를 갖는다.

$P(X=0) = \dfrac{\binom{4}{0}\binom{6}{3}}{\binom{10}{3}} = 20/120$, $P(X=1) = \dfrac{\binom{4}{1}\binom{6}{2}}{\binom{10}{3}} = 60/120$,

$P(X=2) = \dfrac{\binom{4}{2}\binom{6}{1}}{\binom{10}{3}} = 36/120$, $P(X=3) = \dfrac{\binom{4}{3}\binom{6}{0}}{\binom{10}{3}} = 4/120$

$X=x$	0	1	2	3	합계
$P(X=x)$	20/120	60/120	36/120	4/120	1

문제7] 확률변수 X를 3개중 흰 공의 수라 하면, $X=\{0,1,2,3\}$으로서 다음과 같은 확률분포를 갖는다.

$$P(X=0)=\frac{\binom{5}{0}\binom{3}{3}}{\binom{8}{3}}=1/56, \qquad P(X=1)=\frac{\binom{5}{1}\binom{3}{2}}{\binom{8}{3}}=15/56,$$

$$P(X=2)=\frac{\binom{5}{2}\binom{3}{1}}{\binom{8}{3}}=30/56, \qquad P(X=3)=\frac{\binom{5}{3}\binom{3}{0}}{\binom{8}{3}}=10/56$$

$X=x$	0	1	2	3	합계
$P(X=x)$	1/56	15/56	30/56	10/56	1

문제9] 엑셀을 이용하여 기대값과 분산을 구하는 문제이다. 수식을 이용한 연산을 통해 다음과 같이 구할 수 있다.

1) $E(X)=2.5$

2) $E(X^2)=19.5$

3) $E((2X+1)^2)=E(4X^2+4X+1)=4E(X^2)+4E(X)+1$
$=4\times 19.5+4\times 2.5+1=89$

문제11]

1) $E(X)=\sum xp(x)=-1\times 1/3+0\times 1/3+1\times 1/3=0$

2) $V(X)=\sum x^2p(x)-\mu^2=(-1)^2\times 1/3+0^2\times 1/3+1^2\times 1/3-(0)^2=2/3$

문제13] 확률 분포표를 입력한 후 셀 들 간의 연산을 통해 다음과 같이 X의 주변확률과 Y의 주변확률, 그리고 각각의 기대값을 구할 수 있다.

1) X와 Y의 주변확률 분포

[X의 주변확률분포]

$X=x$	70	80	90	100	계
$h(x)$	0.1	0.16	0.28	0.46	1

[Y의 주변확률분포]

$Y=y$	280	300	320	340	계
$g(y)$	0.07	0.14	0.21	0.58	1

2) X와 Y의 기대값과 분산

$E(X)=91$, $E(Y)=326$,
$V(X)=101$, $V(Y)=364$

문제15] 문제14번과 같은 방법으로 다음과 같이 각각의 값들을 구할 수 있다.

1) X와 Y의 주변확률분포

[Y의 주변확률 분포]

$Y=y$	0	1	2	계
$g(y)$	0.25	0.50	0.25	1

[X의 주변확률 분포]

$X=x$	0	2	4	6	계
$h(x)$	0.15	0.35	0.35	0.15	1

2) X와 Y의 기대값과 분산

$E(X)=3$, $E(Y)=1$

$V(X)=3.4$, $V(Y)=0.5$

3) $P(X=Y)$인 경우는 0, 2일 때이므로 이들의 확률의 합을 구하면 된다.

$P(X=Y) = 0.1+0.1=0.2$

또한 $x=2$ 일 때, $y=0$이고, $x=4$ 일 때, $y=0,1,2$ 이며, $x=6$일 때, $y=0,1,2$일 때의 확률의 합을 구하면 된다.

$P(X \geq Y+2) = 0.05+0.1+0.2+0.5+0+0.05+0.1=1$

4) X와 Y의 공분산 $Cov(X,Y)=0.5$

5) X와 Y의 상관계수 $Corr(X,Y)=0.383482$

문제17]

1) $f(x)$와 $F(x)$의 그래프

$f(x)$의 그래프

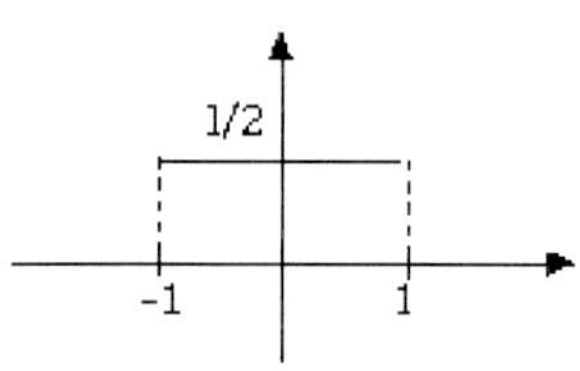

$F(x)$의 그래프

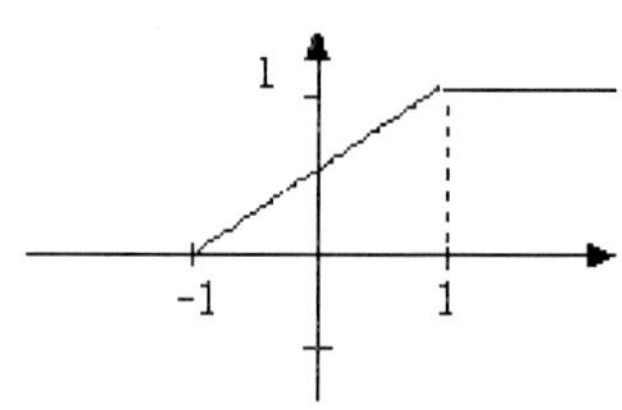

$$F(x)=\begin{cases} 0, & x<-1 \\ \frac{1}{2}x+\frac{1}{2}, & -1 \leq x < 1 \\ 1, & x \geq 1 \end{cases}$$

2) 기대값과 분산

$$E(X)=\int_{-1}^{1}\frac{1}{2}x\,dx=\frac{1}{4}x^2\Big]_{-1}^{1}=0$$

$$E(X^2)=\int_{-1}^{1}\frac{1}{2}x^2dx=\frac{1}{6}x^3\Big]_{-1}^{1}=\frac{1}{3}$$

$$V(X)=\frac{1}{3}-0=\frac{1}{3}$$

문제19] $f(x)$를 x의 전 구간에서 적분하면 1이 된다는 사실을 이용한다.

1) $\int_0^2 kx\,dx=\frac{1}{2}kx^2\Big]_0^2=1$, 따라서 $k=\frac{1}{2}$이다.

2) $f(x)=\frac{1}{2}x, 0 \leq x \leq 2$ 이므로 분포함수는 다음과 같다.

$$F(x) = \begin{cases} 0, & x < 0 \\ \frac{1}{4}x^2, & 0 \le x < 2 \\ 1, & x \ge 2 \end{cases}$$

3) $P(1 \le X \le 2) = F(2) - F(1) = 1 - \frac{1}{4} = \frac{3}{4}$

문제21]

$$P(A_1 \cap A_2) = P(3 < X < 4) = \int_3^4 \frac{1}{x^3} dx = -\frac{1}{2x^2}\Big]_3^4 = \frac{1}{18} - \frac{1}{32} = \frac{1}{41}$$

문제23]

1) 분포함수 $F(x)$

$$F(x) = \begin{cases} 0, & x < 1 \\ \int_1^x \frac{1}{2} dt = \frac{x-1}{2}, & 1 \le x < 3 \\ 1, & x \ge 3 \end{cases}$$

2) $P(2 < X < 2.5) = P(X < 2.5) - P(X < 2) = F(2.5) - F(2) = \frac{0.5}{2} = \frac{1}{4}$

3) $P(X < 1.6) = F(1.6) = \frac{0.6}{2} = 0.3$

5장 연습문제 해답

문제1] 확률변수 X를 안타를 칠 회수라 하면, $X \sim B(4, 0.25)$인 이항분포를 따른다. 이항분포에 대한 함수는 BINOMDIST() 로서 다음과 같이 입력하여 확률을 구할 수 있다.

1) $P(X=1)$ = BINOMDIST(1,4,0.25,0)= 0.421875
2) $P(X \geq 1)$ =1-BINOMDIST(0,4,0.25,1) = 0.68359375
3) $P(X=0)$ = BINOMDIST(0,4,0.25,0) = 0.31640625

문제3] 확률변수 X를 회복한 환자수라 하면, $X \sim B(6, 0.6)$인 이항분포를 따른다.

1) $P(X=0)$ = BINOMDIST(0,6,0.6,0) = 0.004096
2) $P(X=6)$ = BINOMDIST(6,6,0.6,0) = 0.046656
3) $P(X=3)$ = BINOMDIST(3,6,0.6,0) = 0.27648
4) $P(X \geq 3)$ = 1-P(X≤2) = 1-BINOMDIST(2,6,0.6,1) = 0.8208

문제5]

1) $n=15, p=0.6$ 인 이항분포 $X \sim B(15, 0.6)$
2) $P(X \geq 1)$ = $1-P(X \leq 0)$ = 1-BINOMDIST(0,15,0.6,0) = 0.999998926
3) $P(X \leq 4)$ =BINOMDIST(4,15,0.6,1) = 0.009347661

문제7] 확률변수 X를 아들의 수라 하면, $X \sim B(4, 0.5)$인 이항분포를 따른다.
따라서 2명의 아들이 있을 확률은 $P(X=2)$ 이므로,
$P(X=2)$= BINOMDIST(2,4,0.5,0) = 0.375

문제9]

1) $\mu = E(X) = 16 \times 0.4 = 6.4$ $\quad \sigma^2 = V(X) = 16 \times 0.4 \times 0.6 = 3.84$
2) $\mu = E(Y) = 20 \times 0.1 = 2$ $\quad \sigma^2 = V(Y) = 20 \times 0.1 \times 0.9 = 1.8$
3) $\mu = E(Z) = 25 \times 0.8 = 20$ $\quad \sigma^2 = V(Z) = 25 \times 0.8 \times 0.2 = 4$

문제11]

1) $X \sim B(8, 0.4)$
   $P(X=4)$ = BINOMDIST(4,8,0.4,0) = 0.2322432
2) $X \sim B(10, 0.3)$
   $P(X=3)$ = BINOMDIST(3,10,0.3,0) = 0.2668279
3) $X \sim B(10, 0.7)$
   $P(X \geq 3)$ $=1-P(X \leq 2)$= 1-BINOMDIST(2,10,0.7,1) = 0.9984096

문제13] 초기하 분포의 통계함수 HYPGEOMDIST(x,n,k,N) 함수를 이용하여 확률을 구한다.

1) $N=9, n=3, k=4$으로 $X \sim HYP(9, 3, 4)$인 초기하분포를 따른다.

$$P(X=x)=\frac{\binom{4}{x}\binom{5}{3-x}}{\binom{9}{3}},\quad x=0,1,2,3$$

2) $P(X=2)=\frac{\binom{4}{2}\binom{5}{1}}{\binom{9}{3}}$ = HYPGEOMDIST(2,3,4,9) = 0.357142857

3) $P(X\geq 1)=1-P(X=0)=1-\frac{\binom{4}{0}\binom{5}{3}}{\binom{9}{3}}$=1-HYPGEOMDIST(0,3,4,9)=0.880952381

문제15]

1) $N=10, n=3, k=3$으로 $X\sim HYP(10,3,3)$인 초기하분포를 따른다.

$$P(X=x)=\frac{\binom{10}{x}\binom{3}{3-x}}{\binom{10}{3}},\quad x=0,1,2,3$$

2) $P(X=3)=\frac{\binom{10}{3}\binom{3}{0}}{\binom{10}{3}}$ = HYPGEOMDIST(3,3,3,10) = 0.008333333

3) $P(X\geq 2)=P(X=2)+P(X=3)=\frac{\binom{10}{2}\binom{3}{1}}{\binom{10}{3}}+\frac{\binom{10}{3}\binom{3}{0}}{\binom{10}{3}}$

= HYPGEOMDIST(2,3,3,10)+HYPGEOMDIST(3,3,3,10)
= 0.175 + 0.008333333 = 0.183333333

문제17] 확률변수 X는 $p=0.4, k=3$로서 $NB(3,0.4)$인 음이항분포를 따른다.
따라서 구하는 확률은 $P(X=5)$이므로
$P(X=5)=\binom{4}{2}(0.4)^3(0.6)^2=$ NEGBINOMDIST(2,3,0.4) =0.13824

문제19] 확률변수 X는 $p=0.5$로서, $Ge(0.5)$인 기하분포를 따른다.
따라서 구하고자 하는 확률은
$P(X=2)=(0.5)(0.5)=$ NEGBINOMDIST(1,1,0.5) = 0.25

문제21] 성공확률 $p=0.002$인 기하분포로서 $E(X)=1/p=1/0.002=500$명이다.

문제23] 엑셀의 통계함수 중 포아송 분포의 확률함수인 POISSON() 함수를 이용한다. 확률변수 X를 원고 1장 당 오타의 수라 할 때, X는 $\lambda=4$인 포아송분포를 따른다.

1) $P(X=0)=(e^{-4}4^0)/0!=e^{-4}$ =0.0183
= POISSON(0,4,0) = 0.018315639

2) $P(X \le 2) = P(X=0) + P(X=1) + P(X=2)$
$= e^{-4}4^0/0! + e^{-4}4^1/1! + e^{-4}4^2/2!$ = 0.2381
= POISSON(2,4,1) = 0.238103306

문제25] $X \sim Po(10)$인 포아송분포를 따르므로, 구하고자 하는 확률은 $P(X \ge 16)$이다.
$P(X \ge 16) = 1 - P(X \le 15)$ = 1-POISSON(15,10,1) = 0.04874

문제27] $\lambda = np = 1000 \times 0.001 = 1$ 로서 $X \sim Po(1)$로 쓸 수 있다.
$P(X \ge 5) = 1 - P(X \le 4) = 1 - \sum_{x=0}^{4} e^{-1}1^x/x!$ = 1-POISSON(4,1,1)= 0.00366

문제29] $\lambda = np = 1000 \times 0.01 = 10$ 으로 $X \sim Po(10)$이다.
$P(X=0) = e^{-10}10^0/0! = e^{-10}$ = POISSON(0,10,0) = 4.54E-05 = 0

6장 연습문제 해답

문제1]

1) $X \sim U(0,40)$, $f(x) = 1/40,\ 0 \le x < 40$

2) $P(X \le 20) = \int_0^{20} 1/40dx = 1/2$

3) $E(X) = 40/2 = 20$

$V(X) = 40^2/12 = 133.3$

문제3] NORMSDIST()함수 이용

1) 표준정규분포표 :

$P(1.8 \le Z \le 2.8) = P(0 \le Z \le 2.8) - P(0 \le Z \le 1.8) = 0.4974 - 0.4641 = 0.0333$

엑셀: =NORMSDIST(2.8) - NORMSDIST(1.8)=0.033375

2) 표준정규분포표 :

$P(-2.8 \le Z \le -1.8) = P(1.8 \le Z \le 2.8) = 0.0333$

엑셀: =NORMSDIST(-1.8) - NORMSDIST(-2.8)=0.033375

3) 표준정규분포표 :

$P(Z > -2.13) = P(Z < 2.13) = 0.5 + P(0 < Z < 2.13) = 0.5 + 0.4834 = 0.9834$

엑셀: =1-NORMSDIST(-2.13)=0.983414

4) 표준정규분포표 :

$P(Z \le -1.81) = P(X > 1.81) = 0.5 - P(0 < Z < 1.81) = 0.5 - 0.4649 = 0.0351$

엑셀: = NORMSDIST(-1.81) = 0.035148

문제5] $X \sim N(30,4^2)$, NORMDIST()함수 이용

1) 표준정규분포표:

$P(30 < X < 35) = P((30-30)/4 < Z < (35-30)/4) = P(0 < Z < 1.25) = 0.3944$

엑셀: = NORMDIST(35,30,4,1)-NORMDIST(30,30,4,1)= 0.39435

2) 표준정규분포표:

$P(X > 40) = P(Z > (40-30)/4) = P(Z > 2.5) = 0.5 - P(0 < Z < 2.5)$

$= 0.5 - 0.4938 = 0.0062$

엑셀: = 1-NORMDIST(40,30,4,1) = 0.00621

3) 표준정규분포표:

$P(X < 37) = P(Z < 1.75) = 0.5 + P(0 < Z < 1.75) = 0.5 + 0.4599 = 0.9599$

엑셀: = NORMDIST(37,30,4,1)= 0.959941

4) 표준정규분포표:

$P(20 \le X \le 37) = P(-2.5 < Z < 1.75) = P(0 < Z < 2.5) + P(0 < Z < 1.75)$

$= 0.4938 + 0.4599 = 0.9537$

엑셀: = NORMDIST(37,30,4,1)-NORMDIST(20,30,4,1)= 0.953731

문제7]$X \sim N(40,8^2)$, NORMDIST()함수 이용

1) 표준정규분포표:

$P(X \ge 35) = P(Z \ge (35-40)/8) = P(Z \ge -0.63) = 0.5 + P(0 \le Z \le 0.63)$

$= 0.5 + 0.2357 = 0.7357$

엑셀: = 1-NORMDIST(35,40,8,1) = 0.734015

2) $1000 \times 0.7357 = 735.7 \fallingdotseq 736$ 그루

문제9] 표준정규분포표의 이용:

$p = 0.6, n = 110,\ X \sim B(110, 0.6)$인 이항 분포로부터

$\mu = np = 110 \times 0.6 = 66,\ \sigma^2 = np(1-p) = 110 \times 0.6 \times 0.4 = 26.4$

$X \sim N(66, 5.14^2)$

$P(X < 68) = P(X < 67.5) = P(Z < (67.5 - 66)/5.14) = P(Z < 0.29)$

$= 0.5 + P(0 < Z < 0.29) = 0.6141$

엑셀: = NORMDIST(67.5,66,5.138,1) = 0.614835

문제11] $X \sim N(70, 10^2)$

① 산술적 계산에 의한 방법:

$P(X \geq a) = 0.1$

$P(X \geq a) = P((X-70)/10 \geq (a-70)/10)$

$= P(Z \geq (a-70)/10)$

$= 0.5 - P(0 \leq Z \leq k) = 0.1,\ \ k = (a-70)/10$

$P(0 \leq Z \leq k) = 0.4,\ \ k = (a-70)/10 \fallingdotseq 1.28,\ \ \therefore\ a = 82.8$

$P(X \geq b) = 0.23$

$P(X \geq b) = P((X-70)/10 \geq (b-70)/10)$

$= P(Z \geq (b-70)/10)\ \ , t = (b-70)/10$

$= 0.5 - P(0 \leq Z \leq t) = 0.23$

$P(0 \leq Z \leq t) = 0.27$

$t = (b-70)/10 \fallingdotseq 0.74,\ \ \therefore a = 77.4$

② 엑셀을 이용한 방법: NORMINV() 함수 이용

A학점: =NORMINV(0.9,70,10) =82.81551 점

B힉점: =NORMINV(0.76,70,10) =77.06302 점

문제13] $X \sim N(67, 12^2)$, NORMDIST()함수, NORMINV()함수 이용

1) 표준정규분포표:

$P(X \leq 60) = P(Z \leq (60-67)/12) = P(Z \leq -0.58) = 0.5 - P(0 \leq Z \leq 0.58)$

$= 0.5 - 0.219 = 0.281$

$\therefore$ 약 28.1%

엑셀: = NORMDIST(60,67,12,1)= 0.279834 , 약 27.98%

2) 산술적인 계산:

$P(X \leq k) = 0.1$

$P(Z \leq (k-67)/12) = 0.5 - P(0 \leq Z \leq t) = 0.1\ \ , t = (k-67)/12$

$P(0 \leq Z \leq t) = 0.4,\ t = -1.28\ ,\ (k-67)/12 = -1.28,$

$\therefore\ k = 67 - 15.36 = 51.64$

엑셀: = NORMINV(0.1,67,12) = 51.62139 점

3) 산술적인 계산:

$P(X \geq k) = 0.1$

$P(Z \leq (k-67)/12) = 0.5 - P(0 \leq Z \leq t) = 0.1,\ t = (k-67)/12$

$P(0 \leq Z \leq t) = 0.4,\ t = 1.28,\ (k-67)/12 = 1.28,$

$\therefore\ k = 67 + 15.36 = 82.36$

엑셀: = NORMINV(0.9,67,12) = 82.37861 점

문제15] $X \sim N(45, 7.5^2)$, NORMINV() 함수 이용

1) 산술적 계산:

$P(X < k) = 320/2000 = 0.16$

$P(Z < (k-45)/7.5) = P(Z < t), t = (k-45)/7.5$

$0.5 - P(0 < Z < t) = 0.16\ ,\ P(0 < Z < t) = 0.34,\ t = 0.99$

$t = (k-45)/7.5 = 0.99$

$\therefore k = 52.43$ 점

엑셀: = NORMINV(1-(320/2000), 45,7.5) = 52.45843 점

2) 산술적 계산:

$P(X < k) = 0.03$

$P(Z < (k-45)/7.5) = P(Z < t), t = (k-45)/7.5$

$0.5 - P(0 < Z < t) = 0.03\ ,\ P(0 < Z < t) = 0.47,\ t = 1.88$

$t = (k-45)/7.5 = 1.88$

$\therefore k = 59.1$ 점

엑셀: = NORMINV(1-(60/2000), 45,7.5) = 59.10592 점

문제17] $X \sim B(100, 0.4)$, BINOMDIST() 함수

$\mu = np = 40,\ \sigma^2 = np(1-p) = 24,\ X \sim N(40, 24)$, NORMDIST() 함수

표준정규분포표:

$P(X \geq 46) = P(Z \geq (46 - 0.5 - 40)/4.9) = P(Z \geq 1.12)$

$= 0.5 - P(0 \leq Z \leq 1.12) = 0.1314$

엑셀-정규근사: =1-NORMDIST(45.5,40,SQRT(24),1)=0.130786

-이항분포: = 1-BINOMDIST(45,100,0.4,1) = 0.13109

문제19] $X \sim B(100, 0.8)$, BINOMDIST() 함수

$\mu = np = 80, \sigma^2 = np(1-p) = 16,\ X \sim N(80, 16)$, NORMDIST() 함수

1) 표준정규분포표:

$P(X < 74) = P(Z < (73.5 - 80)/4) = P(Z < -1.63)$

$= 0.5 - P(0 < Z < 1.63) = 0.0516$

엑셀-정규근사: = NORMDIST(73.5,80,SQRT(16),1) = 0.052081

-이항분포: = BINOMDIST(73,100,0.8,1) = 0.055833

2) 표준정규분포표:

$P(74 \leq X \leq 85) = P(73.5 \leq X \leq 85.5) = P((73.5-80)/4 \leq Z \leq (85.5-80)/4)$

$= P(-1.63 \leq Z \leq 1.38) = P(0 \leq Z \leq 1.63) + P(0 \leq Z \leq 1.38)$

$= 0.4484 + 0.4162 = 0.8646$

엑셀-정규근사:

=NORMDIST(85.5,80,SQRT(16),1)-NORMDIST(73.5,80,SQRT(16),1)
=0.863353

-이항분포:=BINOMDIST(85,100,0.8,1)-BINOMDIST(73,100,0.8,1)
=0.863724

문제21] $X \sim B(100,0.3)$

1) $\mu = E(X) = np = 30,\ \sigma^2 = V(X) = np(1-p) = 21$

2) $X \sim B(100,0.3) \Rightarrow X \sim N(30,21)$

3) 표준정규분포표:

$$P(X \geq 40) = P(X \geq 39.5) = P(Z \geq (39.5-30)/4.58)$$
$$= P(Z \geq 2.07) = 0.5 - P(0 \leq Z \leq 2.07) = 0.0192$$

엑셀-정규근사:=1-NORMDIST(39.5,30,SQRT(21),1) =0.019083

-이항분포:=1-BINOMDIST(39,100,0.3,1) = 0.020989

문제23] 평균 0.5초이므로 $\lambda = 2$로서 $X \sim EXP(2)$인 지수분포, EXP()함수와 EXPONDIST() 함수를 이용한다.

1) $P(X \geq 4)$ =EXP(-2*4)=0.000335

2) $P(X \leq 2)$ =EXPONDIST(2,2,1)=0.981684

7장 연습문제 해답

문제1]

1) $\mu = 1/5 \times (3+7+11+13+16) = 10$,

$\sigma^2 = 1/5 \times \{(3-10)^2 + (7-10)^2 + (11-10)^2 + (13-10)^2 + (16-10)^2\} = 20.8$

2) $E(\overline{X}) = \mu = 10$, $V(\overline{X}) = \sigma^2/n = 20.8/2 = 10.4$

문제3] $N = 100$, $\mu = 60$, $\sigma^2 = 25$, $n = 9$

1) 표본 평균 $\overline{X} = 60$이고, 분산이 $(25/9) \times (91/99)$ 인 분포

2) $E(\overline{X}) = \mu = 60$

3) $V(\overline{X}) = (25/9) \times (91/99)$

문제5] $X \sim N(77, 52)$, $n = 16$, $E(\overline{X}) = 77$, $V(\overline{X}) = 25/16$

엑셀의 NORMDIST() 함수를 이용한다.

1) 표준정규분포표:

$$P(77 \leq \overline{X} \leq 79.5) = P((77-77)/(5/4) \leq Z \leq (79.5-77)/(5/4))$$
$$= P(0 \leq Z \leq 2) = 0.4772$$

엑셀: =NORMDIST(79.5,77,SQRT(25/16),1)
-NORMDIST(77,77,SQRT(25/16),1)=0.47725

2) 표준정규분포표:

$$P(74.2 \leq \overline{X} \leq 78.4) = P((74.2-77)/(5/4) \leq Z \leq (78.4-77)/(5/4))$$
$$= P(-2.24 \leq Z \leq 1.12) = P(0 \leq Z \leq 2.24) + P(0 \leq Z \leq 1.12)$$
$$= 0.4875 + 0.3686 = 0.8561$$

엑셀: =NORMDIST(78.4,77,SQRT(25/16),1)
-NORMDIST(74.2,77,SQRT(25/16),1) =0.856098

문제7] $X \sim N(82, 12^2)$인 모집단

1) $n = 64$, $E(\overline{X}) = 82$, $V(\overline{X}) = 12^2/64 = 1.5^2$, $\overline{X} \sim N(82, 1.5^2)$

표준정규분포표:

$$P(80.8 \leq \overline{X} \leq 83.2) = P((80.8-82)/1.5 \leq Z \leq (83.2-82)/1.5)$$
$$= P(-0.8 \leq Z \leq 0.8)$$
$$= 2P(0 \leq Z \leq 0.8)$$
$$= 2 \times 0.2881 = 0.5762$$

엑셀: =NORMDIST(83.2,82,12/SQRT(64),1)
-NORMDIST(80.8,82,12/SQRT(64),1) =0.576289

2) $n = 100$, $E(\overline{X}) = 82$, $V(\overline{X}) = 12^2/100 = 1.2^2$, $\overline{X} \sim N(82, 1.2^2)$

표준정규분포표:

$$P(80.8 \leq \overline{X} \leq 83.2) = P((80.8-82)/1.2 \leq Z \leq (83.2-82)/1.2)$$
$$= P(-1 \leq Z \leq 1) = 2P(0 \leq Z \leq 1) = 2 \times 0.3413 = 0.6826$$

엑셀: =NORMDIST(83.2,82,12/SQRT(100),1)

-NORMDIST(80.8,82,12/SQRT(100),1) =0.682689

문제9] $X \sim N(40,10^2)$, $n=25$, $E(\overline{X})=40$, $V(\overline{X})=10^2/25=2^2, \overline{X} \sim N(40,22)$

1) 표준정규분포표:

$$P(38 \le \overline{X} \le 43) = P((38-40)/2 \le Z \le (43-40)/2) = P(-1 \le Z \le 1.5)$$
$$= P(0 \le Z \le 1) + P(0 \le Z \le 1.5) = 0.3413 + 0.4332 = 0.7745$$

엑셀: =NORMDIST(43,40,SQRT(100/25),1)
-NORMDIST(38,40,SQRT(100/25),1) =0.774538

2) 표준정규분포표:

$$P(\overline{X} \le 45) = P(Z \le (45-40)/2) = P(Z \le 2.5) = 0.5 + P(0 \le Z \le 2.5) = 0.9938$$

엑셀: =NORMDIST(45,40,SQRT(100/25),1) =0.99379

문제11] $X \sim N(50,8^2), n=250$, $E(\overline{X})=50$, $V(\overline{X})=8^2/250=0.51^2, \overline{X} \sim N(50,0.51^2)$

표준정규분포표:

$$P(49 \le \overline{X} \le 51) = P((49-50)/0.51 \le Z \le (51-50)/0.51) = P(-1.96 \le Z \le 1.96)$$
$$= 2P(0 \le Z \le 1.96) = 0.95$$

엑셀: =NORMDIST(51,50,SQRT(64/250),1)
-NORMDIST(49,50,SQRT(64/250),1) =0.951893

문제13] $X \sim N(500,35^2)$, $n=49$, $E(\overline{X})=500$, $V(\overline{X})=35^2/49=5^2, \overline{X} \sim N(500,5^2)$

표준정규분포표:

$$P(488 \le \overline{X} \le 505) = P((488-500)/5 \le Z \le (505-500)/5) = P(-2.4 \le Z \le 1)$$
$$= P(0 \le Z \le 2.4) + P(0 \le Z \le 1)$$
$$= 0.4918 + 0.3413 = 0.8331$$

엑셀: =NORMDIST(505,500,SQRT(35^2/49),1)
-NORMDIST(488,500,SQRT(35^2/49),1) =0.833147

문제15] $\overline{X}_1 - \overline{X}_2 \sim N(3.3,(16/50)+(25/40))$

1) 표준정규분포표:

$$P(\overline{X}_1 - \overline{X}_2 \ge 5) = P(Z \ge \frac{5-(16.5-13.2)}{\sqrt{16/50+25/40}})$$
$$= P(Z \ge 1.75) = 0.5 - P(0 \le Z \le 1.75) = 0.5 - 0.4599 = 0.0401$$

엑셀: =1-NORMDIST(5,16.5-13.2,SQRT((16/50)+(25/40)),1) = 0.040165

2) 표준정규분포표:

$$P(3 \le \overline{X}_1 - \overline{X}_2 \le 7) = P(\frac{3-(16.5-13.2)}{\sqrt{16/50+25/40}} \le Z \le \frac{7-(16.5-13.2)}{\sqrt{16/50+25/40}})$$
$$= P(-0.31 \le Z \le 3.81) = P(0 \le Z \le 0.31) + P(0 \le Z \le 3.81)$$
$$= 0.1217 + 0.4997 = 0.6214$$

엑셀: = NORMDIST(7,16.5-13.2,SQRT((16/50)+(25/40)),1)
- NORMDIST(3,16.5-13.2,SQRT((16/50)+(25/40)),1)=0.621119

문제17] $X/n \sim N(0.6, 0.6 \times 0.4/900)$

1) 표준정규분포표:

$$P(X/n \geq 0.65) = P(Z \geq (0.65-0.6)/0.0163) = P(Z \geq 3.06) = 0.0011$$

엑셀: =1-NORMDIST(0.65, 0.6, SQRT((0.6*0.4)/900),1) = 0.0011

2) 표준정규분포표:

$$P(X/n < 0.56) = P(X/n < (0.56-0.6)/0.0163) = P(Z<-2.45)$$
$$= P(Z \geq 2.45) = 0.0071$$

엑셀: = NORMDIST(0.56, 0.6, SQRT((0.6*0.4)/900),1) = 0.007153

문제19] $p=0.67, n=300, X/n \sim N(0.67, 0.67 \times 0.33/300)$

표준정규분포표:

$$P(X/n \leq 0.63) = P(Z \leq (0.63-0.67)/0.027) = P(Z \leq -1.48)$$
$$= 0.5 - 0.4306 = 0.0694$$

엑셀: =NORMDIST(0.63, 0.67, SQRT((0.67*0.33)/300),1) = 0.070319

문제21] $n=20, p=0.5, X/n \sim N(0.5, 0.5 \times 0.5/20)$

표준정규분포표:

$$P(0.4 \leq X/n \leq 0.6) = P((0.4-0.5)/0.11 \leq Z \leq (0.6-0.5)/0.11)$$
$$= P(-0.9 \leq Z \leq 0.9)$$
$$= 2P(0 \leq Z \leq 0.9) = 0.6318$$

엑셀: =NORMDIST(0.6, 0.5, SQRT((0.5*0.5)/20),1)
- NORMDIST(0.4, 0.5, SQRT((0.5*0.5)/20),1)
=0.628907

문제23] χ^2-분포표로 부터 α점을 찾는 방법을 이용하거나, 엑셀의 CHIINV()함수를 이용한다.

1) $\chi^2(12, 0.025) = 23.34$ =CHIINV(0.05,12)=23.3366602
2) $\chi^2(15, 0.95) = 7.26$ =CHIINV(0.95,15)=7.26093477
3) $\chi^2(10, 0.975) = 3.25$ =CHIINV(0.975,10)=3.2469635
4) $\chi^2(3, 0.01) = 11.34$ =CHIINV(0.01,3)=11.3448821
5) $\chi^2(12, 0.90) = 6.30$ =CHIINV(0.90,12)=6.30379585

문제25] t-분포표로부터 확률과 자유도를 이용하여 α점을 찾을 수 있다. 엑셀을 이용할 때에는 TINV()함수를 이용하여 α점을 찾을 수 있다. 이때, TINV()함수는 α점을 구하는 것이 아니라 $\alpha/2$점을 구한다. 따라서 α점을 구하기 위해서는 2α를 입력해야 한다.

1) $t(16, 0.01)$ = 2.583 =TINV(0.02,16) =2.58349246
2) $t(10, 0.05)$ = 1.812 =TINV(0.1,10) =1.81246151
3) $t(11, 0.025)$ = 2.201 =TINV(0.05,11)=2.20098627
4) $t(6, 0.10)$ = 1.44 =TINV(0.2,6)=1.43975512
5) $t(25, 0.025)$ = 2.06 =TINV(0.05,25)=2.05953711

문제27] F-분포표로부터 확률과 자유도를 이용하여 α점을 찾을 수 있다. 엑셀을 이용할 때에는 FINV() 함수를 이용하여 α점을 찾을 수 있다

1) $F_5^6(0.01) = 10.67$ =FINV(0.01,6,5) =10.6722382

2) $F_{12}^{10}(0.05) = 2.75$ =FINV(0.05,10,12) =2.75338863

3) $F_5^6(0.975) = 1/5.99=0.167$ =FINV(0.975,6,5) =0.16701307

4) $F_{11}^{15}(0.90) = 1/2.06=0.485$ =FINV(0.90,15,11) =0.49102056

5) $F_1^5(0.025) = 921.8$ =FINV(0.025,5,1) =921.834726

8장 연습문제 해답

문제1] 모평균 μ의 95% 신뢰구간 :σ^2이 알려진 경우

$46-1.96\times 6/4 \le \mu \le 46+1.96\times 6/4 \quad \Rightarrow \quad 43.06 \le \mu \le 48.94$

엑셀: =CONFIDENCE(0.05,SQRT(36),16)=2.939942

⇒ 46±2.939942 =(43.06006, 48.93994)

문제3] 모평균 μ의 95% 신뢰구간 : σ²이 알려진 경우

$150-1.96\times 20/\sqrt{10} \le \mu \le 150+1.96\times 20/\sqrt{10} \quad \Rightarrow 137.59 \le \mu \le 162.41$

엑셀: =CONFIDENCE(0.05,20,10)=12.39588

⇒ 150±12.39588 =(137.6041,162.3959)

문제5]

1)$s/\sqrt{n}=2.85/\sqrt{20}=0.64$

2) 모평균 μ의 95% 신뢰구간 :σ^2을 모르는 경우

$15.6-2.093\times 0.64 \le \mu \le 15.6+2.093\times 0.64 \quad \Rightarrow 14.3 \le \mu \le 16.9$

엑셀:=TINV(0.05,19)*STDEV(A1:J2)/SQRT(20) =1.3358818

⇒ 15.6±1.3358818 =(14.2641182, 16.9358818)

문제7] 모평균 μ의 95% 신뢰구간 : σ^2을 모르는 경우-n이 클 때

$230-1.96\times 20/6 \le \mu \le 230+1.96\times 20/6 \Rightarrow 223.47 \le \mu \le 236.53$

엑셀:

- t분포 : =TINV(0.05,35)*20/SQRT(36)=6.767034696

⇒ 230±6.767034696 =(223.2329653,236.7670347)

- 정규분포 : =CONFIDENCE(0.05,20,36)=6.533203608

⇒ 230±6.533203608 =(223.4667964, 236.5332036)

문제9] 모평균 μ의 95% 신뢰구간 : σ^2을 모르는 경우

$t_{(0.025,15)}=2.131,$

$1.64-2.131\times 2/4 \le \mu \le 1.64+2.131\times 2/4 \quad \Rightarrow 0.575 \le \mu \le 2.705$

엑셀: =TINV(0.05,15)*2/SQRT(16)=1.065725428

⇒ 1.64±1.065725428 = (0.574274572, 2.705725428)

문제11] 모평균 차이$\mu_1-\mu_2$의 95% 신뢰구간 : σ_1^2,σ_2^2이 알려진 경우

$1.2-1.96\times\sqrt{16/100+25/100} \le \mu_1-\mu_2 \le 1.2+1.96\times\sqrt{16/100+25/100}$

⇒ $1.2-1.96\times 0.64 \le \mu_1-\mu_2 \le 1.2+1.96\times 0.64$

⇒ $-0.0544 \le \mu_1-\mu_2 \le 2.4544$

엑셀: =NORMSINV(0.975)*SQRT((16/100)+(25/100)) =1.254987431

⇒ 1.2±1.254987431 =(-0.054987431, 2.454987431)

문제13] 모평균 차이$\mu_1-\mu_2$의 95% 신뢰구간 : σ_1^2,σ_2^2을 모르는 경우- n이 클때

$12700 - 1.96 \times 9.83 \le \mu_1 - \mu_2 \le 12700 - 1.96 \times 9.83$

$\Rightarrow 12680.73 \le \mu_1 - \mu_2 \le 12719.27$

엑셀: =NORMSINV(0.975)*SQRT((2200/40)+(1500/36)) =19.27018214

$\Rightarrow$ 12700± 19.27018214 =(12680.72982, 12719.27018)

문제15] 모평균 차이$\mu_1 - \mu_2$의 99% 신뢰구간 : σ_1^2, σ_2^2을 모르는 경우-등분산

$\bar{x}_1 = 43, \bar{x}_2 = 45,\ s_1^2 = 26,\ s_2^2 = 34,\ s_p^2 = 30.44\ ,\ t(9, 0.005) = 3.25$

$-0.2 - 3.25 \times 5.52 \times \sqrt{1/5 + 1/6} \le \mu_1 - \mu_2 \le -0.2 + 3.25 \times 5.52 \times \sqrt{1/5 + 1/6}$

$\Rightarrow -11.06 \le \mu_1 - \mu_2 \le 10.66$

엑셀: =TINV(0.01,9)*SQRT(30.44)*SQRT((1/5)+(1/6)) =10.85726404

$\Rightarrow$ -0.2±10.85726404 = (-12.85805663, 8.858056629)

문제17] 모분산 σ^2에 대한 95% 신뢰구간:

$\chi^2(11, 0.025) = 21.92,\ \chi^2(11, 0.975) = 3.82,\quad s^2 = 1.3845$

$(11 \times 1.3845)/21.92 \le \sigma^2 \le (11 \times 1.3845)/3.82 \Rightarrow 0.695 \le \sigma^2 \le 3.99$

엑셀:

H2 셀 : 1.384469697

신뢰하한: =(12-1)*H2/CHIINV(0.025,11) =0.694760533

신뢰상한: =(12-1)*H2/CHIINV(0.975,11) =3.991141235

$\Rightarrow$ (0.694760533, 3.991141235)

문제19] $\chi^2(9, 0.025) = 19.02,\ \chi^2(9, 0.975) = 2.70,\ s^2 = 66.68$

$(9 \times 66.68)/19.02 \le \sigma^2 \le (9 \times 66.68)/2.70$

$\Rightarrow 31.55 \le \sigma^2 \le 222.27 \Rightarrow 5.62 \le \sigma \le 14.91$

엑셀:

B4셀: 66.67778

신뢰하한: =SQRT((10-1)*B4/CHIINV(0.025,9)) =5.616617

신뢰상한: =SQRT((10-1)*B4/CHIINV(0.975,9)) =14.90729

$\Rightarrow$(5.616617, 14.90729)

문제21]$\hat{p} = 0.55,\ n = 100,$

1) 모비율 p에 대한 95% 신뢰구간:

$0.55 - 1.96 \times 0.049 \le p \le 0.55 + 1.96 \times 0.049 \Rightarrow 0.454 \le p \le 0.646$

엑셀:

신뢰하한:=0.55-NORMSINV(0.975)*SQRT(0.55*(1-0.55)/100)
=0.452493167

신뢰상한:=0.55+NORMSINV(0.975)*SQRT(0.55*(1-0.55)/100)
=0.647506833

$\Rightarrow$(0.452493167, 0.647506833)

또는 다음과 같이 신뢰구간의 폭을 계산하여 신뢰구간을 구할 수 있다.

=CONFIDENCE(0.05, SQRT(0.55*(1-0.55)), 100)=0.097507

$\Rightarrow$0.55±0.097507 =(0.452493, 0.647507)

2) $n=(1.96\times 0.497)^2/0.05^2=379.56$, 약 380명

문제23] 모비율 p에 대한 95% 신뢰구간:

$\hat{p}=0.85$, $n=200$,

$0.85-1.96\times 0.025 \le p \le 0.85+1.96\times 0.025 \quad \Rightarrow \quad 0.801 \le p \le 0.899$

엑셀:

신뢰하한:=0.85-NORMSINV(0.975)*SQRT(0.85*(1-0.85)/200) =0.800513

신뢰상한:=0.85+NORMSINV(0.975)*SQRT(0.85*(1-0.85)/200) =0.899487

⇒(0.800513, 0.899487)

문제25] $\hat{p}=0.82$, $n=1000$

1) 모비율 p에 대한 95% 신뢰구간:

$0.82-1.96\times 0.012 \le p \le 0.82+1.96\times 0.012 \quad \Rightarrow \quad 0.796 \le p \le 0.844$

엑셀:

신뢰하한: =0.82-NORMSINV(0.975)*SQRT(0.82*(1-0.82)/1000)=0.796188

신뢰상한: =0.82+NORMSINV(0.975)*SQRT(0.82*(1-0.82)/1000)=0.843812

⇒(0.796188,0.843812)

2) 모비율 p에 대한 90% 신뢰구간:

$0.82-2.58\times 0.012 \le p \le 0.82+2.58\times 0.012 \quad \Rightarrow \quad 0.789 \le p \le 0.851$

엑셀:

신뢰하한: =0.82-NORMSINV(0.995)*SQRT(0.82*(1-0.82)/1000)=0.788706

신뢰상한: =0.82+NORMSINV(0.995)*SQRT(0.82*(1-0.82)/1000)=0.851294

⇒(0.788706, 0.851294)

문제27] 모비율 차이 p_1-p_2에 대한 95% 신뢰구간:

$\hat{p}_1=0.32$, $\hat{p}_2=0.38$,

$$-0.06-1.96\sqrt{\frac{0.32\times 0.68}{150}+\frac{0.38\times 0.62}{300}} \le p_1-p_2 \le -0.06-1.96\sqrt{\frac{0.32\times 0.68}{150}+\frac{0.38\times 0.62}{300}}$$

$\Rightarrow -0.1527 \le p_1-p_2 \le 0.0327$

엑셀:

신뢰하한:

=(-0.06)-NORMSINV(0.975)*SQRT((0.32*0.68/150)+(0.38*0.62/300))

=-0.15268

신뢰상한:

=(-0.06)+NORMSINV(0.975)*SQRT((0.32*0.68/150)+(0.38*0.62/300))

=0.032679

⇒ (-0.15268, 0.032679)

문제29] $n=(1.96\times 4/1.12)^2=49$

9장 연습문제 해답

문제1] 모평균 μ에 대한 가설 검정

가설 : $H_0 : \mu = 48.6$, H_1 : $\mu > 48.6$

유의수준 : $\alpha = 0.05$

검정통계량 : $Z_0 = (50.6 - 48.6)/(6.25/\sqrt{50}) = 2.26$

판정: $z_{0.05} = 1.64 < z_0 = 2.26$ 이므로 H_0 기각.

엑셀: =1-NORMDIST(50.6, 48.6, 6.25/SQRT(50),1)=0.011826 <0.05

따라서 귀무가설을 기각하고, 대립가설을 채택한다.

문제3] 모평균 μ에 대한 가설 검정

가설 : $H_0 : \mu = 124, H_1 : \mu < 124$

유의수준 : $\alpha = 0.01$

검정통계량 : $Z_0 = (112 - 124)/(24/6) = -3$

판정 : $-z_{0.01} = -2.58 > z_0 = -3$ 이므로 H_0 기각.

엑셀: =NORMDIST(112, 124, 24/SQRT(36),1)=0.00135 <0.05

따라서 귀무가설을 기각하고, 대립가설을 채택한다.

문제5] 모평균 μ에 대한 가설 검정

가설 : $H_0 : \mu = 115, H_1 : \mu \neq 115$

유의수준 : $\alpha = 0.05$

검정통계량 : $Z_0 = (118 - 115)/(20/7) = 1.05$

판정: $z_{0.025} = 1.96 > z_0 = 1.05$ 이므로 H_0 채택.

엑셀: =NORMDIST(115, 118, 20/SQRT(49),1)*2= 0.29371816>0.05

따라서 귀무가설을 채택한다.

문제7] 모분산 σ^2에 대한 가설 검정

가설 : $H_0 : \sigma^2 = 16, H_1 : \sigma^2 > 16$

유의수준 : $\alpha = 0.05$

검정통계량 : $U_0 = (27 \times 25)/16 = 42.19$

판정 : $\chi^2(27, 0.05) = 40.11 < U_0 = 42.19$ 이므로 H_0 기각.

엑셀: =CHIDIST((28-1)*25/16,27)=0.031541<0.05 귀무가설 기각.

문제9] 모평균 차이에 대한 가설 검정 - 모분산을 아는 경우

가설 : $H_0 : \mu_1 - \mu_2 = 0, H_1 : \mu_1 - \mu_2 \neq 0$

유의수준 : $\alpha = 0.05$

검정통계량 : $Z_0 = (154 - 162)/(\sqrt{(100/15) + (169/18)}) = -1.99$

판정 : $-z_{0.025} = -1.96 > z_0 = -1.99$ 이므로 H_0 기각.

엑셀:=NORMDIST(154-162,0,SQRT((100/15) + (169/18)),1)*2
=0.045875<0.05 귀무가설 기각.

문제11] 모평균 차이에 대한 가설검정 - 모분산을 모르는 경우(등분산)

가설 : $H_0 : \mu_1 - \mu_2 = 0, H_1 : \mu_1 - \mu_2 \neq 0$

유의수준 : $\alpha = 0.01, 0.05$

검정통계량 : $t_0 = (107 - 112)/(9.126 \times \sqrt{1/16 + 1/14}) = -1.497$

판정 : $\alpha = 0.01$, $-t(28, 0.005) = -2.763 < t_0 = -1.497$ 이므로 H_0 채택.

$\alpha = 0.05$, $-t(28, 0.025) = -2.048 < t_0 = -1.497$ 이므로 H_0 채택.

따라서 두 초등학교 학생들의 IQ에는 차이가 없다.

엑셀: TDIST() 함수 이용

먼저 합동 표준차를 계산하면 다음과 같다.

s_p= SQRT((((16-1)*10^2 +(14-1)*8^2)/(16+14-2))=9.126101

① $\alpha = 0.01$일 때,

=TDIST(ABS((107-112))/(9.126*SQRT(1/16+1/14)), 16+14-2, 2)

=0.145554>0.01 귀무가설 채택.

② $\alpha = 0.05$ 일 때,

=TDIST(ABS((107-112))/(9.126*SQRT(1/16+1/14)), 16+14-2, 2)

=0.145554>0.05 귀무가설 채택.

문제13] 모평균 차이에 대한 가설검정 - 모분산을 모르는 경우(정규분포이용)

가설 : $H_0 : \mu_1 - \mu_2 = 0, H_1 : \mu_1 - \mu_2 > 0$

유의수준 : $\alpha = 0.05$

검정통계량 : $z_0 = (1400 - 1300)/\sqrt{130^2/169 + 120^2/144} = 7.07$

판정 : $z_{0.05} = 1.645 < z_0 = 7.07$ 이므로 H_0 기각.

따라서 A회사의 전구의 수명이 B회사의 전구의 수명보다 길다고 할 수 있다.

엑셀: =1-NORMDIST(1400-1300, 0, SQRT((130^2/169)+(120^2/144)),1)

=7.74E-13 = 0 <0.05 귀무가설 기각.

문제15] 모평균 차이에 대한 가설 검정 - 쌍체검정

가설 : $H_0 : \mu_1 - \mu_2 = 0, H_1 : \mu_1 - \mu_2 \neq 0$

유의수준 : $\alpha = 0.01$

검정통계량 : $t_0 = (-1)/(5.43/4) = -0.74$

판정: $t(15, 0.005) = -2.947 < t_0 = -0.74$ 이므로 H_0 채택.

따라서 훈련의 효과가 없다고 할 수 있다.

엑셀: "도구-데이터분석-t검정:쌍체비교"

문제17] 모비율 p에 대한 가설 검정

가설 : $H_0 : p = 0.5, H_1 : p > 0.5$

유의수준 : $\alpha = 0.05$

검정통계량 : $z_0 = (0.625 - 0.5)/(\sqrt{(0.5 \times 0.5)/400}) = 5$

판정 : $z_{0.05} = 1.64 < z_0 = 5$ 이므로 H_0 기각.
따라서 찬성쪽으로 쏠린다는 예상은 옳다.
엑셀: =1-NORMDIST(0.625,0.5, SQRT((0.5*0.5)/400),1)= 0<0.05
따라서 귀무가설을 기각한다.

문제19] 모비율p에 대한 가설 검정
가설 : $H_0 : p = 0.3, H_1 : p < 0.3$
유의수준 : $\alpha = 0.01$
검정통계량 : $z_0 = (0.22 - 0.3)/(\sqrt{(0.3 \times 0.7)/100}) = -1.75$
판정 : $-z_{0.01} = -2.33 < z_0 = -1.75$ 이므로 H_0 채택.
따라서 불량품의 비율이 감소했다는 주장을 받아들일 수 없다.

엑셀: =NORMDIST(0.22,0.3,SQRT(0.3*0.7/100),1)=0.040428>0.01 H_0 채택.

찾아보기

(ㅍ)

(ㅎ)

저자소개

손 창 균

동국대학교 통계학과
동국대학교 통계학과 (이학박사)
동신대학교 컴퓨터학과 교수
한국보건사회연구원 연구위원
현 : 동국대학교 정보통계학과 교수

EXCEL을 활용한
확률 및 통계학

2012년 8월 25일 초판 인쇄
2012년 9월 5일 초판 발행

저 자 / 손창균
발행자 / 오판근
발행처 / 교우사

주 소 / 서울 동대문구 제기2동 148-19 교우빌딩 2층
전 화 / 925-2861~2, 편집부 / 925-2825
팩 스 / 925-2860

E-mail / kyowoo@kyowoo.co.kr
http://www.kyowoo.co.kr

등록 / 1994. 3. 24 제6-0256호

ISBN 978-89-8172-929-5 (93310)

값 26,000 원